経済学方法論

下巻

中国マルクス主義経済学の外延的拡大

程恩富・胡楽明 編著
岡部　守・薛宇峰 監修

八朔社

目　次

第3部　中国マルクス主義経済学の外延的拡大

序　言 ··· 2

第1章　政治学と経済学の方法論 ··· 7
- Ⅰ　政治学方法論　7
- Ⅱ　政治学の基本的範疇　33
- Ⅲ　政治学の方法論と経済行為　45
- Ⅳ　政治学の方法論と政治経済学の革新　51

第2章　経済学の発展に及ぼす法学の影響 ······························· 60
- Ⅰ　法学の基本的範疇，分析方法と価値観　60
- Ⅱ　法学と経済学の結合：法経済学の誕生と発展　65
- Ⅲ　法学の方法と経済学の方法の結合の将来性　84

第3章　経済社会学の理論と方法 ··· 89
- Ⅰ　経済社会学の定義　89
- Ⅱ　経済社会学の方法論　91
- Ⅲ　新しい経済社会学の方法論　107
- Ⅲ　社会関係ネットワークの研究　121
- Ⅴ　社会関係資本　133
- Ⅵ　結論と議論　143

第4章　経済分析における倫理思考——ゲーム理論の適用を中心に ··148
- Ⅰ　倫理学：経済学研究での無視できない側面　148
- Ⅱ　自己利他：倫理における人性の経済学的考察　152
- Ⅲ　互恵協調：倫理の本質と内容の分析　161
- Ⅳ　ゲームにおける倫理要因の調和機能　167

Ⅴ　ロールズ均衡：倫理要因を融合している協力のゲームモデル　177
　　Ⅵ　ロールズ均衡の検証：実験分析　186

第5章　美学と経済学の方法論 193
　　Ⅰ　経済美学の序論　193
　　Ⅱ　経済美学研究の若干の問題　201

第6章　システム論と経済学方法論 222
　　Ⅰ　システム論と経済学方法論の概要　222
　　Ⅱ　経済システムと環境　258
　　Ⅲ　経済システムの自己相似性　266

第7章　経済学における生物学方法の適用と意義 287
　　Ⅰ　はじめに：進化概念の定義　287
　　Ⅱ　生物学の定義とその理論　288
　　Ⅲ　生物進化と社会，文化進化の共通性　293
　　Ⅳ　経済学における生物学方法の適用の意義：
　　　　力学から生物学への変遷　297
　　Ⅴ　経済学における生物学の方法の適用事例　304
　　Ⅵ　むすび　316

補　章　現代マルクス主義政治経済学の五つの理論仮定 320
　　Ⅰ　理論仮定の内包と分類　320
　　Ⅱ　「新しい生きた労働は価値を生む」仮定　325
　　Ⅲ　利己と利他の経済人仮定　332
　　Ⅳ　資源と需要の両方制約仮定　341
　　Ⅴ　公平と効率の相互促進，同時変動仮定　345
　　Ⅵ　公有制高成果仮説　350

程恩富経済学：理論，方法と政策　　　　　　　岡部守・薛宇峰　356
　　Ⅰ　程恩富経済学の形成と発展　356
　　Ⅱ　程恩富経済学体系の特徴　360
　　Ⅲ　程恩富経済学の哲学的基礎と理論の精髄　365
　　Ⅳ　程恩富経済学の政策革新　368

Ⅴ　程恩富経済学の意義　374
Ⅵ　程恩富経済学の発展と革新はまだ続いている　375

謝　辞　　　　　　　　　　　　　　　　　　程 恩 富　379

装幀：高須賀優

上巻目次

中国マルクス主義経済学の提起　　　　　　　　　大西広
まえがき

第1部　マルクス経済学の方法論

序　言
第1章　マルクス経済学方法論の魂―唯物史観と弁証法
第2章　分析法と叙述法としてのマルクス経済学方法論
第3章　マルクス経済学方法論の価値―規範分析
第4章　マルクス経済学方法論の分析方法―実証分析
第5章　マルクス経済学の方法論―マクロとミクロの分析を統一
第6章　マルクス経済学方法論の解説
第7章　マルクス経済学方法論の源泉と意義

第2部　近代主流経済学の理性主義の批判

序　言
第1章　経済学理性主義の「中核」
第2章　実証的理性主義
第3章　批判的理性主義
第4章　一般均衡と数学形式主義
第5章　ゲーム理論―理性主義の最後の楽章
第6章　経済学における「理性」の再建

中国におけるマルクス主義政治経済学研究　　　　岡部守・薛宇峰

第3部

中国マルクス主義経済学の外延的拡大

序　言

　上巻第1部で，私たちはマルクス経済学の方法論を深く分析した。同時に，第2部で西側の主流経済学の方法論に内在する論理の欠陥を探究し，特にその形式である理性主義の欠陥を指摘した。マルクス経済学方法論の精髄を探求することと，西側主流経済学の欠陥を指摘することはすべて合理的な社会主義経済学理論の創設に資することになる。社会主義の経済建設に適応するためと，時代の要請に合う社会主義の経済学理論を創設するために，マルクス経済学と西側主流経済学との研究成果を参考にすることは必要である。そして，マルクス経済学と西側近代経済学を越えて現実的な問題を分析することも必要である。

　マルクス経済学と西側近代経済学を越えるため，マルクスの独創精神を学ばなければならず，国内と国外の政治経済学説史を研究し方法論の欠陥も乗り越えなければならない。マルクスは以前の経済学方法論を重視する際に，ヘーゲルの弁証法とフォイエルバッハの唯物論を参考にした，そして独創的な唯物弁証法と史的唯物論を採用して政治経済学の古いスタイルを改造した。

　現在の社会において，それぞれの学問の知識はめざましく進展している。その進展に伴い，新しい理論，思想と素材は絶えず大量に出現している。経済学は経済活動中の人間関係を研究する学問であるので，その研究内容は各学問の進展と関連し，その他の学問の進展は経済学に積極的な影響を及ぼしている。そのため，社会主義理論の経済学を再建している過程では，社会科学・自然科学の知識を広く参考にし，経済学の方法論体系を有機的に統合する必要がある。社会科学の領域における，経済学との関係が極めて強い学問は，主に哲学，政治学，社会学，心理学，倫理学，生理学，美学，生物学，法学，人類学，数学，およびシステム論，情報理論，場の理論などがある。本書では主に7つの学問の方法論に関わる研究を行った。

　(1)　近代的な政治学の方法論と知識を参考にする。近代的な政治学の研究

の，主な研究方法論は政治システム分析方法論，政治構造機能分析方法論，政治コミュニケーション分析方法論，政治政策分析方法論，政治文化分析方法論などがある。政治システム分析方法論は，政治システム分析，政治構造分析などの分析を含む。それは，政治双方向行為を政治の分析の起点にする，全面的なマクロ分析と動態的分析である。政治構造機能分析の方法論は政治構造と政治機能を分析することを通じて，政治システムを運営している法則を考察する。政治過程分析方法論の，主要な特徴は，政治情報を政治分析の基本的な単位にし，政治運営過程における新しい法則を提示することである。政治政策分析方法論は，政策分析から着手し，政治システム全体を運営する規則を提示することである。以上の方法論は政治学からの方法論であるが，経済学の発展に大きな影響を及ぼしている。例えば市場と政府の関係，景気循環と選挙の関係などについて，政治学の方法論を用いて分析をする必要がある。

(2) 法学の方法を参考にする。経済学の研究対象は，人と自然の関係（財に関わる物質の生産関係あるいは欲求を満足させる心理関係）だけでなく，利害の衝突・依存・秩序などの広範なゲーム状態にも関連している。これに基づいて，法学の方法論あるいは法学の範疇は経済学の研究に対して重要な影響を及ぼしている。法学の経済学の研究に対する影響は，財産権の分析，責任の分析，契約の方法，正義観（秩序正義・分配正義・矯正正義），公平観，法律と発展，比較法などがある。経済学が法学の方法論で参考にしている分野は，ケーススタディ，実験方法，社会フィールドワーク方法，進化ゲーム分析，公共選択分析，秩序の多元化，比較制度分析，過程分析，問題意識などを含む。理論経済学は経済制度と経済権利を研究する時，国内外における法学の分析方法と理論を参考にする。特に近代的企業制度，市場制度，国家政策制度などの問題を参考にしている。

(3) 社会学の方法論を参考にする。1970年代以降，経済学は社会学の研究方法の影響を受け始めた。一部の経済学者は西側経済学の"純粋"な経済要素でもって社会経済問題を研究する方法を捨てて，社会の経済構造，社会制

度，社会関係のネットワーク，社会関係資本，社会心理などの社会要因の経済活動に対する影響と効果を重視し始め，経済学の新しい研究領域を切り開いた。1980年代から，中国の経済学者は経済学の「社会学化」を重視してきた。経済学は社会学の理論と方法論を借りて，現実社会の経済問題に合理的な解釈を行うことは，中国の移行経済の分析に際しても特殊な理論的意義がある。社会学は人間の相互関係により，習俗と非理性的分析とを結びつけ，組織の構造・特性・進化などに対して，非常に優れた説明を行っている。

（4）　近代倫理学の方法論を参考にする。経済学の重要な研究対象は人間の社会関係である。これは主に財産の分配，貧困と差別化の問題である。そのため，経済学の研究内容は実際には二つの分野を含んでいる。一つは倫理学，もう一つは工程学である。経済学は，この二つの分野を重視しなければならない。もし，経済学の工程学の領域の研究を淡泊にすれば，実際的な問題の解決に対して無効であり，経済学は道徳的な説教に至る。もし，社会における倫理の要素を軽視すれば，しばしば工程技術が低効率，無効，さらに反対の効果を引き起こし，理論と実践との離反をもたらす。経済学の本質は工程学と倫理学の二つの分野を含むが，西側実用主義は道具主義の流行を招いて，価値の理性を排斥すると同時に，変形して形式主義に変わり，最後に倫理学と経済学の分離を招いた。このような分離は，数学，力学などの道具を借りて，経済学の論述の厳格さを強めるようになるが，ますます真実の人間性から逸脱していく。主流経済学では理論上の問題が次々と現れているが，これらの問題は現実の生活の中でほとんど順調に解決できる。例えば，ゲーム論の「囚人苦境」はその一つの例である。実際には，純粋な経済学から見ると，解決しにくい現象でも，倫理学の理論を借りると，解明しやすい。だから，われわれは，倫理学の理論を利用して，「協力ゲーム」の問題を考察した。

（5）　近代的な美学の方法論を参考にする。経済実践は美学が発生する前提であり，経済の美は社会の美の範疇に属している。経済の美の中での調和の美は，形式上の調和を含むだけではなく，内容上の調和と，内容と形式の調和の統一を含む。調和の美は，審美の対象と審美の主体との間の調和がとれ

ていることを含むだけではなく，また人と自然，個人と社会の間の調和がとれている関係をも含む。財産の分配の中にも経済の美が存在している。共産主義の需要に応じた分配は，内容上の美でも，形式上の美でも，すべてが美である。資本主義の分配制度は，内容上でも形式上でも，すべて醜である。社会主義の労働に応じた分配制度は，内容上でも形式上でも，すべてが低い段階の美である。社会主義初級段階の分配制度は初級段階の経済の美を体現している。管理も美の内容を含むだけではなく，美の原則を追求している。管理の中の経済の美はまた科学性と芸術性の統一を体現している。でも，管理の二重性格の存在のため，管理の中にまた経済の醜も存在している。要するに，社会経済の諸過程では，経済の美あるいは経済の醜はどこにでもある。美は調和であり，多種の関係の平衡であり，不調和から調和への発展過程である。

(6) システム論を参考にする。実は，システム分析は経済学の伝統の方法である。マルクスはシステム論の思想により『資本論』の構造を打ち出した。西側近代経済学でも，システム論の思想は存在している。複雑なシステムの構成は統一の全体と見なさなければならず，複雑なシステムの分析は定性と定量の二種類の分析を含む。複雑なシステムの規則は三大特性によって認識しなければならず，複雑なシステムの発展は四つの規則に従っている。本論では，私達はシステム経済学の方法論と古典経済学の方法論の比較を行って，経済システムと環境との関係，および経済システムの相似性を考察した。同時に，経済システムのカオス研究方法，経済システムの質的な変化などを簡潔に紹介した。

(7) 生物学の方法論を参考にする。進化論は生物学における最大の統一の理論である。進化は物質が無秩序から秩序へ，同質から異質へ，単純から複雑への発展の複雑な過程である。現実の世界において，経済現象は生物有機体と生物過程との間に，共通的なものがあるので，経済学研究は生物学の方法論を借りることができる。現在，どのようにして抽象的な段階を確定するかということと，どのようにして選択単位を選ぶかということ，という論争

がある。生物システムと経済システムにおいては，纏結的構造と因果関係と，連続変化と極めて大きい多様性を含んでいるので，生物学の方法論を利用すれば，上記の論争を解決しやすい。生物学と経済学との間に，複雑性の問題が共通していることを公認する際に，経済学者たちが，方法論の個人主義を信じることはありえず，個人以上の分析段階と選択単位の正確性を信じなければならない。経済学は生物学方法論を利用すれば経済学のシステムの誤差と，累積的な均衡がないという欠陥を克服できる。特に，個人主義と帰納主義という方法に取って代わることができる。ある経済学者の予言は次のようになる。本世紀，経済学は生物学のマーシャル伝統を回復し，経済学の重要な再建が始まる。動物の利他主義は主流経済学の基礎としての"経済人"という仮定に反駁できる。動物の"擬態行為"とゲーム理論の学習理論の類比，動物の社会階層関係と，産業組織理論の産業分布との類比などはすべて研究に値する経済学の課題である。

第1章　政治学と経済学の方法論

I　政治学方法論

1　政治システム分析方法

　政治システム分析方法（political systems analysis approach）は現代政治科学における分析方法で一般的なシステム理論として，政治研究において応用されている。政治システム分析は広義と狭義の二つの概念がある。広義の概念は，一般的な政治システム分析，政治入力－出力分析と，政治構造分析を含む。狭義の概念は，一般的な政治システム分析と，政治入力－出力分析だけを含む。ここでは，狭義の政治システム分析方法を考察してから，そののち政治構造機能を分析する。

(1)政治システム分析の由来

　アメリカの生物科学者のルドヴィッヒ・フォン・ベルタランフィ（Ludwig Von Bertalanffy）は，19世紀中葉に一般的システム論を提起した。彼はすべての生命有機体は相互作用のある各種各様の要素の複合体と有機的に関連する全体であり，その一部分は全体から離れると意味がないとした。次に，彼はいかなる有機体もすべて環境と積極的に関係するため，いかなる生命システムも開放的なシステムであり，閉鎖的なシステムと静止的なシステムは実際には存在する可能性がないと言う。最後に，彼は，生物システムは階層構造から成りたち，生命有機体は子システムとの有機的な組み合わせからなっている。実際，ベルタランフィの思考は現代システムの三つの基本的な特性（システムの整合性・動態性・階層性）を提起した。このシステム科学は整合性，境界，双方向性，階層構造，同一構造，相異構造，統合，分化などの概念を利用して，

自然システム，社会システムと政治システムのモデルあるいは通則を構築する。

　一般的システム論の出現は社会科学全体に巨大な影響を及ぼした。政治研究に対して，一般的システム論は複雑な政治の現象を理論に入れこむこと，現実から収集した材料を分類すること，政治システムのモデルを選別すること，政治問題の特性を発見すること，政治システム運営を分析することに大きな価値がある。そのうえ，一般的システム論は，実証的研究と，規範的研究をともに有しているので，政治分析にきわめて有効な理論の道具を提供した。

　政治学研究に一般システム理論を初めて取り入れた政治家学者はデヴィッド・イーストン（David Easton）である。彼が1953年に発表した『政治システム：政治科学の現状に対する探究』は，伝統的政治理論に対して厳しい批判を行ったうえで，一般的・統一的理論を創設した。この政治システム分析とは，それぞれの階層の政治現象と政治問題を分析することができる理論である。この後，彼は『政治分析の枠組み』と『政治生活のシステム分析』を発表し，彼の政治システム分析理論を更に修正した。

(2)政治システム分析

　ベルタランフィは，システムは"一連の双方向性中の要素である"と定義した。具体的に言うと，システムは相互作用と相互依存するいくつかの要素で構成された有機的な全体であり，その中の一つの要素は他のすべての要素と独特な方法による相互依存関係がある。しかもある種類の特別な過程によって相互作用が発生する。いかなるシステムもすべて３つの要件を持っている。まず，システムは境界があり，この境界の中では，コミュニケーションの機能を有しているシステムがある。次に，システムの内部は子システムがある。最後に，システムは入力の機能を持って，入力を出力にする機能をも持っている。これらのシステムの要件は一般的システムモデルであり，細胞・有機体・個人・社会に適用している。

　「政治システムとは，一連の政策決定に関する相互行動と相互行動を構成している有機体である」[1]。いかなる政治システムも以下のような一般的シス

（１）俞可平『権利政治与公益政治』１版，社会科学文献出版社，2000年，8頁。

テムの基本的な特性がある。

　①境界性がある。いかなる政治システムも自己の境界がある。言い換えれば，政治システムは始点と終点が存在している。アーモンド（Almond）は政治システムの境界と，適切な判断基準を利用してその境界を認識することの重要性を強調している。イーストンは，政治システムの境界は政策の制定範囲を拘束力をもって決定する関係があるという。

　②政治システムは行為によって構成されている。言い換えれば，政治システムの境界は政策を決定するに際しての双方向性行為の範囲である。

　③包囲性がある。すべての政治システムは環境を包摂している。環境とは，政治システムの外にある社会システムと自然システムが，政治システムに影響を与えることである。イーストンの思考によると，政治システムの環境は内部環境と外部環境を含む。政治システムの外にある社会，物質，と自然環境は外部環境と言う。内部環境は生物システム，生態システム，人格システム，社会システムなどを含む。政治システムと同一の社会的国際社会システムと物質システムに属しないシステムを外部環境と言う。

　④開放性がある。政治システムはすべて開放的なシステムである。政治システムは内部環境，外部環境との間で，入力と出力などの行動が絶え間なく発生している。政治システムの入力は政治システムに対する環境の影響である。政治システムの出力は政治システムが環境に及ぼす影響である。

　⑤依存性。政治システムの内部において，各構成部分の間には相互の依存性がある。つまり，一連の相互行為の変化は他の相互行為の変化を招く。例えば，近代通信技術は選挙の過程に影響して，政党の構造，さらに立法機関と行政機関に影響する。

　⑥動態性。政治システムは一つの動態の過程で，入力と出力の間にフィード・バックの過程がある。フィード・バックを通じて，政治システムは絶え間なく入力，出力，再入力，再出力をくりかえし，政治システムと内部環境，外部環境の間には持続的な交流過程がある。

　⑦階層性がある。政治システムは階層性があるシステムであり，いかなる政治システムも一連の子システムを構成している。例えば，国際政治システムは民族，国家，国際組織などの多くの政治の子システムを含む。国家政治

システムは政党，政治団体，地方自治体，行政機関，立法機関などの政治の子システムを含む。

　以上の基本的な特性以外に，政治システムは以下のような特徴を持っている。

　①行為性がある。政治システムは行為のシステムであり，基本の要素は政治行為である。この行為は単純な刺激の反応の行為ではなく，双方向性行為である。

　②双方向性がある。政治システムは全体の一連の政策と関係がある双方向性行為である。

　③普遍性がある。政治の双方向性モデルは普遍性があり，政治システムはすべて一種の合法的な双方向性モデルであり，この双方向性モデルを通じて，政治社会の内部秩序と外部秩序が維持されている。

　④構造性がある。政治システムはある種類の特定の構造を基礎とする必要がある。その構造は選挙機関，政党，行政機関，立法機関，司法機関などのような制度性の構造と，政治の信条，政治の態度などのような非制度性構造を含む。

　⑤中間性がある。政治システムの子システムは主に一連の政策の過程と関係がある中間性団体から構成されている。

　政治システムは一つの特定の区域内において運営されて，入力と出力によるシステムの安定を維持している。入力と出力の間に平衡がある場合だけ，政治システムは安定的に運営できる。入力は環境から政治システムに刺激あるいは影響を及ぼす。出力は政治システムの環境からの刺激の反応と反作用である。出力は主に需要（demands）と支持（supports）である。需要は要求からなり，要求は期待，世論，動機，イデオロギー，興味，趣味などを含む。しかし，要求は需要と同じではなく，要求が需要に転化する場合は，二つの大きな条件が必要で，一つは構造システムであり，もう一つは文化システムである。構造システムは政党と利益団体などの政治構造である。

　文化システムは主に政治文化である。政治文化は政治に対する方向モデルであり，政治の信条，政治の価値と政治行為を駆り立てる。支持は政治システムを運営する原動力である。「支持とは需要を減少させる，システムと環

境との間の入力である」[2]。支持は積極的な支持と消極的な支持を含んでいる。すべてのシステムの圧力を軽減すること，システムの自己を維持することは積極的な支持である。例えば，納税すること，労役（兵役）に服すること，法律を守ることは積極的な支持である。これに反して，例えばデモをすること，ストライキ，動乱などをすることは消極的な支持である。

需要と支持は政治システムの圧力（press）の源である。需要が引き起こす圧力は二つの種類がある，一つは出力の失敗であり，需要を満足させることができない。その主要な原因は当局が需要を調整することができないことで，需要自身が直接に当局の生存まで影響する。もう一つは，需要の入力が超荷重である場合は，当局は負担に耐える能力はない。支持が引き起こす圧力は主に支持の減少であり，すべての政治システムの存在は必ず一定の支持の水準の上に存在しているので，支持の減少が一定の水準まで減少する時，政治システムを維持することには問題が生じる。

圧力を除去することは出力の機能である。出力は政治システムに対する特別の基本手段であり，それは「各種政治目的の最低限度の支持水準である」[3]。イーストンは政治システムの出力は次の表の内容のように，二つの種類の基本的特性と二つの種類の基本的な方式があるとした。

表1　イーストンの出力類型

特性	方式	
	説明	実施
権威性出力	約束性がある決議，法令，規則，命令と司法決議	約束力がある行動
相関性出力	政策，基本理論と承諾	利益と恩恵

イーストンの政治システムの出力－入力モデルは図1に表示。

政治システムの均衡は出力と入力の間の調整に由来している。この調整はフィードバックを通じて実現している。政治システムは複雑な動態的システ

（2）O. R. Yang『政治科学的システム』Prentice hall. 41頁。
（3）Easton『政治生活のシステム分析』The University of Chicago. 347頁。

ムであり，かならずフィードバックの段階がある。フィードバックを通じて，政治システムは連続的な入力→出力→再入力→再出力…によって連続して存在している。イーストンの動態政治システムモデルはこの政治システムの複雑性を反映している。

図1-1　イーストンの政治システム入力－出力モデル

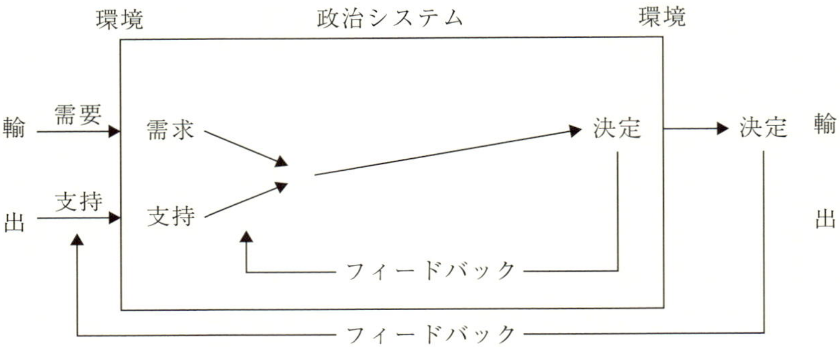

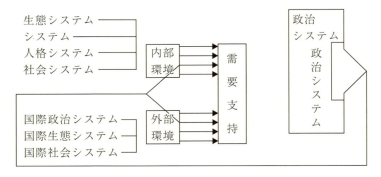

図1-2　イーストンの政治システム動態モデル

要するに，政治システムは一つの極めて複雑な過程であり，様々なフィード・バックの過程は一つの複雑なフィード・バックのネットワークを構成している。政治システムの専門家は，このフィード・バックのネットワークを通じて，政治システムが連続的に入力，出力，再入力，再出力によって，無限の存在を実現しているという。

(3) 政治システム分析方法論についての評価

①**政治システム分析方法の基本的特性**　政治システム分析方法は新しい政治研究方法であり，新しい視角から政治の現象を考察していて，一般的に以下のような特徴がある。

(A)　政治の双方向性行為を政治分析の起点にしている。政治システムの専門家は伝統的な政治学専門家が政治制度を政治分析の起点にすることに反対して，相互協力関係の中の政治行為が政治システムに対して意義があると思っている。政治システムは政治の双方向性行為の一種の有機的な複合体であると思っている。そのため，政治の双方向性行為を政治分析の起点にして，全体の政治システムを考察しなければならない。

(B)　子システムの生存を分析の核心内容にしている。政治システム分析の専門家は，政治システムは入力と出力の間の調整を通じて均衡ができ，入力と出力の調整は情報のフィードバックに依存していると思っている。このように，入力，出力とフィードバックはこの分析方法の三つの核心概念になって，政治システムの自己維持の均衡と生存の最も基本的なモデルである。

(C)　一種の全体的なマクロの分析である。政治システム分析方法は，各種の政治現象，各種の政治過程は有機的な連携の全体であり，一つの政治変化が必ずもう一つの政治変化を招いて，全体の政治システムに影響する。このような，全体的マクロの分析は政治システム分析の著しい特徴である。

(D)　一種の動態の分析である。政治の過程は政治システムが政治の情報のフィード・バックを利用して，内部環境と外部環境との絶え間ない変動過程を伴う，絶えまない入力と出力の転換過程である。

②**政治システム分析方法の長所**　政治システム分析はすでに政治学を研究している人々の熟知した研究方法になって，現代の政治科学に対して深遠な影響を持っていて，政治学者は多くの原則を受け入れている。このことは以下の長所と関係がある。

(A)　人々が複雑な政治の現象を考察することに役立つ。政治システム分析はきわめて複雑な政治の現象と政治の過程を簡略化したモデルになっていて，このようなモデルは現実の政治現象と政治過程を抽象化し，人々が複雑な政治現象を考察するのを助ける。

(B) 科学的な決定に役立つ。近代的な科学技術の急速な発展に従い，政府機構は日に日に複雑になり，政府の機能はますます拡大して，政治活動も大きな変化を生じ，政策決定者が科学的な政策の方法をとることを求めているので，システムの分析方法は科学的な政策の道具で，科学的な政策を行うのに役立つ。

(C) 政治科学の発展に対して重要な貢献をする。政治システムの分析方法は政治学者の視角を広げ，システムの方法とフィード・バックの方法を政治学に取り入れ，それによって政治研究の方法が増加して，政治科学の内容を豊かにして，政治研究の領域を拡大した。

③**政治システム分析方法の欠点**　政治システム分析方法は政治現象と政治科学の発展に独特の成果があるが，このような分析方法は不十分である。

(A) 政治システム分析方法の適用範囲は有限である。政治システムの分析方法は政治の枠組みだけに適用しているが，大量の具体的政治問題，例えば選挙問題，政治参加問題などに適用できない。抽象的な政治運動の分析には適用されているが，多彩な政治活動を分析することができない。

(B) 政治システム分析方法は実践を離れた空理な分析方法である。それは政治制度の行為を分析の起点にすることに反対して，政治の双方向性行為を分析の起点にすることを主張しているが，それは人間の政治の双方向性行為に対して深い分析を行っていない。その上，政治システム分析方法は"価値中立"の旗幟の下で，政治の価値判断を回避した。それは政治の実践から乖離した方法である。

(C) 政治システム分析の専門家たちは，政治科学をいわゆる"本当の科学"にすることに極力努めて，自然科学の精確さを求めている。しかし政治現象と自然現象との間には本質的な差異があり，専門家たちのシステム分析も，政治システム分析方法を明らかにあいまいにさせる。一方，専門家たちは抽象的な概念と枠組みを構築して，これらの概念の説明と論証を軽視した。一方，政治分析の枠組みは高度の抽象性があるため，経験と実証を伴っていない。その結果このような分析方法は実際の応用の中でかなり大きな混乱を表した。

(D) 政治システム分析方法は，一定の保守的な傾向がある。政治システム

分析方法の核心は政治システムがどのように持続的,適応的,調整的になり政治の安定の問題を解決するかであり,その基本は政治システムの自己維持である。実際には,政治システム分析の学者たちは,現存している政治制度を昔からの不変の政治制度にし,政治制度の革命的な変革に反対する。だからこのような分析方法は一定の保守性があると言える。

2　政治の構造機能の分析方法

政治の構造機能の分析方法（political structural-functional analysis approach）は政治構造と政治機能を分析し,政治システム運営の規則を提示している。広義の意味から言えば,それも政治システム分析の形式である。

20世紀の初め,人類学者としてのA・R・ラディクリィフドーブラウン（A. R. Radcliffed-Brawn）とマリノフスキー（B. Мариинскийтеатр）は構造機能の概念と方法を社会科学に取り入れた。人類学者の構造機能の分析方法の貢献は大きくなく,社会学の専門家たち,特に政治社会学の専門家タルコット・パーソンズ（Talcot Parsons）,マリオン・レヴィ Jr.（Marion Levy Jr.）とロバート・K・マートン（Robert K. Merton）は,政治構造機能の方法を社会科学の重要な研究方法にした。政治科学の中の構造機能についての分析は社会学における一般的な構造機能の政治研究の中での具体的な応用であるため,我々はまず政治社会学の構造機能の分析方法を考察する。

(1) 構造機能の一般的な分析

構造機能分析方法において,構造とはシステムの内で,ある特定の機能を履行している系列（arrangements）を言い,行為がそれによって発生する方式であり,役割間の相互関係である。機能とは行為方式の目的と過程に影響がある関係である。機能は行為が特定の影響を発生する媒介である。構造と機能は関連しており,相互に分離できず,一定の条件の下で相互に転化できる。

効果の発生から見ると,構造と機能には正の構造（restructure）と,正の機能（eufunction）,負の構造（dystructure）,負の機能（dysfunction）がある。システムを安定的に運営させ,システムをそれ自身の機構の内での運営を維持するのは正の機能である。逆に,システムを不安定に運営し,システムを既

定の構造の機能に維持できないのは負の機能である。正の機能はシステムの適応性を増大して，負の機能はシステムの適応性を減少している。これに対応して，正の機能を発生させるのが正構造であり，負の機能を発生させるのが負構造である。システムの維持と適応に役立たなかったり，損失させたりするのが零機能（nonfunction）である。表象の形式から見ると，構造と機能は顕在的（manifest）と潜在的（latent）に分けることができる。顕在的機能は参加者が相関行為のシステムの中で，実現あるいは認識した機能であり，この機能は目的と一致する。逆に，もしこの機能が意図的でなく，認識していないのであれば，この機能は潜在的機能である。これと対応して，顕在的機能を生む構造は顕在的構造であり，潜在的機能を生む構造は潜在的構造である。

構造機能要件（structure-functional requisites）は構造機能分析の一つの重要な概念である。機能要件はシステムを維持するのに必要な一般条件であるので，もし一つのシステムがある既定の条件を変える・失うことにより，全体システムの瓦解・システム要素の変化を招くならば，この条件はシステムの機能要件である。構造要件はシステムを持続するのに必要な行為あるいは運営方式である。単純に言うと，機能要件は「何か必ずしなければならない」の問題に答え，構造要件は「どのようにしなければならない」の問題に答える。

構造機能要件概念と密接に関連するのは構造機能前件（structural and function prerequisites）の概念である。機能前件は，もし既存のシステムが特定の機構の中で発生する時，事前に必ず存在しなければならない機能である。構造前件は，一つの既存のシステムが発生する時，事前に必ず存在しなければならない構造である。

構造機能分析には三つの基本的な仮定がある。まず，社会を一つの内部的に相互関連のある独立したシステムにして，そのすべての要素は特定の機能を履行している。そのため，システムの基本的な特性は自己均衡を維持して，それぞれの構成部分を統合する。次に，もし社会が一つの完全なシステムであれば，この社会は相互に関連する構成部分を持っている。いかなる社会システムも安定的な状態へ進化する傾向があり，これは内在的な機構を通じて維持している。もし変異あるいは緊迫（緊張）が現れるならば，それは崩れ

第1章　政治学と経済学の方法論　17

る可能性がある。そのため，社会システムの変化は突然発生するのではなく，漸進的であり調和的な変化である。全体の社会構造の背後に社会の成員が従う目標と原則が多く存在している。

(2)政治科学の中の構造機能分析

　1960年代の中期，構造機能分析は社会科学全体の中で最も流行の方法になり，同時にそれは政治科学の中で主要な研究方法になった。政治構造機能分析の基本的な任務は現在の政治現象と，政治行為のモデルと，これらの行為の政治システムを解明することである。そのため，政治構造機能の分析は少なくとも三つの内容を要する。一つは政治現象に対する説明。もう一つはこの政治現象の政治システム。最後にこのような政治現象の全体の政治システムへの機構への影響である。

　政治構造機能分析は三つの基本的な仮定がある。第一に，政治構造の普遍性の仮定で，いかなる政治システムも同じ機能の同様な構造を持っている。第二に，政治機能の普遍性は政治構造でもある。第三に，政治構造の多機能性，すべての政治構造の機能は多面的である。

　長い間，政治構造機能の分析方法は機能分析を重視し，構造分析を軽視している。多くの有名な政治構造機能分析の専門家がこのような傾向を持っている。アーモンド（Almond）はこの分野の有名な代表であり，1960年に発表した『発展している地域の政治』は政治システムの七つの基本的な機能を提起した。この七つの機能は政治社会化・政治採用・利益の表現・利益の統合・政治のコミュニケーション・法規の制定・法規の実行と法規の調整である。1965年，彼はこの七つの機能は「転換」機能であると帰納した。それ以外に，他の二つの大きな機能を付け加えた，それはシステムの「維持」と「適応」あるいは「能力」機能である。能力機能とは政治システムの能力，特に政府の能力である。この段階の能力は主に規約（regulative）の能力・提起（extractive）の能力・分配（distributive）の能力・反応（responsive）の能力を含めて，これらはシステムの環境の中での存在を決める。転換機能はシステム内部の段階の機能であり，利益の表現・利益の統合・政治のコミュニケーション・法規の制定・法規の実行・法規の調整などを含めている。一方，

アーモンドは政治の構造を重視し、政治発展過程での政治システムが直面する4種類の問題を提起した、それは国家の建設・民族の建設・政治の参加と福利の分配であり、国家の建設の問題は実は構造の問題である。

構造機能の強調に従って、アーモンドは構造と機能を更に緊密に結合した。彼は官僚機関の機能は法規を使用して、政党機関の機能は利益の統合であり、政治団体の機能は利益の表現であり、立法機関の機能は法規を制定することであり、司法機関の機能は法規を調整して実施することと思っている。彼はまたすべての構造がすべての他の機能を履行することと、その他の構造も上述の機能をも履行することを指摘した。

(3) **政治構造機能の分析方法の特徴**

広義の政治構造機能の分析方法は入力−出力分析と政治システム分析方法の二つの異なる形式があって、政治構造機能分析方法は独自の分析の視角と方法を有し、特徴をもっている。

① **政治構造機能の分析方法の特徴**

(A) 政治構造機能の分析方法は政治構造を政治分析の起点にする。これは伝統的政治専門家が政治制度を分析の起点にするのと異なっている。政治制度は政治構造のひとつであるが、政治構造は政治制度と異なって、政治構造の内容は政治制度の内容より広い。

(B) 政治構造機能の分析方法の重点は政治システムの機能分析である。この分析方法は政治構造を分析の重点にせず、既存の政治構造の運営規制を重点にし、それぞれの政治構造との双方向性と相互関係を分析し、それらが政治にどのような影響をおよぼしてどんな効果を発揮するのかを分析する。

(C) 静態性。一般的に、政治構造機能の分析は政治システムの中で各種の政治構造がそれぞれどんな機能を発揮するかに関心を持って、政治構造がどのように変遷し付随する政治機能が変化するかに関心を持っていない。全体の政治システムの環境の変化に伴い政治構造と政治機能はどのように変化したかも研究せず、それらがどのように既存の条件に適応したのかを研究する。単純に言うと、それは歴史と未来の分析を視角にいれず、現状分析だけで、一般的なシステム分析すなわち入力−出力分析のような過程分析も取り入れ

ていないので，静態性の分析枠組みである。

(D) 総合性。政治構造機能の分析方法は複雑な政治の現象をいくつかの構成部分（政治構造の分析）に分けて，それらの間の相互関係と相互作用（政治機能分析）を研究する。更に，すべての政治構造全体の機能をみて，同時に政治システム全体と環境との相互交流している役割と効果を分析する。

②政治構造機能分析方法の長所

(A) 政治構造機能分析は政治現象と社会現象の間の複雑な関係を理解することに役に立つ。一方，それぞれの政治組織・政治機関と行政との間の関連と関係の研究に力をいれ，政治構造と政治機能の関係を考察している。また，全体の政治システム中の政治構造の機能と政治システムが，全体の社会システム中にはたす社会機能を重点に分析している。

(B) 政治構造機能分析は政治科学の発展に新しい概念枠組みを提起し，政治研究に多くの新しい概念を提起している。次に，政治学の研究にある種の部分と全体，構造と機能の相互関係の新しい分析方法を提供している。最後に，政治科学と他の学問の間の関係を拡大している。

③政治構造機能分析方法の欠点

(A) 政治機能の分析に注意を払いすぎて，政治構造の分析を軽視している。ある現代の西側の政治学者は政治構造機能分析を三つの形式に分けている。一つは経験的機能主義であり，二つは選択的機能主義であり，三つは構造的機能主義である。しかし，本当の構造機能分析は少数で，流行しているのは選択的機能主義である。このため，政治機能を把握しにくい状況である。

(B) 保守性。現存の政治システムを分析対象にして，政治システム中での機能だけを理解する。次に，静態的関係分析と機能分析だけに注意を払い，既存の政治システムの無制限な継続を信じて，いかなる政治構造の革命にも反対している。最後に，政治システム運営中の政治競争の積極的効果を無視している。

(C) 主観性。政治分析者は政治機構機能を分析するとき，まず一定の構造機能要件を設定するが，政治学者は自己の価値判断と経験に基づいてこれらを設定する。このため，大きな主観性をもっている。

(D) 厳密性が足りない。政治学者は自己の経験と理解に基づいて構造機能

の要件を設定しているから,構造機能分析の基本的な概念と核心の命題の明確な意義と定義が十分ではない.この結果,機能要件を勝手に置いているので,研究の厳密性が足りない.

3 政治のコミュニケーションの分析

(1)政治のコミュニケーション分析の起源

政治のコミュニケーション分析は主にサイバネティクスの原理に基づいて発展してきた.それはオートメーション化の技術・電子技術・神経生理学・生物学・心理学・コンピュータ技術などの多分野の相互の浸透の産物である.1948年ウィーナーは『サイバネティクス』を出版して,この学問の誕生を宣告した.

情報理論はサイバネティクスの基礎であり,米国の数学者のC・E・シャノン(C. E. Shannon)が創設した数理統計方法を利用した情報処理と情報交流の科学である.シャノンは情報理論の基本的な原理は自然科学だけに適用するのではなく,心理学と経済学などの科学研究にも適用されるといっている.

この二つの科学が誕生した後,工程サイバネティクス・生物サイバネティクス・神経サイバネティクスなどの学問が次々と現れた.そして経済サイバネティクスと社会サイバネティクスなどの学問も現れた.1968年,タイキの『政府の神経』の出版は政治サイバネティクスの誕生を宣告した.

(2)政治コミュニケーション分析

シャノンとウェフの定義によれば,コミュニケーション(communication)は人間の行為を研究する基本的な概念であり,「人が他人に影響をあたえる過程」を含み,口頭の言語と実際の行為をも含む.コミュニケーション自身は有機体とその環境との間で一つの特別なシステムを形成している.有機体は環境に影響をあたえて,環境はこの有機体に影響をあたえる.

政治科学のコミュニケーションの基本的な内容は政治情報を順次伝えることである.コミュニケーションの概念は,需要(入力)と政策決定(出力)による政治システムのある部分から他の部分への一種の運動である.このようなコミュニケーションはいかなる政治システムにも不可欠であり,政治シ

ステム内の各部分のコミュニケーションが不足すれば，このシステムは運営することができない。情報は三つの種類があり，すなわち，客観的情報，主観的情報，価値情報である。客観的情報は物質の属性を強調する。主観的情報は反応と外部の世界のある種類の知識を強調する。価値情報は情報の効果を強調する。政治コミュニケーションの分析の中では客観的な情報の概念を採用している。情報は政治システムと環境との適応で相互に関係している。キャリアーは情報チャンネル（channel）と称する。政治システムの内に主要な情報チャンネルがひとつあれば，このシステムは単チャンネル（one-channel）のシステムと称し，政治システムは双チャンネル（two-channel）のシステムで，多チャンネル（multi-channel）のシステムである。普通は，情報チャンネルは政府が許可し制度化した正式のチャンネルであり，大衆のマスコミ，組織団体などの組織である。

チャンネル能力（channel capacity）とはチャンネルの情報の流量の許容限度である。チャンネルの能力の基準は二つあり，質的な基準は情報の真実性で，量的な基準はチャンネルの負担能力である。情報の真実性（fidelity）とは認知，選択と処理の過程中の情報の正確性である。それは三つの要因からなっている。一つは情報の流通過程での騒音（noise）である。騒音とは情報の受容者の要求と関係がない情報である。二つは情報の流通過程での損失（loss）である。三つは情報の歪曲（distortion）である。情報の損失も一種の歪曲であるが，歪曲もコミュニケーション者の偏見を引き起こす可能性がある。チャンネルの負担する能力（load capacity）はその情報の容量の程度である。負担する能力の大きさはチャンネル自身の品質と関係があり，特にチャンネルの応答性（responsiveness）と関係がある。応答性は主に情報の送信と処理をする機関の敏速性である。

情報は情報ソースから出て，情報チャンネルを通して，受容者を通じて政治システムに入力して，政治当局が処理した後に再び出力に替わる。このようにして一つの循環を完成する。しかし政治システムは複雑なシステムであり，入力と出力の間はフィード・バックを通して無限の循環を形成する。

フィード・バックは正のフィード・バック，負のフィード・バック，拡大のフィード・バックと目標変化のフィード・バックに分ける。正のフィー

ド・バック（positive feedback）とは初期行動を加速させる回帰情報である。負のフィードバック（negative feedback）は目標の方法を変動させる。拡大のフィード・バック（amplifying feedback）とはフィード・バック情報（真実の情報）を大きくすることである。目標の変化のフィード・バック（goal-changing feedback）とは政治のシステムの目標の変化を反映することである。

政治システムは主に負のフイードバックによる調整をしている。その関連する概念は負荷・時差・利得・方向誘導である。負荷（load）は使用しているフィード・バックの設備と関係があり，活動範囲とチャンネルの能力と関係があるフィード・バックの過程を含めた情報の数量である。時差（lag）は政策と行動の情報の交換過程で時間遅滞を発生することである。利得（gain）はシステムが情報を得た後での反応を示す程度であり，利得が多すぎると格差是正の行き過ぎを招く。方向誘導（lead）とは未来の結果を予測，ある目標に誘導する反応の能力である。

政治のサイバネティクスの前提は政治システムが自己目標を確立する自動制御システムである。政治コミュニケーションの分析者の目から見ると，政治あるいは政府の本質と核心の内容は権力ではなく，彼らは権力を政治現象の重要な変数として解明していない。彼らは政治の本質が人類の調和の努力と目標に対しての期待であると思っている。それの「本質はいくつかの目標に自動的に方向誘導（steering）と調和（coordinating）させる行為の過程である」。政治システムは人間の行為によって構成されている。政治の本質は人間を調和して目標を達成させる行為であるので，いかなる政治システムもフィード・バックと自動制御によって活動している。

政治システムが追求している目標は多元的で，政治システムの環境も絶えず変化している，だから政治は一種の変化している現象で，一種の運動の状態である。もし政治システムが絶えず自己を変えて，その環境に適応して，自動的に方法誘導するのであれば，政治システムはもとの状態を安定的にし，つまり運動中に内在する安定を達成することができる

政治システムはもとの安定的な状態を達成するため，政治システムは運営

---

(4) O. R. Yang『政治科学的システム』Prentice hall, 50頁。

に関する情報を絶え間なく獲得してフィード・バックしている。このような情報はタイムリーで流通できるかどうか，滞りがないかどうか，正確な流通かどうかについては情報のコミュニケーションの問題である。そのため，コミュニケーションは政治システムが自動的に方向誘導の目標を成立できるかどうかに，極めて重要な効果を持っている。政治システムの中で，政治のコミュニケーションは主に以下のような機能を持っている。

①コミュニケーションは政治システムの中で，統合する効果を発揮している。すべての政治はすべて一つのコミュニケーション効果を有している。それはいくつかの主要なチャンネルと無数のチャンネルから構成している。システム内部の各構成部分と外部環境はこのネットワークを通じて，政治システムの内部の各構成部分はつながることができて，政治システムは環境と双方向になり，システムの現状と過去と未来を関連させることができる。

②コミュニケーションは政治システムの中で駆動機能を持っている。政治システムはフィード・バックでき運営することができる。情報の移動がない場合は，政治システムの運動もない。システムは全体のシステムを生かして生存し続けることができる。

要するに，すべての政治システムの機能はすべてコミュニケーションを助け実現する。例えば，政党と利益団体の指導者は成員の需要と政策の同意の間のコミュニケーションをとり，立法者は法律を制定するのに必要な情報を得るなどである。そのため，コミュニケーションが健全かどうかは主にチャンネルが速く正確に必要な情報を転送することができるかどうかと関係がある。情報量は少なすぎると，チャンネルの能力がよくないことを示している。情報量は多すぎると，負荷荷重を招いて，チャンネルの効力を失わせる可能性がある。騒音は大きすぎると，時間は過度に遅滞して，情報を本来のものと違わせて，チャンネルの効力を失わせる可能性がある。

(3)政治コミュニケーションの分析方法
①政治コミュニケーションの分析方法の特徴

(A) 政治コミュニケーションの分析方法の最も重要な特徴は政治の情報を政治分析の基本的な単位にすることにある。政治コミュニケーションの分析

についての専門家は権力を政治の本質にすることに反対して、政治の本質は自動的な目標への活動であると思っている。このような目標への調和活動の本質は情報，処理，メモリー，利用の活用である。

　政治コミュニケーションの分析は一種の運営の分析である。この分析は政治を一つの目標が成立する調和の行為であり，政治システムを政策とコントロール・システムと見なす。しかし，それは政策とコントロールの結果を強調せず，政策とコントロールの過程を強調している。

　(B)　政治のコミュニケーションの分析は一種のアナログ分析である。政治のコミュニケーションの分析者達は政治システムと機械的な自動制御と方向誘導をまねて，政治システムは一つの自動制御と方向誘導のシステムであると指摘している。フィードバック・システムを通じて政治を自動制御することを「政治サイバネティクス」と言う。政治システムは生命がある有機体にたとえられて，その情報のコミュニケーションは生物体の神経のようなものであるから，政治のコミュニケーション分析はまた「神経政治学」と言う。

　(C)　政治コミュニケーション分析方法のもう一つの特徴は定量化である。これは政治過程を情報の発送，加工，保存と利用の過程としてまとめ，情報は政治分析の基本的な単位になる。その上，情報は定量技術で精確に測定することができて，情報は「計量して割り切ることができて，コミュニケーションチャンネルの転送あるいは，歪曲した情報の実践をも定量の基準によって測定できる」。情報のコミュニケーションのスピード，真実性，容量，時差，負荷などはすべて厳格な計量技術で推計できる。システムのコミュニケーションの能力を計量することを通じて，全体の政治システムの団結性，安定性，統合性と変化の程度を推定することができる。

②政治コミュニケーション分析の長所

　(A)　政治コミュニケーションの分析は政治運営の過程の新しい規則を提示した。政治コミュニケーションの分析はサイバネティクスと情報理論の原理を適用し，政治システムを自動的に方向誘導する自動制御システムにして，

---

(5) ドイッチェ「コミュニケーションのモデル政策システム」チャールスワース編『現代政治分析』上海訳文出版社，277頁。

政治過程を情報の発送，加工，保存と利用の過程にし，新しい視角から政治運動の規則を提示した。

(B)　政治コミュニケーションの分析方法は政策の科学化に役立つ。政治コミュニケーションの分析方法は政策決定者が科学的な情報のコミュニケーションとフィード・バックの体制を創設することに役立ち，情報速度と真実程度を高め，システムの情報流量を拡大し，情報の騒音を減らし，情報が本来のものと異なることや損失を減らす。それによって政治情報の流れを合理的にして，政治システムの人流と物流の方向，目標，数量を調節し，政府が科学的なマクロ政策の決定を行うことに役立つ。

(C)　政治コミュニケーションの分析方法は政治科学の発展に貢献し役に立つ。それは政治システムの中の情報とコミュニケーション能力が，全体の政治システムにおいて決定的な影響をおよぼすことを明らかにした。この分析方法はサイバネティクスと情報論の方法と概念を取り入れ，政治研究の機能のアナログ化を行った。

③政治コミュニケーション分析方法の制限

(A)　一面性。政治コミュニケーションの分析方法は政策過程の分析に集中しているが，それは政治に関する全面的な分析ではなく，政治の一分野の内容だけを分析している。その上，政策過程は人流，物流と情報の移動の総合であるから，情報の移動過程だけを分析することだけでは十分でない。政策の過程をただ情報の移動過程だけに限定するのは少し偏っている。

(B)　形式化。政治コミュニケーションの分析方法は政治システムの目標が何であるかあるいは何であるべきかに関心を持たず，政策行為の本質に関心を持たず，政策の決定者がだれか，政策はだれのために決定するのかに関心を持ってない。その上，政治コミュニケーションの分析方法は，政策の結果に対して評価を行うことを拒絶して，政治は道具であるが，目的ではないと言っている。このような政治コミュニケーションの分析方法は形式主義の色彩を持つことを避けられない。

(C)　機械性。政治システムは生物システムと機械システムに似て，機能のアナログを行う。しかし，彼らの間に本質的には差異があるから，完全に政治システムを機械的なコントロール・システムにすることができない。

4 政治政策の分析方法

政治政策の分析方法（political decision-making analysis approach）は政治政策から着手して全体の政治システムの運営する規則を提示する。政策は現代の一連の制定，実施され，拘束力がある規則に関する行為である。政治政策の分析は2種類の基本的な方法があり，一つの方法は政治政策自身の性質を分析することであり，もう一つの方法は政治政策の過程あるいは内容の分析である。

(1)政治政策の一般的な性質

政治政策は規則を制定，実施し評価する一連の行為であり，非政治性の政策との差異は，政策が国家と全体の政治システムに関わることにあって，国家機関の政体と政治システムの運営の方向とスピードに影響する。現代政治の政策は2種類の基本的なモデルがある。一つは有限の理性の政策の分析モデルであり，もう一つは現実の政策の分析モデルである。この二つのモデルはそれぞれ科学主義の政策分析と戦略主義の政策分析と言い，あるいは理性主義の政策分析と現実主義の政策分析と言う。

理性の政治政策の分析の哲学的基礎は，世界の可知論である。

有限の理性の政策分析の視角から見ると，理性的な分析は決定者が十分な理性を持っていると仮定している。人間の理性は三つの分野の制約を受けている。それは個人の知識の能力の制約を受けている。それは客観的な対象の複雑性の制限を受けている。それは価値体系の制限を受けている。その上，理性の政策でも大量の情報を完全に獲得することができないから，いかなる理性の決定者の理性もすべて有限である。

(2)政治の政策分析

政治政策の分析の枠組みは主に次の内容を含む。政策の参加者，政策の情勢，政策のプログラムと政策の結果である。

政策参加者（decision participants）について。現代社会において，大規模生産はきわめて複雑なため，複雑な経済的土台の上に創設した政治の政策は

更に複雑である。このような状況の下で、政治政策の参加者を確定することはきわめて困難である。これについては、現代政治の分析者達は少なくとも10種類以上の観点がある。①政策決定者は政治政策に対して、法律と政治の権限を持っている人々である。②政策決定者は実際に政治政策に参加する、あるいは分かち合う人々である。③政策決定者は直接個人の情報を提供する人々である。④政策決定者はそれぞれの政策を考慮して選択すべき人々である。⑤政策決定者は強大な経済、軍事と政治の権力を有する人々あるいはエリートである。⑥政策決定者は最も重要な政策に参加する人々である。⑦政策決定者は利益団体の指導者である。⑧政策決定者は政策を実施する行政の上級指導者である。⑨政策決定者は政策を否定する権力を持っている人々である。⑩政策決定者は政策と規則を選ぶ人々である。

政策情勢（decision situation）とは政策を作る時の時間と空間の状態であり、私達が普通に言う時事の情勢である。具体的に言うと、政策情勢は政治政策が提案される時、政策を決定している過程と結果に影響をあたえる環境と組織である。

政策過程（decision process）は政策の決定者の問題に対する認識、分析と判断と関係があり、主体の分野から見ると、政策過程は決定者の認識の過程であると言われる。そのため、決定者の認識の過程によって政策過程を分析することができる。この分野では、サイモンとラスウェル（Lasswell）が最も有名である。

サイモンとマーチの著作『組織』によると、政策は4種類のタイプがある。問題の解決型（problem-solving）は、純粋な知力と情報を適用して政策決定することで他の決定者を説得して、政策を作ることである。駆け引き型（bargaining）は、それぞれの決定者の間で相互に妥協することである。政治型（politics）は、正常な政治の手段を通じて政策を達成することである。

上述の各種の政策は必ず以下の四つの段階を通らなければない。政策の理由を探すこと→可能な措置を探すこと→過去の措置を評価すること→過去の選択を評価することである。サイモンが言った「情報の行為→行為の設計→行為の選択→行為の回顧」である。認識論の視角から見ると、サイモンの政策段階はつまり「感知→分析→判断→総合」の過程である。

ラスウェルの政策決定の段階は以下のようである。①情報（intelligences）の段階。問題を認識して，情報を研究する段階である。②提案（promotion）の段階，政策を一時的に試行する段階である。③命令（prescription）の段階。権威的な規定によって作り出した選択の段階である。④試行（invocation）の段階。政策を試験的に推進する段階である。⑤施行（application）の段階。政策を具体的に実行する段階である。⑥終了の段階。政策の変更，修正と廃止の段階である。⑦評価の段階。政策とその結果を審査する段階である。以上のそれぞれの段階は有機的な関係があり，無限の循環の過程である。

リンドブロム（Lindblom）は政策が分析の結果ではなく，双方向性の結果であると思っている。このため，政策決定過程は政策決定参加者の間の双方向性の過程である。双方向性の主な方法は次のようになる。①説得。双方の損得を述べて，他人の支持を獲得すること。②交換。お相互に利益を交換すること。③権威。他の人からの利益を得る権利である。④脅迫。相手を処罰あるいは侵害すること，相手を制御すること。以上により，政策決定過程は一つの漸進的な過程である。政策決定のメカニズムの過程は一般的に社会慣習と法規などの規定のプログラムによる。それは社会の習慣と法規などが相互に影響をあたえる過程であり，単純な法定の政策決定の過程ではない。このような決定過程を強調する政治の分析者は主にスナイダー（Snyder），シューバート（Schubert），ブルック（Brooke）などで，その中でスナイダーの分析は最も有名である。

スナイダーは，政策決定過程の分析では2種類の問題を処理しなければならないと考えている。一つは双方向性であり，もう一つは政策決定である。前者は両種類の情勢の相互関係を叙述し評価することであり，後者は行為の因果関係に関心をしめしている。さらに，政策決定過程と内部統制と外部統制との関係は強いので，一つの複雑な政策決定のネットワークを構成する（図1-3を参考）。

スナイダーの政策決定の過程分析の出発点はすべての政治行動がすべての人々によって起きると思っていることである。私達はこの過程を理解するならば，人々の政策決定の責任に着目しなければならない。スナイダーは，政策決定過程は全体の政治機構の運営の過程であると思っている。

政策決定の結果（decision outcome）について。政策決定の結果は全体の政策決定の全部の結果である。それと政策決定出力と結びつく。出力は一つの再政策決定を形成，実施することである。たとえば，一つの憲法の修正案を採択することである。政策決定出力はこの政策が発生した効果と影響についての内容である。効果はこの政策決定が発生した直接の影響であり，影響は出力あるいは政策決定が発生した間接的な結果である。

図1-3 スナイダーの政策決定過程のネットワークモデル

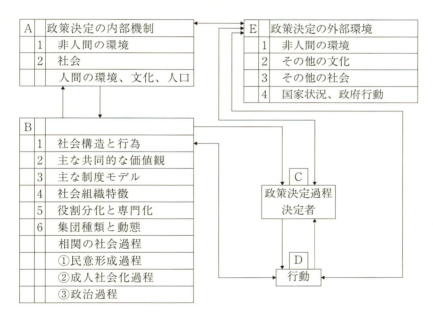

(3)政治政策決定分析方法についての評価
①政治政策決定分析方法の基本的な特徴
(A) 政治政策決定分析方法は政治政策決定を政治分析の起点にする。政策決定についての分析者は，政策決定することは政治の本質の過程であると思っている。これは政治コミュニケーション分析の分析者が政治情報を政治分析の基本的な要素にするのと異なり，政策決定についての分析者は政策決定

を政治分析の基本的な要素にする。彼らは，政策決定は政治活動の中心であるだけではなく，政策決定は政治の行為の源泉と結果であると思っている。

(B) 政策決定分析方法は政策決定の過程を政治分析の核心にする。政策決定の分析者は政治政策決定の過程に対する分析を特に強調するのは，政治政策決定の分析者の目的は主に「政策決定科学」を創設することであり，実際の決定者に情報を提供することであるからである。同時に，政策決定の分析者は政治過程が政策決定の過程であると思い，政策決定過程を理解したら，政治の実質過程を把握できると思っている。

(C) 政策決定分析の応用性を強調すること。政策決定分析の分析者は政治学の視角から，社会学，心理学，人類学，システム論，情報理論とサイバネティクスなどの学問の成果に基づいて，参加者の個性的な特徴，自己利益，相互衝突が政策の決定に及ぼす影響を分析する。政策決定が政策決定に影響する道筋を分析すること，政治政策決定の過程と結果及び政策決定の科学性を分析することは，すべて応用性の分析である。

②**政治政策決定分析方法の長所**

(A) 科学的な政策決定を創設することに有利である。政策決定分析方法はまず社会学，人類学，情報理論とサイバネティクスなどの学問の成果を利用して，政策決定を分析する。これは政策決定科学の創設の重要な条件を作り出して，政策決定の科学の基礎を築いた。

(B) 政策決定の科学化に有利である。政策決定分析の分析者は政策決定の参加者，政策決定の情勢，政策決定のプログラム，政策決定のタイプ，政策決定の結果などを分析の重点にする。これらの分析は政策決定に関する問題の性質，目標，提案の選択に対して有利である。そのため政策決定の科学化に役に立つ。

③**政治政策決定の分析方法の制限**

(A) 政策決定の分析方法は一方的に政策決定の役割を強調した。政策決定の行為は政治活動の中で重要な内容であるが，全部の内容ではない。多数の政策決定の分析者は政治活動の考察を中心にして，政治政策決定自身の内容と過程に対する分析だけを重視している。そのため政治自身と政治の政策決定との関係を逆にした。

(B) 政治政策決定の分析は明らかに実用主義の傾向を持っている。有限の理性の分析の中では，このような傾向は明らかである。彼らは公然と理性と知識の政策決定の中の役割を低く評価している。しかし，現代西側諸国の中の政策決定の実用的な経験技術は「科学的な政策」を適用する際に有効である。

5　政治文化の分析

(1)政治文化の一般的な意味

50年前，アメリカの政治学者のアーモンドが『比較政治システム』の中で，「政治文化」を始めて使用してから，この概念はすぐに政治学者たちに受け入れられた。政治科学の発展とともに，政治学の研究は人々の政治行為と政治過程及び政治モデルを決定する問題を研究し続けている。政治文化の概念はこのような問題に対する最もよい答えである。

政治文化は社会文化全体の一部分であり，社会文化には人々の政治行為と政治が生活に関係する文化があり，この文化は政治文化である。政治文化を定義すれば，政治文化は人々の政治の方向モデルである。

政治の方向モデルとして，政治文化は五つの基本的な構成部分を含む。つまり人々の政治認知の方向・政治態度の方向・政治信仰の方向・政治感情の方向・政治価値の方向である。政治認知は人々の政治に関する知恵と知識である。政治態度は人々の政治問題に対する関心と精神状態であり，政治参加に対する積極的な態度あるいは消極的な態度である。政治信仰は政治目標に対する忠誠の程度である。政治感情は政治目標に対する依存あるいは抵抗の心理状態である。政治価値は政治目標に対しての判断と評価である。この五つの分野は密接に関連しているが，それらの有機的な結合は一つの民族あるいは国家の政治文化を構成する。

政治文化の分類は，特にアーモンドの分類が最も有名である。彼は政治文化を3種類の基本的なタイプに分ける。①地方性の政治文化。それは単純な伝統社会の中に存在している。ここでは，行為者の自然発生的な政治・経済・宗教の役割の結合を実現し，政治の専門的役割がない。個人の政治システムに対する自己の認知，感情と評価の方向はゼロである。②臣民式の政治文化。これは特に植民地社会の中に存在する。人々は政治システムに対して

高度な方向性を持っているが、それに対する入力と政治の参加者自身の方向性はゼロである。③参加する政治文化。それは高度に発展した社会の中に存在する。ここでは人々は積極的に政治に参加して、権力と職責を自覚して関心を示し、社会成員は政治システムと出力、および政治システムの入力に対して、高度の関心を持っている。

(2) **政治文化の特徴**
①**自発性**。政治文化は人々の現実的な生活のなかで自然発生的に形成される感情であり、政治の現実に対して自覚的・システム的・成熟的でない自然の感情である。これは人々の階級、地域と社会の発展段階の経済利益と政治要求を反映しているが、このような反応は主に潜在意識で、感性的で理性的ではない。

②**深層性**。政治は一定の政治理論と政治の学説に束縛されて、一定の政治理論と政治の学説はまた一定の政治文化に束縛される。政治生活は人々の政治行為に束縛され、政治行為は人々の政治心理、感情、認知などの政治関心に束縛される。

③**社会性**。政治文化は最も普遍的な社会意識であり、その中で生活している人々は政治に対してある種類の傾向と態度を有し、政治事件に対してある種類の反応を作り出して、それによって一定の政治文化を形成する。

④**継承性**。政治文化の中で、ある内容特に核心的な政治道徳と政治の価値は、この社会あるいは民族の歴史的な経験の中に根を下ろすため、その結果政治文化は一種の遺産として広く伝わる。それによって各民族国家はすべて一定程度の民族の特色がある特定の種類の政治の方向モデルを持っている。

⑤**変化の遅滞性**。政治文化は歴史の継承性があるため、政治文化の変化はとても遅い。現実的な政治と政治理論と経済制度の変化と比べると、政治文化の変化はかなり緩慢である。

(3) **政治文化の作用**
①政治文化は政治行為に影響する方式である。人々の行為はすべてその頭で制御する意識であるが、その行為は外部の刺激に対する反応である。政治行

為も同じであり，それは人々の頭の中の政治道徳と政治文化の制約を受けて，政治環境の刺激のもとで，人々は一定の政治刺激に対して政治行為を行う。

②政治文化は政治過程の傾向に影響する。政治文化は人々の政治の傾向であり，いかなる人でもすべて自己の政治傾向によって自己の政治行為を選ぶ。そのため，一定の文化背景を持っている人々は重要な政治事件に対して同じ傾向モデルと行為の方向を決定する。それによって制約力を構成し，政治事件の過程と傾向を制約する。政治文化は政治構造のモデルに影響する。政治モデルとは政治の役割あるいは政治行為の一定の配列・組合せを言い，政治制度は一種の政治構造の方法である。政治構造の基本的な要素としての政治の役割と政治行為の引受者は，政治文化の影響を受け，政治構造は経済体制と適応しなければならないだけではなく，一定の政治文化と必ず適応しなければならない。

政治文化は政治社会の安定に影響する。政治当局による正常な政治秩序は大衆の十分な支持を基礎にし，社会の政治文化は人々が当局の合法性に対して懐疑している時，政治支持と正常な政治の秩序を失う可能性がある。いかなる政治システムの安定もまた人々の政治のアイデンティティーにかかって，このようなアイデンティティーが不足するならば，政治システムが動揺する可能性がある。

③政治文化は政治変革の過程に影響する。現実的な政治変化は政治の変革を招く可能性がある，逆に政治文化はまた政治の変革に影響する。政治文化は公民と当局とが同じ政治のアイデンティティーと信頼感をもち，政治改革の方向と民衆の政治の方向が一致すれば，このような政治文化は政治の改革を推進する。

Ⅱ　政治学の基本的範疇

1　人　権

人権とはすべての人々が持つか持つべき基本的な権利を言う。人権は人種，皮膚の色，性別，言語，宗教，政見，国籍，家柄，財産，文化，才能と関係

がなく，個人の国家あるいは政府に対する要求であり，政府あるいは国家の個人に対する要求ではない。

　人権は基本的な権利と経済の権利という二つの種類に分けることができる。基本的な権利は伝統上の自然な権利であり，主に生存の権利，自由の権利，平等の権利等である。社会における経済上の権利は各種の福利の権利であり，たとえば医療の権利，教育を受ける権利などである。『世界人権宣言』は28項の人権を列挙している。主なものは平等の権利，自由の権利（信仰，言論，団体を組織する権利，住居移転の権利，人身，就職，集会，通信などの自由である），生命の権利，独立の権利，人格の尊厳の権利（主体の権利，プライバシー，名誉の権利等），公訴の権利，公正な裁判の権利，国民権，婚姻の権利，庇護権，参政権，収益の権利（社会保障の権利は，教育を受ける権利，娯楽の権利，休暇の権利，アミューズメントの権利などである），財産権，幸福を追求する権利等である。人権の基本的な特徴は次の通りである。

　国家に対する要求は積極的な要求と消極的な要求に分ける。消極的な要求あるいは消極的な権利とは，国家が個人の権利を不可侵の権利とし，これらの個人の権利に対して法律に基づいて保護し侵犯しない義務がある。積極的な権利あるいは積極的な要求とは，個人が国家の積極的な行為の権利を求めることであり，すなわち社会福祉の権利である。国家は積極的な実現と保障を行わなければならない。

　人権の本質は道徳的な権利である。人権は主に人類が自己の人間性，理性，および道徳に基づいて判断し，ある個人あるいは団体が与えたのではないし，法律の規定ではない。もしこれらの道徳的な権利が法律上規定されないならば，このような権利は基本的な保障がない。そのため，それは一定の法律の権利として表れる。

　人権はイデオロギーを越える権利である。今の社会の中で，各種のイデオロギーの間で，鋭い衝突が存在している。しかしすべてのイデオロギーは，マルクス主義でも，保守的な思想でも，自由主義でも，すべて人権を人類の共通のものとして追求している。

　人権は自明性，普遍性，不譲渡性，不可侵性などの特徴を持っている。人権の自明性とは争う必要がないし，法律で書く必要がないし，与えられる必

要がないし，すべての人々が持つべき権利である。人権の普遍性とはこのような正常な権利を全ての人はその個人の特徴に関わらず持っていることである。人権の不譲渡性とはこのような権利は健全な人間性を体現していて，人々はその人間性を放棄するあるいは譲ることができず，これらの権利を放棄することができない。人権の不侵犯性は，個人がこれらの権利を行使していなくても，個人の人権はそのために喪失することはない，それはまた個人がいかなる不当な関与にも抵抗することができるという意味がある。

2　管　理

1989年，世界銀行はアフリカの当時の状況を述べている時，「危機管理」（crisis in governance）という言葉を初めて使った。その後，「管理」という言葉は政治研究の中でよく使われている。英文の中で，管理という言葉はラテン語と古いギリシャ語から生まれ，本来の意味はコントロール，案内と操縦であり，主に国家公共事務の管理活動と政治活動の意味である。90年代以来，政治学者はそれに新しい意味を与える。

(1)　国家の管理と行為としての最小の管理は国家の公共支出を削減することによって，最小のコストで最大の収益を得るという意味である。

(2)　会社の管理としての管理は，会社の運営を設営，コントロール，監督する組織のシステムであると言う意味である。

(3)　新公共管理としての管理は，市場のバックアップシステムと個人部門の管理の手段を政府の公共サービスに取り入れることである。

(4)　善治（good governance）としての管理は，効率の強調，法治，責任の公共サービスのシステムである。

(5)　社会の制御体系としての管理は，政府と民間，公共部門と個人部門の間の協力と双方向性である

(6)　組織のネットワークとしての管理は，相互に信用と相互の利益がある社会の調和のネットワークを創設することである。

西側の政治学者はなぜ管理の概念を出して，管理を統治に代替させることを主張するのか，この原因は彼らが社会資源の配置の中で，市場の効率を見て，また国家の失敗も見たことによる。市場は独占を制限すること，公共財

を提供すること，個人のきわめて利己的な行為を制限すること，生産の無政府状態を克服することなどの分野で内在的な制限が存在し，単純な市場の手段によって社会資源の最適の配置を実現できない。同様に，単に国家の計画と命令の手段は資源の最適配置を達成することができない。公民の政治の利益と経済の利益を実現することができない。このため，「ますます多くの人々は管理のシステムによって市場とあるいは国家の失敗に対処することに熱中している。」[(6)]

管理の失敗が存在しているから，人々は良好な管理を探求している。人々は良好な管理を「善治（good governance）」と言う。「善治」の基本的な要素は次の通りである。

合法性（legitimacy）。それは社会の秩序と権威を意識的に認可することによる状態である。それは法律規範との直接の関係がないが，法律の視角から見ると合法的なものである。人々の認可した権威と秩序にだけ合致し，政治学の言う合法性がある。合法性はもっと大きくて，善治の程度はもっと高い。合法性を得るルールは人々の政治のアイデンティティーを増加する。

①**透明性**（transparency）。政治の情報公開の意味である。すべての国民は自己の利益と関係がある政府政策の情報を獲得する権利を持っている。政府政策の情報は立法の行為・政策制定・法律条項・政策実施・行政予算・公共支出などを含む。国民はこのような情報をタイムリーに掌握すれば，公共政策に対する監督を有効に行い，透明性はもっと高くて，善治の程度ももっと高い。

②**責任性**（accountability）。公共管理の中で，責任性は特にある職務あるいは機関と関連する職責および義務を言う。責任性は幹部と管理機構の職務であるため，必ず一定の機能と義務を履行する必要がある。そうしないことは職務上の過失或いは責任不足と言う。公衆，特に公務員及び管理機構の責任性はもっと大きく，善治の程度がもっと高い。

③**法治**（rule of law）。法治の基本的な意味は法律が公共政治管理の最高の

（6）ボブ・ジェソップ「管理強化とその失敗の経験：経済発展を例とする論述」『国際社会科学』No.2, 1999年。

準則で，いかなる政府の官吏と公民もすべて法律に基づいて政策を進めなければならないことである。法治の直接の目標は公民の行為を規範に合わせるので，その最終目標は公民の自由，平等及びその他の基本的な政治上の権利を保護するという意味である。この意味からすると，法治は人治と対立的な関係があると言える。法治は公民の行為を規範に合わせるだけでなく，更に政府の行為を制約できる。法治は善治の基本的な要求である。

④**応対性**（responsiveness）。これは責任性と密接に関連している。その基本的な意味は，公共管理の幹部と公共管理機構は公民の要求に対して時期を得た反応をする必要がある。必要な時，定期的に，自発的に公民に向って意見を求め，政策を説明して，公民が提起した問題に答えることである。

⑤**有効性**（effectiveness）。主に二つの分野の意味を含む。一つは機構の設置が合理的であり，管理の行為は柔軟である。もう一つは，最大限度にコストを下げる。そうすれば管理はもっと有効性があって，善治の程度はもっとコストを引き下げることである。

善治は実際には国家の権力を社会へ還元すると言う意味であり，善治の過程はまた政権が国民へ還元する過程である。善治は国家と社会あるいは政府と公民の良好な協力であることを表している。善治は国民の政府に対する信任，権威に対する信認，および国民の積極的な協力を含む。このため，健全に発達している公民社会が善治の根本的な基礎である。

3　民　主

民主（democracy）の言葉は古いギリシャ語の demos と kratia から来た。前者の意味は「人民」の意味であり，後者の意味は「統治」の意味である。二つの言語をいっしょにすると，「人民の統治」と言う意味である。民主の意味については，政治の哲学者達がずっと論争をしている。現代において，政治の哲学者達は「人民」と「統治」との関係を強調し始める。「人民」の理論を強調する理論は「本質民主論（substantive democracy theory）」と称され，「統治」を強調する理論は「プログラム民主論（procedural democracy theory）」と称する。

「本質民主論」は民主を政治の状態の一種とし，このような状態の下で，

個人の権利は最も十分な保証を得る。民主政治にとってプログラムは最も重要ではなく，最も重要なのは個人の権利の実現である。それは個人の権利の重要性を強調するため，政治結果から政治体の民主程度を判断すると主張するため，また「権利基礎論（rights-foundationalism）」あるいは「結果推進論（result-driven）」と称される。本質民主論の重要な代表であるロナルド・ドウォーキン（Ronald Dworkin）は『自由な法律：米国の憲法の解読（Freedoms' Law：The Moral Reading of the American Constitution）』と言う著作の中で，「民主の重要な内容はプログラムではなく，一種の状態である。このような状態の中で，政府は政治体の中の全体の成員をすべて単独の個人にして，これら個人に同様の平等と尊重の権利をあげる」と言った。もう一人の政治の哲学者アイザイア・バーリン（Isaiah Berlin）は有名な著作『両種類の自由観（Two Concepts of Liberty）』の中で，「民主政治の実施は個人の自由の実現を保証し，個人の自由は自己の決定（self-mastery）」であると断定している。

「プログラム民主論」は民主が一種の過程あるいは一種のプログラムであると主張し，個人の自由と平等の権利はこのような過程あるいはプログラムの中で実現でき，民主政治のプログラムが重要であり，結果によって政治体の民主的な程度を判断できないと考えている。「プログラム民主論」はまた「民主的なプログラム主義（democratic proceduralism）」と称され，その重要な代表であるユーゲン・ハーバーマス（Jurgen Habermas）は『事実と規範の間（Between Facts and Norms：Contributions Discourse Theory of Law and Democracy）』と言う著作の中で，「民主は一つの回転しているこまのようであり，重要なのは回転する過程である」と比喩している。法治の観念は法律の応用であり，民主のこまを回転させる。この回転する過程がない場合は，民主政治のこまは倒れて，個人の権利も保障できない。

「本質民主論」と「プログラム民主論」は多くの重要な政治問題に対して異なる論述をしている。「本質民主論」の提唱者は代議制民主と立憲制民主を提唱する。彼らにとって，民主政治の核心問題は立憲の問題であり，立憲民主は個人の権利を実現する根本的な道である。立憲民主はすべての民主国家が個人の自由の権利を規定した根本的な憲法を持つことを求め，憲法は政府と公民について最大の権威があって，憲法の具体的な内容はこの国家の民

主的な程度を反映している。これと異なる,「プログラム民主論」は民主参加を強調して,彼らにとって,民主政治の核心問題は人民の参加の過程であり,人民の参加の過程は民主を実現する根本的な道であり,参加自身は人民が民主的権利を行使する表現であると考えている。憲法はもちろん重要であるが,最も重要なのは「本質民主論」の提唱者達が言うような憲法の条文の内容ではなく,最も重要なのは条文の内容の生きたコントロールである。

合法性（legitimacy）は政治哲学の中の一つの重要な概念で,それは単に法律に適合することを指すのではない。公民は政治行為に対する自己の意志によって結果を受けることを指す。合法性は政治統治の基本的な要素であり,民主政治にとって特に重要である。民主政治は政府の行為は必ず合法性の根拠がなくてはならないことを求める。合法性の問題に対応する上で,「本質民主論」と「プログラム民主論」の間にはとても大きな相違が存在している。前者から見ると,合法性の主要な出所は各成文あるいは成文化されていない法律,規則,制度あるいは伝統的な慣習である。民主政治の合法性が依拠するのは主に上述の法規である。制度あるいは伝統は個人の権利を尊重し保護している。「プログラム民主論」は,民主政治にとって,政治の合法性の主要な出所はこれらの法律,規則,制度と伝統的な内容ではないと思い,これらの法律,制度と伝統的プログラムの発生するプログラムが重要であると考えている。例えば,憲法について,「本質民主論」はその内容を強調し,「プログラム民主論」はその過程を重視し,この憲法は誰が制定したのか,およびどのように制定したのかを重視している。

政治の民主化の程度を判断する分野において,「本質民主論」は政治の民主化を強調し,経済の民主化を重視しない,彼らは個人の自由や平等が主に公民の政治上の権利であり,このような権利の実現は憲法の保護であると思う。これに反して,「プログラム民主論」は,公民の政治上の権利の実現は必ず現実的な構造を備えなければならない,その中で基本的で現実的な条件は公民の経済自主権であり,このため彼らは特に経済民主化は政治の民主化と同様極めて重要であると強調している。それ以外に,「本質民主論」は民主政治の実現の程度を個人の権利の実現の程度に等しく,個人の権利の実際的な結果が民主政治の状況を直接に反映すると思っている。これに反して,

「プログラム民主論」は民主的な実現の程度と公民の政治の過程のコントロールの程度は同じとみなし，民主政治の最も重要なことは公民が政府の政策決定の過程と議事日程の最終コントロールの保証が最も重要な内容であり，このようなコントロールがない場合は本当の民主化がないと考えている。

4 国家利益

(1)国家利益の概念

国家利益の問題は国家と国家の相互の関係の中で重要であり，このため国際政治学者がとても重視している。有名な国際政治学者のハンス・J・モーゲンソウ（Hans J. Morgenthau）は「世界は政治の上で国家から構成されたことで，国際政治の中で最後の言語は国家利益であるしかない」と思っている。[7] 彼を主に代表する現実主義の国際政治理論は，直接国家利益を国際政治の分析の出発点と帰着点にする。しかし国家利益は国際関係の概念だけではなく，事実上，それは国内政治の概念であり，それは国内政治の中での重要性は少しも対外政治に劣らない。現代の有名な政治学者のイーストンは，公民の国家利益と民族の利益などの公共利益の信仰は，政治システムの存在と発展の基本的な一つの条件であると指摘していた。

国家利益が客観的に存在するかどうかについての問題には，客観主義と主観主義という2種類の意見が存在している。大多数の政治学者はすべて客観主義の立場で，「国家利益が客観である」と肯定して，それが一定の社会の歴史的条件と国内外の政治経済の環境の規定によって客観的に存在し，国家の内外の政策の基本的な目標と国家の内外の政策の評価の客観的な尺度であると思う。国家が存在するのであれば，人々に見える国家利益も存在している。少数の主観主義の態度を持つ政治学者は，国家利益は実際には存在せず，政治家が創造した政策と行為を弁解するための虚構の物であると思っている。

これと対応して，国家利益の概念に対しても客観主義と主観主義という2種類の態度が存在している。「客観主義は国家利益が客観的，理性的に確定

---

(7) ハンス・J・モーゲンソウ『政治学の苦境（Dilemma of Politics）』シカゴ大学出版社，1958年。

することができて，国家利益を一つの科学であると見なす。主観主義は，国家利益は各種の異なる主観的な観念の間の相互の競争から発生した政治結果であり，彼らは国家利益を一種の芸術であると見なしている」[8]。

この2種類の異なる観点は現実的な生活の中で証拠を探し当てることができる。これは国家利益には客観的な1面があって，また主観的な1面があることによる。国家利益は存在するが，しかし同時に国家利益とみえるものは本当の国家利益ではなく，ある集団あるいは個人の利益であり，ある人たちの私利を図る口実である。国家利益が客観的な存在性があり，また主観的な随意性があるため，「国家利益」の概念も普通は2種類の意味で使われる。「国家利益の概念は，政治分析と政治行為という2種類の意味で使われる。分析の道具としての国家利益は，国家の外交政策の源あるいは適切性を描写，解釈及び評価を行う。政治行為の手段としての国家利益は，ある政策を弁護，非難及び肯定を行う」[9]。

ある種類の政治行為の弁護の口実としての「国家利益」の概念は極めて大きい主観性を持っていて，政治分析の上で，国家利益概念は普通，客観的存在の国家利益である。

(2)国家利益の内容

国家利益の実際的な内容は絶えず変化するが，分析の視角から国家利益の不変の要素を引き出すことを妨げない。モーゲンソウは国際政治学の現実主義の主要な代表として，国家利益の定義を一つの政治の実体自身の生存であり，最低限度の国家利益は国家領土の完備，政治制度と文化を含むべきと考えている。彼は「多くの主権国家は権力を奪い合うために競争して対抗する世界の中で，国家の外交政策が自己生存を最低限度の要求にする」と言った[10]。

ロバート・E・オスグッド（Robert E. Osgood）も国家の生存あるいは自己

---

(8) T・A・コルビンス，J・H・ウルフ『権力と正義』華夏出版社，1990年。
(9) ジェームズ・N・ロズナウ『対外政策の科学研究』自由出版社，1971年，239頁。New York.
(10) ハンス・J・モーゲンソウ『政治学の苦境（Dilemma of Politics）』シカゴ大学出版社，1958年，66頁。

の保護が最も重要な国家利益であると考えている。具体的に言うと，国家利益は以下の四つの要素を含む。①国家の生存あるいは自己の保護であり，領土保全，国の独立と基本的な政治制度の継続を含む。②国家は経済の上で自給自足する。③国家は国内外で十分な威信がある。④国家は対外拡張する能力がある。

Ivo・ドチャチクは，国家利益は5つの永久不変の要素があると思っている。①国家の実体の生存であり，主に国民と国土の存在である。②基本的な価値の存在であり，例えば民主・自由・独立・平等である。③基本的な政治制度の維持である。④経済の発展である。⑤領土と主権の完備である。

最近，アレキサンダー・ジョージ（Alexander George）とロバート・O・コヘイン（Robert O. Keohane）は国家利益に対して新しい説明をした。彼らは国家利益の不可欠な基本的な内容は三つの内容があると思っている。①実際的な生存であり，これは人民の生存を意味して，領土と主権の完備をすること。②自由であり，これは国家の公民が自主的に彼らの政体を選ぶことができることを意味し，行使することができて，法律の規定に基づいて国家からの一連の個人の権利を保護することである。③経済生存であり，これは最大限度の経済の繁栄を確保することを意味する。

西側の政治学者の国家利益に対する議論は政府のために直接内外の政策を制定することに奉仕しているので，彼らは2種類の致命的な偏見を持っている。実は，国家利益を考察する着眼点は国家の外部に置くべきでなく，国家の内部に置くべきである。もし国家利益の具体的な内容に対して正しい抽象的考察を行うならば，分析の視角から4つの要素がある。つまり国家の生存，国家の強大，国家の制度と国家の価値である。

いかなる国家の存在も必ず主権，領土と国民という三つの基本的な要素を備えなければならず，その中の一つの要素が不足しても，それは完全な国家ではない。国家の生存は主権の独立，領土の完備と国民の存在を指す。国家の生存は国家の他の利益の基礎であり，それがないとその他の利益は絶対ない。

次に，国家は単に生存するだけでなく，発展する。国家の発展の目標は国家の強大化であり，それは国家が国際上の威信・尊厳・力，国内の経済の繁

栄・政府の崇高な権威・強大な軍事力・比較的高い社会福祉・良好な国民教育・健全な法制を含む。そして、政治上の同一性を認識すること、発達している科学技術と文化芸術などを含む。国家の強大化は国家が全面的に発展することと総合的国力を基礎にするので、一方的な発展（たとえ核兵器を持つとしても）はすべて国家の強大化を表わさない。

マルクスとエンゲルスがいったように、「国家は支配階級のそれぞれの個人の共通の利益を実現する形式であるため、この時代の全体の市民社会の集中表現の形式であるため、一つの結論を得ることができる。すべての規則は国家を仲介にするので、すべては政治の形式を持っている」[11]。国家の基本的な政治制度は最も集中的に支配階級の政治の利益と経済の利益を体現していた。逆に言えば、支配階級の利益も国家制度を通じて有効な保障を得ることができる。そのため、いかなる政府も既定の国家制度の保護を自己の最も重要な職責にし、すべての支配階級は自己が制定した支配階級の利益に適応する基本的な国家制度が外部の勢力あるいは国内の被統治階級により破壊あるいは変化されることを許さない。いかなる国家の支配階級も自己の国家制度と国家利益を守る意味は完全に同じである。

最後に、すべての民族国家は自己の独特なイデオロギー・歴史の伝統・民族精神・社会習俗・宗教の信仰・文化財・名所旧跡・生活様式を持っている。民族国家のこれらの特有な価値は長い歳月の中で人民の生活の不可欠な内容になり、全社会の公共の要求になり、それによって国家利益の構成部分になる。そのため、これらの価値を保護し発揚することは国家と政府と国民の共通の職責になる。

5　社会集団主義

ここ数年来、欧米国家において政治学者達は、「自由主義」と「社会階層主義」についての研究を進めている。自由主義を西側の民主立憲政治体制理論の基礎と見なし、全ての個人は生まれながらに備わっている思想の自由・言論の自由・信仰の自由などの基本的な権利があると主張し、個人の自由の

---

(11)『マルクス＝エンゲルス全集』第1巻, 69頁。

意志精神を尊重し，近代的な民主的な選挙制度を形成する。自由主義が個人のこのような自由と平等の権利を作る時，個人が彼の「自主性」を有すると仮定するので，自由主義と個人主義は相互に表裏の関係である。これは過去の敵対勢力，例えば専政の王朝・ファシズム・社会主義などはすべて集団主義の標識を挙げているので，これからも見抜くことができる。しかし，敵はみんな崩壊したが，自由主義の要衝としての英米国家は，逆に80年代から，自由主義思想に関する「内在的な批判」を行って，「社会集団主義」は新しい言葉になって，すべての自由主義に「反対」する論述に用いられている。

社会集団主義者の自由主義に対する批判は主に自由主義は原子式（atomistic）の個人主義を強調していることに集中している。自由主義は人間の集団生活の中での共有の価値を見落としていると批判し，それによって社会集団に一つの新しい意味を与えることを試みる。つまり，社会集団主義は以下の分野から自由主義を批判している。

①理論の分野において，社会集団主義者は原子式の個人主義が成立できないことを主張している。それぞれの個人はすべて彼の所属するコミュニティと団体があり，これは与えられるもので，自己で任意に選択できない。このため，M・サンデル（M. Sandel）とC・テーラー（C. Taylor）は，すべての集団関係が個人の「自己」を構成する上で重要な意味があるので，顧みなくてはいけないと考えている。

一方，社会集団主義は自由主義の「正義観」に対しても批判して，ジョン・ロールズ（John Rawls）が提起した「正義優先」の原則は社会集団生活の他の価値を見落とし，特に自由主義の「政治が中立である」立場が形式を重視し，本質正義及び社会集団の異なる貢献と必要に対しての認識が不十分であると批判した。社会集団主義は公共生活，社会集団の価値の理念の維持，及び社会集団の調和と繁栄の促進などを政治の目標にしているので，成員の凝集力と「道徳的な係数（moral quotient）」が政治制度を強めることになると考えている。

②社会集団主義は近代的な自由社会を「舵を失う集合体」にたとえている。自由社会は個人の自由と権利を過度に誇張したため，人々が自己の私利にかまけることを招いて，所属する社会集団の承認を失った。米国社会を例にす

ると，生活のそれぞれの分野がすべて焦慮・不安・競争・孤独・疎遠などの病状があり，人々の間の感情的な連携が不足し，自己の危機が発生する可能性がある。他の社会集団主義者は自由主義者が伝統を低く評価することを非難し，自由主義がもし宗教の美徳，倫理道徳と愛などの伝統さえも捨てるならば，社会集団はただ道具の組合せだけであり，社会集団にならず，社会は「道具性社会」になると批判する。

③最後に，実践の分野において，社会集団主義は積極的に公共の場を開拓している。彼らは自由主義が長期にわたり公共の場を支配し，民主的な参加を増進することができないと思う。D・バーバー（D. Barber）は「強い民主」"（strong democracy）」の概念を提起して，公民達が自己の管理によって無関心な態度を転換させることができることを望む。更に社会学者のA・エチオーニ（A. Etzioni）は『呼応する社会集団（The Responsive Cornmunity）』という定期刊行物を出版して，社会の責任と公民の参加する視角から各種の実際的な公共の政策を分析し，いくつかの社会集団主義の人を集め，「全体社会の権力」で「人権」を平衡することを提起し，家庭・社会福祉・医療・公共の安全・教育などの問題に関心を示している。

④社会集団主義は自己と個人についての優先性を強調している。これはとても大きい真理がある。すべての自己は確かに社会の歴史から形成されたのである。マルクスが言ったように，人は社会関係の産物である。社会関係を離れて抽象的な人という事実は存在しない。この意味から見ると，社会集団が個人を決定する。しかし，もしひたすら社会集団が個人より優先性があることを強調すれば，恐らく個性を抹殺して，個人の能動的な効果を抑える可能性がある。個人と社会の関係に関して，普通は両者が相互に影響する。一方，個人はこのような相互的な関係の中で形成されたのである。他方，社会生活もこのような相互的な関係の中で発生した。

Ⅲ　政治学の方法論と経済行為

政府の行為或いは政治行為は経済運営に対して深遠な影響を持っている。つまり政府の経済政策は国家の経済運営に対して影響がある。政府機構は2

種類の人から構成されている。すなわち,政治家と政府の官吏である。彼らの行為は公共政策の制定に影響して,国家の経済運営に影響する。政治家と政府官吏の選択の制度すなわち選挙制度は経済運営に対して影響を及ぼし,これは近代経済学の中の政治経済の景気循環である。西側諸国において選挙の景気循環に表れて,中国では行政が経済成長を推進することに表れている。

1 政治経済の景気循環

マルクスは経済の景気循環に対してはじめて研究した。マルクスは労働と資本の国民所得分配の中での対立する関係が周期的な繁栄と不景気を招くことを証明した。周期的なインフレーションの段階で,失業の予備軍が減り,労働者は更に高い所得を求めて,最終的には利潤が減少する。利潤の下落を阻止するため,資本家は資本の蓄積のスピードを緩めて,それによって労働者の交渉力を弱める。このようにしてインフレーション段階は一種の停滞状態に入る。マルクスが言ったように,景気循環は主に資本家階級の勢力に依存し,政府の行動に依存するのではない。ケインズ(Keynes)は,需要管理政策により十分な就業を達成することを期待し,それによって景気循環も取り除かれると思った。しかし,政治の景気循環の先駆的論文の中で,カレツキー(Kalecki)は,商工業のリーダー達の階級的本能から見ると,長期的な就業は安定ではなく,失業は資本主義体系の分割できない部分であると思っている。カレツキーは,資本家は政府が政策によってプロレタリアートの強大化を阻止することができると考えていたが,マルクスは資本家がこの目的に達するため,自己で一種の「ストライキに投資する」に援助を求めると思っていた。米国の経済学者のボディ(Boddy)とクロチイ(Crotty)は第2次世界大戦以後の各種の資料によって,経済政策は資本家の利潤の最大化を追求するという目的に奉仕し,労働組合の会員は資本家の経済の利益を制限することに努めた。このように,マクロ経済政策は資本家に奉仕し,組織労働者はこのような奉仕を制限しているうちに,政治的景気循環が発生した。1979－1985年の間資本主義経済の発展は,カレツキーの政治の景気循環の観点に関する因果関係の証拠を提供した。1960年代末と70年代の間,持続的な高い水準の就業は,大多数の国家で給料が速く上昇した。労働組合の力も著

しく強くなり、利潤の配当が萎縮していた。これは深刻なインフレと公共部門の巨額の赤字を招き、それによって資本家は緊縮政策と労働運動の阻止を求める。大多数の西側政府、例えば米国、イギリス、ドイツ、オランダはすべて需要を減少させ、資本家の利益に立って政策を作ると言う反応を示した。

広範な意味からみると、カレツキーの政治の景気循環の観点は「政治的」観点であり、この意味は、周期的に景気循環が発生する根源は階級矛盾にある。近代的な政治の景気循環の理論（例えば、Nordhaus, 1975）は、周期の発生は（民主社会の中で）政府を改選することに依存することによる。だから、これらの理論は政府の声望と（あるいは）投票行為がどのような経済条件に依存するかを正しく説明することを必要とする。ダウンズ（Downs）の理論によると、有権者は理性的であり、有権者はある党派に投票する時、この党派からの利益は他の党派からの利益と比べると多いかどうかを、政府活動の効用を考慮に入れる。

ウィリアム・D・ノードハウス（William D. Nordhaus, 1975）は、与党は再任を確実にするため、選挙が近づく時自己の得票数を最大にすることを期待している。有権者たちは政府の過去の政治的業績を考慮するので、政府は短期のインフレ失業の選択を利用する。政府は任期の初期において、意識的にGDPの産出を低くして、予想するインフレ率を強制的に減少させ、選挙の際に、インフレを少しだけ利用して繁栄を作り出し、全体の有権者を愚弄する。このあとの任期はこの政策の結果、インフレの悪結果を招く。政治の景気循環は全て選挙時のインフレの上昇と失業率の下落を通じて形成される。ノードハウスによると、政治の経済周期の理論は主に三つの仮説に依存する。

まず、ノードハウスは、政治家は他の人と同じと仮定し、それらの選好と利益を示す。更に正確に言うと、政治家の主要な目標は彼らの地位を保つことである。そのため、政治家は得票数を最大化させる方法を選んで経済に関与する。第2の仮説は、選挙の結果は明らかに現在の経済状態の影響を受ける。特に、投票者の記憶は長続きしないと仮定し、選挙に一番近い時期の経済状態に最も関心を向ける。そして有権者たちは近視眼であり、選挙期間に実行する経済の措置が長期から見ると悪い影響を招くことを無視している。最後に、政府が短期的に貨幣と財政政策の手段を利用し経済を拡張する能力

があるというノードハウスの仮説がある。このような経済拡張を行う能力はインフレを代償にする。このようなインフレは遅くれて発現するので、選挙期間において政治家は支持を受ける。次は、私たちはノードハウスの政治の景気循環のモデルを分析する。

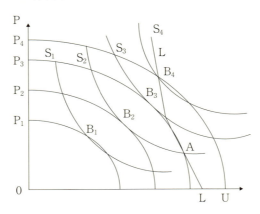

S_1、S_2、S_3、とS_4が短期のフィリップ曲線であり、LLは長期のフィリップ曲線（完全に垂直でない）であり、Pは社会選好関数であり、原点からもっとも遠い点は福利レベルがもっとも低い。長期にわたり公共の利益を選ぶ政治家にとって、均衡の点はAである（長期フィリップ曲線と社会選好曲線の接点）。このシステムはA点にあって、政治家は更に人気があるB_2点を選び、それはA点がある短期のフィリップス曲線の上の位置である。しかし、この点は持続的な位置ではなく、もし価格の予想が誤ったら、このフィリップス曲線は上向してS_3まで移動し、そしてS_4まで移動する。これは次回の選挙の時で、実行可能な点は原点からもっと遠い社会無差別曲線の上にある、結果として、社会福祉のレベルは更に低くなる。そのため、民主国家の長期インフレは1番良いレベルより高くなる。もう一つの結果は選挙の時で、失業率は下落している傾向がある。

以上の分析から見ると、ノードハウスの仮説は合理的である。①政治家は再選することをとても重要なことと思い、つまり政治家の効用の最大化は再選することである。②有権者の「情緒」は現在の経済状態にかかり、つまり有権者は現在の経済状態の影響を受ける。

第 1 章　政治学と経済学の方法論　49

　しかし，政治家はいつも経済に影響を及ぼして短期の経済運営を期待している方向に発展させることはできない。例えば，全世界が不景気な時，対外開放と国際貿易を行う小国はこの政策をとることはあり得ない。「派閥性」の政治家についての仮定（それによって派閥性の政治の景気循環の理論が現れる）が現れた後に，前の仮定は捨てられた。

　「派閥性」の政治家についての理論の仮定は，イデオロギーの上の原因と（あるいは）政治家は異なる利益と社会集団を代表するため，すべての政党は異なる経済目標を持っている。ある一つの既定の情況について，たとえ各政党は同じ情報を持っていても，打ち出した解決法は異なる。そのため，異なる政党が順番に政権を握ることは，異なる経済政策を実施する可能性があるという意味で，景気循環を招く。このような周期が政治の根源にあるため，「政治」の景気循環と称する。

　米国を例にすると，民主党は失業率を下げることを，インフレ率を下げることより重視し（実際に彼らはこのようにした），共和党は反対である。与党の変化は経済政策の変化を招く。もし民主党政府が共和党政府に取って代わるならば，経済活動の拡張，失業率の下落とインフレ率の上昇を招く。もし共和党が再び与党になれば，状況は相反する。

　経済の周期性行為は最適でない場合，各政党が一つの共通の政策を協力して守るならば，これによって，長期的に見ると社会集団の状況は改善できる。たとえ空約束であるにしても，各政党は信望を得ることができる措置をとるのであれば，たとえばディスインフレーションの措置は結果を改善することができる。

　ここ数年来，政治の動態と経済の動態の間で，相互作用が存在するモデルの応用範囲がすでに大きくなった。ロゴフ（Rogoff）とシーベルト（Siebert）は有権者の行為が鮮明な理性と最適性を持ってないことを解明する。このような行為は例えば総選挙の時期の減税に対する反応であり，総選挙後では税の緊縮あるいはインフレ政策をとる。ロゴフとシーベルトから見ると，このような行為は情報の不均衡の状況で完全に理解することができる。情報の不均衡の状況で，政府は，減税を通じて経済の良好な運営を実現する。

　ローマー（Romer）は政党間の競争は異なる経済の政策提案を招くだ

けではなく，その上，異なる経済運営の理論をも招くという理論を提起した。これらの理論は一般的に保守的な観点と急進的な（「自由な」）観点の間の相違をもたらした。それは異なる社会集団あるいは階層の特殊な利益の戦略性行動を増加する。

2　中国の経済成長の行政推進

近代的な市場経済の条件の下の経済成長は，多くの総合原因があり，きわめて複雑な社会の再生産過程である。市場経済自身の原因が経済成長に影響する以外，経済過程以外の経済原因でない特に政治原因によって経済成長は撹乱する。経済成長の変動性は経済成長の過程で拡張したり縮小したり交替する過程である。その拡張は経済成長過程が上昇傾向を現すのであり，その縮小は経済の増長速度が停滞するか下降傾向を表す。

中国外では経済成長の変動は主に選挙を経て行なわれる。中国の経済成長の変動は主に行政行為の推進として表れる。政治原因の影響のため，中国の経済成長も一定の変動性を表す。1949年の建国から，中国の経済はまず国民経済回復期を経験した。1953年に始まった第一期5カ年計画において，中国は大規模な計画性の高い経済建設に入った。しかしその後，中国の国民経済の増加には明らかな波動型の成長が現れる。私達は図表を使って中国の経済成長の情況を描写する。

経済成長のデータと図表から見ると，経済の大幅な成長の明らかな年度は1958年と1991年である。1958年は，「大躍進」のもとで，中国の経済は飛ぶように速く成長した，1958年は，中国の経済成長率はいまだかつてないピークを達成し，21.3％になった。しかしこのような人為的な行政は経済成長の規則に背くので，その後の数年は，中国の経済はマイナス成長を招いた。1989年の「6・4事件」の影響で，中国の経済は1988年の11.3％から1989年と1990年の4.2％まで下がった。このような情勢の下で，鄧小平同志は中国の南方を視察し，『南巡講話』を発表して，みんなの思想を解放し，生産力を高めるように励まして，1992年の中国の経済成長率は14.1％まで達成した。

以上の経済成長のデータに基づいて，以下の図1-4に表示すると，中国のGDPの波動型の成長が示されている。

表1-2　1953－1997年中国のGDPの成長率

年度	成長率(%)	年度	成長率(%)	年度	成長率(%)	年度	成長率(%)
1953	15.6	1965	17.0	1977	7.6	1989	4.2
1954	4.2	1966	10.7	1978	11.7	1990	4.2
1955	6.8	1967	-5.7	1979	7.6	1991	9.1
1956	15.0	1968	-4.1	1980	7.8	1992	14.1
1957	5.1	1969	16.9	1981	5.2	1993	13.1
1958	21.3	1970	19.4	1982	9.3	1994	12.6
1959	8.8	1971	7.0	1983	11.1	1995	9.0
1960	-0.3	1972	3.8	1984	15.3	1996	9.8
1961	-27.3	1973	7.9	1985	13.2	1997	8.5
1962	-5.6	1974	2.3	1986	8.5		
1963	10.2	1975	8.7	1987	11.5		
1964	18.3	1976	-1.6	1988	11.3		

資料出所：『中国統計年鑑（1998）』第57頁。

図1-4　1953－1997年中国GDPの成長率の動態的な曲線

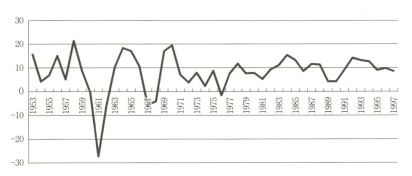

Ⅳ　政治学の方法論と政治経済学の革新

　現在，中国経済についての研究は前例のないほど活発になって，各種の思潮は相互にぶつかっている。しかし，中国の経済学の発展は深い危機に陥った。中国の経済学の理論は現実的な経済現象に対する解明と予見が極めて弱

い。他方，中国の経済学自身は「標準の危機」があり[12]，中国の経済学の方法論上の危機の問題がある。方法論の問題では，主に経済学とその他の学問の関係の問題がある。これはすべての経済学者が光栄に思う「経済学帝国主義」に原因がある。しかし実際上経済学の発展には「経済学帝国主義」が本当に存在するのかどうかという問題がある。

1 「蜃気楼」のような経済学の帝国主義

70年代以来，経済学の研究は拡張し，経済学はその他の社会科学例えば社会学，人口学，法学などの学問すべてに侵入した。1992年，ゲーリー・スタンレイ・ベッカー（Gary Stanley Becker）がノーベル経済学賞を獲得して経済学の侵入がピークに達成した。経済学はそのため社会科学の「王冠の上の明珠」と称される。

経済学の帝国主義の具体的な意味は何であるのか？ 第1は，経済学者達がその他の学問の研究に従事すること。第2は，他の分野の学者が経済学の概念・用語・方法あるいは思考の道筋を利用すること。第3は，新古典派経済学の数学のモデルが他の学問で大量に応用されることである。

第1の意味から見ると，私達は経済学の帝国主義は実は存在しないと思っている。学問の最高峰は哲学であり，いかなる学問も最も深い思考はすべて哲学上の思考であり，哲学は学問の発展の最高の峰である。多くの経済学者は，はじめは哲学者である。たとえばベンサム（Bentham），ハイエク（Hayek）などは，はじめは哲学者である。その上，何人かの経済学者が初めて獲得する学位が経済学の学位ではなく，たとえば，マルクスが初めて獲得した学位は法学博士の学位であり，コース（Coase）も初めに獲得した学位は法学の学位である。現代では，理工系の学者の多くは経済学の研究に最後に従事している。

第2の意味から見ると，その他の学問の学者が経済学の用語，概念と思考道筋を利用することは実は経済学がその他の学問に対する侵入することではなく，その他の学問が経済学に対して侵入することである。ここでは，その

---

(12) この問題についての論述は，程恩富，張建偉（1999）を参照。

他の社会科学は自発的に経済学的方法と思考道筋を利用して，当学問の研究を行った。

　第3の意味から見ると，いわゆる経済学の帝国主義は存在しないと思う。システム理論，サイバネティクス，情報理論が経済学に対して侵入していること，カオス理論は経済学の中での応用であること，最近の経済学の研究の中で盛んなゲーム論は実は自然科学が社会科学に対して巨大な勝利をしたことである。1995年，ノーベル経済学賞を獲得したナッシュ（Nash）は数学者であり，彼は経済学の研究を行ったことが全くなかった。

　学問の発展の中で一種類の学問がその他の学問を統治することはなく，全体の学問は相互に交差し融合しあっている。人類の現在の知識，学問の体制はすべて歴史の変遷，社会労働の分業の産物である。[13]既存の知識の体制は一つの種類の究極の真理ではなく，それぞれの学問の境界は変動している。

2　経済学と政治学

　経済領域と政治領域は大きな区別がある，これによって経済学と政治学の思考方法にはとても大きな差異がある。

　まず，市場経済の競争の中で，経済学の研究の直接の対象は実際には個人の利益であり，資源の有限の条件の下で，どのように有効に資源を配置し，それによって生産者の利潤を最大化させ，消費者の福利を最大化させるかということである。すべての生産者の利潤は最大化を達成して，消費者の福利は最大化を達成し，その結果経済が成長し，公共の利益を実現した。そのため，経済学の研究の中で，個人は第一位であり，公は第二位である。個人は直接の目標であり，公は結果である。しかし政治生活の中で，政治学の研究の直接の対象は公共利益であり，その目標は気ままな個人主義を抑制することにあるので，社会の中の利害の衝突をコントロールし，人類の生活のために平和を提供し，人類の経済活動，文化の行為と社交活動のために安定的な政治と法律の基礎を提供する。

---

(13) Immanuel Wallerstein『開放社会科学』1版，三聯書店，Oxford University Press，1997年。

次に，経済領域の中では，一つの基準的なモデルがある，つまり貨幣および貨幣を基礎としての価格体系である。このようにして，複雑な経済の現象を簡略化することができ，それぞれ異なっている経済の現象を組み入れて共通のモデルを作成し比較を行なう。経済学は異なる領域の中での資源の希少性を分析し，価格体系を通して，資源を比較的豊かな所から資源が希少なところへ流動させ，生産力を高める。しかし，政治領域の中では，貨幣は存在せず，同時に価格体系のような共通のモデルも存在しないので，政治資源の希少性を評価することができにくいし，政治の資源の合理的な配置も難しい。これは主に政治領域の中で，共通の価値観と世界観が存在せず，人々の政治行為を評価することは難しいことである。

　人々は個人利益が経済生活の決定的な原因であることを認め，それが市場経済の最も本質のありかたである。経済生活の領域の中で，利他主義，同情心は存在していると認めている。これは市場経済の残酷な経済競争から生じた政治衝突を和解することである。しかし，利他主義と同情心は決して市場競争の動力を構成せず，市場経済の正常な運営の動力の源ではない。政治生活の領域の中で，公共の利益が政治学の直接の目的であるため，利他主義は重要な地位を占め，そのために正統的な政治学は政治家，議員，行政官吏，司法官及び基準に達している公民がすべて利他的な人であることを承認する。もし政治家，議員，行政官吏と司法官に利他主義者がいない場合は，彼らは政客と言われ，政治の生活から一掃すべきである。もし公民が自己勝手であり，公共の利益を顧みないで自己の私利のために政治に参加するならば，その公民も不合格である。

　しかし，近代の公共選択と制度分析の理論は，すべての人類の経済においても，人類の政治においても，利己的な行動は最も変えにくく，同時に人類の文明の進歩を促進するものである。ヘーゲルなどの伝統的な歴史哲学は，人間性の凶悪が人類の歴史の進歩を促進したという。近代的な公共選択と制度分析の学者は利己主義的な行動が悪ではなく，正当で，完全に道徳的な原則に合うものであると思う。経済生活の中で，人々の理性的な利己主義は経済の繁栄を促進し，成功者は厳しい市場競争の中で才能がすべて開花し，企業家になれる。政治生活の中で，実際には利己主義な政治の積極分子が積極

的に政治活動に従事するように駆り立てるので，厳しい政治の競争の中から才能が開花し，政治家になれる。公平な競争の市場競争と公平な競争の民主政治は実際にはとても類似している。

制度分析の学者としてのハロルド・デムセッツ（Harold Demsetz）は次のように思っている。民主政治の領域の中で，得票数は実際には市場経済の中の貨幣に相当し，投票者主権は市場経済の中の消費者の主権に相当する。そのため，経済理論を適用して政治の領域の問題を分析することができる。

3 政治学の方法論の政治経済学の発展に対する意義

政治分野の中で，私達は理性選択と言う経済理論を適用して政治分野の問題を分析することができる。政治分野の中の多くの方法は経済領域の中の問題を分析することができる。このため，政治学の構想，思考，視角と方法論は経済学の発展に対して効果を及ぼすことができる。経済学の発展にとって，政治学はどのようにすべきであるか？

(1)科学哲学の応用を重視すること

政治学の方法論の応用から見ると，科学哲学はすでに政治学の方法論の領域の中で重要な一角を占めた。政治のシステム分析の方法，政治の構造機能の分析方法，政治のコミュニケーション分析の方法は，政治学の領域の中で大量に使用されている。科学哲学（システム理論，サイバネティクス，情報理論）は生命力があり，同時に科学哲学は現実的な問題に対して説得的に説明した。政治現象は一つの複雑なシステムで，一つの有機体である。しかし経済現象は更に複雑なシステムである。政治は異なる構造があり，経済は更に異なる構造がある。情報は政治の中でとても重要であり，経済構造の中での情報の移動も経済が順調に発展できるかどうかの要因である。過去の政治経済学は歴史方法，演繹方法，帰納方法を強調していたが，近代的な科学哲学の方法が不足している。政治経済学の革新は，科学哲学の合理的な内容を吸収すべきで，科学哲学の方法を使って「古い」政治経済学を改造して，「新しい」政治経済学を発展させ，それによって政治経済学は現実の問題を解明する力と精確性を強める。

(2)経済の政策決定についての分析を強めること

　科学主義的な政策決定の分析には科学的な分析が重要である。政策決定についての分析は科学的な政策決定の重要性を強調し，経済分析は更に科学的な政策決定の分析をも重視する。それは方法論の要求だけではなく，実際的な経済発展の要求である。経済学は現実的な問題に対する予測の能力，現実的な問題を説明する能力は，ここから生まれる。経済政策の分析は政策決定の内容を分析するだけではなく，その上で政策決定の方法自身をも分析する。政策決定の参加者，政策決定の情勢，政策決定のプログラム，政策決定のタイプと政策決定の結果などを分析する。中国の経済は移行期に直面しているが，移行期において，経済改革は経済学の分析の内容の主流になり，漸進的な改革と急進的な改革は経済学研究の焦点になる。現実主義の視角から出発するなら，経済学の政策決定についての分析は政治経済学の発展に関する貴重な機会を提供する。

(3)経済文化の分析を創設すること

　政治学の領域の中，政治学者は政治文化が人々の思想の中に根を下ろしていることを発見し，すべての人は人民と共同体の政治の知識と感情に関することを学んでいる。政治文化とは人々の政治の方向モデルであり，人々の政治の認知の方向，政治の態度の方向，政治の信仰の方向，政治の感情の方向と政治の価値指向である。政治領域の中で，政治文化は人々の政治行為に強く影響している。経済領域の中で，経済文化は人々の経済行為にも影響している。「私有財産権の神話」のようなことは多数の近代経済学者とブルジョアジーの官吏の真理になって，私有財産権は西側諸国において主導的地位を占め，いくつかの社会主義国家の改革も私有財産権を改革の最終目標にする。「利己的な人の仮定」の氾濫は，人々の比較的利己的な信念と行為を招く。自由主義の思潮の流行は国家の権威をいまだかつてないほど弱体化させる。近代経済学の文化の伝播は近代経済学の主体が西側の経済文化の奴隷になったことを示した。しかし，「私有財産権の神話」は東ヨーロッパ国家とロシア経済の移行過程で経済の悪結果と社会の悲劇がおきることを生き生きとして例証した。ジョセフ・スティグリッツ（Joseph Stiglitz）も「この神話は非

常に危険であり，多くの国家が財産権の問題だけに関心を持ち，私有化を過度に信頼して，一連の更に広範な問題を見落とした。」と思う。国家の権威の喪失は個人の権利の至上と地方保護主義の流行を招く，これらはまた全国の統一市場の創設を妨げることと贋物の流行を招いた。ハンティントン（Huntington）は昔，「一つの政治制度の衰弱している社会は，個人とグループの欲求の氾濫を制約する力がなくて，その政治の状態は必然的にホッブス（Hobbes）が述べたように，社会の勢力の間は非情な競争で満ち，このような競争は更に総合性がある政治の組織を媒介にするのではなく。……強力な政治制度がなくて，社会はその共通の利益と境を区分し難く，実現する力もない。そのため，政治制度を創造する能力はつまり公共の利益を創造する能力である。……」と述べた中央政府は十分な能力と権威を維持して，公共事務の分野で主導的役割を保有し，政治と，経済の法律の強制力で地方政府と個人の理性の行為を調節し教導することができ，それによって地方政府と個人の積極性を発揮し，地方政府と個人の消極的な効果を抑制することができる。

(4) 経済の民主を提唱すること

政治学の領域の中で，民主は一つの永久不変の課題である。「本質民主論」の学者は政治の民主を強調し，経済の民主を重視しないのであり，個人の自由の平等は主に公民の政治の権利であり，さらにこのような権利の実現は憲法の保護にかかると思う。「プログラム論」の学者は，公民の政治上の権利の実現は現実的な構造を備えなければならない。つまり公民は経済の自主権を備えなければならないと思い，彼らは特に経済の民主化が政治の民主化に極めて重要な影響があることを強調している。「本質民主論」の学者は民主政治の実現の程度を個人の権利の実現の程度に等しく，個人の権利の実際的な結果が民主政治の状況を直接に反映すると思っている。これに反して，「プログラム論」の学者は民主的な実現の程度と公民の政治の過程のコント

---

(14) Joseph E. Stiglitz, *Wither Socialism?*, MIT Press Cambridge, MA, 1995.
(15) サムエル・P・ハンティントン『変革社会中的政治秩序』華夏出版社，1988年，24-25頁。

ロールの程度に等しく，民主政治の最も重要なことは公民が政府の政策決定の過程と議事日程に対する最終コントロールを保証することであり，このようなコントロールがないうちは本当の民主がないと思う。

　経済の民主の意味は，企業は政府による命令ではなく，(市場を通じて)消費者すなわち公衆の「命令」に従う。企業は消費者の「歓心を買う」ことと政治家が有権者の「歓心を買う」こととは同じである。有権者は民主的に官吏を決定することと，消費者が民主的に企業の発展を決定することと同じである。このため，企業はその株主だけにサービスするのではなく，企業の関連者にもサービスを提供する。崔之元は次のように考えている。「米国の新しい会社法は会社の経営者が株主だけでなく，会社の利益の関連者にもサービスを提供することを求める。換言すれば，株主はただ利益の関連者の中の一部分であり，労働者・債権者・共同体は利益の関連者のもう一つの部分である (S. Wallman, 1991)。この会社法に関する重要な変革は，私有制の論理(株主が所有者であり，経営者はただ株主にサービスするだけである)を突破し，米国の近年の政治，経済の舞台の最も意義がある事件になる。」[16]

　企業経営の中で，「国家，企業と個人の三者の利益に配慮を加える必要がある」ことは「利益の関連者」の概念と大体一致する。つまり，中国の企業改革の中で，実際には経済の民主的な実践の過程がすでに始まった。そのため，理論上は経済の民主的な研究を強化して，政治経済学の革新のために重要な貢献を作り出す。

(5) 経済集団主義を再建すること

　政治の領域の中で，社会集団主義は自由主義を批判した，主に自由主義は過去に原子式 (atomistic) の個人主義を強調し，集団生活の中で共有の価値を見落すことについて批判し，それによって新しい社会集団に一つの新しい意味を与えることを試みる。一方，それぞれの個人はすべて彼の所属のコミュニティと団体がある。他方，社会集団主義は近代的な自由社会が一つの「かじを失う集団」のようになる。個人の自由と権利を過度に誇張したため，

---

(16) 崔之元「米国二十九州の会社法変革の理論背景」『経済研究』No.4, 1996年。

人々が自己の私利にかまけることを招き，所属の社会集団の認知を喪失した。

　経済の社会集団主義は実際には経済のチーム主義である。経済発展過程で，個人の経済の自由は非常に重要であり，郷鎮企業の興隆と，家族企業の発展は経済の集団主義が経済発展に対して不可欠な効果があることを証明した。

主要参考文献

兪可平『権利政治と公益政治』社会科学文献出版社，2000年。
毛寿竜，李梅『有限政府的経済分析』上海三連書店，2000年。
韓水法『社会正義はどのように可能になるか：中国における政治哲学』広州出版社，2000年。
Ronald H. Chicote『比較政治学理論：新しいモデルの探索』社会科学文献出版社，1998年版。
Immanuel Wallerstein『開放的な社会科学』三聯書店，Oxford University Press，1997年。
Lindblom, C. E『政治と市場：世界的政治与経済制度』上海三連書店，上海人民出版社，1996年版。
Kenneth Minogue『当代学術入門：政治学』遼寧教育出版社，Oxford University Press，1998年。
Harold D. Lasswell『政治学』商務印書館，1992年。
厳強等『マクロ政治学』南京大学出版社，1998年。
『新 Palgrave 法経済学大辞典』経済科学出版社，1996年。

第2章　経済学の発展に及ぼす法学の影響

経済学は生産（労働）あるいは需要（効用）に関心を持つだけではなく取引自身に関心を持ち，特に所有権の取引に関心を持ち，人と人の関係に関心を示す。この時，経済学の研究の範囲は人と自然の関係（物質財産の生産関係あるいは欲求充足の心理関係）だけではなく，広範な利害の衝突，依存，秩序などのゲームの状態に関連する。この点において，法学と経済学は対話の基礎と共通土台があり，法学の方法あるいは法学の範疇は経済学の研究に対して重要な影響を及ぼす。

I　法学の基本的範疇，分析方法と価値観

1　法学の基本的な分析の要素

(1) 権　利

権利（right）は私法の中心概念に属し，サヴィニー（Savigny）は，権利は個人の自由意思あるいは個人意思によって支配している範囲であると定義している。法学は通常権利と法律が同時に存在しているとし，法律は客観的な権利であり，権利は主観的な法律であるとしている。

権利は異なる基準区分によって異なる分類に分けることができ，その最も基本的な権利は物権と債権である。各種の権利の背後に人と物，人と人，の関係を体現する。

①権利はその効力の範囲を基準に，絶対的な権利および相対的な権利に分けることができる。絶対的な権利は侵害してはならない権利である。例えば人格権，身分権，物権などである。この権利を持っている人は，その権利を侵害されないようにできるので，この権利は絶対権と言える。相対的な権利とは特定の人が一定の行為を行う権利を言い，債権のような権利である。こ

の権利を持っている者は，特定の人にその権利を侵害させないようにできるだけではなく，その権利の内容の行為をも侵害させないようにできる．この権利は人権にも言える．

②権利はその対象を基準にすれば，非財産権と財産権に分けることができる．前者は権利の主体の人格，身分と権利の内容を分離してはならないことを指し，人格の権利と身分の権利を含む．後者は経済の利益の権利を指し，債権，物権，無体財産権（知的所有権：著作権，商標権，特許権）に分けることができる．

③権利はその効果を基準にすれば，支配権，請求権，抗弁権と形成権に分けることができる．

④権利はその発生時，全部の要件をすでに備えているかどうかによって，既得権と期待権に分けることができる．

(2) 義 務

義務は法律の規定の範囲であり，法律の関係主体は実施することあるいは実施しないことを選ぶことができ，権利と対称して存在している範疇である．それは以下の内容を含む．

①義務の主体

義務の主体は一定の行為をする，あるいはしないことである．この行為の目的は権利の主体の利益を必要に応じて満足させることにある．

②義務の主体が行う義務行為は法定の範囲内で行う．法律の規定の限度を越えて，義務の主体は制限と制約を受けない．

③義務の主体は法律に基づいて義務を履行しない時，法律の制裁を受ける．権利は義務と相互依存している．権利がなくて，義務があることはありえない．主体は権利だけを享受し，義務を果たさないことはできない．義務だけを果たし，権利を享受しないこともできない．権利は義務によって実現し，義務は権利を満足させることによって実現する．

(3) 責 任

法律上の責任とは行為人の違法，違約行為による法的結果を引き受けるこ

とであり，責任は国家の強制という性質を持つ。法律上の責任についての規定は法定の義務に違反する行為や，権利濫用を制裁することによって，権利者の正当な権利を保護する。責任は権利に対する保護であり，その実行は法律が条文から現実的な「法律」になることを通じて実施される。

①民事責任　民事責任は民事法に違反しあるいは違約した場合，民事法の規定により法律の責任を負うことである。民事の責任は主に財産に関する責任である。法律の許可の下で，民事責任は当事者同士の話合いによって解決することができる。『民法通則』の規定によって，民事責任は違約責任と権利侵害の責任に分けることができ，具体的には主に妨害排除，財産返還，損害賠償，違約金弁済である。

②行政責任　行政責任は国家行政機関あるいは国家の権限を授けた関係部門が経済法に違反する部門あるいは個人に対して法律に基づいて行政制裁をすることである。

行政責任は懲戒処分と行政処罰に分けることができる。行政責任は具体的には主に以下の内容である。警告，期限付き休業命令，営業許可証没収，強制閉鎖，罰金などである。個人の責任は主に以下の内容がある。警告，過失記録，重過失記録，降格，降職，免職，処分保留，除名である。

③刑事責任　刑事責任は，法律に違反する深刻な結果をもたらすこと，国家の刑事法を犯すことに対して，裁判機関が行為人に対して法律に基づいて相応する刑事の制裁を与えることである。中国の刑法の規定によると，刑事責任は主刑と付加刑に分ける。主刑は規制，拘留，有期懲役，無期懲役，死刑がある。付加刑は罰金，政治上の権利剥奪，財産没収がある。

2　法律的行為

権利と義務の変動は特定の法律的行為から引き起こされ，法律的行為は意思表示により行われ一定の私法効果をもたらす。それは単独分野の行為と共同分野の行為に分けることができる。単独行為は当事者が自己の意思によって創設した行為である。例えば，所有権の放棄，遺言，寄付行為などである。共同分野の行為は二人以上の当事者の意思によって創設された行為である。例えば，契約行為（債権契約，物権契約，親族契約）のような行為である。も

ちろん，法律的行為はその他の基準によって他の分類に区分することができる。

法律的行為の中で，最も重要な行為は契約行為であり，経済取引は実際には契約形式で行ったものである。しかし主流経済学はこのような行為に対して抽象的に考察し，契約中の意志，契約の過程を抽象化するが，法学の中では現実の契約行為，契約原則と具体的な契約制度を議論している。

中国の契約法は契約の基本的な特徴を次のように定める。

(1) 契約は平等な主体の間の民事の法律関係である。契約当事者の法的地位は平等であり，人は行政権力，経済実力などに頼って自己の意志を他人に無理に押しつけてはならない。

(2) 契約は多分野の当事者の法的行為である。契約の主体は必ず二人あるいは二人以上で，契約成立は各分野の当事者の意思が一致する場合である。

(3) 契約は法律上から当事者の特定の権利と義務関係を明確に表したものである。契約は当事者の間である種類の特定の民法上の権利の義務関係を創設，変更，停止することによって，当事者の特定の目的を実現する。

(4) 契約は法的効力をもたらす相応の合意である。契約を法律に基づいて創設し，法的効力が発生した後で，当事者は契約の中で規定した義務を全面的に履行しなければならず，勝手に変更，解除はできない。当事者は契約で規定した義務を履行しないと，法律に基づいて違約責任を受ける。相手の当事者は訴訟，仲裁を通じて，違約する方に義務を履行強制させることができ，その違約責任を追及する。

経済学上での取引の理論は通常，実現の過程を分解して三つの要素にする。すなわち，オファー，価格引き受け，売値提示である。しかし，取引の強制履行をしたいとき，この三つの要素を法律にのっとって行う必要がある。このため，契約法は契約を約束，承諾と合意に分解する。法学上の契約は意志の理論に依拠するため，どのような取引が法律視点から支持できるか，強制的に履行できるかを示す。これによって取引の行為に「公平」と「公正」の価値観を注ぎ込んだ。

3 法律の思考

(1)弁護士式の論争の技巧

法律の思考の最も主要な特徴はその言語の雄弁な風格にあり，このような弁護士式の論争の技巧をコース（Coase）は二つの有名な論文『企業の性質』と『社会のコスト問題』の中で広範に使用した。主流の経済学が数理論理を偏愛するのと異なり，弁護士式の思考は経験主義で，それは言語の鋭さと事実の雄弁性を重視する。そのため，新古典派主義の経済学が演繹することを偏愛する分析の伝統と異なり，具体的な経済と法律の問題を議論することに適して，現実性と実用性を備える。

(2)実例の分析方法

法律学の実例の分析方法は経済学者が方程式を扱うことに似ている。ケーススタデイは法学者が最も多く使う研究方法と思考の方法であるが，これは法学自身が強い実践性によって成立したことにより，法律の生命は経験であり，論理ではない。（Holmesの言葉）からである。

法律規則は実際には社会生活と経済生活の中での経験規則を抽出して昇華することである。ケーススタデイは典型的な事件の分析を通じて，普遍的な意味を持っている規則とシステムを提示することである。ケーススタデイは帰納の方法の1種類であると言われる。もう一つの方法は変化しているデータを計量して分析する方法である。この方法の長所は事件の変化の経緯がわかるが，その過程中の細部の利害の衝突についてはケーススタデイに比べると，直接，説明できない。

経済学者にとって，研究の中で使う経験の素材は，彼の実際の調査から集めるものであり，もう一つの重要な出所は法廷からの事例である。コースはこの分野の受益者であるといわれる。彼は，法律の本の中の実例を読んで，経済学の書籍を読むのに比べて，経済体制の運営方式を知るために，法律の本を読むと，経済学によって解明しにくい企業の実際的な方法がわかると指摘した（Coase, 1983）。大量の訴訟の実例も経済学にとって非常に役に立つ経験材料であり，それを用いて経済学の仮定はどの程度現実と一致するかを

検証することができ，それによって経済学のモデルの抽象的な度合いを下げる。

4　法律の分析の核心価値観：正義

法律の魂は公正であり，公正は法学の核心的価値観である。ジョン・ロールズ（John Rawls）は，正義観は良好な社会の基本条件を構成すると思っている。「いくつかの法律と制度，それらは筋道があるか，効率があるかに関わらず，それらが正義でない場合は，必ず廃除あるいは改造をしなければならない」(1)。ロールズは，普通の正義観はすべての社会の基本的な価値であり，その価値は自由と機会，所得と財産，自尊心の基礎，平等な分配である。平等の分配はすべての人の利益に合うと思っていることである。ロールズはこのような正義観を通じて以下のような二つの正義の原則を示した。

(1)　人はすべて最も広範な基本の自由として平等の権利を持つべきであり，最も広範な基本の自由は他人の自由と相関係している。

(2)　社会と経済の不平等については是正すべきであり，最も不利な地位にある人に最大の利益を獲得させ，あるいは機会，公平，平等に結びつけて，職務と地位をすべての人に向って開放的にする(2)。

経済学が本質を重視することと比べて，法学は更にプログラムの正義と過程の正義を重視している。これは経済学の価値観と補完しあい，代替関係ではない。

II　法学と経済学の結合：法経済学の誕生と発展

法学と経済学の婚姻関係の著しい成果は法経済学の発生と発展である。経済学者は意気盛んに近代経済学の分析道具に基づいて，例えばコストと収益の分析方法，均衡分析，限界分析などを法律の領域まで応用した。しかし，彼らは法律を先験的な「公平」「正義」の化身と見なすのではない。法学の

（1）　J・ロールズ『正義論』中国社会科学出版社，1988年，1頁。
（2）　J・ロールズ『正義論』中国社会科学出版社，1988年，292頁。

一つの客観的な評価の基準（効率と財産の最大化）を探し当てることを試み，それによって法律の武器を磨き上げ，法学を真の科学にすることに努める。現在，弁護士，司法官などの実業界も法経済学の実証の観念と分析方法を使用し始める。法律制度の討論も「ラッパ」と「政治の宣言」あるいはある種類の哲学の思弁ではなく，一種の応用分析になる。法律の現実主義の大きな流れはすでに法学者，経済学者，弁護士，司法官の思考を変えている。

1 「法の条文主義」から法律の経済までの分析

　法学者が法律の経済的な分析を行う際に重視することは，正統的な法律家の「法条文主義」の方法に不満であることである。彼らは「法条文主義」の学者が法律を当然であると見なし，あるいは自主的体系であると思っているとしている。彼らはよく概念からはじめ概念の文字ゲームを行う。彼らは法律の弾力性のある解釈の中で「創造性」的な説明を探し，大きな主観性を持っている。「このように法律を研究する方法は，法律制度の構造と法律の主な規則を正確なものと見なし，異なる時代が決定した判例をすべて昨日決定したものと見なす（古い判例を歴史的結晶と見なすのではない）」（Posner, 1994：3）ことによって法律を批判的に見る視角がなくなる。米国の有名な法学者のポズナー（Posner）が正統的な法律の学問の著作が創造性を備えていないと非難した。それは過度な修辞と雄弁を重視し，「狭く教条主義的な問題に集中し，些細な差異の区別に集中し，大胆な科学と説明性のある著作ではない。学術界は近代的な法体系の必要な知識を持っている司法官，弁護士と立法者を育成できない」（Posner, 1994：588）。このような非難は分を超えていない。法律の理想主義とか，概念から概念への法の条文主義とかは，すべて日に日に複雑な経済の現実的な挑戦に直面している。19世紀末に，米国の司法官のホームズ（Holmes）が預言したように，「法律研究の未来は経済学者と統計学者に属し，「動かぬ証拠」の弁護士に属するのではない」（Holmes, 1897：469）。彼の予言は現代においてすでに強い支持を得て，現代経済学者は彼らの研究の触角を法律の領域まで延ばし，実り多い理論の研究成果を結んできた。

　実は法律制度と経済との関連性に気づいたのは近代的な経済学者が始めて

ではなく，私達はいくつかの昔の賢者の論述の中から大きな啓発を得ることができる。18世紀の後半，イタリアの有名な刑法学者のベッカリア（Beccaria）がその名著『犯罪と刑罰』の中で明らかに経済分析の傾向をもつ著を表した。彼は，悪の報いである刑罰が犯罪の収益より大きければ，刑罰を課すことはその意味を発揮することができると思っている（Beccaria, 1764）。マルクスはその著作の中でコストと収益の分析方法を使わないが，彼の視角は更に広く，彼は史的唯物論と弁証法の思想を政治の経済の分析の中に溶け込ませて，法律の制度の背後の経済の根源まで見通した。そのためある人はマルクスも法律の経済の分析の先駆者であると思っている（Dias, 1985）。マルクスは若い頃，法律の研究に従事したが，彼は法学に対して失望し，法律自身が法律の本質を説明できないと思い，彼は長期の歴史分析と弁証法的な論理の分析を通じて法律の階級的本質と経済の決定論を得た。20世紀の米国の有名な制度経済学者は法経済学に対する貢献がある。彼はマルクスと異なった視角から出発し，マルクスが見落とした資本主義の法律の制度の運営の機能性の細部を見ている。これらの細部は彼の名著『資本主義の法律の基礎（1924）』と『制度経済学（1934）』の中によく体現されている。

　彼は『制度経済学』という著作の1節の中で「分析的と機能的法律と経済学」の問題を専門的に論じた。彼は「……法律と経済学の機能の関係を究めなければならない。このような関係の中で，両者はすべて各自の権力と希少性の領域の中で独立して研究を行い，両者の機能は相互の結合である。このようにやり遂げて，時間の未来性と予期の参考になる。」彼の意味は，正統的な経済学者のように時間，未来性がある予期，「抵抗力（実際にコースが強調した取引費用である）」などの要素を抽象的にして見落とせば，経済現象を反映することができないというものである。上級機関と下級機関の間の「管理の取引」の方法と裁判所，国家などの存在は人々の未来の予想に影響するので，権利，責任，権力などの要因を経済の分析に取り入れるべきである。彼は法律制度と未来予想を結び付け，法律制度によって過去と未来を結び付け，法律制度を人類の経済活動の領域に影響を及ぼす。彼の研究は未来の法律に対する経済学者の研究の方向を同時に暗示した。つまり経済規則の観察を通じて事前の研究に従事して，法律の制度を事故以後の善後処理と救済措

置と見なすだけでなく，更に過去の参照，未来の行為の予測奨励することと見なす。現代の法経済学の実証の経済理論はこのような思想と同じ流れを汲んだものである。これらの法経済学の研究の先駆者は明らかに規範に合う理論構造という理論を提起したが，法律の論理と経済の論理の一致性を研究することはしていない。しかし彼らの思想は「暇のかごの構造」の性質があり，近代経済学と法学の研究者はすべて彼らの理論の中から直感的に新しい理論の成長点を探し当てることができる。1960年代以前は，経済学者の法律問題への興味は狭い領域だけに限られて，例えば：会社法，税法，競争法は古い法律の経済学と称される。コースは彼の古典的な論文の中で権利の分析と取引費用の概念を資源の配置の効率に関する枠組みの中に取り入れ，初めて新しい法経済学の研究を提唱した。彼は「主流の経済学の中で，企業と法律は存在していると仮定されるが，しかしこれらは研究の主題ではない。そこで，人々は企業と市場の各種の行為を考察するとき，法律の重要な役割をよく見落した」(Coase，1988：5)。『企業の性質』の中で，彼は企業がどうして存在するかという問題を考え，取引のコストを企業の組織の分析の中に取り入れ，法律の経済学のいくつかの基本の命題を含んだ。

(1)経済制度の選択は法律の制度の選択である。

(2)取引コストの理論の本質は収益の最大化である（張乃根，1995)。『社会コスト問題』の中で，彼は英米仏中の一連の判例に対する経済学の分析を通じて，法律の判例の中で経済学の骨格を提示した。彼の基本的な思想と実例の分析方法は，法学者が経済学の分析を取り入れ経済学者が「真実な世界」の中の経済の現象の研究に対して，モデル性があるテキストを提供したことである。

70年代になると，ポズナー（Posner）という司法官は非常に自信を持って言った。すべての法律の問題は「財産の最大化」の客観的な評価の基準であり，彼は法律の正義の第2種類の意味（効率）を発見した。その時代から，経済学の概念と理性的な選択の分析方法は大規模に法学の領域で繁殖している，経済学は，法律の分析の領域での60年代以降の発展は絶えざる境域の拡大過程であり，法律のほとんどすべての領域は経済学の分析の道具を使用している。経済学の研究方法の更新に従って，取引コスト分析，比較制度分析，

公共選択理論，ゲーム理論，進化ゲーム分析，実験経済学など新しい分析の道具が法経済学のなかで適用され，「経済学帝国主義」は法経済学の領域で比重を占めた。現在，新法経済学はすでに活発な理論の流派を形成し，開放，競争の理論システムになり，法学と経済学のために創造性のある思想の源を提供している。

2　現代の発展：いくつかの主要な理論の流派

(1)主流学派つまりシカゴ学派

　この学派は法律制度を経済的な分析で行う時，シカゴ大学の自由主義の経済思想の伝統を受けて，財産の最大化，効率の最大化，市場の観念を核心観点にして，新古典派主義の成果を分析方法の上で多く採用し，限界分析，均衡分析，コストー収益の分析などの実証的な分析を行う。その基本的な信条は，

　①スミスの定理である：自己の意志で交換することが個人相互に利益がある。

　②コース定理：取引費用が零である世界の中で，法律は資源の配置に対して影響を発生させない。取引コストがある現実的な世界で，取引コストを最小化させる法律は最も適切な法律である。

　③ポズナー定理：市場の取引コストが過大であると，取引を抑えることになるので，その純価値に対して最高の評価をする人に財産の権利を与えるべきである（蔣兆康，1997）。

　④法律は一種の未来の行為に影響する奨励システムであり，法経済学は事前の予測研究を行える。その理由は，過去のコストは一種の「埋め込み費用(Sunk Cost)」であり，「過去の事を信頼し守る。もし契約が成立した後で，当事者の行為により不良な結果が発生することを認めれば，すべての契約は成立することがありえない（Posner, 1997：8)。

　⑤法律制度の効率に対する評価をする場合に，ポズナー（1997）はパレート最適の準則（the criterion of Pareto superiority）は関連するすべての人が一致して賛成することを前提にし，この条件はあまりに厳しく，そのため，カルドア・ヒックス（Cardol-Hicks）の効率の準則（利潤を得る者が損失者に対

して補償を行うべき）に従うべきである。

⑥効率はつまり正義である。主流の法律の効率についての観点はつねに保守的な法学者の非難を招く，しかしポズナー（1997）は財産の最大化はつまり効率の最大化であると思い，財産の最大化は必ず効用の最大化を促進し，それによって社会福祉の最大化を達成し，そのため効率の最大化は正義の基準である。正義は倫理の，哲学の評価の基準により，強い主観性を持って，客観的に評価しにくいが，財産の最大化は少なくとも評価でき，人々の社会福祉の最大化のために現実的な手段を提供することができる。法律は正義の立場からみて効率の最大化と財産の最大化の障害でない。

(2)法律規制経済学派

この学派は主流の法律の効率理論と分権理論が自由市場で資源の最適配置になることに懐疑している。彼らは現実の市場で様々な「市場失敗」が存在していると思い，このため，反独占法，税法，消費者保護法，公害法，病院衛生法規（薬物管理法），公用事業の法規（電気通信法，鉄道法，郵便法など），環境保護法などの法規と政策措置が必要であり，公共財，自然独占，不完全競争，情報偏在，外部性，リスク性など市場自身によって解決することができない問題を是正する。政府は以上のような「市場失敗」問題に対して，価格制限，数量制限，経営許可証の制度などの方法によって解決できる。そして，この学派は法的規制の経済理論の分野で，以下のいくつかの考えを提供した。

①規制を経済システム以外の変数と見なし，政府を公共利益の代表の外生の機関と見なし，それによって市場メカニズムによる解決できない外部性の「市場失敗」問題を内在化する。例えば，サム・ペルツマン（Sam Peltzman）は政府の規制が社会の公共の利益を基礎にしたのだと思い（Sam Peltzman, 1976），法律規制は消費者と生産者の余剰最大化の需要に満足させるべきと思っている。日本の有名な産業組織理論の学者の植草益（1990）は資源配置の効率を基調にし，公正，公平などの要素を考え，日本の電力，ガス，水道などの公用事業と電気通信などの産業規制の問題を考察し，一連の「市場失敗」の法律的対応を出した。

②政府の規制を経済システムの内在的な変数と見なし，法律の規制自身を一種の商品にし，法律規制は利益グループの間，そして政府，立法者，司法者の間のゲームの結果から決定するものである。以上のような思考を持つ代表の人物はスティグラー（Stigler, 1971）である。

③反トラスト法の経済学の分析。伝統の反トラスト法の経済学は重点的に「市場構造—企業行為—経済の業績」というモデルから出発し，競争均衡モデルを適用して企業行為と効率を分析する。（Mason, 1964；Bain, 1972）。独占によって高い独占価格をもたらすと思い，それによって消費者の利益を侵害する。新しい反トラスト法の経済の分析は更に法律規制の効率を重視し，彼らは効率の最大化の視角から伝統的なモデルの欠陥を分析する。反トラスト法の目的は競争を保護することであり，競争者を保護することではない，すべての独占を禁止するのではなく，固定価格を最終目的にする独占性併合のような独占だけを禁止するのである（Posner and Esterbrook, 1981）。反トラスト法の経済学は最近10年にめざましく発展を遂げ，取引費用と契約分析（Williamson, 1987），ゲーム論と戦略行為の分析（Holt and Schefman, 1989）などの新しい方法を取り入れることによって，法的規制の経済学に産業組織理論を吸収し，ミクロ経済学の最も最前線の理論を使用する。これらのすべての研究の進展は，反トラスト法は「両刃の刀」であり，規制の効果はきわめて複雑で，一概に論じることができないと述べている。

(3)法経済学の制度分析学派

この学派はとても長い歴史があり，アダムス（Adams）の経済学と法理学に関する論述，制度経済学学者のコモンズ（Commons）の資本主義の経済体制の法律の基礎に関する論述（1924），および法学者のハミルトン（Hamilton）の論述（1932）までさかのぼることができる。しかし現代最も有名な代表人物はサミュエルズ（W. J. Samuels）とシュミット（A. A. Schimid）および新制度経済学の取引費用の分析の核心人物のエール大学のウイリアムスン（O. Williamson）である。彼らの3人の共通点は，ポズナーのように収益の最大化あるいは極端な分権制市場の理念を強調することをしないで，法律制度を一つの選択過程であるとし，つまり法律経済現象に対して比較制度分析を行い，多種の制

度の方案の中で取引費用を最低にする制度を選択することであるとしている。しかし分析の重点では，彼らは少し異なる。サミュエルズは旧制度経済学の進化分析の伝統を受けて，法律と経済の過程を一つの統一したシステムと見なし，法律は経済の関数であり，経済も法律の関数であるとし (W. J. Samuels, 1989)，両者の間の相互協力関係および発展変化を重点に分析している。シュミット (1987) は法律制度が人々の衝突と選好を調整する規則の集合であると思い，それは一人あるいはグループの選択を決定し，経済成果に対して影響を及ぼす。彼はその「制度の影響 (institutional impact)」理論の枠組みの内で法律の制度と経済との関係を議論した。彼は「制度の影響」の理論の「SSP」に関するモデルを創設し，状態 (situation)—構造 (structure)—業績 (performance) という分析のモデルを創設した。彼は，財の特性（共有性，排他性，占有優先性，取引コストなど）と個人の特性（選好，価値観，知識，戦略行為など）は人々の経済活動の中で相互依存性と利益の衝突を招く。人々は異なる権利の構造を選んで，それは異なる機会の集合と財産の個人間の分配（業績）に影響する。このようにして彼は法律制度の設計のために実証の，あるいは規範の分析の枠組みを提供した。シュミットとサミュエルズは旧制度学派の代表のコモンズの奥義を基本的精神で受け継いで，法律制度を衝突の調整の規則体系と見なし，ポズナーのような主流の法律観に賛成せず，効率は利益分配と関係し，市場の衝突に対する影響も決して中性ではないとした。彼らは財産権と効率の表層の関係だけを分析することは，循環論法の結末に陥りやすいと思う。そのため彼らはすべて法律と経済の進化過程についての規則を提示し，人々の間の調和の規則（法律制度）を選択することを助ける。ウイリアムソンもポズナーの市場本位モデルに賛成せず，法律制度の効率を主張する。彼は比較制度分析の方法を採用し，人々が取引コストの大きさによって市場モデルあるいは系列化を選び，契約の費用が系列化の費用より大きい時，資産の使用者は系列化を行うとする。彼は取引コストの分析を契約過程の考察に統合し，新古典派の契約，古典の契約と関係の契約という3種類のタイプに区分し，人々の契約法と市場規制の構造についての理解を助ける。ウイリアムソンの取引費用の分析方法と契約分析方法についての立論の基礎は，有限な理性と機会行為の仮説であり，このような仮説の基礎の上の

経済組織の分析は，企業の管理構造と法律環境と財産権の構造の組み合わせの間の関係を理解することに役立つ．彼の法律制度に対する経済分析の貢献は，一種のミクロの組織分析理論の枠組みを提供し，法律制度の後ろ側に隠れている経済論理についての深い見通しを提供した．以上 3 人の制度経済学の学者以外に，他の制度経済学の学者，例えば，財産権の理論の代表としてのアルチアン（Alchian），デムセッツ（Demsetz），バルツェル（Barzel）などや，新制度経済学のアイグツセンなどの学者は，法律制度の経済の分析を行うことはないけれど，ある程度，法経済学に経済学の理論の基礎を提供したため，法経済学の多くの学者は彼らの著作の中から思想の啓発と創作のインスピレーションを得る．最近の 10 数年法経済学と制度経済学は合流し，この学派は法経済学が経済学の方法を法律制度の分析の中での適用と見なすことに満足しなかった．彼らは現在，法律制度と経済システムとの内在する関連を探索し，この基礎の上で法律制度の背後の経済の論理を透視することに努めている．

4　法経済学の公共選択の学派

　法律の制定と実施は政策決定と密接に関連する過程である．これには政府の行為の実証の経済理論を必要とし，政策の選好および利益グループの政策決定過程の解説をする必要がある．ブキャナン（Buchanan），タロック（Tullock），ニスカネン（Niskanen），ワーグナー（Wagner）とロールズ（Rawls）等の学者は公共選択の学派の代表として，このような仕事に従事している．彼らは研究の触角を法経済学の領域まで延ばして，憲法の選択と改革，訴訟手続，法規の効率と公正などの問題について，非常に優れた分析をした．法経済学者が公共選択理論を彼らの理論の視角に組み入れ，主流の法経済学の市場本位モデルを補完して改善した（Schmid, 1987）．

　(1)　ブキャナンは「コースの定理」の「主観的契約主義」の再構築を行った．ブキャナンは，コースの定理の本質は「双方の自由な取引契約の過程がパレート最適と関係がある外在性を消す傾向がある．」と思うと述べた（Buchanan, 1989：134）．しかし彼はこの論点があいまいであると思い，コースが結果の準則を取引過程の効果の分析に応用することを強調し，取引過程自身の効率の問題に注意していないので，そのため厳密ではないと思ってい

る（カートのコースの定理に対する挑戦はその一つの例である）。市場の中で，双方の取引は情報交流の障害がなくても，資源をその最も価値が大きい用途に配置するとは限らないとした。この観点については，ブキャナンは規則が制約した効率と規則の制約自身の効率という二つの概念を区分した。

　もし人々が一致して規則変化を求めるならば，規則の改正は取引者にとって有利であるので，現行規則は効率がない。人々の規則の改正についての意見が一致しない場合は，現行の規則は効率があったのである。もしこのような判断基準で評価するならば，取引コストがある場合でも，自己の意志での交換行為を妨げないで，資源を効率的に配置することも害さない。そのため，ブキャナンは規則過程の効率と公正は規則自身より更に重要であるとしている。

　(2) 立憲の経済理論。ブキャナンなどの学者は憲法が規則の中の最高の段階であり，規則の規則であると思い，憲法はその他の法律の立法と実行に影響する最も重要な制度であり，政府の権力を制限する要素と，規則の公正を保護する重要な要素である。彼は立憲にとって一致同意の原則を貫くべきと思っている。

　(3) 「無知なベール」の状況で，選択の規則は公正で効率的なものである。これは有名な政治哲学者，公共選択学派のもう一つの代表人物のロールズの観点である。彼は人々が規則に対して意見の一致があることの前提は，人々が未来に対して無知でなければならない。これは個人の属性に対する無知（例えば：個人の能力，選好，社会的地位，出身など）を含む。(4)立法，司法と法律制度の変遷過程の中で，利益グループの影響は軽視してはいけない。利益グループの遊説，賄賂，立法機関と法律の執行機関の「特殊利益追及」の行為は，法律制度の中立性，無偏向および効率の運営を保証しにくい。公共選択の分析は法経済学の研究者が政治過程，立法，司法過程の理想的なモデルを打ち破り，政治の内幕とグループの内部の争いを考察に入れ，法律運営のコストを明らかにして，法経済学が私有財産権－市場－という循環論法から脱出でき，いくつかの政策の命題を規範に合わせることを模索する。以上現代の法経済学の最新の発展の過程と四つの流派を単純に紹介した。実際はこのような区分は相対的な意味での区分であり，実際的な研究を行う時，こ

れらの流派の経済学者と法学者は常に他の流派の中に姿を見せ，あるいは他の流派の成果と分析の道具を適用し，自己の理論を改善する。そのため，法経済学の直面する問題は超越と総合であり，このような超越と総合は法経済学者が直面している苦境の立場から，各流派は各自の分析モデルの危機を深く反省し基礎から学説を創設する。

3 簡潔な総括―法律制度の経済本質

　私達は歴史上現れた法律制度の本質に関しての主要な分析に対して簡潔な回顧を行い，特に経済学者の分析視角に関心を持った。現在人々は法律制度の本質に対して統一した意見が成立していないが，少なくとも一つのことは肯定できる。法律制度と経済は密接に関連していることである。マルクスは当時法学に対して失望して，政治経済学の研究に転じた。彼は法権の背後の経済の根源を探ることを試み，法経済学の決定論を出した。彼の研究は私達に一つの初歩的な理論のネットワークを編んだ。制度経済学者あるいは法経済学者はすべてこの理論をもっときめ細かくし，更に具体的で現実的な細部を捉える必要がある。（マルクスの理論は一幅の豪快な大きな写実画に似ている。法律経済学者が精密な細密画にしあげることが必要である），彼らの法律と経済との関係にたいしての見解は「ニワトリが先か卵が先か，」という意見の不一致が存在しているが，彼らはすでに法律と経済の相互協力関係の異なる側面を議論し，経済学を使って法律の広大な理論発展の前提分析を提供した。

　法律の制度は「経済関係の翻訳」であり，経済的土台が決定して，経済的土台の変更に従って進化し，一定の条件の下で本質的な変化が発生する。法律の制度は社会の成員の中のゲーム的な均衡解である。

　法律制度は取引費用を節約することができ，経済活動に参加している人に共通の情報を提供し，これによって，将来の安定的な予想を保証し，不安定性を払拭して，取引の効率あるいは生産効率を高める。

　法律制度の運営はコストがかかるので，人々は法律制度を選ぶ時，コストの低い法律の案を選ぶべきである。

　法律制度は行為人に費用―収益計算の基準を提供し，人々は費用－収益の計算によって法律を守るか違法な政策をするかを決定する。法律制度は人々

の行為を隠れている価格で計量し,個人の効用の最大化に導く。

既往の法律事件の判決は将来事件の発生率に影響し,社会に情報を提供し,このような情報は将来の行為人の予想の範囲になり,その政策に対して影響を及ぼす。

法律制度は一種の公共財であり,消費の上で非排他性があり,供給の上で外部性がある。そのため法律制度を用いる過程で「ただ乗り」の問題が避けられない。もし個人が法律を制定供給すれば,取引コストが増大するだけではなく(衝突を引き起こす),その上,その制定供給のレベルも制限を受ける。そのため,法律制度は「規模経済」の効果があり,「暴力潜在のエネルギー」がある国家により制定され実施されるべきである。

法律制度は人々に一種の社会のバックアップシステムを提供し,このようなバックアップシステムは2種類の効果を発生させる。

(1) 個人生産の収益率を社会の収益率に接近させ,それによって個人生産の積極性を奮い立たせる。

(2) 人々を生産ではなく「分配」に従事させる。つまり,「特殊利益追求」により人々がお互いの労働の果実を奪い合い,経済を停滞させることになる。

法律制度は正式の規則であり,習慣,文化,イデオロギーなどの非公式の規則と一緒に経済行為に対して影響を及ばす。両者の間には代替効果も補完効果もある。

法律制度は形式上では「法の前ではすべての人が平等である」という建前を付け加える。しかしそれはつねに「中立でない」ものであり,階級社会の中で,利益グループの行為は利益の偏在に直接影響し,法律制度に中立でない特徴を持たせる。

4 経済学は法律の武器を磨き上げる:具体的な法律の経済の分析の例

(1)財 産 法

主流の財産法の経済理論は財産権の経済学理論を基礎にする。財産法は財産の権利と責任を制定する,それは経済効率に影響する。財産法の重要な経済機能は,人々に資源を有効に利用するように促して,社会の財産の最大化を促進する。

ポズナーは財産権のシステムを三つの基準に区分した。つまり普遍性（university），排他性（exclusivity），譲渡性（transferability）である（Posner, 1997）。彼は，いかなる資源もその価値の最大化の過程で上述の三つの性質が必ず含まれると思っている。ポズナーは排他性と譲渡性を重視する。彼は排他できる権力の創設が資源を効率的に使う必要条件であると思って，それを十分な条件にするためには必ず譲渡権を創設しなければならないとする。排他性は財産権の境界の明確性を意味する。他人からの侵犯あるいは他人が自己の財産を剥奪することを排除し，財産を使用する過程で他の障害を排除し，その権利を行使し，その財産を最大限に使用する。ポズナーは譲渡性権利の重要性を論証するために，一つの例を挙げて説明した。彼は農民Aが一つの土地を持つと仮定し，農民Bは彼がAに比べて更に有効にAの土地を使うことができると信じている。Bの予想する収入の時価はAの計算の時価を超える。Aの計算する時価は1000ドルであると仮定し，Bは1500ドルである。もし1000ドルと1500ドルの価格の中間でこの土地を売り出すならば，AとBの立場はすべて改善できることを意味し，同時に資源も効率的に利用される。

クーター（Cooter）とユーレン（Ulen）は彼らの共著『法と経済学』（1988）の中で法律の財産制度に対しても綿密な経済の分析を行った。彼らはゲーム理論と交渉理論を取り入れて財産の問題を説明した。一つの思想実験を通じて財産制度の起源を論証し，それによって市民社会の交渉あるいはゲーム秩序は法律の構造，特に財産法の構造を創設することを論証した。個人の合意の失敗がもたらす損害の最小化を達成させ，個人の交渉の障害を取り除いて，協力の実現を促進する。この二つの規範の結論は規範的ホッブス（Hobbes）定理と規範的コースの定理と称され，この二つの定理は法律分析をする上できわめて広範に応用できる。クーターとユーレンの分析では，財産法の中で多くの規則はすべて基本的な経済の論理を持つ。例えば，何が私的になることができるか？所有権はどのように創設されたのか？である。

所有者は財産をどのように処理するか？どのように財産権を保護するか？どのように財産の侵犯に対して償っているか？これらの問題はすべて財産法の条文で説得力がある回答を与えることができる。

(2)契約法

　クーターとユーレン（1988）によると，契約法の理論は双方の意志の合意を通じて目標達成することを助ける。理性選択の経済学の理論は目標行為の問題の理解を見通す能力がある。もし理性的選択の経済学の概念が目標行為の説明性の理解であるならば。均衡概念は社会の中で各種の相互作用の力の分析（契約の取引の中で双方の当事者の交渉）に対して効力を発揮する。効率の概念は契約法が有効にその目標を実現するのを評価する時に役に立つ。経済学の観点から見ると，契約取引の本質は承諾の交換であり，承諾取引は契約遂行までの一種の期限を延長する取引であり，交換と承諾の実現の間には一定の時間が必要である。契約取引の中で最も重要な二つの経済学の問題が表れた。すなわち分配の偶然性のリスクと情報の交換である。契約についての経済の理性の分析はいくつかのリスクを処理し情報規則を理解するのに役立つ，それによって契約法の制定が双方の個人の目標を実現するのに役立つ。彼らはまた完全な市場の条件の下での十分な契約を考察した。現代の福祉経済学の定理によって，完全な市場は生産と分配の効率を達成でき，完全な市場の上で締結する契約を厳格に履行することができる。契約は受益人が権利を持っていることを約束し，契約人に対して責任が発生し，受益人の権利に対する収益は契約する人の責任コストより大きい，取引することは双方にとってすべて有利である。1部の契約は改正を通じて，双方の少なくとも一人に利益を受けさせる。それはもとの契約に効率が不足していることを表している。契約はパレート最適性に達して，再改正することはあり得ない。しかし完全な契約はとても厳格な仮説の条件を必要とするので，現実の中の契約はいつも失敗を起こす。この時契約法が個人の理性と市場環境の欠陥を補う。契約法の目的は相互に利益があるリスクの分配と予防と信用を保証し，効果的に双方の契約の各種の行為を調整することである。もし有効な契約の取引を妨害する情況が出現したら，契約法は個人の行為の中で最も影響がある関与を行う。

　契約法の経済学の分析は契約した際の抗弁分野と，違約した際の弁償分野についての論述に著しい成果があった。(1)強制あるいは脅迫に関する論述。大多数の契約取引は相互に利益があり，自己の意志で契約したものである。

しかし取引の中で強制あるいは脅迫行為が存在する時，この契約を履行することを禁止すべきである。このことについては，私達は規範に合う「ホッブス定理」によって判断できる。この定理によって，法律の制定は個人の間の相違が引き起こした侵害を減らす。法律制度は財産を盗んで破壊するのが合法的ではないことを宣言すべきで，強制に基づく財産権譲渡は効率的でない。

(2)違約して弁償する問題に関しての論述。取引はコストがない場合は，すなわち日和見主義，有限の理性，情報不足などの要素が存在しない場合は，契約はすべての恐らく発生すると思われる偶然の情況を契約条項に書き込んで，これに基づいていかなる違約行為もすべて弁償すべきで，法律が再び弁償措置の規定を制定する必要がない。しかし重要なのは取引のコストが存在しているので，有効な契約はすべての偶然の情況を明確に規定することはあり得ず，この時法律経済学の上で言う「効果がある違約」の問題が現れる。つまり，ある種類の想定外の事件が発生する時，違約は他の方法より費用がもっと大きくなる。あるいは違約のコストは他の利益より上回る。クーターとユーレンはこのような意外な事件発生の2種類の情況を考察した。「第1に，幸運な想定外の事件あるいは予想外の収穫は恐らく契約を実行しないことが契約を実行することに比べて，更に利益がある。第2に，不幸な意外な事件あるいは想定外の事故は恐らく契約を実行することと，契約を実行しないことに比べて，もっと大きい損害がある。」(Cooter and Ulen, 1994：398)

当然，契約法は契約の取引を管理する時，それ自身の運営にもコストがあるので，経済の原則を堅持しなければならない。契約法を運営するコストはその経済効果に関する取引コストと比べると低い時，減少コストが取引するより低い時，その取引に関与する正当な理由を構成する。

(3)権利侵害行為法

コースの社会のコスト理論は権利侵害行為法に対する1番早い経済学の分析である。それは取引コストを権利侵害行為の損害賠償の責任の分析に取り入れた。コースは取引コストが存在する時，法的責任の帰属は資源の配置の効率に対して影響を及ぼすので，そのため，法律は法定の権利と責任を制定する時，社会のコストを考慮すべきである。実は法律実務界において，ある

人は権利侵害行為の法律の背後の経済の論理に気づいた。有名な「ハンド公式」はこのような論理を簡潔で力強く述べる。米国連邦最高裁判所の司法官のハンドは過失責任に対して判断を行う時，この有名な公式を提起した。つまり，B＜PL。Bの意味は被告が事故の損害を防止する代価であり，Pの意味は予想する事故が発生する確率であり，Lの意味は予想した事故の損失である。この公式の意味は，過失の責任の帰属問題を解決する時，事故が発生するコストと事故を防止する予想の損失を考慮すべきで，もし権利侵害事件を引き起こす事件により発生した損失は予防措置のコストより大きい場合は，被告はこの損失を負担すべきである。ハンドのこのような分析はコースの社会コストの理論と「やり方は異なるが効果は同じである」のであって，それらはすべて効率を方向誘導して法律の権利の資源の配置を決定する。

　ポズナーはハンドの公式の経済的な意味を発展させた（Posner，1982）。彼は，ハンドの公式は総括的なコストの視角からコスト－収益の比率だけを評価した。このように思考はおおざっぱで，追加したコストと追加した収益の問題を考慮していない。彼は裁判所が事故を予防するコストと収益を比較検討する時，限界コストと限界収益を考慮すべきで，このような基準によって過失と責任の問題を制定する。他方，ポズナーはハンドの公式は当事者のリスクの態度を考慮していないので，当事者のリスクの態度が中立性の行為を前提にしても，実際には異なる人のリスクに対する選好は一致していないと思っている。ハンドの公式の中で，B＜PLの中で，Bが比較的確定する要素であり，PLは比較的不安定であり，リスクに対する選好が異なる人の行為を考えれば，リスクを嫌う人は多くの費用を支払ってでも，様々な方法を考えてリスクを取り除く可能性を考える。このような状況で，リスクに対する態度を考えない場合は現実ではない。司法官のポズナーは彼の名著『法的な経済分析』（1992）の中で，彼の思想を総括し，モデルを創設してハンドの公式を適用して過失の責任を分析して経済の効率などと関係がある問題を説明する。私達は図の2－1でポズナーの思想を述べる。

　図2－1の中で，横の軸は慎重な程度を示している（units of care）。縦の軸は金額（ドル）を示している。PL曲線は慎重な主体が予想する事故コストの限界の変化を示し，下降の傾向が現れる場合は慎重な程度の増加を表し，

第 2 章　経済学の発展に及ぼす法学の影響　81

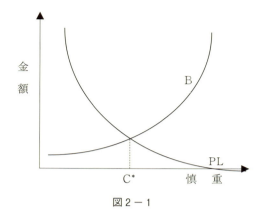

図 2 − 1

事故の発生する可能性が減少していることを表示している。曲線 B は慎重な程度の限界コストであり，慎重な程度が高まるに従って，コストは少しずつ増加している。交点（C*）は最も良い慎重な程度を表し，C* 点から右へ移動すれば，危害を与える人がマイナスになり過失の責任を負うべきであり，B の増加に従う限界コストは PL の逓増の限界コストより小さいため，危害を与える人は過失の責任を負う。C* 点から右へ移動すれば，B>PL，危害を与える人のマイナスになり責任を負わない。このような分析はリスク性に対する態度の問題を考慮せず，個人のリスクに対する選好を分析の枠組みに組み入れて，リスクの嫌悪者にとって，安定な状態を求めたいので，彼は C* の点よりもっと大きい事故を予防するコストを支払いたいと思う。リスクを好む人にとって，そのコストは C* 点を上回ることはありえない。そのため裁判所は異なる当事者のリスクに対する選好によって B と PL の間の関係を評価する（Posner, 1997 : 212-214）。

　クーターとユーレンはその『法と経済学』（1988）の中で，ハンドの公式が適用できるとし，法定の合理的で慎重な基準を提起した。この合理的な基準は効率によって制定したのであり，そのためポズナーの思想の基調と一致し，彼らの分析はいっそう細分化と可操作性の特徴がある（Cooter and Ulen, 1994）。

　権利侵害行為法の経済学の分析は西側の法経済学の応用の分析の中で最も

システム的で最も十分に完備していて，ある人はこの領域の経済の分析に精通しないならば，この領域の厳粛な理論家になることがあり得ないと思っている（Hansman, 1983）。

5　一つの初歩的な再考性の評論

　法学界において，法経済学が現代の法学の領域において最も活力と影響力のある学派になり，経済学の理論界において，制度主義の思潮が興隆することを促進し，主流の経済学に対して強力な衝撃を与えた。法経済学はまた同時にこの二つの領域で法律の現実主義の思潮と経済学の現実主義の思潮を点火し始め，法律の形式主義，概念法学と経済学の形式主義のために1曲の限りない挽歌を歌った（張建偉，2000a，2000b）。

　新しい法経済学は法律の領域で絶え間なく発展し，経済学の価値観は法学の価値観に対しても強烈な衝撃を起こした。特に刑法の領域と家庭の婚姻法の領域においてはとりわけ明らかである。正義はいくらであるか？　精神上の傷について，どの程度金銭補償を与えることができるか？　経済学の分析はまた家庭と婚姻を覆っているベールをはぎとり，私達に市場経済の条件の下で市場の力がどのように感情，倫理などの伝統社会の価値観を変えているかを明らかにする。しかし，私達はこのような問題を考えないわけにはいかない，私達は絶えず法律の裁決の主観性に不平をこぼして，法律の問題を解決するために，経済の効率の基準を取り入れる時，どのようにして公正な基準をしっかり守ることができるか？

　全体的に言うと，法経済学は法律の分析のために経済学の基礎を求めているので，法律の背後の経済の論理を発見することを試みる。しかし重要なのは経済学に異なる流派があるので，私達は法律問題を解決するために，一体どのような経済の価値観を取り入れるべきであるのか？　想像しにくいことであるが，マルクス経済学を基礎とする価値観と新古典派主義の経済学の価値観を基礎とする価値観は，法律の説明の問題の上で共通認識を得る。現在の法律の経済学の流派の中で，市場を本位にする新古典派主義の経済学を基礎にして，法律の経済学を考察するのは主流の理論であり，これは各大学の法経済学の教科書から見るとすぐに分かる。しかし最近の，新しい法経済学

の発展から見ると，多くの学者は主流学派の論点と分析方法に対して疑問を出し，それらは私達に法経済学の未来の発展の傾向を示した。明確になる共通認識は，ただ費用－収益の分析と価格の理論を法律に応用する分析は前途がなく，法経済学を明確な研究対象にするのに不満足にさせ，ただ学問の交差点の「エッジ・ボール」になるだけであり，法経済学は一つの自己満足した理論の体系となる。ここから見ると，法経済学の確立にはまだ一定の時間が必要であり，そして各種の流派に対して全体的に考察する必要がある。最新の発展の傾向は法社会学と法経済学が日に日に融合する傾向があるので，この二つの学問はますます「秩序」の問題の探求に対して熱心である。すなわち法律は人類が協力して秩序を形成して維持する手段は全部ではないと見なし，このような視角から出発して法経済学を研究するならば，その発展の見込みはずっと広大である。この点について，私達はハイエクの「自由な秩序」の理論の中から多くの啓発を得ることができ，同じくスミス，マルクスの規則と経済の間の関係に関する論述からも啓発される。当然であるが，この探求には長い時間が必要であるが，現在，法経済学の領域において，以下の問題を重視して研究すべきである。

(1) 法経済学は現在依然として統一した理論の体系がなく，体系はとても緩んでいるように見えて，一つの統一した理論の枠組みを形成することができるか不明である。

(2) 主流法経済学者としてのポズナーは分権化した市場の資源の配置の効率の魔力を高く評価している。彼は個人の財産権の譲渡効率を強調し，財産権の効率の利用の重要な点は各種の生産資源が市場の取引を通じて，資源に対して最高の評価を行い，最も能力がある資源の使用者がこの資源を使用したほうが良いことを強調した。このような「強者が王である」の論理は法律の公正の論者の基本的な信条に礼を失している。ポズナーの理論において，法律の価値はほとんど経済の価値の中に埋め込まれた。ここから見たところ，どのようにして公平，公正と効率との間の関係を調和するかは，法経済学が発展する際の早急に解決する重要な課題である。

(3) 法律は一種のイデオロギーとして，経済過程の中で内生するか外部に生まれるか？ 自己発生するのか？ 法律が経済を決定するのか，また経済

が法律を決定するのか？

　(4) 法律は秩序としての資源を管理するモデルであり，倫理，道徳，習慣などの非公式の規則との間に，どのような関係があるのか？ 相互に補完する関係であるのか？ 代替関係であるのか？ どのように秩序の管理の過程において彼らの関係を調和すべきか？

　以上の問題は，法経済学は依然としてとても若くて，長い道を歩いていることを示す。これらの「問題意識」が法経済学を正しい方向に維持する。

Ⅲ　法学の方法と経済学の方法の結合の将来性

　主流の法経済学の自由主義の効率についての観点は米国の法律の形式主義と経済学の自由放任の伝統にさかのぼることができ，それらは米国裁判所の司法の実践と密接な関係がある。米国の裁判所はスペンサーの『社会の静力学』（1851）と社会進化論の思想に深い影響を受け，経済紛争を解決する分野で主流の私法が公法より更に優越していると思い，政府の個人関係への規制に反対する。19世紀末まで，裁判所は社会進化論の思想はホームズとパウンド（Pound）を代表する法律の現実主義の挑戦を受け，彼らは法律が「行動の中の法」であることを強調し，法律と社会生活の変遷は密接な関係があり「法の生命は論理でなく経験である」ことを主張し（Holmes, 1923：1），同時に法学は他の社会科学と相互に融合することを主張している。

　米国の制度主義も19世紀末に自由放任の古典主義に対して疑問を呈している。彼らは社会公正，失業と貧困などの問題に関心を持って，法律あるいは習慣などの非公式の制度を経済の分析の中に取り入れることを主張している。これと法律の現実主義の主張は一致する。このような共通の主旨により「形式主義」と「自由放任の思想」に対する不満は法律の現実主義者と米国の制度主義者を連合させた。20世紀60年代来，法学部が経済学の教授の教員を招聘するのが増えるに従い，法学と経済学の融合の時代は到来した。

　以上の内容から見ると，現実主義は制度主義と法経済学の共通の追求である。しかも現実主義と制度主義の視角から見ると，法経済学は新古典派主義経済学から栄養をくみ取るだけでなく，現実主義のその他の流派と融合して，

第2章　経済学の発展に及ぼす法学の影響　85

理論の説明力を強める。法経済学を現実主義の構成部分と見なし，新古典派主義の経済学の「植民地」と見なさない。法経済学をある一種のイデオロギーの追随者とすることから免れ，法経済学は経済の論理を法律分析する「核心」を「強化」させる。同時に複雑な社会現実と経験に関心を持っていることは，これこそ法律の生命である。つまり，法律経済の分析はその他の領域の社会科学（例えば：政治学，社会学，歴史学など）と連携しもっと広大な社会生活コミュニケーションに注意すべきである。以上のような理念と思想の史的背景に基づいて，本章は明確に法経済学の次の目標が新古典派主義の抽象的理想的なモデルと単一の市場の価値観を捨て去ることであることを提起し，現実主義の多元化の価値観と方法論を利用することを提唱し，多元化の競争の中で法経済学を熟成させる。

（1）法律の経済学の分析の中で行為に関する仮定をモデルとして構築することを修正する。法経済学の主流は新古典派主義の理性選択をその行為のモデルを構築する基礎にし，更に現実の経済の過程で人々が直面している情報不完全を強調する。そのため，人の有限の理性と日和見主義の行為はそのモデルを構築する基礎になる。法経済学はこれらの仮説を吸収して，法経済学をさらに経済過程の現実的な観察に対して近づける。

（2）秩序の多元化と比較制度の分析。主流の経済学は市場の「見えざる手」が自動的に市場秩序を成立させることを主張し，政府と法律は抽象的で，経済モデルの中で問題を考慮することは少ない。主流の法経済学はこれらの要素を考慮したが，しかし「市場本位」の価値観を強調し，各種の非公式の制度，政府の立法，政策の規制などに対して注意を多く傾けていない。現実主義の視角から見ると，秩序を管理する構造は多元的であり，価値観も多元的であり，制度も多様化である。ウィリアムソン（Williamson）が取引コストの経済学を提示したことにより，契約の締結と実行を観察するならば，異なる取引の特徴あるいは資産の専用は異なる管理の構造（双方間の管理，一体化の管理あるいは第3者の仲裁）に対応する。その中で取引コストを最小化することは比較制度分析あるいは比較組織分析の基準である。ここで，計画，市場，政府，法律，企業はすべて秩序を管理する資源になり，単一の市場本

位モデルではない（Williamson, 1998：67-100）。もし私達は「秩序の多元化」を堅持するならば，私達は法律経済の分析の中で比較制度分析の視角がなくてはならない。このような視角の下で，異なる国家は歴史文化の伝統の相違のため，「経路依存」することになり，このため異なる法律の秩序を形成させ，異なる経済構造と経済の論理を埋め込む。

(3) 現実主義の方法論。法経済学は公共の政策と立法の政策のために，理想主義の抽象的なモデルを捨てなければならない。その他の現実主義の方法を吸収し，多元化の方法論を吸収することが，公共の政策と法律の政策に有用になる。これらの方法論は次のような方法を含む。

①訴訟の実例を研究する方法。この方法はすでに大量の法経済学の教科書に採用された。

②実験の方法あるいは実験経済学の方法。実験経済学の方法はここ数年影響がおおきい現実主義の理論の流派であり，すでに何人かの学者はそれを法経済学の中で適用して，法経済学の基本的な原理を検証している。たとえば，ホフマ（Hoffma, E.）とスピッツァー（Spitzer, M. L.）などの学者の一連の研究は啓発の意味がある（1982；1985a；1985b；1986）。

③社会調査方法あるいは社会学の方法。エリクソン（Ellickson, 1991）はすでに社会学の「フイールド調査」の方法を法経済学の研究の中で適用し，法社会学と法経済学とが融合していた。法経済学はいつも最大量の非合法的な経済活動（組織犯罪を含む）に関連している。このような資料は政府の統計資料に入りにくく，社会調査の方法は重要になってくる。

④進化ゲーム分析。この方法は進化生物学の全体論の研究方法を参考にした。新古典派主義の演繹実証分析と異なるのは，時間と行為主体の間の双方向性が制度の全体の形成の過程を貫くことである。現実主義精神がある進化経済学とゲーム理論と制度分析は一体化すれば，法律の制度と現実的な経済の過程の間に内在する関連を解明することができ，法経済学の最も前途ある発展の方向である。

⑤公共選択の分析方法（政治学の方法）。法律の考察が政治の秩序の問題に関連することも避けられない。たとえ民間に法律の秩序の要望があるとしても，法律の供給と実施も需要を満足させることができない。国の管理者は法

律（制度）を変更あるいは立法する時，一種の安定的な政治の秩序を獲得したいならば，政治の舞台の上で各利益グループに対して誰が利益を受けるのか，誰が利益を損なうのかをしっかり理解しなければならない。そして法律の政策決定をするとき，弱者の利益グループに対して適切な補償を与えるべきである。このようなことをしないと，「政治の上で実行して良くない」あるいは政治が不安定と「破産」を招く可能性がある。公共選択の分析はこのような政治過程を見通すために現実主義の分析のモデルを提供することができる。

⑥法学の範疇と概念の経済学に対する影響。法経済学の最も重要なミスは経済の分析に過度に依存したことである。その結果，法律の自主性を失わせた。私達が法律の制度の行為を内生の変数にして，経済分析を取り入れる時，経済学の研究領域を広げる。このような発展は法経済学の理論の新しい発見を引き起こす可能性がある。法学の経済学の研究に対する影響は以下の範疇を含む。これらは財産権の分析，責任分析，契約の方法，正義の観点（秩序正義，分配正義，矯正正義），公平観，法律と発展（反貧困），比較法，法律史等である。

(4) 過程の分析と積極的な進取（Progressive）の法経済学。現実主義者は過程の分析を強調し，彼らは「何が発生しているか」と「ここの規則が何であるか」である。「何が発生している」のこのような問題に対してはっきり理解した後に，正しい改革政策を制定することができる。この点は制度主義の問題意識と通じ合っている。彼らはすべてリカルドのように抽象的なモデルと現実を同じとみなし，理論から政策の結論まで急に跳ぶことをしない。その目的は「世界を知る」，更に重要な「世界を改造する」ことである。主流の法経済学としての新古典派主義の「見えざる手」のモデルと異なるが，更にケインズ主義の「見えざる手」のモデルで接近する。それは純粋な「ケインズ主義」の関与する政策と同じではなく，いっそう法律の関与を強調している。

(5) 「問題意識」と「問題の方向誘導」。現実主義の法経済学は理論のモデルと枠組みの構築の現実的な意味を強調し，実際的な問題を解決することをめざし，「経済学のため」の形式主義ではなく，「法の条文から法の条文ま

で」の「概念の法学」ではない。法経済学の学者自身が理論の再考と現実の理論の間に対する解答を通じて，法経済学の理論自身の発展を推進する。そのため，「問題意識」は法経済学の学者の必要な素質である。

　上述したように，現実主義の視角の下，法経済学は一つの開放的な理論の体系であり，それはある一つの特定の政治の構造とイデオロギーにとらわれるべきでなく，現実的な問題を解明するので，公共の政策の制定と立法のための理論に基礎を提供する。

主要参考文献

Posner『法律的経済分析』中国大百科全書出版社，1997年。
Beccaria『犯罪と刑罰』中国大百科全書出版社，1993年。
Commons『制度経済学』(上)(下)，商務印書館，1962年。
植草益『ミクロ規制経済学』中国発展出版社，1992年。
Williamson『反トラスト法経済学—兼併，協約と戦略行為』経済科学出版社，1999年。
A. A. Schimid『財産，権力と公共選択』上海三連書店，1999年。
Buchanan『自由，市場と国家80年代の政治経済学』上海三連書店，1989年。
張乃根『経済分析法学』上海三連書店，1995年。
Robert B. Cooter & Thomas Ulen『法と経済学』上海三連書店，1998年。
Posner『法理学問題』中国政法大学出版社，1994年。
Holmes, 1897, *The Path of Law*, Haward, Law Review 10.
Dias, 1995, *Jurispruelence*, Butterworth press.
Posner and Esterbrook, 1981, *AntitrustCases, Economic Notes and Other Materials*, West Publishing Co.
Holt and Schefman, 1989, *Strategic Business Behavior and Antitrust, Economic and Antitrust Policy* (ed. Robert. J. Larner and James. W. Meeham, 1989).
Coase, 1988, *The Firm, the Market, and the law*, The University of Chicago Press.

第3章　経済社会学の理論と方法

　1970年代以来，日本，アジアニーズと中国大陸の経済の飛躍は，西側の学者がアジアの経済に対して深い研究を行う要因となった。彼らは日本，アジアニーズと中国大陸などの国家と地区の経済が特殊な組織構造を持っていることを発見した。彼らはアジアの経済をネットワーク資本主義と称し，カスティエル（Kastiel）はさらに中国を関係資本主義と称している。経済学の学者は西側主流の伝統の経済学に基づくアジアの経済に対する考察が不十分であるとして，近代経済学に「社会学化」の傾向が現れ，社会学の視角を経済学に取り入れはじめた。一部の経済学の学者は伝統の経済学を捨てて，経済の現状に基づいて，経済現象を研究する方法を重視し，社会の経済構造，社会制度，社会関係のネットワーク，社会関係資本，社会心理などの社会的な要素の経済活動に対する影響と効果を重視し始め，それによって経済学研究の視角を広げ，経済学研究の新しい領域を切り開いた。彼らは経済社会学の理論の助けを借りて，特に社会関係のネットワークと社会関係資本の理論と分析方法に基づいて，アジアの経済に対して合理的な説明を行い，現在の移行期の中国社会の経済に対しても特殊な理論価値をもつ考察を行った。西側の経済学界では社会関係のネットワークと社会関係資本の理論と分析方法に対する関心があり，この方法を適用して経済全体の現象を分析し始める。1980年代から，中国の経済学者と社会学者も経済学の「社会学化」を重視し始める。

I　経済社会学の定義

　現在でも経済社会学について研究の視角の相違により，統一的な定義がない。経済社会学に対して最初に定義を明確にしたのはスメルサー（Smelser）である。彼は『経済社会学』という著作で，経済社会学が「社会学の基本的

な枠組み,関数,説明のモデルを適用して,希少性がある物品とサービスの生産,分配,交換,消費に関する複雑な行為を研究すること」とした(Smelser, 1991 : 2)。

その後スメルサーは『国際社会科学の百科全書』を書いた時,「経済社会学」について次のように説明した。「経済社会学は社会学の原理と方法を適用し,経済行為の社会生活に対する効果を探求し,経済構造と社会のその他の各種の構造の間の関係を科学的に分析することである。」

中国では,汪和建が経済社会学の最初の定義をおこなった。彼は『近代的な経済社会学』という本の中で経済社会学の定義を次のように書いた。「経済社会学は経済と社会との相互関係にたいして,システム的に客観的に研究することである」(汪和建, 1993 : 13)。

朱国宏は経済社会学に対して次のような定義をした。「社会学の理論と方法を適用して経済の行為,経済構造と経済体系を研究する学問である。研究対象は経済行為,経済構造と経済体系に対応して,それぞれミクロ経済社会学,中間経済社会学とマクロ経済社会学に区分できる。」(朱国宏, 1999年 : 8)

上述の定義からすると,大部分の学者は経済社会学の研究対象が社会と経済に関する関係であるという定義を受け入れる傾向がある。

グラノヴェッター(Granovertter)は1985年に『米国社会学雑誌』の中で『経済行動と社会の構造について:埋め込み問題』という論文を発表した。この論文は,西側の新しい経済社会学についての一里塚としての創造性がある文献である。

グラノヴェッターなどの新しい経済社会学の学者達は,パーソンズとスメルサーを代表とする近代的な経済社会学が総合的な分析を軽視しているとした。新しい経済社会学が経済現象の分析を行う独特の社会学の視角があることを強調し,新しい経済学は独自分析による「経済生活の新しい社会学(new sociology economic life)」であると考えている。彼らはいわゆる新しい経済社会学の研究の対象は依然として伝統的な経済社会学が関心を持っている問題であり,それは研究対象の変化を指すのではなく,方法論の変化を指すという。つまり社会構造の視角から社会関係のネットワーク(social relational network)と社会関係資本(social capital)の分析の手法を新しい経済社会学

に取り入れ，この方法に基づいて経済学の核心問題に対して研究を行うことであるとした。

　スメルサー，スヴェードボリ（Swedberg）が編集した新しい経済社会学の論文集『経済社会学手帳』の中で，グラノヴェッターとスヴェードボリは新しい経済社会学の理論の核心あるいは観点を更に三つの命題に帰結した。(1)経済の行動は社会の行動の一種の特定の型である。(2)経済の行動は社会性がある。(3)経済制度は一種の社会性の構造がある。(Swedberg, R., Granovetter, M. 1992：6)

II　経済社会学の方法論

　西側の経済社会学の発展の系譜によって，経済社会学の方法論の変遷を3段階に分ける。つまり1830年代中期～1950年代中期までは第1段階であり，私達は「古典的」な経済社会学と称する。1950年代中期～1980年代中期までは第2段階であり，近代的な経済社会学と称する。1980年代中期から現在までは，第3段階であり，新しい経済社会学と称する。

　第1段階の経済社会学の研究者はすべて「社会科学」の領域で経済と社会の相互関係の視角から「経済と社会」の問題を研究しているが，相応する方法論が不足していたので，経済学との論戦の中で，完全に敗北した。このため，後の研究の中で，経済社会学はその他の学問の研究上の空白問題について研究する「余剰」の学問になった。

1　パーソンズの経済観察の社会学の方法論―行動理論

　経済社会学の発展の第2段階は主に米国で繁栄を迎えた。米国の経済社会学の創設者はパーソンズ（Parsons, T.）である。パーソンズは構造機能分析と行動理論学派の創始者である。

　パーソンズによると，西側の主流の経済学の限界は非経済行為の要因について適切に処理していないことで，これは社会学の任務である。彼は主流の経済学の原子式個人の行動の理論と方法論に対して，行動構造の理論を提起した。

ウェーバーは個人の行動の行為が社会学分析する基本的な要素であることを提示して，社会学の方法論を各種の異なるレベルの社会の構造の概念をすべて理解することができる理論に代替する事を主張する。社会学の研究テーマは人による定義である。更に言うと，「他人の行為を考慮に入れると，行動は「社会性」を有する行動である」(Weber, M., 1978：4)。『社会と経済』の古典的著作の中で，ウェーバーは3種類の行動のタイプを区別した。つまり，習慣の支配を受ける行動と，感情の支配を受ける行動と，目的を実現するために有効な手段を選ぶ行動である。3種類の行動はつまり「理性的な行動」の中で，目的－手段との関係によって，また2種類に分けることができる。つまり，個人の目的を求める定方向的な行動と，ある種類の価値を求める定方向的な行動である。理性によるいかなる行動もすべて社会の影響を受けるから，他人の反応行動を考慮に入れなければならず，これによって調整を行う。

　パーソンズは初期ウェーバーの理論の立場を受け，社会と経済との関係中の「社会行動」を自己の研究対象にする。しかし，パーソンズはウェーバーの観点に似ている「唯心論」の社会学の伝統に対して，個人行動の主観の分野と，個人に影響を与える文化の理念と価値観を強調する一方，環境が行動に及ぼす効果を見落としている。これと反対に，デュルケーム（Durkheim）を代表とする古典実証主義の社会学は人の行為を周囲の環境への反応であると見なし，環境は人の行為に対する客観的な制約あるいは影響と見ている。これはその理論の長所であるが，制約の効果を強調しすぎて，個人の主観的な要素の能動的な効果を軽視し，甚だしきに至っては完全に否定的な傾向がある。

　パーソンズは，この2種類の理論は人々の社会の行動に関する説明に貢献をしたが，社会の行動の構造に対して完全な説明をすることができなかったので，この二つの理論を総合して，合理的な理論にして，人々の社会行動を説明する一般理論を形成することができると述べた。パーソンズは初期出版した重要な著作『社会行動の構造』の中で，この分野を切り開いた。

　この本の中で，パーソンズは行動に関する一般的な理論の基本的な思想を提起し，目標，環境と規範は「部分的な行動」の基本的な要素であるとした。

行動は物理的環境と価値規範の両方の制約を受けて，個人が一定の目的を実現するために行なった動作と過程であるとした（Parsons, T., 1937：4）。これは上述の2種類の社会学の行動理論に対する高度の総合である。

　パーソンズはウェーバーと同じく行動理論から研究し，ウェーバーと同じく彼も個人の社会の行動に関心を持つだけではなく，更にマクロ的な社会の構造と過程にも関心を持ち，行動理論から出発して各種の社会の構造と過程の基礎を探求している。彼の研究は，一種の総合的な理論の立場を維持し，デュルケームとウェーバーの2種類の経済社会学の方向を結合することを望んでいる。その理論の分析は絶え間なく，ますますスペンサーとデュルケームの理論に接近して，ウェーバーなどの立場と乖離する。20世紀50，60年代に発表した多くの著作の中で，例えば『社会システム』『行動理論』『経済と社会』『社会：進化と比較の観点』『現代社会システム』の中で，パーソンズは「構造機能主義」の広大な社会の理論の体系を発展させてきた（謝立中，1998：8）。

　パーソンズは，行動の多種の要素が総合体を構成し，部分行動はすべて以下の要素を含むと思っている。

　(1)　目的と能力がある人がいる。
　(2)　行動の過程で未来の目的がある。
　(3)　人が目的を追求する時，選択肢としての手段がある。
　(4)　人が目的を実現する過程で，環境の制約がある。
　(5)　人は規範と価値観からの影響がある。

　彼は，社会の行動システムは一つあるいは多数の人の行動の双方向性から形成されるとし，さらに，パーソンズは行動システムの四つの要素を提起した。つまり，社会システム，人格システム，文化システムと行為の有機体システムである。社会システムは一定の環境（物質と環境を含む）の中で，人の双方向性の行動で構成される形式である。文化システムは価値観，信条，規範，そして他の観念の総計である。人格システムは人間の動機，需要と態度などの心理を構成している要素である。行為の有機体システムは人間の有機体と生存する自然環境である。パーソンズは，このような子システムは相互に牽制して，人類の行動を制約すると思っている。すべての子システムの

内部の，社会規範，文化価値，心理行為と生理要求はそれぞれ人々の行為を導いて制御して，それによって一つの平衡，調和的な人の双方向性の体系を形成する。パーソンズの社会システムは社会であり，その構造は人が双方向性の過程で形成する制度化モデルである。

　パーソンズは，社会システムはそれ自身が，適応(A)，目標達成(G)，統合(I)潜在的パターンの維持(L)を備えていると思い，すなわち有名なパーソンズの AGIL モデルを提起した。その中で，適応することとは社会のシステムが環境に適応する能力であり，社会と行動のシステムとの間の関係を体現していて，この機能を満足させるには社会において経済制度が必要である。目標に達することは，社会のシステムが全体の目標を確定し，システムのエネルギーを利用して，目標を実現する能力であり，それは社会と人格のシステムとの間の関係を体現していて，この機能を引き受ける制度の構造は政体である。統合することとは，社会システムの内部の各部分が相互連携して協調がとれている能力であり，社会システム自身の内在する関係を体現していて，この機能を引き受ける社会制度は主に法律，宗教などである。潜在的パターンを維持することとは，社会システムは究極の方向を維持する社会の価値モデルの能力であり，それは社会システムと文化システムとの間の関係を体現していて，この機能を実行する制度は主に家庭と宗教の制度である。パーソンズは子システムの段階の研究にとどまることなく，亜子システムの内部まで引き続き探究している。そしてこれらの亜子システムは子システムと相似機能があり，それらの間は調和と共に維持関係がある。このため，パーソンズの理論は単純な平面構造ではなく，複雑に入り組む立体のネットワークの構造であり，すべての要素はすべて相互に牽制し，共に社会システムの運営と発展を維持している（Popenoe，1987：134）。

　上述の理論から出発して，パーソンズは社会経済発展の過程は社会総体の適応能力の高まる過程であると思っている。社会の構造が存在するのは社会システムの機能を満足させることであるために，一つの社会の構造が社会システム的な機能を満足させることができない時，社会の構造は変遷せざるを得ないし，社会の構造を決定する四つの子システムにも相応する変化が発生する。そして社会の構造を社会のシステム的な機能を満足させる方向へ運動

させると思っている。パーソンズはこのような社会構造の変遷を適応性成長，分化，受容，および価値の概括化と称する。

適応性の成長は全体的な社会的な適応能力を絶えず高め，主に経済の効率を高めることに現われている。分化は社会が単一の構造から多元的な構造に転化することに適応することである。受容は，構造の分化がシステム的な分裂を招ねかないように，システム的な統合は絶えず高度の階層に昇っていくことを求める。価値の総合化は分化の程度に対応するためで，抽象的な共有的な価値は各種の特殊な規範に取って代わる。

パーソンズによると，機能の分化の程度は社会の発展が絶えず増大していくことに従う。現代社会機能の分化の程度は最高であり，社会的存在と発展の需要を最大限に満足させ，現代社会の経済制度を最も優越な及び最も合理的な社会制度にし，人類社会の発展の最高の段階であると思っている。

2 経済学と社会学の方法論の結合

1956年，パーソンズとスメルサーはケンブリッジ大学でマーシャルの講座の講演を『経済学と社会学の理論の統一』というテーマで本を出版した。この本の中で，彼らはパーソンズのAGILモデルの理論を発展させ，経済は社会の一つの子システムであるという観点を提起し，経済理論は社会理論の特例であると指摘した。パーソンズとスメルサーは機能主義の枠組みの内で抽象的な分析の用語に基づいて，社会が直面する主要な切実な問題を提示し，子システムの類型についての区別と，それらの関係を識別することを探求した。同時に，彼らは経済社会学が，経済学の方法で社会と経済の理論のモデルと関係を解明することを探求してきた。例えば，生産要素，供給と需要との関係，貸付けと貨幣の理論及び均衡分析方法などを考察した。1956年，パーソンズとスメルサーの共著『経済と社会』の出版は，近代的な経済社会学の水源であるだけでなく，新しい経済社会学の学問の形成のための基礎を打ち立てた。

彼らは序文の中で，「当本は経済学と社会学の理論の結合を明らかにするために行う」と言った（Parsons, Smelser, 1989：1）。2人の作者は当時の学術界は習慣的に経済学と社会学の二つの学問の間の差異を強調して，両者の

間に内在する密接な関係を軽視したと思っている。彼らはこの本を書く目的が，近代社会科学史の2人の偉人——ウェーバー，マーシャルを記念することであるとした。ウェーバーとマーシャルはそれぞれ上述の二つの学問の中の一つに属する。

　20世紀の初め，ウェーバー，マーシャルは経済と社会の両者を結合して研究を行った。しかし20世紀中葉の数十年で，このようにする人は本当に少ない。主な要因は三つの障害にある。まず，経済学者達はすべて経済学理論の技術的な手法が提示した巨大な潜在力に関心を持つ。

　次に，経済学者達が直面している公共政策に関連する問題は直ちに解決しなければならないため，隣接している学問との理論の連携を探求することはあまり緊急の課題ではないと思っている。

　最後に，経済学者達は社会学自身が一時期以来，基本的な有用な理論を提起することができなかったと思っている（Parsons, Smelser, 1989：2）。

　戦後，経済の急速な発展を背景に，再度二つの学問の間の連携を強調し，両者を結合して研究を行う必要があり，両者の間は相互に切り離しにくい。しかし，パーソンズは社会の理論と経済の理論は単純に緊密な関連の並列関係であると思い，パーソンズは『経済と社会』の本の中で，経済学理論は一般の社会システム理論の特例であるという観点を提起し，経済学理論はまた一般の行動理論を発展させる主要な分枝であるとした。このような観点で，経済学と社会学の二つの姉妹の学問が理論の上で結合できると思っている。経済学と社会学との分離の局面は転換すべきである。明らかに，パーソンズは自己の四つのシステム理論の中で，社会システム理論と一般の行動理論から出発し，経済学を自己の理論の枠組みに組み入れる。この本の中で，パーソンズは主に以下の分野で論証を行った。

　(1) 経済学理論は一般の社会システム理論の一つの特例であり，一般の行動理論の一つの特例である。経済学理論の一般理論では，具体的な経済の変数は存在しない。具体的な変数は，普通は行動理論の変数である。経済構成要素は特定のシステム及びそのシステムと関係があるパラメーターに依存する。

　(2)「経済」は経済学者が通常使う概念であり，一種の特殊な社会システムである。それは範囲が更に広い一種の子システムであり，この子システム

は，その他の子システムから分化してくる。それは同一の基礎の中から分化した四つの子システムの中の一つであり，それらの子システムの間の差異をはっきりさせることが必要である。経済は一種の社会システムとして，このようなシステムの全部の属性を有する。

(3) 経済はすべての社会システムのように，その境界線を越えて，投入と産出の交換を行う。経済の最も重要な分野は同一の社会及び社会を制度化することである。経済と非社会の要素との関係は，このように環境を通じて調節を行い，環境から独立していない。

(4) 経済と経済環境との間の交換により，具体的な投入と産出は他の特定の同社会の子システムを集中して作り出した。

(5) 具体的な経済過程は通常非経済要因の制約を受け，これらの非経済の要素は社会の非経済の要素の子システムのパラメーターの特徴の中に示される。

(6) 一種の経済学以外の理論を確立し，これらの経済学理論を結び付けて，非経済要素に対する分析をおこなう。

(7) 経済制度の変化の問題は上述の(6)の特例であり，経済制度の変化の主要な要素が全部経済の要素であることはあり得ない。

(8) 経済学理論は不確定な理論の「海洋」の中の一つの完全に孤立している「小島」である必要がない（Parsons, Smelser, 1989：275-276）。

『経済と社会』という本は社会学の視角から社会と経済の相互関係について議論し，経済学者の間の対話を促す。パーソンズは社会システムの理論に基づいて経済行為と経済過程を分析した。

3 スメルサーの経済社会学

パーソンズはその他の研究領域に転向した後でも，経済社会学を引き続き研究している。スメルサーの経済社会学に対する貢献は，現代の社会学の学者の中で最も著しい。

彼はその『経済社会学』の中で次のように述べた。「当本は社会生活の中での経済と非経済との間の関係を重点的に研究し，両者はどのように交差して重なり合っているのか，どのように相互の影響があったのかを重点的に研

究し、また経済活動に対して社会学の分析を行う。私達はこれを「経済社会学」と称する」。経済社会学とは社会学の基本的な枠組、関数、及び説明のモデルを適用し、希少性がある物品とサービスの生産、分配、交換、消費に関する複雑な行為を研究することである (Smeler, 1991 : 2)。

彼は経済社会学の三つの難題を解決することを試みる。経済と社会との関係をどのように研究するのか？　彼は、経済社会学は経済とその他のタイプの社会変数との関係を研究する。それらの異なる変数の間の相互関係を利用する方法を利用して、それらの変数を解明すると指摘している。経済と社会の変数との関係は三つの段階から研究することができる。最も具体的な段階は、経済活動の中での特殊な役割と組織を研究する。第2段階は経済構造とその他の構造との関係を分析する。第3段階は経済とその他の社会のタイプの体系との関係を研究する。

スメルサーの、経済社会学の研究の重点は二つある。第一の重点は経済行為自身を研究することであり、これらの経済行為はどのように異なる役割で、集団と相互に結合し、どのような価値観はこれらの経済の行為を合法化させ、どのような規範と制約の手段を利用して、これらの経済の行為を調節、管理及び使用するのかである。また企業などの経済組織の内部の地位の体系、権力、権威関係、逸脱行為、派閥、集団の経済行為はどのように経済行為に影響を与えるかである。第2の重点は、経済の中での社会学の変数と、非経済の中での社会学の変数との関係を研究することである。例えば、工業社会の中での職業の役割の構造と家庭の役割の構造との関連であり、異なる社会的経済体制はどのような種類の政治と衝突を引き起こして、異なる経済制度はどのような種類の階級構造を作るかなどを研究することである。これらの関係はもっと大きい経済社会学の研究の課題を引き出す。例えば公共政策、労資の衝突、経済階級の間の関係などの課題がある (Smelser, 1991 : 51)。

企業などの経済組織の内部の地位の体系、権力、権威関係、逸脱行為、派閥、集団行為などが経済行為に影響を及ぼすが、スメルサーはこれに対して深い研究を行っていないが、新しい経済社会学の学者のためにこの問題を研究する構想を提供した。

4 経済学と社会学という二つの学問の方法論の比較分析

スメルサーはパーソンズの観点を受け継いだ上，『経済社会学』の本の中で，彼は主流の経済学と社会学の方法論の差異に対して比較を行った。比較は相関している変数，自変数，変数の間の関係と「仮説」の重要性という4つの分野で行われる（Smelser, 1991：8）。

相関の変数。経済学の最も基本的な相関の変数は生産，資源の配置の方法と所得の分配である。例えばケインズ理論の体系の中で，相関の変数は就業のレベルと国民所得である。

社会学は規則，意義，社会の行為などの分野を研究している。彼らは個人行為の方向，個人行為，集団行為，社会構造，制約と価値観などの現象の法則性と変化を解明する。

自変数。経済学の自変数は需給関係である。需給関係の規則はすべての相関の変数の変動を解明することができる。商品生産高，品種割合の構成は需給関係が決定し，生産要素の構成，組合せは需給状況が決定し，所得分配は労働力の需給関係が決定する。

社会学は一般の現象の中から変数を説明することを求めて，自変数にする。例えば有権者態度，帰属集団，社会地位あるいは異なる価値観のこれらの変数で有権者の選挙行為の相違を解明する。同様に，集団行動，社会地位，文化背景などの変数を使って人々の態度の相違を解明する。

変数間の関係。経済学のモデルの中で，相関の変数は2チームの自変数の関数である。例えば，ケインズが創設したモデルのように，自変数は消費者の選好，資本の限界効用と利率，これらの自変数の値によって社会の失業の状況とGNPを予測する。

経済学と比べると，社会学は使用する説明変数がずっと多くて，相関する変数はすべて大量の種々の自変数である。これらの変数を通じて作り上げる理論のモデルはおおよそ3種類のタイプがある。第1は静態のモデルであり，一つの変数あるいは多変数を使ってある種類の行為モデルあるいは構造の特徴を解明する。第二は過程のモデルであり，社会構造の内部の各種の変数の変化を研究する。第三は，変遷のモデルであり，社会構造自身の変化を研究

する。

　「仮説」の重要性。経済学のモデルの中で，各種の相関の変数，例えば価格，生産高などは需給関係の変化によって変化し，現実生活の中で，多くの要因（例えば政治，経済，法律，宗教などの要因）は全て価格と変数に影響する。このような状況で，研究の目的を達成するために，経済学はこれらの要因が不変であると仮定する。例えば，ケインズのモデルの中で，労働力のスキル，消費者の選好，人々の作業に対する態度，社会の構造などをすべて既定で不変であると仮定している。伝統経済学の分析で，最も重要な仮説は経済の理性である。つまり人が経済選択を必要とする時，最大限経済効果を得る選択をして，企業は最高の投入と産出との割合の選択をする。

　社会学の中では，使う変数の種類と数量が多いため，これらの変数に対して理論によって組み合わせを行う時，経済学のように厳格ではなく，モデルの中ではどれが既定で不変であるとはっきり規定するあるいは仮説をたてることがしにくい。しかし，問題を説明する時，やはりいくつか仮説を使う。これらの仮説は通常社会システム的な分野で，経済学が経済理性の仮説を使うように用いる。経済学か社会学かに関わらず，有限の変数で各種の情況に適する一般性がある説明をすることを試みるならば，いくつかの基本の仮説の上で分析をしなければならない。

　この本の中で，スメルサーは経済社会学に対して，特定の研究の方法をとることをしない。彼は5つの分野から「経済社会学」の学問体系を作り上げる。第一は，思想史の視角から，経済学，社会学の各種の観点を研究することである。第二は，理論の視角から，経済学と社会学の二つの学問の差異を探求している。第三は，社会システムの視角から，経済と非経済の要素の関係を考察する。第四は，経済過程の視角から，経済過程のそれぞれの一環を分析する。第五は，経済の変遷と社会の変遷の視角から，両者の関係を研究する。この五つの分野の経済社会学の学問の体系は比較的完全であるといわれ，スメルサー経済社会学という学問に対する全体の見方を代表した（Smelser, 1991：12）。

5　経済社会学と主流の経済学との比較

スメルサーが変数，自変数，変数間の関係と「仮定」の重要性という四つの分野から主流の経済学と社会学の方法論に対して比較を行い，私達に二つの学問の間の方法論と研究の範疇を知らせた。経済社会学は社会学の分析方法を使って経済学の問題に対して分析する複合学問である。経済社会学の視角から出発すると，経済の研究方法論と主流の経済学とはどのような差異が存在しているか？　経済社会学と一般社会学はある程度区別があり，スメルサーとスヴェードボリによると，経済社会学の研究対象は経済社会が相互関係にあることを基礎にして，重点的に経済の現象に対して研究を行う。経済社会学の経済現象の理論基礎は主にこのことが前提にある。つまりどんな条件の下でどんな経済活動に従事するかに関わらず，人自身は依然として一人の社会人であり，彼の行動も一種の社会行動であり，このような経済性がある社会行動の中で，次第に経済制度と経済体系を打ち立て，最後に複雑な経済生活をつくりあげる。

スメルサーとスヴェードボリは経済社会学と主流経済学の比較を行い，両者の差異を表示した（表3−1）。

経済社会学と主流の経済学の方法論の差異は主に以下のようである。

(1)　人の概念。主流の経済学は人の出発点が個人であり，経済社会学は集団，制度と社会である。

個人主義の方法論は社会科学の中で悠久の歴史と伝統を持っていて，経済学の中で最も用いられている。個人主義の方法論は一つの社会哲学を含んでいる。すなわち，集団あるいは社会に先立って個人があり，集団と社会は個人から構成され，個人と個人の行為から離れる社会団体と社会活動はない。そのため，個人の行為の視角で分析することが社会現象に対する最も良い理解を提供できる。ミクロ経済学の中で，個人主義の方法論は初期のイギリスの功利主義と政治経済学の中に現らわれ，その後，オーストリア経済学派のメンガー（Menger）はこのような個人主義の詳しい説明を行い，シュンペーター（Schumpeter）はもっぱら「方法論の個人主義」の概念を提起した。オーストリアの経済学者のミーゼス（Mises）は個人主義の方法論に対する最も

表3-1　経済社会学と主流経済学理論との差異

差異	経済社会学	主流経済学
人的概念	人は他人からの影響を受けて，集団と社会の一部分である	方法論個人主義，人は他人の影響を受けない
経済行動	経済行動は多種多様であり，理性行動を含め，理性は一つの変数である	行動は理性的であり，理性は一つの「仮定」として存在する
行動に対する制限	経済行動は資源の希少性，社会構造，意義構造などからの制限がある	経済行動は個人の嗜好，資源の希少性，技術などからの制限がある
分析の目的	叙述と解釈，予測はほとんど使わない	予測と解釈，叙述はほとんど使わない
主要な方法	歴史方法，比較の方法を含む各種各様の方法を使って，データは主に社会学の研究者あるいは官庁から得る	形式化，特に形式的な数学モデルを使う
経済と社会との関係	経済は社会の一部分であり，社会は基本的な枠組みである	市場と経済は基本的な枠組みであり，社会は既定的である

資料出所：Smelserand Swedberg, 1994：19。

体系的な詳しい解説者で最も堅固な擁護者であると公認される。

　これと対比的に，経済社会学者は人が社会性の中で行為するとし，集団主義の方法論を採用する。集団主義はこのような一種の社会哲学を含む。個人行為は社会を形成し，いったん社会を形成すると新しい特徴が発生し，これらの新しい特徴が逆に個人の意識と人間性を形作った。そのため，社会環境の視角から個人の行為の説明を提供することができる。集団主義の方法論は社会学の中で悠久の歴史を持っていて，個人主義の方法論に対して最も体系的に詳しく批判した。それを原理にして尊重したのがフランスの社会学者のデュルケーム（Durkheim）である。

　デュルケームは，個人主義の方法論は目的論の泥沼に陥ると述べている。個人生存と生活のため，存在と進歩のため，社会の進歩はいったん個人の欲求を十分に満足させる。更に深刻なのは，このような理論は完全に社会的存在が個人に及ぼす影響を否定した。事実上，個人達は一つの社会になり，グ

ループを形成し，「大部分の個人の意識」を形成する。

　Ⅰ節の中で，パーソンズはウェーバーと同様に，行動理論から研究している。ウェーバーと同じく，彼は個人の社会行動に関心を持つだけではない，更にマクロ的な社会の構造と過程にも関心を持って，行動理論から出発して各種の社会構造と過程の基礎を探求することを期待した。彼は一種の総合理論の立場を維持して，デュルケームとウェーバーの2種類の社会学の集団主義と個人主義の方法論を結合することを望んでいる。その理論の分析の深化に伴い彼の観点がますますデュルケームの観点に接近し，ウェーバーなどの立場を遠く離れ，パーソンズはデュルケームの集団主義の方法論を受け継いだ。

　(2)　経済行動。ミクロ経済学の中で，人は安定的な選好があり，個人の効用あるいは企業の利潤が最大化の行動案を選択することができると仮定する。経済学理論の中で，このような行動の方法は理性の経済行動を構成した。これに反して，経済社会学は多くの種類の経済行動が存在していることを仮定し，経済の理性的な行動はその中の一つの行動である。ウェーバーを例にしてこの点を説明している。ウェーバーは，経済行動は理性の，伝統のあるいは価値と感情であると思っている。

　ミクロ経済学と経済社会学がこの分野で第2の観点と異なるところは理性的な行動の範囲と関係がある。経済学者は普通理性的な行動は希少資源の有効な利用と同じとみなす。経済社会学者の視角はもっと広大である。ウェーバーは資源が希少性の条件下の効用最大化を「形式の理性」と言う。「本質の理性」は「形式の理性」と異なり，その他の原則の指導のもとで資源を配置し，例えば公共に対する忠実，神聖な価値などの指導を受けて資源を配置する。実際は，経済学は理性を前提に設定し，経済社会学の学者は理性を変数であると見なしている。例えば，パーソンズは経済の理性を一つの規則と見なし，その他の要素の影響によって変動するので，普遍的な心理ではないとしている。

　(3)　ミクロ経済学は経済行動を平等な主体間の交換であると見なす傾向があり，権力の要素を見落とした。経済学者は，不完全競争の中で価格と産出を制御する権力が核心の要素であると思っている。経済学者の権力に対する理解は経済社会学の理解よりもっと狭い。経済社会学の学者は経済行動の中

の権力の問題に対する理解が，経済学者の理解に比べてもっと広範囲であり，権力問題に著しい位置を与えた。ウェーバーは，経済行動の社会学の概念の中で，権力を制御し処理することも扱い，特に資本主義経済の中で権力をもっと重視している。経済社会学の中で，権力は市場の中でも，社会の中でも使われている。

（4）経済行動が受ける制限。主流の経済学の中で，行動は個人の選好と資源の希少性の制限を受ける。原則的に言うと，人の行為は恐らく予測でき，彼がいつも受けているものに影響されるためである。経済学者のライト（Light）は次のような態度を鮮明に表明した。社会のすべての人はすべて個人の行動だけで，他人の完全な需要，選好，衝動，あるいは市場の取引中のあまり明らかでない価値の中で行動している。

経済社会学者は以上の思考と相反する見方を持っている。彼らは，他の人も市場の中の個人行動を促進し，遅らせ，あるいは制限させると思っている。例えば，買いたい品物が他での売価と比べて高くても，取引の双方の間に長期の信用がある場合，買い手は売り手との関係を断ち切ることをやめる。文化自身も経済の選択の理性に影響している。普通は，個人の社会位置は彼の経済活動を限定している。例えば，社会学者のスティンチコーム（Stinchcombe）はマートン（Merton）の社会構造の概念への詳しい説明の中で次の内容を指摘している。社会構造は人に対する制限がとても大きい。高い犯罪率があるところで居住して成長している人にとって，泥棒になるか正業に参加することかを選択するとき，その主要な決定的な要因は居住区の同世代の集団，グループの構造であり，経済の効用の大きさではない。

（5）経済と社会の関係。経済学者の関心の焦点は交換，市場と経済であり，その他の社会の領域の要素は排除され，これらの要素と経済の変数との関係は大きくないと思っている。つまり，経済学者は社会の要素を安定的，不変的なものと仮定し，本当に役立つのは経済の変数であると思っている。例えば，経済学者は国家と法律システムの合法性と文化要素によって社会構造が安定的なものであると仮定し，社会のパラメーターが固定的，不変的であると仮定し，これらの要素を経済分析の中から排除する。もし政治と法体系自身が固定的でないならば，社会的要素は経済の過程に大きく影響する。

第3章　経済社会学の理論と方法　105

　経済社会学の学者は一般社会学の中で成長し，経済体系を社会の一つの有機的な部分と見なし，経済体系は他の部分との間で相互作用が発生するとみなす。これによって，経済社会学の学者は，次の三つの分野を重視する。(1)経済過程に対する経済社会学の分析。(2)経済と社会の他の部分との間の連携と双方向性に対する分析。(3)経済の社会環境を構成する制度と文化のパラメーターの変化に対する研究。

　(6)　分析の目的。経済学者と社会学者は，現象の説明に対して深い興味を持っている。普通，経済学者は説明を嫌い，予測の重要性を強調する。スミス以来，経済学者は予測できる理論と仮説を創造することに極力努める。社会学者はこれと異なり，彼らは予測をすることがすくない，生き生きとしている説明が好きで，現象に対して説明をする。このように，経済学者はいつも社会学者が説明に夢中になって未来の予測を見失うことを責め，社会学者は経済学者があまりにも抽象的なモデルを打ち立てることを重視し，実証材料を見落としていると思う。

　(7)使用方法。主流の経済学者は予測を強調するので，数学言語を使ってその仮説とモデルを創設することを高度に重視している。もちろん，経済学者も自己の問題にも気づいた。有名な経済学者，米国経済学協会の主席のレオンチェフ（W. Leontief）は1970年の挨拶の中，次のことを指摘した。不幸なことであるが，すべての基本的な運算と代数，経済学の用語をよく知っている人はすべて理論家になれると言った。彼は『米国経済学評論』の中で，半数以上の文章は材料と関係がない数学のモデルで構成していると批判した。たとえ経済学者が経験材料に関心を示しても，それは，経済過程自身が発生した材料（例えば市場行為，株券取引データ，政府の経済統計データなど）だけを使っているだけである。サンプリング調査はほとんど使っていない，文献資料を利用することは更に珍しい（経済史学者が例外）。これに反して，経済社会学者は各種の方法（例えば，資料の調査と分析，独自の調査と分析，観察と野外作業に参加する方法，歴史と資料を比較する定性分析など）に依存している（朱国宏，1999：119-123）。

　パーソンズとスメルサーなどの経済社会学者は経済学と社会学の融合に対して，大量の研究を行い，経済現象を研究する時，システム的な対比の研究

を行った。しかし，これらの研究は経済学界と経済学者の積極的な反応を引き起こしていない。その原因はパーソンズとスメルサーが「社会学の帝国主義」の立場であるのと関係がある。社会の大システムを作り上げた時，経済はその大システムの一つの子システムである。このことは経済学が社会科学の「皇后」であると信じている人にとって，彼らの思考を受けいれることができないことである。また分析の概念の体系が主流の経済学と一致しないため，平等な対話とコミュニケーションを得にくくしている。もう一つの原因を軽視してはいけない，それは「大部分の経済学者は社会学を知らず，大部分の社会学者は経済と経済学に対しての知識が不足していて，関心をも持っていないことである」(富永健一，1984：5)。つまり，「経済学あるいは社会学は，彼らは遠くないところを歩いて，お相互にかかとを踏んでいるが，しかし経済学者と社会学者の協力が密接でありあるいは成果が大きいとは言えず，もっと協力のチャンスが多くあれば，彼らがもっと良い提携を行うともいえない。典型的な経済学者と典型的な社会学者は相手が何をしているのかについても知らないし，関心を持っていない。すべて自己が好きな薄っぺらな社会学あるいは経済学の知識に基づいて，相手の専門の成果を受けることが好きである。」(Schumpeter, 1991：49)。

1950年代に，パーソンズとスメルサーを代表とする近代的な経済社会学者は，その理論を融合し，古典の経済社会学が確立した研究範囲の内に，一つの抽象と形式化した総合的な経済社会学の理論を創設し，機能－構造主義の経済社会学を創設した。しかし，その概念と枠組みがあまりに抽象的で機械的でありすぎたため，マクロ的なシステム分析のミクロの基礎を軽視し，事実と経験を研究することに対して無益であると思われる。理論の総合に努めて，経験の分析を軽視する傾向は，現代の経済社会に相容れない，そのため研究は経済学界の重視を得にくく，数十年以来，経済学と社会学がずっと論争していることを招いた。この分裂のため，経済学者は社会学の領域の中のいくつかの重要な見解を見逃し，社会学者は経済学の重要な進展と見通す能力を軽視している。

しかし私達は，彼らが言った「コロンブス式」の経済と社会との相互関係を統合する意味を否定できない。私達の意見は，理論の統合を通じて，経済

と社会関係に関する分析の枠組を革新することが依然として1条の必ず通らなければならない道であると思う。現在，学問の専攻化がますます進んでいるため，「経済」あるいは「社会」の問題がすべて専攻化した理論に分離され，すべて各自の異なる概念の道具によって処理され，私達も特定の分析方法のもとで「精確な」解釈と説明を得る。しかし，専攻化による概念と方法は人為的に統一性がある物事を「ばらばらにする」ため，私達が得た説明は完全でないし，結論は否定的，対立的であることもある。経済のあるいは社会の専攻化の理論は発展して，専門的に分割された理論と方法が経済と社会の理論を相互に全体的に協調させない根本的な原因になる。経済理論と社会理論の間で理論と方法が分割している状態を治癒するために，ウェーバーの批判のように「経済の研究を広げて普通の社会科学にする」ことが必要である。専攻化した理論の基礎の上で，理論を有効的に統合させることによって，経済と社会関係に対する有効な分析を獲得でき，それによって新しい経済社会学の理論と方法を作り上げることができる。

新しい有効な理論の統合の意味は，古典と経済社会学が確立した研究範囲の内に，経済と社会関係を相互に考察する意味があり，現実的な経験の問題に対して十分な説明力がある新しい理論の枠組みを創設することである。このような新しい理論の枠組みを創設するために，グラノヴェッターが言ったように新しい学問はすべて「新しい方法」が必要である。全体の経済社会の相互関係を含む，マクロ的な構造の要素とミクロの行動の基本的な概念と方法をも含むことができる理論の枠組みが必要である。

III 新しい経済社会学の方法論

スメルサーとスヴェードボリの経済社会学と主流の経済学の比較はただ伝統の経済社会学だけに適し，新しい経済社会学にとっては完全に正しくない。いわゆる新しい経済社会学の研究の対象は依然として伝統的な経済社会学が興味を持った問題であり新しい経済社会学は，研究対象の変化を指すのではなく，方法論の変化を指すのであり，社会の構造分析の視角から社会関係のネットワークの分析道具を新しい経済社会学に取り入れ，この方法によって

経済学の核心問題に対して研究を行うことである。つまり「新しい経済社会学」は伝統的な経済社会学の方法論を継承し開拓する。マルクス，デュルケームとウェーバーを代表とする古典の経済社会学は，経済と社会の相互関係についての研究を基本的な理念として学問を確立した。私達は経済社会学の変遷の中から，彼らは統一した経済社会学の理論の体系と方法論を作り上げることができなかったことを指摘できる。1950年代は，パーソンズとスメルサーを代表とする経済社会学者は，古典の経済社会学が確立した研究範囲の内に，抽象的な形式化した総合的な経済社会学の理論を創設し，機能－構造主義の経済社会学を創設した。しかし，統一した有効な方法論，経済学と統合できる方法論を創設できなかった。機能－構造主義の経済社会学は形式上巨大な経済と社会関係の理論を作り上げて，経済学と統合する方法論を作ることができた。新しい経済社会学は新しい社会学の視角で経済領域の中の核心問題（例えば市場，企業，契約など）に対して研究を行う。

1　新しい経済社会学の方法論

グラノヴェッターは1985年に『米国社会学雑誌』に発表した『経済の行動と社会の構造：埋め込み理論問題』の論文は新しい経済社会学を開始する一里塚の文献である。グラノヴェッターは伝統の経済社会学は理論の総合だけを重視し，日常の経済の問題に対して研究と解決を軽視する傾向があるとし，この論文はポランニー（Polanyi）の「埋め込み理論（embeddedness）」の概念を借り，社会行動に関する理論の基礎の上に社会関係のネットワークの分析方法によって新しい経済社会学の学問の位置及び基本的な概念と方法論の説明を行った。グラノヴェッターの論文の主な目的は経済生活の中の社会関係のネットワークの分析を基本的な思想とし方法論の基礎を創設することである。

彼は論文の中でポランニーの「埋め込み理論」を発展させ，経済の行動を社会の構造に組み込んで，それによってこの一般的な普遍的な「埋め込み理論」の概念から経済の行動を研究する新しい視角を獲得し，社会の構造あるいは社会関係のネットワークの視角から経済生活を研究する。

しかしこのような新しい経済社会学の視角の有効性を証明したいならば，

新しい方法論を作り上げる必要がある。このために，グラノヴェッターは主に社会学と経済学の中に存在する2種類の伝統の方法論，社会化の不足と，社会化の過剰の論点を批判した。

(1)社会化の不足と過剰

グラノヴェッターは経済行動と社会構造の埋め込み理論と社会関係ネットワークの理論を提起する時，新古典派経済学と制度経済学者が経済行動を研究する際の社会化の不足の問題と，社会学者が経済の問題を研究する時の社会化の過剰問題を批判した。

グラノヴェッターは，新古典派経済学の行為理論の前提が経済活動の中で社会構造，社会交流による影響を受けず，人々はただ自己の経済利益のために考える原子式な個人であるという仮定に対して，社会化が不足の観点であると批判した。この観点は生産，分配，交換，消費のどの側面でも，人はいつも，孤立して行動をするとしている。市場の中で，無数の買い手と売り手は経済利益のために取引をし，双方の間には社会のあるいは人類の感情が存在しない。しかも，取引はただ一時的なものであり，双方が長期の協同関係を持つことを求めないため，取引の双方も相互に深く知り合う必要はない。すべての人はすべて行為の「取引者」として現れ，彼は「人」の特性を徹底的に軽視している（朱国宏，1999：358）。このように，新古典派経済学の中で，経済活動の中の社会関係は市場の運営の障害物であると見なされる。

新制度経済学派は制度の構築を通して，経済秩序を解決する方法が依然として一種の「社会化不足」の観点に属しているとしている。制度を構築すること以外に，具体的な人間関係および人間関係の中に内在する責任，義務と信用が破壊と詐欺行為を有効に阻止することができるとは思わない。彼らは信用などの問題を排除し，取って代わったのは「制度の構築」である。

グラノヴェッターは上述の社会化が不足している観点を批判する時，同時にパーソンズの構造機能主義は社会化過剰であるとして，その観点に対して批判を行った。

社会学の思想の脈絡から見ると，社会学は「行動」問題に関心を持っている。行動が自己と他人，個人と社会につながっているため，ウェーバーの伝

統の影響のもとで，社会学はこの問題に関心を示めす。彼は普通の行動の枠組みの下での具体的な行動のタイプを分析した（ウェーバー，1997）。ウェーバーの伝統を発掘することに力をいれ，ウェーバーの思想を米国に取り入れるパーソンズらは，このような社会の行動を社会人の機械的な行為に改造している。パーソンズ主義の理論枠組みの中で，行動は社会規則の個人の内在への反映であり，遅延性と文化性が多くあり，社会環境との微妙な双方向性の交流を行う人の能動的な行為ではない。

　グラノヴェッターはこの2種類の見たところはっきり対立する方法論が実は1つの共通点があり，両者はすべて一種の原子的な個人が政策と行動を実現する観点であるとする。つまり，原子化されている個人の行動は自己の利益の功利性を追求し，方針は個人の内化した行為によって決定する。不十分な社会化かまた極端な社会化かの観点に関わらず，両者はすべて個人の現在の方針と行動と個人の現在の具体的な社会関係を切断しているので，そこで行なわれている各種の社会関係と社会構造は経済行動に対する影響を説明することができない。

　そのため，社会構造の経済行動に対する影響を説明するために，新しい方法論がなくてはならない。つまり，社会化の不足と過度の社会化の観点の各自の説明不足を免れるためには，新しい「埋め込み」理論が必要であり，これによって，個人の経済行動と社会の現実的な関係を説明できる。このように「埋め込み」理論は人の真実の行動の状況を解明できる。つまり，人は社会環境に外在している原子の個人のように方針をたて行動を行うのではなく，すでにあった社会の規則と信条を守るのでなく，「具体的，現在の社会関係体系の中に組み込んで，自己の目的に合う行動を選択する」（朱国宏，1999：358）のである。人は目的を持つと仮定し，グラノヴェッターは理性的選択の仮説を保留すると主張している。同時に，人は具体的に，現在の社会関係の体系の中に組み込まれているため，人の理性的な選択の中で非経済的な動機の要素，特に社会構造の行動に対する影響を加えなければならない。

(2)ギデンス（Giddens）の行動と構造の二重性の原理

　ギデンスは二元論の方法論の不足を感じていて，ギデンスの構造化の理論

第3章 経済社会学の理論と方法　111

は，グラノヴェッターの「埋め込み」理論と同じ方法論の観点を持っている。

　ギデンスの構造化理論は個人の社会行動と能動性及び社会構造との間の関係の理論を探究する理論である。彼は社会学理論の伝統がマクロとミクロ，個人と社会，行動と構造，主観と客観が相互に単独に存在する両極であると見なすことに反対し，「社会構造の物化」を強調し，社会構造を個人の行動から独立し，「物」のような個人が実行し外在していると見なすことを強調する。あるいはミクロの個人の行動，人と人が向かい合って双方向性の交流をすることと，マクロ現象をミクロ現象に還元することによって二元論の観点を解釈することを強調している。マクロとミクロ，個人と社会，行動と構造，主観と客観の双方はすべて相互に含んでいるので，それぞれが分立する客観的な現実を構成しない。彼のこの弁証法的な観点は『社会の構成』という本の中で構造化理論の核心の内容として「行動と構造の二重性格の原理」を体現している。

　ギデンスは「構造」は社会経済の再生産過程の中の規則と資源であると理解する。構造は二重性があって，社会構造は人の行動に対して制約効果があるだけではなく，行動の前提と仲介であり，行動を可能にする。行動は構造を維持して，また構造を変えている。行動と構造の間の相互依存の関係と，相互に弁証法的な関係は社会の経済実践の中に反映している。社会経済実践は人の創造と再創造中の特定の法則性に依存している。人は知識があり，その知識は再考性と実践性である。そのため，行動する時，その行動の理由と動機があるだけではなく，自己の行動および環境に対して再考性の監視を行う。しかし人の知識はまた不完全であるので，その行動はいつも「「予想できない行動の結果」を招いている。後者はまた逆に前者になる可能性がある。人が認知していない行動の条件，人の再考性がある監視，行動の理性化，行動の背後の動機，「予想してない行動の結果」はギデンスの「自己行動の分層のモデル」を構成した。ギデンスは，人類のすべての行動はすべてこのモデルとして表れ，しかもすべて実行する意識が認知の基礎にあると思っている（Giddens, 1998：63-66）。

　ギデンスの観点からすると，社会構造が個人の行動に外在せず，社会構造は規則と資源から構成している。日常生活の中の規則は実践と緊密な関係が

あるので，それらは人々の行動に対してだけでなく，行動に対して規範と誘導の作用がある。同時に，人は自己の知識を適用して適切な行動をとって，その行動と関係がある規則をテストして確認する。そこで人は自己の目標を達成していると同時に，社会の構造を再生産する。社会構造はまた社会の行動と関係がある資源（分配性資源と命令性資源）を含む。それらは人が双方向性の過程で絶えず再生産したのである。資源は権力の基礎であり，権力は人が周囲の既成事実を変える能力であり，その資源に対する支配の能力である。

規則と資源は相互に依存している。一方，人は規則のテストと確認に影響している。他方，資源は行動の外に独立していなくて，社会環境の中に存在している。人は行動の中でそれぞれに種々の意味を与え，それによって規則の創設に影響させる。そのため，行動は意味の掌握とコミュニケーションを備え，社会の認可と制裁と資源の支配という3種類の特性があり，三者は相互に入り混じっている。このため，資源もその転換性と順次伝達性があり，人が具体的な環境の中で使用することによって変化する（Giddens, 1998：69-90）。

ギデンスは「社会経済システム的な構造の特徴は，つまり絶えず組織した実践の条件であり，またこれらの実践の結果である。構造は個人を離れて外在していないので，……それは制約性があると同時に人に主動性を与える」，これはGiddensの「構造化理論」の核心思想である。

(3)新しい経済社会学の核心テーマ

1990年，グラノヴェッターは『新旧経済社会学：歴史と課題』という論文を発表した。この論文の中で，グラノヴェッターは社会化不足と社会化過剰を批判し，ギデンスの「構造化理論」の核心思想を吸収し，これによって新しい経済社会学の理論の基礎を二つの命題に帰納した。つまり，①行動はいつも社会性の位置付けであり，それはただ個人の動機であるとすることはあり得ない。②社会制度は自動的に発生することがあり得ず，「社会構造」の形式を通じて形成する。スメルサーとスヴェードボリが編集した『経済社会学の手帳』という新しい経済社会学の論文集の中で，グラノヴェッターとス

ヴェードボリは新しい経済社会学の理論の核心を三つの命題に帰結した。
(1) 経済行動は社会行動の一種の特定のタイプである
(2) 経済行動は社会性の位置付けがある
(3) 経済制度は一種の社会性の構造である（Swedberg, R. Mark Granovetter, M., 1992：6）。

①一種の社会行動としての経済行動　経済生活自身は複雑性と変動性があり，学問はそれに対して全面的で完璧な説明をすることはあり得ない。

経済社会学は一つの複合学問として，一般の社会学とはある程度区別があり，それの研究対象は経済現象である。経済社会学の前提は経済現象を考察の理論基礎にすることである：どんな条件の下でどんな経済活動に従事するかに関わらず，活動者自身は依然として社会人であり，彼の行動も一種の社会的な行動であり，このような社会行動の中で次第に経済制度と経済体系を構造し，最後に複雑な経済生活が発生する。

経済学者と経済社会学者は，経済行動は希少性がある資源を獲得して使用することと関係があると一致して思っている。しかし，人の行動動機と他人に対する影響に関して，経済学者と経済社会学者の間には大きな相違が存在している。経済学者は経済行動の前提に簡略化した仮定をおく。彼らは，個人はただ効用の最大化のために行動し，効用は各種の希少性がある物の総計であると思っている。最大化を追及している過程中，個人間の競争は市場で発生する供給と需要を，価格システムを通じて調節して，平衡を達成する。このように，市場が外在しているなかで社会要素が価格に関連することは，全て市場において資源を配置し効率化する。このような条件の下で，人は経済理性がある人であり，このような理性は主に経済活動者が収益に対する障害を受けないように行動する。

新しい経済社会学者は伝統の経済社会学者の観点を受け継いで，個人の理性行動は単純な個人の心理の反映物ではなく，社会環境の産物であると思っている。主流の経済学の中で，経済人の仮説の理性は個人の理性である。彼らは最大化の目標を求め，彼の行動は他人の影響と結果に関連しない。経済資本を利用して目標を実現し，社会構造は行為の条件として存在し，一種の

形式として表れる。実際には，社会構造の要素は個人の最大化の行動を修正している。人は理性的に行動し，彼らは，効率があがる手段を選択することを通じて自己の目標を実現させる。彼らが受けた影響について見ても，絶対に原子化の個人ではない。彼らは行動するそれぞれの段階で，経済資本を利用し，社会関係のネットワークの社会関係資本を通じて目標を実現する。ここで，社会構造は行為の条件に存在するだけでなく，同時に人々が持っている一種の資源である。経済目標の選択から各種の手段の組織まですべてこのようである。

現代の社会学者のポルトス（Portos）も同様の観点がある。彼は，経済行動は社会環境の中で限定されると思っている。第１，個人の経済行動は社会の価値観により制約を受ける。例えば，利他行為は社会の価値観の効果の下で発生する。このような判断は，人が目標の選択と実現する手段の選択に影響している。第２，個人は物質の利益を追求している過程で，同じく他人への賛成，個人の地位と権力の渇望も入り混じり，これらはすべて人と関係がある。完全に制約がない個人の最大化の行為はあり得ない。しかも，経済収益を追求する目的は，その他の目的（例えば，社会の地位を追求する目的）と衝突する。例えば，十分な物質と財産を蓄積できれば，他人を自己の命令に従わせることができるが，他人の心からの敬慕が得られない。このように，人は行動の中で同時に必ず経済と社会の両分野の目標を考慮しなければならない。第３，たとえ経済収益への追求に対して制約を受けないとしても，社会が相互の双方向性の関係をもつ以上，相互の期待からの制約を受ける。個人が経済収益を求める時，彼は他人の力を借りて情報とその他の希少性がある資源を獲得しなければならず，他人に対して避けられない社会性の「債務」を負っている。しかも，「他人は人になぜおかえしを与えることができるのか。相互に利益があると期待し，相互に恩恵とおかえしを与えることができることを望む。もしこのような社会性の期待を守らなければ，人と他人の関係を損ない，人は失敗を招く。そのため，このような社会の義務は人のその純粋な経済活動に対して調整をさせる。」（朱国宏，1999：109）。

②**社会のなかの経済行動の位置** 新しい経済社会学者の目から見ると，経済行動は社会行動に限定され，社会関係のネットワークに組み込まれ存在す

る。

　儒教が影響する東アジア地区で，企業間の分業と協力は大部分が社会関係のネットワークの組織を採用する。変化しやすい市場に適応するため，企業はフレキシブルな生産の方式を取った。このようなフレキシブルな生産は生産の組織を即応して変化させる要求があり，供給商，下請け業者，製品の消費者との間で広範な企業間の連携を創設し，協力して生産を行う。例えば，日本の企業グループのネットワークの中で，大企業と中小企業の間でフレキシブルな生産組織を作り上げた。中国大陸地区の東南部の沿海と香港と台湾地区において，中小企業の間で複雑な労働の分業と協力の生産性の高い企業間関係のネットワークが形成され，このような分業と協力関係のネットワークの創設は，現地の社会，文化の構造と密接な関係を持っている。企業の内部特に華人の企業の内部では組織の核心は家族である。大家族と小家族が強固に連携するのは血縁，地縁関係であり，同時に友達，学友，同郷の人などの関係まで広げる。家族の権威はヒエラルキーのコントロールを作り，家族の権威を通じて生産を組織して資源を分配する。ここでは，家族の権威は実際に管理の権威と一体になって効力を発揮する。企業組織の中で，社会関係を通じて特殊な信用と服従の関係が発生し，それによって，ヒエラルキーと命令の構造に取って代わって，企業内部で運営する制度を創設し，モラルリスクを減らし，企業の監督管理のコストを減らした。他方，企業の外部において，異なる家族企業の間は社会関係のネットワークに依存して結びつき，取引するコストを減らすことができる。このような企業間を関係ネットワークにつなぎとめる核心は「信用」「義務」と「承諾」のような社会関係資本である。社会関係を中心とする社会は，血縁，地縁関係を基礎とする特殊な信用と，他人に対する極度の不信任を強調し，このような「経路依存」によって，中国の家族企業は大きくならず，「第１世代が創業し，第２世代が事業を守り，第３世代が衰亡する"という規則から抜け出しにくい。そのため中小企業があふれる中国社会の中で，近代的な形態の家族性の大企業は自発的に発生しにくく，政府が大型の国有企業を創設し，政府が主導する経済発展モデルを形成する。

　③**経済制度の社会構造**　　新しい経済社会学者も制度の問題に関心を持っ

ている。主流経済学では，制度の問題はあまり考慮しない。新制度主義の経済学はこれに対して，制度を経済の分析の中に置く。新しい経済社会学者の目から見ると，このような分析は経済学と社会学の統合のための一つのルートを提供するけれども，欠陥が依然として存在している。新制度経済学の制度に対する分析は，新しい経済社会学の新制度主義による経済問題に対する分析を推進した。新しい経済社会学の新制度主義は制度の概念を考察する時，新制度主義経済学よりもっと広範囲に考察している。つまり，文化を制度の枠組みの中に取り入れることを試みる。これらは制度が正式な規則，プログラムと準則だけを含むだけではなく，非公式の制度をも含む。このような概念は，制度と文化の概念の隔離を打ち破って，文化をいっそう具体化させ，分析の中で把握しやすくさせ，同時にこのモデルがマクロ段階の説明を強化した。

　文化を分析の枠組みに組み入れ，個人の行動を理性的に完全な経済人の努力として理解することは悠久の伝統を持っている。20世紀30，40年の時代から，ポランニー，人類学学者マリノフスキー（Malinowski），哲学者のカール・マンハイムなどは異なる視角から人類の行為の問題を探求した。彼らは個人の行動を単純に自己の利益の最大化を求めることと理解することに反対し，個人の行動の目的は自己の物質の需要を満足させるだけでなく社会の認知を得なければならず，その行為は文化と制度の歴史的背景の下で選択を行い，歴史，文化と社会価値の体系などから知らずに影響を受ける。マクロ的な面から見ると，グローバル化の過程の中で，西側諸国の社会文化の問題は日に日に際立って，国家間関係，民族間関係は日に日に複雑化して，文化は再度社会の科学界の関心ある重点となり出発点になる。

　経済社会学の中の新制度主義は経済学と異なって，文化と文化による限定を再度強調している，一方では制度条件に強烈に関心を有し，他方で制度の定義に対してますます抽象的になっている。「制度」は一種の規範行為の枠組みになる。新しい経済社会学者はまた新制度主義経済学の制度に対する説明が全く歴史上と現実中の具体的な事実を見落としていることを批判する。

2 理性的選択の方法

　新しい経済社会学の方法論の中で，経済社会学者は経済学のように理性を前提に設定するのではなく，希少資源を有効に利用して理性的に選択を行うことだけでなく，もっと広大な視角で，理性自身を変数と見なしている。
　つまり，一種の簡略しすぎる方法で，主観的な仮定を使って複雑な社会生活を分析する方法は，可能性があるかという疑問である？ここ数年，理性的選択の方法の発展によって，人々のこのような困惑が軽減した。近代経済学者は「経済人」という個人行為の仮説を通じて，人々の経済生活の中での振る舞いを推測する。しかも，多くの経済学出身である学者が，このような人の行為の仮説はすべての社会の領域に適用できると信じているから，理性的選択の理論を利用して，個人と集団のいかなる行為をも分析することができると思う。この仮説を持った近代経済学者の努力のもとで，例えば，ブキャナンの公共理論（政治領域），ベッカーの人類の行為に対する「経済分析」（家庭，社会などの領域）があり，ここ数年来，理性的選択の行為は最も基本的な分析方法になり，多くの領域の中にしみ込んだ。
　このことは「経済人」の方法論で人類社会を分析して，社会科学の一つの基本的な方法になる。その他の学問からの研究者も理性的選択の方法に基づいて，当学問の研究を展開し始めた。コールマン（Coleman）はその中の代表人物である。コールマンの社会理論は行動理論を基礎として創設し，このような行動理論はまた理性的選択の方法を拠り所にした。
　コールマンは経済学の「合理性」の概念を借りて理性の人の行動を分析する。彼は「合理性」の概念の意味を人にとって「異なる行動は異なる「収益」があって，人の行動原則は最大限度に収益を得ることができる」とする。これは両方の意味を含んでいる。第一は目的がある行動である。第二は最大限度に収益を得る合理的な行動である（Coleman，上冊，1990）。
　このような概念の枠組みは個人主義の方法論を含んでいるので，社会学の

（1）例えば，現実生活の中で，すべての人はすべての時とすべてのことに対して，利己的な経済理性的な方法によって選択する。しかし，大部分の西側の主流の経済学者はこれを認識してない。

中で流行している全体主義の方法論と相対的な研究視角である。社会学者から見ると，理性的選択の方法で経済と社会生活を分析することは，原子的な個人の単独の理性の行動によって現実を解釈する誤謬になることを避けられない。

このため，社会人が社会性の制約（内在する規範と外在する社会の構造に関わらず）を受けることを強調する。実際には，社会学者が出した最大の批判は，原子的個人の経済理性が空想の理論の中に存在していることである。現実の中に大量の理性に合わない或いは経済効果の最大化を基礎としない行為が多く存在している。例えば，経済の理性の概念を適用し，自己を犠牲にして人を助ける壮挙を説明することはある。理想的な経済人は自己の命を捧げてまで他人の生命と交換することはありえず，これは明らかに経済の理性に合わない。人を助ける者を全体の文化の環境，社会の規範に合う雰囲気の中に置いて考慮して，ようやく自己を犠牲にして人を助ける行為を理解することができる。

この点に関して，理性的選択の方法を分析する必要がある。例えば，他の視角から見ると，自己を犠牲にして人を助けるのは依然として一種の「理性」の行為であり，ただこのような理性は利己的な理性と異なり，他の一種の利他の理性である。もし人を助ける者の心の中で「人を助ける」行為の「価値」[(2)]は自己の生命の「価値」より大きければ，自己を犠牲にして人を助けるのが依然として理性の選択を基礎とする行動である。問題の重要な点は理性が一体何を意味するか？ もし経済の理性の仮定を修正するならば，理性的選択の方法は依然として行動の分析に適用することができる。もし私達は人が経済効果を追求するだけでなく，権力，地位，声望などのような他の「価値」があるものをも追求すると思うならば，いかなる人が作り出した行動もすべて理性選択の基礎の上にできたのであり，すべて「価値の最大化」を目的としての行動である。目的は設定を得さえすれば，目的をめぐる手段としての行動はいつも理性的である。いつも目的を最も有効に実現すること

（2）経済理性と区別するために，私達は「価値」の概念を「収益」の概念に取って代えることができる。収益は経済分野の意味で，価値は文化の，社会の性質を含み，ある物（事件，人……）がある人に対する重要な関心を表す。

に努め,目的自身はただ経済の理性に合っただけである——このような目的は恐らく感情,社会,文化などの分野の色彩を持って,経済的だけではない。[3]

このような意味で,理性の選択とウェーバーの「道具の理性」の行動とはきわめて似る。確かに,理性的選択の方法を通じて現実的な生活を理解する社会学者はコールマンだけでなく,ウェーバーも同様の思考があった。個人主義の方法論の支持者のウェーバーは[4],社会の構成は行動だけであり——誠実な行動,社会の全体を越える行動は理論の幻想であると思っている。彼は理性(特に「計算可能性」)の増加を強調した(Collins, 1980)。道具理性は手段が目的に対して有効性があり,現代社会の中で巨大な効果を発揮している(蘇国勲,1988：89-97)。ブルデュー(Bourdieu)も「理性」の方法(「経済の理性」ではない)の意味に対して確かな態度を持っている。功利主義の経済の理論は人を綿密に計算して利益の最大化を追求する行動の主体であると思う。これに対して,ブルデューは理性選択理論の誤りはすべての行動が理性的であり,利益を追求することを表わすことではなく,利益と理性自身に対する理解が狭く,人は利潤と物質を追及することだけに限る。

実際,もし理性的選択の理論を少し修正するならば,経済利益の概念をそ

---

(3) 上述の自己を犠牲にして人を助ける例は利己的な経済理性を批判する程恩富教授の思想からの啓発である。彼は『西側財産権理論の評価と分析』の中で「利己的な人」の理論が唯一合理的な経済の分析になることができないとしている。「経済人の仮定は経済学の分析に対して必要である。……しかし,具体的に「経済人」を適用して科学的分析を行う時,張五常先生を含めて何人かの経済学の流派は下記の重要な観点を軽視した。「経済人」の仮定の中の人間性は弁証法的な唯物論を出発点にして創設すべきである。アダム・スミスは『道徳情操論』の中で人間性が完全に利他ではなく,完全に利己的ではなく,利己的な心と利他の心はすべて人間性の中で自然に存在している異なる側面であると主張している。

 欠陥がある理論を再び極端に推し進めるならば,利己的な心は生来のもので,永久に変わらないものであり,さらに環境と時間による影響を認めないで,「利己的な人」の絶対化,永久不変化と一般化を仮定すれば,意思的にあるいは無意思的に史的唯心論の泥沼に入いる。実際には,一定の経済関係と経済環境は経済活動の中の人の本性あるいは本質を定める。」(程恩富,1997：157)。

(4) ウェーバーは集団を研究の出発点にすることに反対し,個人が社会分析の出発点であることを堅持する。彼は臨終を迎える前に手紙の中で,次のように書いた。「社会学理論自身には一つのあるいはもっと多い独立の個人の行動が存在している,このため,個人主義の方法を厳格に採用しなければならない。」(Lux, 1993)

の他の価値までに拡大させれば，理性的選択の理論は依然として研究の中で有効に適用できる。なぜかというと，単独の行動主体は決して彼らの利益を意識しないけれども，彼らの社会実践は物質の利益，あるいは利潤を求めていることを明示する。すべての社会実践は依然として「利益化」であり，行動はすべてその「利潤」の最大化を求める，「利潤」はただ経済の利益であるだけではなくもっと幅広い。

どうして理性的選択の方法を社会生活の分析に対して適用するのか？ 社会生活の中の「人」はいつも理性と密接な関係があるため，普通の社会行動（経済行動はこのような行動の一つの特例である）は人の理性の選択を前提にする。前文のギデンスの観点はこれに対してきわめて良い解釈を行った。人の分層モデルは行動の再現性に対する監視と抑制，理性化と動機の発生の過程などを含め，これらは行動の一連の過程である。その中で，行動の理性化は行為の過程の「意向性 (intentionality)」であり，人は自身の行為の根拠に対してずっと「理論性の理解」を維持している (Giddens, 1998：63-66)。これが経済社会学の意味の「行動」であるすれば，人本人にとってすべて理性であるという意味があり，人が自己の行動のために十分な理由を提供し説明することができる。つまり，彼はその他の人に影響し，彼が作り出した行動は現実的な環境の制約を十分に考慮に入れ，潜在する行動が理性的結果をもたらす可能性がある。「いわゆる人類の１つの成員になることは一つの目的がある人になることであり，どんな言い方を採用するかに関わらず，彼らの行為はすべて理由があり，すべて言葉を通じてこれらの理由も詳しく述べることができる」(Giddens, 1998：62)。人の資格能力の主要な内容は，人がその行動を理性化する能力である。ここから見ると，すべての行動は理性の行動であり，人の根拠があり，合理的に行ったのである。[5] もちろん，このような社会行動の理性はその限度と制約がある。人は自己を取り巻く環境，自己の知識，経験及び自己の判断によって，行動の選択を作り出す。これはただ主観的な理性の行動に合い，行動は客観的に正確性があるかどうか（すぐ実

---

(5) ギデンスのこの思想は，彼の Willis の経験研究に対する分析の中によく現れている (Giddens, 1998, 六章三節)。

現する個人の目標のために資源と手段を利用する真実の合理性）完全に保証を得ることができず，彼の行動は予想しにくい結果が発生することを避けられないため，それによって行動の合理的な程度を侵害する。経済生活に対して経済社会学の研究は新制度経済学の「有限理性（bounded rationality）」の概念を取り入れなければならない。

Ⅲ　社会関係ネットワークの研究

　社会関係のネットワークの方法は西側の新しい経済社会学の理性選択理論を基礎として，個人，集団行動あるいは擬人化した企業行動の社会関係を研究する方法論であり，新しい経済社会学の方法論の中で，最も核心的な方法である。新しい経済社会学と伝統の経済社会学との差異は社会関係のネットワークを一種の理論と方法として，経済現象の分析に取り入れることである。社会関係のネットワークの分析は2種類の視角があり，一つの視角は主に社会学と組織論から生まれ，社会関係のネットワークにより企業の内部，企業間及び組織環境の中に存在している資源を配置する方法である。もう一つの視角は学問にまたがる性質を備え，社会関係のネットワークを一種の協力のシステムあるいは一種の資源配置の関係であると見なして研究する。主にネットワークと市場，階層などの，重要な現象を研究する。

1　弱い関係の力についての仮定

　グラノヴェッターは1973年に『米国社会学雑誌』で『弱い関係の力（The Strength of Weak Ties）』という論文を発表した，この論文は社会関係のネットワークを研究する重要な文献である。弱い関係の力という理論仮定を提起することと実態の発見は欧米の学界の社会関係のネットワーク分析に対して重要な影響を及ぼした。この文章の斬新なところは，就職する際に弱い関係が強い力の関係（Strength Ties）になることである。弱い関係がなぜ強くなるかの理由は，弱い関係が情報を伝達する有効な橋梁であることによると彼は思う。

　組織と組織の間には交流して接触することがあり，実際に，一種の連携の

きずなが存在している。このような関係は伝統の社会学分析の中で使われた人々の属性と分類を特徴とする抽象的な関係（例えば変数関係，階級と階層の関係）と異なる。彼は関係の力の概念を初めて提起し，そして強いと弱いに関係を区別し，強弱の関係が人と人，組織と組織，個人と社会システムの間に根本的に異なる効果を発揮すると思っている。強い関係は集団，組織内部の関係をつなぎとめ，弱い関係は集団，組織の間のきずなの連携を作り出す。

どのように関係の強弱を定義するのか？　彼は4つの視角から関係の強弱を測定する。1つは双方向性の周波数，回数が多ければ，強い関係であり，これに反すれば弱い関係である。二つは感情の力である。感情はきわめて強く，深い場合であれば，強い関係であり，これに反すれば弱い関係である。3つは親密の程度である。関係が密接的であれば，強い関係であり，これに反すれば弱い関係である。4つは相互に利益がある交換である。相互に利益が多くて広ければ，強い関係であり，これに反すれば弱い関係である。

弱い関係は情報を得る際の判断になる。彼から見ると，強い関係は性別，年齢，教育程度，職業身分，収入レベルなどの経済特徴が似る個人の間で発展し，弱い関係は経済特徴が異なる個人間で発展したのである。集団の内部は相似性がわりに高いので，個人が了解している物事，事件が同質であるため，強い関係を通じて獲得する情報は同じである可能性が高い。弱い関係は集団の間で発生するので，弱い関係の分布する範囲が比較的広いため，強い関係に比べてその社会の境界を越えて情報とその他の資源を獲得する橋になることができ，他の集団の重要な情報をこれらの集団に属しない個人に提供できる。他人との連携の中で，弱い関係は社会の移動の機会を創造することができる。グラノヴェッターは次の内容を述べた。すべての弱い関係はすべて情報の橋になることができるとは限らないが，情報の橋になれることが弱い関係である。グラノヴェッターは「弱い関係の力」の核心根拠を提起した（Granovetter, 1973, 1974, 1995）。

弱い関係が情報の橋になることを，図3-1のように示した。AとB間の関係は厳格に言うと単線の情報の橋ではなく，一つの通路がA−E−I−Bであり，A−BがBを通じてF，D，Cに着くのが最も短い通路である。

図3-2の中で，A−Bは唯一Bを通じてCとDに到着する情報の橋梁で

第3章　経済社会学の理論と方法　123

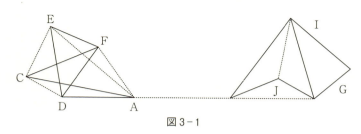

図3-1

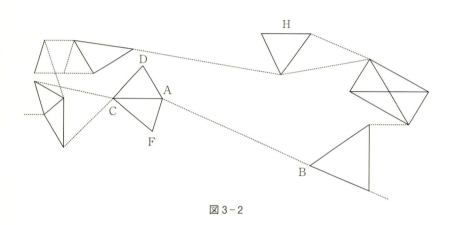

図3-2

あり，多数の現実的な伝播の実例の中で，それは可能性があって，効果がある通路である。

　境界線まで橋が存在するため，多数の効果的な境界線の場合，情報は発生してよじれ，情報トランスターのコストは大きすぎて，情報を受ける側は情報にたどり着くことができない。Nは2地点の最も短い距離を表している。

　伝播は距離の制限があるので，情報がねじ曲げられる可能性があり，情報伝播のコストが大きすぎて，情報を受ける人が情報を受けられない。Nは二つの点の間の最も短い距離であり，N＜2，である。

　図3-2の中で，A-Bは3人の1基の局部の橋梁である。弱い関係の重要な意味は最も短い距離の局部の情報の橋梁を多く創造したことにある。だから，普通の強い関係と比べると，弱い関係の破壊効果は大きい。グラノヴェッターは転職をテーマにして，ボストン郊外の300人のホワイトカラーの就業

者（専門の技術者，担当の責任者などを含む）に対する実証調査を行った。この検証は1974年に出版した『職を求める』の中で記述した。彼は実証分析を通じて，自己と各分野で同質性が強い人とは比較的に密接な関係を作り上げることができ，この人たちが掌握した情報は自己の情報との差異は大きくない。その人と関係が比較的に疎遠な人たちは彼（彼女）と強い異質性があるため，彼に，そして彼の周りの人に，手に入らない情報と求職に際して価値が大きい情報を提供する。弱い関係によって情報を受ける人は最後に地位と収入がわりに高いポストを獲得し，強い関係を通じて情報を受ける人は条件の良いポストを獲得するチャンスを減らす。求職者によって弱い関係を使うことは強い関係を使うことより，新しいポストに対しての満足度がもっと高い。

2 グラノヴェッターの「埋め込み理論」の方法論

グラノヴェッターは1985年に『米国社会学雑誌』で重要な論文『経済行動と社会の構造：埋め込み理論問題（Economic Action and Social Structure：The Problem of Embeddedness）』を発表した。彼はこの文の中でポランニーが『大転換』の中で提起した「埋め込み理論」の概念を更に発展させた。

埋め込み理論は最初ポランニーの思想の中で形成された。主流の経済学の原子論と競争する過程で，ポランニーの埋め込み理論はしだいに形成された。1930年代と40年代に，人類学者の何人かは主流経済学の概念を研究の中で借り始める。ポランニーはこのような方法に対して極力反対し，このような形式主義の抽象的な概念を借りて歴史を理解するのが不完全であると思っている。経済は単純な独立の領域ではなく，前工業社会の中で経済は社会，宗教と政治制度の中に埋め込まれたのである。これは貿易，貨幣と市場という存在が利潤動機以外の動機を奮い立たせ，具体的な社会と現実とを相互に結合することを意味する（Polanyi, 1992：79）。そのため，ポランニーは経済の意味を「形式主義」と「本質主義」に区分する。本質主義は事実と関係があり，形式主義は論理と関係がある。彼は，本質主義の意味がある経済の歴史と現実の経済体系に対する経験研究を行なうなかに，豊かな成果を獲得できると思っている。同時に，彼は，経済が制度化する過程の中で，二つの概念に着目した。これは「過程」と「制度化」である。経済研究の本当のテーマ

は，異なる時間と空間の中で，制度化する方法である。

　経済はどのように制度化したかを考察するなら，経済システムがどのように統一性と安定性を獲得するかから出発しなければならない。ポランニーは，このような統一性と安定性は経済の融合の方法を通じて実現できると思っている。各種の経験事実から見ると，これらの経済の統合する方法は主に3種類ある。つまり，相互利益型，再分配型，交換型である。ある組織がある社会環境の中で，相互に利益がある行為は意義がある経済制度を発生させることができる。分配センターがすでに存在した時，個人があるものを別個に占有することにより再分配型の経済システムを形成することができる。価格が形成された市場が社会の構成部分になった後に，個人間の交換の行為はようやく価格の変動をもたらすことができ，ここから経済システムを統合し始める。

　彼は産業革命の前に，経済生活の中で主に相互利益型あるいは再分配型が存在していたが，市場の交換の構造はまだ経済生活を統治していないと思っている。現代社会の中で，根本的な変化が発生し，経済生活を決定するのは価格と市場である。この時，経済は市場価格に動かされ，人々はこのような市場の中で最大の金銭の収益の方法を獲得することによって事を進める（Polanyi，1992：89）。

　ポランニーの観点は前工業社会の中で経済は社会の構造の中に組み込まれたので，現代社会の中でこのように現象を組み込むことは存在しないことを意味する。グラノヴェッターはこの観点に対して批判を行った。彼は，もし埋め込み理論を使って，経済生活およびそれと関係がある社会構造をじっくり見ると，次のことを発見できると思う。工業社会でありまた前工業社会であるかに関わらず，組み込む現象はずっと存在し，それぞれの社会の中で組み込む程度は異なっていると思っている。

　グラノヴェッターは経済行為を社会の構造に組み込むことによりできる。核心的な社会構造は人々の経済生活の社会関係のネットワークであり，組み込む社会関係のネットワークの構造は信用である。いわゆる「埋め込み（embeddedness）」は各類の経済取引がすべてその周囲の社会の構造を受けて限定されるので，このような社会構造はそれらの形式と結果を決定する。グ

ラノヴェッターはポランニーの「埋め込み」の概念を発展し,「関係性の埋め込み（relational embeddedness）」と「構造的埋め込み（structural embeddedness）」を区分した。「関係性の埋め込み」は人を個人の関係の中に組み込むのであり,「構造的埋め込み」は多くの人がそのもっと広大な社会関係のネットワークの中に組み込むことを指す。関係性の組み込みの中で，各種の規則性の期待，相互に賛成する切望，相互に利益がある交換などは，人が直面している主要な社会原因である。構造的組み込みの中で，注意する必要があるのは，経済の交換と範囲が大きい社会構造との関係であり，多くのその他の人もこの社会構造の中で作用をする。このような社会構造は特定の具体的な取引の規則性を提供し，個人の相互に利益がある義務の行為違反の発生を有効に阻止することができる。多くの経験と研究は，経済活動は社会構造の中での埋め込み理論を証明した。彼は，経済領域で最も基本的な行為は交換であり，交換する行為が発生する基礎は双方が一定程度の相互の信頼を創設しなければならないと指摘している。物々交換をする原始時代の交換の中で，双方はまず相互に理解し合わなければならず，交換は相手の誠意を信じて，相手の交換の条件に対する認識を信用し，それからようやく実質的な交換を行うことができる。たとえ貨幣を中心とする現代社会の交換にしても，双方に同じく一定程度の信頼感がなくてはならない。もし信頼感が最低の程度まで下がるならば，一回の取引中で，双方はすべての保証を獲得した後で，交換を行うことができ，取引コストは大いに高まる。グラノヴェッターは，信用は社会関係のネットワークに生まれ，信用は社会関係のネットワークの中に組み込まれ，人々の経済行為も社会関係のネットワークの信用構造の中に組み込まれると思っている（Granovetter, 1985：68）。

　埋め込み理論の概念は，経済交換はよく知り合う者の間で発生し，よく知らない人々の中で発生するのではないことを指す。弱い関係の仮定と比較すると，埋め込み理論概念が強調するのは信用であり，情報ではない。信用の獲得と強化は双方の長期の接触，交流，共同で仕事をすることが必要である。実際には，埋め込み理論概念は強い関係の重要性を含んでいる。グラノヴェッターは埋め込み理論問題に対して自身で直接の証明を行なわず，彼の学生のブリアン・ウッジー（Brian Uzzi）がシカゴの銀行の貸し付け業務に対し

て埋め込み理論問題の調査を行った。彼はローンの対象が多いのは比較的高い貸付利率をとらない取引先であり，かえって貸付利率を下げる要求がある長期の取引先であることを発見した。どうして銀行は高金利を求めずかえって低い利率を求めるか？その原因は銀行と長期の取引先との間に濃厚な人間関係があるので，相互に協力する信頼感があって，一緒に突発的事件を処理する歴史背景がある。これらはグラノヴェッターが強調した「埋め込み理論」である（Granovetter, 1985：75）。ドールの日本の織物産業の分散化の傾向と「依存関係がある契約的な下請け」についての研究も経済活動の中の埋め込み理論を証明した。

　日本の紡織業界の中で，生産が分散する傾向が現れ，多くの異なる企業が協力して織物の生産を引き受け，一つあるいは二つの企業が紡織の完成品を初めから終わりまで生産しているのではない。しかも，紡織工場，染色工場と織物工場の間には，固定的な請負（下請け）の関係が存在している。これらの企業は共に完成品の布を生産し，一つの完結している工程を構成し，それらの協同関係も比較的安定的である。たとえ他のメーカーがもっと安い価格でその中のある工程を請け負うことを申し出ることがあっても，それぞれの工場は他のメーカーと契約して請け負うことをしたくないので，元からあるパートナーと協力する傾向がある。工場が経済の収益を最大化する理性の原則によって新しいパートナーと協力関係を結んだら（コストを減らす），これはコミュニティの社会の規則に背いたので，全体のコミュニティから軽蔑される。新しいメーカーが更に安い価格である種類の半製品を供給することを願っても，買い手は単純にもとの供給商を捨てることはできず，もとの供給商を励まし，その製品の価格を引き下げることをする。普通の方法は，買い手はもとの供給商の申し出を下請けに教える。「見て，あの企業はベストを尽くしてその製品の価格を下げている。私達はあなた達も同様に製品の価格を下げることを望んでいる。もしあなた達の製品の価格がこんなに高いならば，私達はどうしても協同関係を再考しなければならない。あなた達はコストダウンするために銀行の資金を必要とするならば，私達は保証人になることができる」（朱国宏，1999：111）。このような善意の双方向性を通じて，日本の紡織業の内部は比較的安定的な協同関係を維持している。上述の二つ

の例は，経済学の観点から見れば，このような行為は人の最大化利益を追求する理性の原則に合わない。しかし，新しい経済社会学から見て，このような構造的埋め込み理論がこのような経済取引を説明したことは理解しやすい。もし気軽に自己のパートナーを捨てるならば，企業は恐らく社会と経済の両方の懲罰を招く。

3 社会資源の理論

アメリカ籍の中国系の社会学者の林南はグラノヴェッターの「弱い関係の力の仮定」を修正して，「社会資源の理論（Social Sesources）」を提起した（Lin, 1981, 1982, 1990）。彼は，社会関係のネットワークの中に組み込んだ社会の資源（権力，財産と声望）は個人が直接的には占有せず，個人が直接的にあるいは間接的に社会関係を通じて得ると思っている。

社会の構造の中で，人が行動する時，弱い関係の対象が人よりもっと高い地位であるならば，彼が持っている弱い関係は強い関係に比べて彼にもっと多くの社会資源をもたらす。社会関係のネットワークの中での人の社会地位及び，個人と社会関係のネットワークの中での人の関係の力は，個人が持つ社会資源の数量と品質を決定する。林南の社会資源の理論の中で，弱い関係の効果はグラノヴェッターが言った情報のコミュニケーションの効果を超える。弱い関係が異なる階層の異なる資源を持つ人々と連携しているため，資源の交換，借用を得ることは，普通弱い関係のきずなを通じて完成する。強い関係は同じ階層に属する人と，似ている資源を持っている人とを連携しているため，似ている資源を持っている人々は，交換は必要ではない。このために，林南は社会資源の理論という三大仮説を出した。

（1） 地位の強さの仮定である。人々の社会地位がもっと高い場合，社会資源の機会を得ることはもっと多い。

（2） 弱い関係の強さの仮定である。つまり，社会関係のネットワークの経路が異なることにより得る質は大きく，弱い関係を通じて社会資源を得る確率はもっと高い。

（3） 社会資源の効果の仮定である。つまり，社会資源はもっと豊富であり，行動の結果はもっと理想的である。

第3章　経済社会学の理論と方法　129

　社会資源の理論は資源の占有を通じて地位の獲得ができる観点を否定したので，社会関係のネットワークの研究の一大突破になる。林南は，資源は個人で占有することができるだけではなく，社会関係のネットワークの中にも組み込まれて，関係する社会関係のネットワークを通じて得ることができると思っている。彼は1975年にニューヨーク州の北部のオールバニ・スケネクタディ・トロイ大都市圏の21－64歳の399人の男性の一般の労働力に対してサンプル調査を行い，弱い関係の効果は豊富な社会資源を招き，社会資源は獲得の目標になる直接の原因であることを提示した。

　ピット・マーストンとジーン・ハーバートは70年代のデトロイトの職業調査の資料で更に深い分析を行い，つきあった人の地位が高く，持っている権力がもっと高いならば，求職者が上位の地位に移動する機会はもっと大きいことを発見した。この発現は更に社会資源の効果を検証した（肖鴻，1999）。

4　構造的空隙についての理論

　バート（Burt）は1992年に『構造的空隙（structural Hole）』という著作の中で初めて構造的空隙の理論を出した。

　バートは，主体が個人か組織であるかに関わらず，その社会関係のネットワークは皆2種類の関係として表れると思っている。1つは社会関係のネットワークの中，いかなる主体もその他のすべての主体もすべて連携が発生し，関係が中断することはありえず，全体の社会関係のネットワークは「穴がない」構造であることを指摘する。このような形式はただ小集団の中で存在している。二つは社会関係のネットワークの中で，ある個人あるいはいくつかの個人は一部の個人との直接連携が発生し，その他の個人とは直接の連携が発生しない。直接の連携がないあるいは中断している現象は，社会関係のネットワークの全体から見ると，社会関係のネットワークの構造の中で，穴のような空白が現れるから，それを「構造的空隙」と称する。例えばA，B，Cで構成している社会関係のネットワークの中で，もしAとBの間に関係があり，BとCの間に関係があるならば，AとCの間に関係がない場合は，AとCは一つの構造の空隙を有する。もしAとCとを連携させようとするならば，必ずBを通さなければならない。グラノヴェッターは，BとAとCの連

130　第3部　中国マルクス主義経済学の外延的拡大

携は弱い関係であると思っている。バートは，BとAとCとの関係が強ければAとCの関係が，弱いのは重要ではないと思っている。重要なことは，もしA，B，Cの間で資源獲得の競争の状態があるなら，AとCの構造的空隙の存在はBが情報を維持し制御するのに大きな優位性を提供する。バートは構造的空隙の理論に依拠して市場経済の中の競争に対して新しい経済社会学の説明をした。彼は，競争力は豊富な資源の競争だけではなく，更に重要なのは関係の優位である。関係の優位とは，多くの構造的空隙を持っている競争者は関係の優位が大きく，経済の払い戻しの大きな機会を獲得するチャンスがもっと高い。換言すれば，一人あるいは一つの組織は，競争の中で優位を獲得して維持して発展したければ，相互に関連する個人と団体とは広範な連携がなければならず，情報を獲得して制御する優位の確保に努力する（辺燕傑，1999）。いかなる個人あるいは組織も，競争の中で優位を獲得して維持して発展したいならば，相互に関連がない個人と団体との間に広範な連携を構築しなければならず，情報を獲得して制御することを得る。

5　強い関係の力についての仮説

　辺燕傑などは強い関係の力の仮説についてグラノヴェッターの弱い関係の力の仮説と林南の社会の資源の理論に対して挑戦をした。

　米国で勉強する日本籍の学者の渡辺深（Watanabe, S.）は，1985年サンプル規模2500数人に達する大量調査を東京地域で行った。調査の内容はグラノヴェッターの70年代『職を求める』という著作の中の調査の再現である。調査の結果から見ると，いくつか重要なことがわかる，東京地区での調査結果はグラノヴェッターの米国の調査結果と大きな差異がある。職業情報を探し集める分野で，大部分の米国のホワイトカラーは弱い関係を利用するが，大部分の日本のホワイトカラーは強い関係を利用する。関係の効果から見ると，米国のホワイトカラーは弱い関係を通じて上の階層へ移動する機会を高めるが，日本は相反して，もっと強い関係を通じて転職して，比較的手厚い報酬を得ることができ，移動者の新しい企業の，新しい作業に対しての満足度はもっと高い。

　渡辺深は上述の情況をもたらす背景には二つの原因があることを発見する。

1つは日本の大型企業は従業員を募集する時厳格な試験制度があり，社会関係のネットワークの効力を発揮することができるのは中小企業の労働力市場である。中小企業は普通，従業員を募集する時，審査の手続きはそんなに厳格ではなく，採用決定者の1人が言った通りにするので，これは社会関係のネットワークに特に強い関係の効力を発揮する可能性を提供する。二つは，中小企業は従業員の応募と審査のコストを下げるため，人々が企業に対して忠誠を尽くすことを求め，当地でコミュニティの社会関係のネットワークを通じて従業員を募集する。コミュニティの社会関係のネットワークは雇い主と従業員の相互の信頼を醸成して，雇い主と従業員の交流を全面的にし，非形式的な形でも人情味あふれる交流をする。だから，雇い主は初めからわりに高い収入を提供し，新しい従業員に自信を高めさせ，満足度を強めて，続けて企業で仕事をさせ，待遇の上昇に有利な大企業に向って移動しないことをさせる。

　渡辺深の調査結果は辺燕傑の興味を引き起こした。渡辺深の結論を検証するため，辺燕傑は1988年に天津で同様の調査を行った。彼は1988年の天津の1000戸の調査の中で次のことを発見した。900数人の雇用者がある企業の中で，45％の人は都市で仕事を探す時，職務が高い，権力がわりに高い人の助けを通じて仕事を獲得した。そして，これらの助力者の地位はこの企業に対してとても大きな影響がある。極めて重要なことは，仲介人と就業者との関係は熟していて，最終の助力者との関係はもっと熟していて，最終の助力者が持っている資源と能力は就業者の仕事の手配に対してもっと有利であり，そのため強い関係は連携していない個人間の社会関係のネットワークの橋梁になり，弱い関係ではない（辺燕傑，1999）。彼はここから推論して，中国の社会関係のネットワークの特徴は高い同向性，低い差異性と高緊密性があるという。辺燕傑はこれが強い関係の仮説の強い証拠を提供すると思っている。

　1988年天津の労働力市場はまだ計画経済の濃厚な色彩を持っていたが，1999年は中国経済は計画経済から市場経済への移行期にあって，次第に完全に移行する時代である。中国の労働力の社会関係のネットワークの市場はどんな変化が発生したか？

辺燕傑と張文宏は1999年天津の就業状況に対して関係の分類，関係の強さ，情報，人情，関係する人及び特徴を指標にしてサンプル調査を行い，彼らは調査から得たデータの分析によって，『経済体制，社会関係のネットワークと職業の移動』の論文を完成した。

　(1)　強い関係の仮定は引き続き有効であり，弱い関係の説明力は強くない。彼らはデータの資料を分析することによって，強い関係の仮定は再分配の体制の中で職業の移動への効果を発揮するだけではなく，その上複線の時代（two-track price system）と移行時代には更に重要な効果を発揮している。再分配の体制の下で，社会関係のネットワークの効果は強い関係を通じて計画的に労働力を分配する具体的な案に影響し，関係を使用する人に願望に合う職業を獲得させる。複線の時代と移行時代において，強い関係は依然として人情の交換の効果を発揮する。それは労働力市場が拡大する条件の下で出現した。天津の資料は，移行時代の職業の移動者は単独で一種の経路を使うことがとても少ない。このことは，1988年と比べると，ある程度の進歩であり，職業の移動は多種の経路を使って，社会関係のネットワークの構造をその他の構造と相互に結合させることを示している。

　(2)　複線の時代から移行時代まで，労働力全部を当局が統一して分配する計画の体制がしだいに解体し，労働力市場は日増しに拡大し，職業の移動の一つの正式のルートになる。しかし労働力市場の制度化は長い過程である。社会関係のネットワークを使う就業者は主に関係がある人から人情を獲得する。それ以外に，情報の橋としての弱い関係の使用率は上昇していない。かえって微弱な下落の形勢を表す一方，強い関係を使う周波数は改革に従って絶え間なく上昇している。これは次の内容を示している。整備されている労働力市場の情報の構造は比較的発達していて，労資双方の信用の構造，規範の構造，監督メカニズムなどは大きな欠陥が存在し，社会関係のネットワークあるいは強い関係を通じて補充することを必要とする。

　強い関係は市場経済が主導的な儒教社会の中で，強い関係はどうなるのか，グラノヴェッターが強調した弱い関係が労働力市場で主導的な役割を果たすのか？　彼は1994年にシンガポールの8つの代表的な業界で，ランダムに500人余りの従業者に対して調査を行い，彼らの最近一回の職業の移動の経

歴を尋ねる。7割近い人は親族，友達，知り合いなど非公式のルートを通じて，就職情報を探していて，あるいは親友の助けを得て転職する。大部分の従業者は強関係を利用する。間接的な関係を使う人は少ない。しかしもし間接的な関係を使うならば，仲介人と求職者，及び最終の助力者との関係はとても強い。このような間接的な強い関係は訪問者にとって地位がわりに高い助力者を探し当てることができ，訪問者の転職に地位のわりに高い職業へ行くように協力する。この発見は天津の情況と似ていて，それによって彼の強い関係の仮説を証明した。

V 社会関係資本

1970年代末期から，一部の学者は金融資本，物的資本，人的資本と異なる新しい資本の形式に関心を持っている。新しい資本の形式は社会関係資本である。社会関係資本は社会関係のネットワークと同じく，新しい経済社会学の最も重要な理論の一つである。

1 社会関係資本の概念の起因と発展

私達は社会関係資本の理論の発展の歴史を考察する時，その発生が社会関係のネットワークの研究の基礎を創設したことがわかる。前述のように社会関係のネットワークは社会の構造の概念であり，その定義はいくつかの個人（個人，組織など）の間の社会関係を構成する比較的安定したシステムであり，全体の社会は一つの相互に関係するあるいは平行するネットワークからなる構成の大きいシステムである。社会関係のネットワークに対する研究の重点は個人の行為がどのように各種の外在する社会関係の影響を受けているかを考察することである。この領域の研究の中で，新しい経済社会学者のグラノヴェッターと林南などは個人の社会関係のネットワークを持つ社会資源関係の理論を提起，初めて「社会関係資本」の理論を提唱した。

形式から見ると，社会関係資本は「資本」の前に「社会」のような形容をプラスして限定しているが，依然として資本の一種類であり，物的資本と人的資本などと共通の属性があり，「社会」と限定するのは社会関係資本の特

有な属性，つまり社会性の特徴と非物質性の属性を強調するためである。

社会関係資本に対して比較的システム的な分析を行う第1人者はフランスの学者のブルデュー（Bourdieu）である。彼は1979年に『区隔：興味の判断の社会批判』という著作の中で，3種類の資本の形式を提起した。つまり，経済資本，社会関係資本と文化資本である。しかし彼の社会関係資本に対する分析はフランス語の著書であり，英語に訳していないため，彼の思想はその時英語の国家で伝播をしなかった。1988年，コールマンは『米国社会学雑誌』（American Journal of Sociology）で『人的資本の創造に関する社会関係資本の効果（Social Capital in the Creation of Human Capiital）』を発表し，この論文の中で，社会関係資本に対して初歩的な論述を行った。論文の中で，彼は人の行動を解明する時，経済学の物的資本と人的資本の概念以外に，社会関係資本の概念を導入しなければならないと述べた。この後，彼は『社会理論の基礎』を書いて，社会の構造の意味の上から社会関係資本の理論に対してシステム的な詳しい説明を行った。

ハリス（Harris）とレジオ（Rezio）の研究によって，1993年から，社会関係資本は流布されている語彙の中のキーワードになり始め，国際組織，いくつかの政府と非政府機関によって広範に採用された。1997年，世界銀行は『財産の評価を広く拡大する』の報告の中で，「社会関係資本：失った宝石」の1章で，社会関係資本の評価と意味を論述した。世界銀行は社会関係資本を専門に研究する機関を創設し，1997年に社会関係資本に関するシンポジウムを開いた。現在，社会関係資本に関する論文は経済学などの刊行物の上でも頻繁に現れる。

2　社会関係資本の方法に関する異なる解釈

社会関係資本に対する解釈は，各自の研究領域と研究対象から出発し，異なる説明を有している。

第一種の解釈は，社会関係資本を一種の関係のネットワークで解明する。ブルデューは社会関係資本を顕在的なあるいは潜在する資源の集合体であると説明する。このネットワークは周知のもので，一種の体制化され公認を得た関係のネットワークである（Bourdieu，1997：200）。ブルデューの資本の

概念は比較的独特であり、彼は次のように思っている。資本は一種の蓄積された労働であり、個人あるいは団体は資本を占有して、社会資源を多く獲得することができる。資本の形成と蓄積は時間と力を要し、それを形成した後で、また新しい利潤を発生する潜在力がある。単純な運試しゲームあるいは「ルーレット」の状態を脱し、社会生活に比較的安定的な秩序と規則を作り上げる。社会は実際資本を蓄積する歴史である。すべての社会の中で、人は占有する資本の数量によって異なる階級あるいは階層に区分され、資本を占有している個人あるいは団体はいつも自己の資本を維持し拡大している。資本蓄積は権力を発生し、「すでに存在した政治、経済と社会の秩序を通じて特権の地位を獲得する」人は、つまり支配階級は、赤裸々に経済資本の占有を通じてその特権を行使し満足しない。経済資本を通じてその他の形式の資本に転化することを通じて、つまり社会関係資本と文化資本に転化させ、後者を「非経済の」と「非功利の」と定義して、巧みに支配階級の社会生活での独占と統治を隠す（Bourdieu, 1997：202-203）。このように、彼らは純粋な権力関係のネットワークを各種の権利と調和的な秩序に変え、それによって自己の統治のための合法性を確立した。

「社会関係資本」は3種類の資本の基本的な形態の一つであり、それは「体制化した関係のネットワーク」を占有することを通じて、顕在的あるいは潜在している資源を獲得する集合体である。このような「体制化の関係のネットワーク」は団体の会員制と結びつき、会員の身分を獲得して「声望」を勝ち取り、一歩進んで物質のあるいはシンボルの利益を獲得するための保証を得た。個人にとって、彼がどのくらい社会関係資本を占有したのかは二つの要素に関わる。一つは人が有効に利用できる連携のネットワークの規模である。二つはネットワークの中で、人が占有した各種の形式の資本の数量である。社会関係資本を適切に運用したら、高い生産性をもたらすことができる。それは自己発展する能力が高いため、一種の関係の中から自然的に成長してくる社会関係資本は、個人が持つ資本数量をはるかに超える。社会関係資本の形成は、一種の意識的あるいは無意識的な投資戦略の産物である。このような戦略はまず短期あるいは長期に直接使える社会関係を用い、物質の利潤と利潤が象徴する社会関係をきづく。これらは見たところ「偶

然」の関係(例えば隣人,同僚,親戚関係など)が「象徴性の構造」を通し,高い保障を得る安定的な関係に変えていく。このような転換の重要な点は「象徴性の構造」であり,それはいくつかの現存する社会体制を利用し,各種の物質あるいは非物質の交換を通して,社会関係資本を確立させ,絶えず再生産を行う。これにより社会関係資本への投資は必然的に長期的,連続的になる。社会関係資本を蓄積して守るため,個人は相当な時間を使わなければならない。このようにして,偶然の社会関係が一種の「義務」になる。

異なるタイプの資本はただ特定の「場」の内で効力があり,各類の資本にまた変えることができる。経済資本はその他のタイプの資本の根源であり,そのため,経済資本は社会関係資本への転換が比較的に容易であり,社会関係資本は経済資本への転換が比較的複雑であり,しかも一定のリスクを持っている。全般的に見て,社会関係資本に対しての投資はいつも存在する。この意味から言うと,他人との交際の上で大量の時間,力と金銭を使うのは,一種の経済の浪費であるが,それらは実はすべて強固な社会関係資本への投資であり,その利潤は物質の形式あるいは象徴の形式で現れる(Bourdieu, 1997:205)。

第2種類の解釈は,社会関係資本は人が潜在資源を便利に利用できる資源である。この観点はコールマンが代表である。コールマンは社会関係資本に対して全面的な分析を与えた。コールマンは,「社会関係資本を機能によって解明した。それは単一体ではなく,多くの種類があり,双方の間には二つの共通点がある:それらはすべて社会構造のなかのいくつかの分野を含み,同一の構造の中での個人の行動に対して利益がある。その他の形式の資本と同じく,社会関係資本も生産性があり,それが不足する時,これらの目的は実現することはできない。」(Coleman,上冊,1990:345)。

コールマンはグラノヴェッターと林南およびブルデューなどの学者の研究成果を自己の理論の枠組みに入れ,彼の「社会関係資本」の理論を提起した。彼はすべての自然人が生まれると以下の3種類の資本をすぐに持つと言う。1つは遺伝から形成された人的資本である。二つは先天的な物質性の条件であり,例えば土地,貨幣などで構成した物的資本である。三つは自然人が生育した社会環境から構成した社会関係資本であり,社会資源として表れる資

本の財産である。それらは社会構造の要素から構成し，主に人間の関係と構造の中に存在して，個人の行動のために便宜を提供する。

社会関係資本の表現する形式は以下のような種類がある。

(1) 義務と期待。もし人Aが人Bを助けるならば，Bが今後自己に応えることを信じる。AはBに対して一種の期待があり，BはAに対して一種の返済義務がある。これにより，AはBとの間に一種の相互扶助関係を構成し，このような関係を安定させる形式はコールマンが言った社会関係資本である。信用程度と個人の義務の範囲は，このような形式の社会関係資本の存在の可能性に影響した。社会が与える信用の程度はもっと高く，人々が義務を履行する可能性はもっと大きく，義務と期待の形式の社会関係資本はもっと普遍的である。

(2) 社会関係の内部で存在している情報ネットワークがある。すでに存在した社会関係は情報を得る重要な道であり，この関係の中で人は社会関係を利用して情報を獲得し，それによって行動のための便宜を提供し，彼の社会関係のネットワークの中から自己の行動に役に立つ情報を得ることができる。このような社会関係は社会関係資本を構成した。

(3) 規範と有効な厳重な処罰である。規範は個人の行動に対して重要な制約効果があり，それは私利私欲の行動を罰することを通じて，公正無私な行動を奨励し，個人の行動目標が実現することを求め，これは重要な社会関係資本になる。これらの社会関係資本は組織の目標を実現することと，社会の秩序保護，更に社会の運動の成熟と発展に対して，すべて有利な条件を提供した。

(4) 権威の関係である。コールマンは，権威は個人が他人をコントロールする権利である。ある人は権限がありもう一人の人の行動を制御する時，彼と後者の間には権威関係が存在している。このようなコントロール権を特徴とする権威関係は社会関係資本の形式である。コールマンは，権威関係が存在しているため，多くの人は同一の利益を共有し，個人はまたすべて公共利益のために，行動のいくつかのコントロール権をある非凡な魅力の指導者に授与することができ，権威ある関係を形成させ，共通の問題を解決し，それによって公共の利益を増進する。

(5) 多機能な社会の組織などである。社会関係資本が経済学の上でいわゆる「公共財」の性質があるため、人々の「フリーライダー」の心理を誘発しやすく、そのため、有効な投資が得られない。普通の状況では、社会関係資本は人々がその他の目的の行動に従事する「副産物」であり、ただ特殊な状況では人の意図する投資の産物である。

産業革命の前は、伝統的な社会構造で（コールマンが「原始性の社会の構造」と称する）、社会関係資本は主に家庭と家庭から派生してきたその他の社会の構造である。例えば町内のコミュニティなどの原始的な社会の組織が提供したものであり、それは社会保障と社会の維持の機能があり、人的資本と物的資本とに代替することができない。伝統的な社会の中で、原始的な社会の組織は大規模な社会関係資本および規範構造を通じて、人々に義務を履行させ、人と人との間の信頼関係を保証して、社会の安定と発展を維持する。現代社会において、原始的な社会の組織が次第に衰退してくるのに従い、古い社会関係資本は絶えず浸食を受け、社会関係資本の「公共財」の性質が有効に補充しにくくなり、それによって一種の真空の状態をもたらした。そのため、新型の社会組織の中で、一種の伝統的な社会関係資本の代替物を必要とする。このような代替物は、コールマンからすると、「人工が創建した社会の組織」であり、あるいは「法人」と言っている。それらは多くの家庭とコミュニティが行使した機能を行使するが、永遠に完全に原始性社会関係資本に代替することができず、代替した過程の中で、多くの欠陥が存在している。コールマンは児童の社会化の例で具体的に自己の観点を説明する。伝統的な社会の中で、児童の社会化は主に家庭と町内の中で完成し、彼らが持った「原始性社会関係資本」、両親と町内の中の大人との親密な社会関係は、その社会化に対して大きな効果を発揮する。現代社会の中で、父母（特に母）は仕事からの圧力が増加したので、町内の人との人間関係がしだいに疎遠になるに従い、児童に対する原始性社会関係資本は日に日に減っていて、これに取って代わる「法人（幼稚園、学校など）」は児童の社会化に対して発展の条件を提供することができず、児童と大人との大量の直接の双方向性と、大人の児童に対する「持続的な関心」などを提供できない。そのため、コールマンはこのような結論を得た。「社会の変遷は上述の原始性社会関係資本

第3章 経済社会学の理論と方法 139

に代替する問題を解決することを求めている。すべての人と子女が不幸な中で生活している。つまり，豊富な物質の資源を獲得することしかできず，幸せな生活が必要な社会の資源が不足している。」(Coleman，下冊，1990：720)。

コールマンは，社会関係資本の形成と存亡に影響する原因は4つあると指摘する。

(1) 関係のネットワークの密閉性。それは相互の信頼を維持することを保証する。

(2) 安定性。「社会組織あるいは社会関係が瓦解するに従い，社会関係資本が消失するかほぼ消失するだろう」，安定は社会組織の観点だけでなく，人員の精神の上で，「個人の移動は社会関係資本が依存している構造が完全に消失する」。

(3) イデオロギーである。「イデオロギーから社会関係資本を形成するルーチンは，ある種類の要求をイデオロギーの信仰者に無理に押しつけることであり，ある種類の既定の利益あるいはある人たちの利益行動によって行動し，それ自身の利益を考慮しない。」。コールマンのイデオロギーは広義の概念であり，彼は個人主義のイデオロギーは社会関係資本に対して消極的な効果を形成させる。

(4) 政府による豊かさと満足の提供である。このような要素は社会関係資本の価値を下げ，その更新をできない，社会関係資本が公共財の性質があるため，必要とする人はもっと多い。

社会関係資本を維持することと，さらに多くの資本を創造するために，期待と義務との長期の関係を維持しなければならない，定期的に交流し，規範を維持し，「要するに，社会関係は必ずベストを尽くして維持しなければならない。」(Coleman，上冊，1990：345)

第3種類の解釈は，社会関係資本を信用，ネットワークと信任であると説明している。この説明はパトナム（Putnam）が提起したが，彼は「社会関係資本」を「調節行為を促進することを通じて，社会効率のある社会組織の特徴（例えば，信任，規範，とネットワーク）を高めること"であると説明した。この説明は社会関係資本の概念の上で三つの異なる分野（規範，ネットワークと結果）を含んだ。この説明の長所は社会関係資本の三つの分野を結

び付けたことにある。彼は社会関係資本も生産性があると思い，ある種類の実現があり得ない目的を実現でき，協力を促進することを通じて社会の効率を高める。

　第4種類の解釈は，社会関係資本は社会あるいは社会に属する特定の集団の中での，人の間の信用の普及程度である。有名な日系の米国の学者のフランシス・福山は『信用—社会の道徳的で繁栄している創造』（以下は『信用』と略称する）の著作の中で，社会関係資本は「社会あるいはその下での特定の集団の中での，人の間の信用の普及の程度である」と思っている（福山，1998：2）。

　現在の経済学界が経済自身から問題を考察することを重視する傾向に対して，福山は経済を研究する時，文化要因に注意すべきであり，少なくとも20％の割合まで高めることを提起した。「私達は新古典派主義の経済学を80％の正しい学説であると思い……この20％の欠陥があるため，現代の経済についての弁論は文化の原因を考慮していない」（福山，1998：20）。彼は新古典派主義の理論前提としての「経済人」の仮定は，文化の原因を内在的に含んでいるとしている。たとえば，「理性」「効率」などの概念を画定する時，文化要因に関連している。経済行為の理性の程度に対する判断は，社会文化と関連して，重要な団体の行為も社会，文化要因の影響を受けている。そのため，文化，団体の観念は経済の領域を取り入れる必要がある。福山が言った「文化」は実際には文化と社会の構造の二重の意味を含んで，「理性の文化に関係があること」（理性的な選択に起源して，伝統あるいは習慣が形成する）と「理性の文化に関係がないこと」（倫理の規範が確立する伝統あるいは習慣からに起源する）に分けることができる。特定の文化伝統は人々の間の特定の信頼関係を形作って，異なる「社会関係資本」と「社会の自然発生的な力」を作って，更に各類の社会経済組織の構造と社会経済の全体の発展の状況を決定する。逆に，社会経済組織は運営している過程の中で，社会倫理はまた社会関係資本に反作用し，文化の伝統を強め，更に経済発展に影響する。そのため，文化の伝統およびこのような伝統の影響のもとで形成した現実的な社会倫理は経済発展に対して極めて重要な効果を発揮し，経済発展の全体に影響する。

第3章 経済社会学の理論と方法

　福山は社会関係資本に対して上述の学者と異なる説明を行い，それを文化の範疇に属させる。彼は「信用」の概念と社会関係資本と文化を結び付ける。彼は，社会関係資本の大きさは人の相互の信用程度の高さから決定したので，文化はまた信用程度を決定すると思う。「信任とは，一つの社会団体の中で，人の双方の常態，誠実，協力の行為に対する期待であり，その基礎は社会団体の人が共に持つ規範であり，および個人はその社会団体の役割に従属することである。」（福山，1998：2）。「規範」「役割」は深い段階ですべて文化の影響を受け，信任は実際には文化を基礎にするので，社会関係資本は，また社会あるいはその下での特定の集団の中で存在し，信任の普及の程度である。社会関係資本を信用の基礎の上で構築するため，信用はまた文化を基礎にして，文化は社会関係資本の深層の決定的条件になる。「社会関係資本はその他の形態の人的資本と異なり，通常宗教，伝統，歴史の習慣などの文化の構造を通じて作り上げたものである。」（福山，1998：2）。もとの社会関係資本は新しい環境の中で慣性効果があり，ひとまとまりの「劣っている社会関係資本」を形成する。社会関係資本は一種の伝統であり，伝統の主流の文化の特徴は信任の方法と程度を決定する。普通は，信任は主に家庭と社会団体の2種類の組織の中で存在し，社会関係資本もそれに応じてこの2種類の組織形式を提供する。二者を結びつけ，伝統と現実を相互に結合し「主流の文化の特徴」を体現する。一種は家庭が提供した社会関係資本である。一族の内部の団結と協力の一族主義を重視し，非親族の間の相互の排斥をもたらしやすく，社会の信任の程度は低く，社会関係資本を結合する能力は弱く，中，仏，伊，韓はこの種類の社会に属する。もう一種は社会団体が提供した社会関係資本であり，社会団体内部の人は相互に助け合って協力する団体主義として表れ，これは広範な社会の信用を促進し，社会関係資本を統合する能力は強く，ドイツ，日本はこの種類の典型的な代表である。

　第5種類は中国の学者の楊雪冬が解明し，彼は「社会関係資本が一つの共同体内部の個人，組織（広義の組織）が共同体の内部，外部の対象と長期的な交際で，相互に利益がある一連の信任関係であり，及びこれらの関係の背後に沈積している歴史の伝統，価値の理念，信条と行為の範式である。ここで，重要なことは，社会関係資本が形成した長期性であり，個人，組織は社

会関係資本を作り上げる能動性,および信頼関係の相互に利益がある性質である。」(楊雪冬,1999)。社会関係資本は実際には利益構造共同体の代名詞である。そのため,社会関係資本は個人,組織の相互の連携の広さ,これらの連携の安定性と拡大度を表す。社会関係資本は無形で,多くのキャリヤーがあり,たとえば家庭,関係のネットワーク,社会の信奉,信頼と相互に利益がある方法,慣例などとして表れている。同時に,型式の上で,社会関係資本は以下の何種類かに分けることができる。社会関係資本のすべての主体に基づいて,社会関係資本は個人が持つ社会関係資本,組織が持つ社会関係資本,及び全体の共同体が持つ社会関係資本に分けることができる。社会関係資本の変遷と代替過程から見ると,社会関係資本は伝統の血縁の依存型,近代的な公民型と金銭取引型に分けることができる。その他,個人が持つネットワークの広さによって,異なる規模の社会関係資本にも分けることができる。

3 社会関係資本の特徴

社会関係資本を三つの内容にまとめることができる。

(1) 社会関係資本は人と人の間に存在している。図の3-3は経済資本と社会関係資本の区別を表している。経済資本はA,B,Cの中で存在し,社会関係資本はAとB,BとC,CとAの間で存在し,個人を離れて単独で存在ことができず,不完全で個人に依存する。

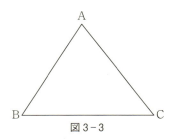

図3-3

(2) 経済資本は有形であり,無形でもある。しかし,社会関係資本は無形なものだけである。経済資本の中の物的資本は有形なものであり,目に見える物質はその存在の形式である。例えば機械,原料などである。人的資本は

無形なものであり，それは個人が掌握した技能と知識の中に存在している。社会関係資本は無形であり，それは人と人の間の関係を表現している。社会関係資本と物的資本，人的資本は相似性がある。1つはすべて蓄積を通じてできあがったものである。二つは規模の効果がある。3つは絶えず更新しなければならない。4つは生産性がある。異なるところは，1つは，社会関係資本は相互に利益がある効果を発生できる。2つは，社会関係資本は，更新性があり，希少性がない。3つは，社会関係資本は異なる主体間の協力を通じてその効果を実現する。4つは，その効果が生産する価値を体現するだけではなく，関係がある人との間で収益を共有することができ，共同体の維持と促進を体現している。そのため，社会関係資本は所有者があるが，その利用の効果は社会性があり，収益は大きい拡散性がある。物的資本と人的資本は生活の行為のために便宜を提供し，社会関係資本はこのような効果が同様にある。

（3）経済資本は公共財であり，個人品であり，譲渡性を備えている。社会関係資本は主に公共財であり，普通は譲渡性を持たず，これは社会関係資本の性質と関係がある。しかし社会関係資本も個人財の特性があることを排除できない。社会，組織にとって，社会関係資本は公共財の性質があり，理性人は自己の目標を実現する時，自発的に社会関係資本に有利なことを行ない，この時に，社会関係資本は個人にとって一種の個人財であり，公共財の性質がない。

VI 結論と議論

西側の主流の経済学が経済学の科学性の名実を求めるため，自発的に科学的な精神，自然科学的分析の道具を取り入れ，自然科学の基準によって経済学に精確な科学的な基準とモデルを求める。そのため理性の論理が演繹することを通じて，理性の経済人の仮説と自由市場の制度を理論の基礎にして，社会科学の経済学帝国のようなものを作り上げ，非経済の理性，社会構造要因，制度，不確定な要因などをすべて「その他の条件を皆変えないで維持する」のかごの中に入れると仮定する。しかし，その論述は確定性と精確さ，

論証の論理性を追求しているうちに,主流の経済学の研究の範囲は日に日に縮小している。その結果,多くの基本的な経済問題はこの論理の範囲で,有効に説明を得ることができず,生き生きとしている現実の生活に対しても科学的かつ合理的な説明が不足し,有効な問題を提起することもできない。

多次元の視角から見ると,経済生活自身は複雑性と変動性があるため,いかなる学問でもそれに対して全面的で完璧な説明をすることはあり得ない。

そのため,近代の西側の経済学は社会学の視角を経済学に取り入れ,社会体系,社会制度,社会関係のネットワーク,社会関係資本などの社会要因と経済とを相互に取り込み,近代経済学が理性的な論理の演繹を行う時,経済運営の中から「その他の条件を皆変えないで維持する」を剥離した理性の仮定を研究し,それによって経済研究の視角を拡大し,新しい領域を切り開いて,新しい経済社会学を生んだ。

経済社会学を創設してから現在まで,古典から近代への進化段階を経験した。マルクス,デュルケーム,ウェーバーを代表とする古典の経済社会学は,すでにこの学問に経済と社会との相互の摂取関係を研究する基本的な理念と学術の空間を確立した。しかし,彼らの間に一つの統一した経済社会学の理論の体系を作り上げることができなかった。

1950年代までに,パーソンズとスメルサーを代表とする近代的な経済社会学者は,古典の経済社会学の研究範囲の内部に抽象的な形式性の強い総合的な経済社会学の理論を創設し,機能-構造主義の経済社会学を確立した。機能-構造主義の経済社会学は形式の上で,巨大な経済と社会関係の理論を作り上げてきたが,経済学と統合する統一的な効果をもつ,方法論を創設できなかった。新しい経済社会学は伝統の経済社会学の理論を批判的に受け継いで,新しい社会学の視角で経済領域の核心問題に対して研究を行った。方法論から見ると,経済学はすでに理性を前提の仮定としてきたが,新しい経済社会学は経済学のような前提の仮定をしていない。

経済社会学の研究を経済学に対して一種の可能な視角(もちろん絶対に唯一の視角ではない)を提起した意味がある。社会行動から出発する視角であり,理性的な選択をする方法の枠組みは各種類の経済要因と社会要因がある。つまり,理性的な選択を基礎にした経済行動は依然として経済生活に関する

第3章　経済社会学の理論と方法　145

経済社会学の研究の出発点である。これは各種の異なる知識の伝統と学問の体系を構成した社会科学にあった普遍的な意味を持つ。新しい経済社会学の学者は社会関係のネットワークと社会関係資本の概念が経済生活に対する意味に関して，社会関係の要素は個人の理性的選択の戦略の道具の箱の中での特殊な意味だけがあるという。つまり，それは特定の目的を持っている人に制度以外に適用できる手段を提供した。経済生活の分析に対して，社会性の変数（たとえば，社会関係要因）を含むが，決して経済学が理性的選択をする方法を捨てることを意味せず，少数のいくつかの経済変数を含む経済学のモデルを社会学の研究から補充し充実させる。社会要因の影響を受ける人は依然として理性的な人であり，依然として経済学の理性的な選択をする方法で分析を行う。

　ここから次のような推論を得ることができる。経済生活に対する研究の中で，経済社会学と経済学との結合は完全に可能である。経済社会学は経済学に対して役に立つ修正と補充の効果を果たすことができ，これは二つの内容を含む。第1は，経済社会学は各種の異なる「理性」に対する理解を深めることができる。それは狭い「経済理性」以外に，その他の各種の「社会理性」も存在していることを提示できる。経済社会学の研究は更に「理性」自身の社会的な根源を提示することができる。実際，経済の利益以外に，その他の「価値」がある物事がある。例えば権力，声望なども個人の経済の行動の目標と出発点になることができ，それによって理性自身を限定している。グラノヴェッターが指摘したように，「もし私達はこのような行為の主旨が経済の目標にあるだけではないことに気づくならば，交際，賞賛，身分と権力も目標である時，このような行為の理性あるいは道具性の特徴に容易に気づく。経済学者がこれらの目標を理性であると見なすことが少なく，……このような問題を分析する方法は，経済学者が「利益」を追求するための行為だけを分析し，その動機は理性がない領域の中で発生すると仮定する。もしかすると，経済社会学の経済領域に対する研究の，その最大の貢献は次のような内容である。狭い理性の概念で経済問題を分析し，経済生活の正しい理解に対して失っている事への指摘である。

　経済社会学の視角の中で人は依然として理性的な選択を基礎としての主体

であり,彼が選択する時,理性の思考の範囲に組み入れる要因は経済の変数以外に,その他の社会性の変数を含む。理性的な選択は具体的な現実的な環境に基づいて作り上げたが,抽象的な経済学のモデルの中で簡略したことを考えに入れていない。広意的な理性的な選択は経済社会学の行動に関する理論と矛盾していない。このような理性的な選択はすべての人に対する科学の有効な分析方法である。[6] 環境制約と人の環境に対する理性的な反応を考慮に入れれば,圧倒的な多数の行動はすべて理性的な選択の方法で説明できる。

　経済生活の参加者は一人の社会人であり,その特殊性は彼がただ経済の枠組みの内の人であるだけである。この人にとって,目的およびそれと関係がある手段,規則,利用できる資源などは,行動する選択の環境を構成し,この環境は人を制約して誘導して,理性的に考慮する潜在的な前提になり,最後に人の行動方法と行動の選択を決定している。しかし,このような選択自身は人の社会性の行動であり,社会から離れることはあり得ない。社会現実と社会化の方法は理性的な選択の主体の目的,動機を与えた。このような社会的な環境の限定で,理性的な選択を基礎としての経済行為は,依然として社会性の特徴が現れる。つまり,理性的な選択の方法と,経済社会学の分析と結合するだけで,現実の経済の生活をよくとらえることができる。

　新しい経済社会学者の目から見ると,経済行動は社会に限定されたので,人は社会環境以外に存在している原子のような個人としての政策と行動を行うのではなく,すでにあった社会の規則と信条をしっかりと守り,具体的な,社会関係のネットワークの体系中に組み込んだ人であり,自己の目的に合うことを的に行動する人である。

主要参考文献

Pierre Bourdieu『Bourdieu 取材記録:文化資本と社会の錬金術』上海人民出版社,1997年。
David Popenoe『社会学』遼寧人民出版社,1987年。

---

(6) グラノヴェッターは次の内容を書いた。「理性的な行動についての仮説は問題があるけれども,それは単純に放棄すべきではない,効果がある仮定である。」

辺燕傑「社会関係のネットワークのルールと求職の過程」『国外の社会学』第4号，1999年。
Anthony Giddens『社会の構成』三聯書店，1998年。
Jamess. Coleman『社会の理論の基礎（上，下）』社会科学文献出版社，1990年。
Max Weber『経済と社会』商務印書館，1997年。
Talcott Parsons『現代社会の構造と過程』光明日報出版社，1988年。
Talcott Parsons, Neil. J. Smelser『経済社会学』中国出版社，1989年。
朱国宏編集『経済社会学』復旦大学出版社，1999年。
福山『信用—社会道徳と繁栄の創造』遠方出版社，1998年。
Bian, Y. J. 1997, "Bring Strong Ties Back in: Indirect Ties, Network Bridges and Job Searches in China", *American Sociology Review*, 62.
Granovetter, M. 1985, "Economic Action and Social Structure: The Problem of Embeddedness", *American Journal of Sociology*, 91.
Lin, Nan. 1982, "Social Resources and Instrumental Action", in Marsden, P. and Lin, Nan. (eds), *Social Structure and Network Analysis*, Beverly Hills, CA: Sage Publication, Inc.
Parsons, T. 1937, *The Structure of Social Action*, New York: Macmillan.
Polanyi, K. 1957, *The Great Transformation*, Boston: Beacon Press.
Polanyi, K. 1992, "The Economy as Instituted Process", in Granovetter, M. 1992, *The Sociology of Economic Life*, Westview Press.
Weber, M., 1978, *Economy and Society*, Berkley: University of California Press.

第4章　経済分析における倫理思考
――ゲーム理論の適用を中心に――

I　倫理学：経済学研究での無視できない側面

　近代経済学は人間の行為を抽象化して分析するため，具体的な，さまざまな社会関係が捨象されてしまう。ところが，過度な形式化，数量化の分析によって得た結論は人類実践に本当に役立つのだろうか。これに答えるためには，まず経済学の真の研究対象，目的を明らかにしなければならない。

1　自然と社会（工程学と倫理学）：経済学の両側面

　通常，経済学の研究は主に二つある。一つは人と人の社会関係である。すなわち，生産様式およびそれに応じた生産関係の研究である。もう一つは人と自然の関係である。すなわち，技術関係で，主に希少資源の配置問題の研究である。人と人の関係を研究する際は，主に富の分配及び貧困，差別化などの問題に関わる。基本的にある価値判断が入っているため，規範的な分析に傾き，生産力の技術関係の研究は実証研究に傾く。人と人の社会関係の価値判断にかかわる問題は実は倫理問題である。梁漱溟がいったように「関係があれば，倫理である」。この理由でセンは経済学を二つの分野に分けて，倫理学と工程学とした。

　経済学のこの両分野は相互に関連し，共同で経済学理論を構成している。もちろん，個人の理論修養，選好，および社会環境によって，経済学者の研究の関心は異なっている。たとえば，アダム・スミス，J・S・ミル，マルクスは経済学中の倫理問題に関心をもっていたが，ペティ，ケネー，リカード，ワルラス，クールノーなどは経済学の論理と工程問題に関心を持つ。社会科学の一部分である経済学はあくまでも人と人の関係にかかわる考察を主にす

る。経済行為も特定の制度のもとで行なわれる。この意味で、経済学を工程学とする経済学者は優れた経済学者になれないであろう。

　社会科学の具体的な問題は一つの学問にだけ依存して正確に解決できることがない。政治学と法学の問題だけではなく、人類学、心理学、歴史学の問題も同様である。法学を知らない経済学者がいる、経済学を知らない人類学者がいる、哲学を知らない心理学者がいる、あるいは他の課題を知らない歴史学者がいることは考えられない（Hayek, 2000：450）。特に経済学は人類の基本的な利益——物質利益に注目しているために、人と人の社会関係への関心はより重要になる。これも自然科学との大きな差異である。ハイエクは「化学者と生理学者はたとえ自己の一般教養を犠牲にし、専門分野に集中すれば、もっと優秀な化学者や生理学者になれるかもしれないが、社会研究で一つの専門分野に集中すぎると悪い結果になる。それは魅力的なパートナーやよい公民になることを妨げるだけでなく、自己の分野での才能も失う可能性がある。物理学者はただの物理学者であっても、一流の物理学者や社会の優秀なメンバーになれるが、経済学者はただの経済学者であるならば、危険な人物にならなくても、非常に嫌なやつになるかもしれない」（2000：448）と忠告していた。

　経済学研究に対してどの側面もゆるがせにしてはならない。たとえば、経済学の工程分野の研究をおろそかにしたら、実践問題の解決は無力になって、経済学は道徳説教になってしまう。社会の倫理要素を無視したら、常に工程技術は低効率、無効になり反対効果をもたらし、理論は実践と正反対になってしまう。中国の陳恵雄博士（1999：自序）は博士論文の中でこの点も強調した。「経済学は他の学問、特に人類行為に関する科学の協力から離れ、人情、倫理を全部捨てて、自己の経済分野に問題を封じ込め、数学論理に依存して自己をより「経済」（実用の意味。訳者注）させたりすれば、それは最も不経済であることになると証明される。」

2　倫理思考の沈滞：近代経済学が直面しているジレンマ

　本来の経済学には工程と倫理の二つの側面が含まれているが、啓蒙主義以後、実用主義は西側諸国で流行し、全西側世界の実践基準と理論原点までも

支配するようになった。そのもとで，この実用主義に含まれている道具性はまた道具主義を生みだし，発展していく。この道具主義の隆盛はたえず価値理性を排除しつつ，結局形式主義に奇形化されてしまう。この形式主義に基づく理論研究は数多くの多種多様の要因を捨象し，人と人の双方向関係を数学や力学などの道具で解釈し「形式のための形式」という極端な結果になる。この形式主義の方法は西側理論界のすべての分野に蔓延し，主要な方法になり，経済学分野では特に目立っている。⁽¹⁾

現代的な経済思考は「経済的」というラベルが貼られる行為に対して二つの面からみれば斬新である。一方は，経済学を伝統的な道徳活動から分離し，純粋に人類の一連行為を判断することをその研究対象とする。他方は，経済交換が行なわれている現実の世界を理論上で自発的に調和がとれるものと見なすことである。この状況は主に欧米主流経済学の基本的研究方法と関連している。主流経済学は原子主義と自由主義の信条を守る。人を家庭，部族，階級あるいは民族から分離し，独立した，自己決定する生物と見なす。人と人の関係を制限するのは過程化で，道徳価値は含まれていないという認識である。これは現在，経済学の基本的な原則や方法などを法律，宗教，文化と社会分野に応用する土台となり，不合理な形式化の経済学帝国主義を形成する原因である。

この形式主義は論述の厳密性を強化させたが，デ・アレッシ（De Alessi, L.）が指摘したように「新古典派経済理論が議論しているのは無関係の問題であり，形式主義のための形式主義である」（Rutherford, 1999：25）。この形式主義は「最適あるいは有効な解は客観上定義でき，ただの計算問題である」という見解をもたらす。この便宜性があるからこそ，「最近，過程を強調し，終局性の哲学思考に反対しているが，経済学者は彼らの道具箱中の主要道具を捨ててはならない」であろう（Buchanan）という見解も出てくる。

（１）もし他の分野，たとえば社会学，心理学，人類学，政治学などは伝統的に人と人の関係をより重視すると言えるならば，経済学方法論は他の分野に浸透し，経済学の帝国主義を形成するにしたがい，他の分野も形式化していく。個人が経済学者という職業に携わりたいなら，新古典派理論が抽象的な結果を招くことを理解しなければならない。

経済学者は完全理性の最大化仮説に基づいて，費用－利得という思考パターンを形成し，常に通常の人と人の道理を忘れて，無人情性があらわれる。特に近代経済学の発展にしたがい，倫理学方法の重要性は極めて弱められた。「実証経済学」といわれる方法論は理論分析の中で規範分析を避け，人間の複雑な，多様な倫理思考をも軽視する。これらの倫理思考は人類の実践行為に影響を与えるものである（Sen, 2000：13）。以前から，経済学者は効率だけで市場を評価して，倫理問題を軽視しているのに対して，倫理学者は，特に規範的な政治倫理学者たちは効率問題を軽視し，市場の道徳評価に関心をはらう傾向が強い。これで，近代経済学と倫理学の間の溝が深まり，両者の分裂をもたらし，結局，近代経済学の深刻な貧困化現象があらわれる。

　倫理学者と経済学者のこの分業は成立しない。その独善的な区分は自己の市場研究方法に含まれる前提を批判的に反省できないことにより生まれた。法律と同じように，経済学もイデオロギーをもつ学説である。どのような経済学説であっても特定の価値観と仮説が含まれるので，それに適応する経済モデルにより生み出した結果と結論も例外なく，それ自身の価値観をもっている（1999：44）。経済学の純粋な技術的な効率概念であっても，それ自身も物議がある道徳仮説によっている。さらにある倫理学の論拠も市場あるいは他の体系は効率があるかどうかの曖昧な仮説に基づくものである（Buchanan, 1991：3）。

　特に社会福祉に関心をもつ厚生経済学は倫理学の思考から離れることができない。一部主流経済学者は，厚生経済学はある効率基準に基づいて市場を評価するが，市場には倫理の基礎が不要であると考えている。実は各種の効率概念自身もある物議をかもす道徳仮定を前提としている。ある具体的な社会配置が効率基準を満たす時，この事実を評価する基準も道徳とは無関連ではない。経済学の効率に関する概念は総合効率，生産効率，(Kaldor-Hicks efficncy)，常識効率，パレート効率（Pareto efficiency）などがある。欧米の経済学者はパレート効率が単純な技術的な効率概念であり，道徳には中立であると認めている。しかし，この認識は間違っている。社会配置を評価する基準は相互に有利であるという倫理原則に属すべきものである（Buchanan, 1991：中国語版の序言）経済学の研究対象は抽象的な物理世界ではなく，人

間に関心をはらうべきである。「人はどのように生きるべきか」という問題は長く存在している。経済学のモデルで彼らは人間の行為動機を単純で，そして頑固であると仮定する。そのことを，アマルティア・センは次のように質問した。ダンテの「周りのすべての人全部に親切しない」という名言を，政治経済学は自己の都合のためにそれを解釈するのだろうか。実際には経済学の不自然な「無倫理」の特徴は近代経済学が倫理学の一つの支系として発展している事実と矛盾している（Sen, 2000：3）。

　経済学と倫理学との関係は少なくてもアリストテレスの『ニコマコス倫理学』に遡る。近代経済学の父といわれるアダム．スミスは大学の道徳哲学教授だったし，彼の最初の著作も『道徳感情論』と名づけた。長い間経済学は倫理学の一つの支系となっていた。20世紀の30年代までもロビンズは彼の『経済学の本質と意義』の中でまだこの二つの研究（経済学と倫理学）を並列する以外に，他のどのような形式でもってもそれらを結びつける試みは論理上不可能である（Sen, 2000：3）。と述べていた。ところが，近代主流経済学の奇形的発展は倫理学と経済学の分離を引き起こした。それゆえ，倫理学をあらためて考えるのは経済学が健やかに発展する真の方向である。80年前（1930年）にケインズは経済の未来（100年）の可能な変化を述べた。「私が思ったのは，われわれは自由に宗教と伝統的な美徳などのもっとも適切な原則上にもどる。－貪婪は罪悪であり，高利の搾取は不正な行為である。……目的は再び手段より重視され，実用を捨て，善をとる」（Koslowski, 1997：序言）。この点からみて，ケインズは経済学倫理の先覚者といえるであろう。

Ⅱ　自己利他：倫理における人性の経済学的考察

　経済人の仮説は新古典派分析の基本の出発点であり，その分析の土台でもある。それに基づいて作った政策が，逆に社会にもっと複雑な無秩序をもたらし，社会的取引費用の上昇をさせる。この理由で経済学理論の最も基本的な命題―「人間は自利的である」を改めて考察すべきである。

1　利己と利他：経済学の人間性仮説

　新古典派主義者であるエッジワース（F. Y. Edgeworth）は「経済学の第一の法則は人のどの動機もただ利己心による」と指摘した。法経済学者であるポズナー（Richard A. Posner）も「経済学は……この仮説の意味を探究し検証するものである。人間は自己の生活目的を満足する（「自利」といわれる）──理性の最適化を行うものである」と強調した（Jack Hirshleifer, 1992）。欧米主流経済学の理性行為には二つの意味がある。一つは理性を選択の内部統一性とみなす。もう一つは理性を自利の最大化と同一視する。どの自利最大化から逸脱する行為も非理性行為とみなされる。

　1981年にスティグラー（George J. Stigler）は「経済学か倫理学か」というテーマの講座で次のように語った。「われわれが暮らしている世界で有力な，十分な情報を手に握る人々は賢く自利を追求している」。その理由は「自利は倫理価値の口先だけの建前と矛盾するときに，多くの場合，実は大多数の場合，自利理論は勝つことができる。」「多くの経済現象中だけではなく，結婚，出産，犯罪，宗教及び他の社会行為中でも広く行われている。」理論家たちはこのような人を惑わす主張を提起したが，現実には，経済生活中でも，婚姻関係，宗教行為などの行為でもこれらの予測結果にたいして正しいかどうか検証を行うことが少ない。信念を弁護するための理論が多いが，実際の証拠が少ない（Sen, 2000：23）。

　セン（2000, 序言）が指摘したように，自利行為仮定の乱用は経済分析の本質に重要な損害を与えた。自利最大化は実際行為に該当する証拠もないし，自利最大化が最適な経済条件をもたらす証拠もない。逆に日本が明らかにしたのは，系統的に自利行為から離れる行為──責任，名誉，信用──は個人と集団の成功を収める極めて重要な要因である。人や集団がある目標の最大化を追求しているかどうかは相対的なものである。それは各個の行為や集団は何をコントロールできる変量とするか，および変量を実際に操作できる手段とするかによって決められる。個人目標を追求する際に特定の社会行為規範の価値の影響を受けるとき，個人が表面上追求している目標とその本当の目標との間は曖昧になる。

もちろん，主流経済学の理解によれば，この場合でも，人々は依然として自利最大化の行為をしている。ただある社会制限のもとに行うだけである。社会の制約を考え，倫理要因を考察したのである。伝統的な主流経済学によると人の生活のなかでの他人のために利益をはかる行為も自利的なものという。たとえば，雷鋒の人助け行為は彼の生活目的は「人助け」であるから自利的であるとみなされる。同様にベッカー（Gary S. Becker）の分析中の人間行為も全部自利的である。利他主義の両親も自利的である。経済倫理学の大物であるA・K・センでもこういう思考である。「もし他人の苦痛があなたを苦しませるなら，これは同情である。もし苦しませないなら，これは正しくないとみられるが，……これは義務である……同情に基づく「行為」は重要な自利である。人は他人の喜びにより喜んでいるし，他人の苦痛に伴って苦しんでいるからである。義務による行為はこの場合と異なり非自利である」（Jack Hirshleifer, 1992）。明らかにセンも同情は自利的で，抽象的な道義は非自利的であると認めている。

しかし，この自利と利他の分割は有効なものではない。一方で，「自利的」な満足を他人の満足により生じる心理充足から区別することは難しい。他方で，自己の効用を追求することが他人の心身へ影響することと結びつけるのは，単純に個人効用を追求して，他人への影響を考えないのとは明らかに異なっている。実際動機は個人効用あるいは選好関数の一側面である。大事なのは動機と行為を分けることである。社会活動に与える異なる行為の影響と効果を分析するために，われわれは他人の利益と結びつけて個人の目的を追求する「自己のための利他」行為，および純粋な抽象的な道義を追求する行為をともに利他主義行為と呼ぶ。

2　自己のための利他：現実における人の行為

(1)自己のため：人の行為の根本的な目的

人間性にはそれぞれ上下の差がある。フロイト（Sigmund Freud）は『自我とエス』という本で人格をエス，自我と超自我の三つの対立しあい，影響しあい，しかも一体に融合するものとみなしている。エスとは人格における生来のものであり，最初，原始的な，意識の最下層にあり，本能的衝動的な

第4章　経済分析における倫理思考　155

部分を指す。これはエスの外郭である。超自我は個人価値の源泉であり，生まれてから学んだ社会道徳の態度である。両親，教師，社会の影響と教育は超自我の本源となる。超自我は完全なものを求める。人の社会性の面を示し，いわゆる「道徳人」である。自我は人格における現実的な面である。超自我がなりたってから，自我はエスの衝動と超自我の要求との矛盾を和解させる。

　個体は社会中にある双方向性関係の強化にしたがって，本能に基づくエスは社会に認められる超自我に拡大していく。ところが，この拡大には自己の内的な順序がある。個体利益に基づく小我は「己」拡大の核心である。偉大な啓蒙主義者であるルソー（J. J. Rousseau, 1980：9）は「人間性の主要な法則は自己の生存を守ること。人間性の主要な配慮は自己へのあるべき姿への配慮である」と指摘した。同様に，著名なキリスト教の哲学者であるラインホールド・ニーバー（Reinhold Niebuhr）も「自己の要求を理性的に認めるように他人の要求を強く認め，目前の要求を助けるように遠方の要求を助ける人はいない」と強調した。著名な精神分析家であるフロム（Erich Seligmann Fromm）はこう考えていた。もしわたしが隣人を人として愛するのが美徳であるなら，自己を愛することも美徳であり，悪ではない。わたしも一人の人間であるから，自己が含まれない人間という概念は決して存在しない。」

　西側主流経済学の父といわれるアダム・スミスは自尊が人間の本性であると強調していた。「各人は本性上先に主に自己の利益を重要視する」，しかも「各人は他人より自己の利益に関心をもつ資格や能力がある」（楊春学，1998：88）。スミスは，人間は三つの自然の感情をもつ。自立感情，反社会感情と社会感情であると指摘した。これらの人間感情においてタッカーは「大事なのは自愛を抑えず，弱めず，自己の利益を促進することによって公益を増進することである」（楊春学，1998：71）。バーカー（E. Barker）もこう信じている。すなわち，部分への愛は全部への愛に影響を与えない。自己の小団体，小世界を愛するのは人々が天下を愛するのと同じ重要な法則である（Huntington, 1989：28）。

　小我は「己」の核心であるが，「己」は発展的であり，この発展は段階的であり，開放的である。閉鎖的なシステムにおける自我は小我でしかない。

開放的なシステムにおいて大我になれる。確かに自我の素養はますます膨らんでいく。フィヒテ（Johann Gottlieb Fichte）は，個人的な自我はもっと広く自我世界に属し，自我を，社会性をもつ自我にさせると指摘した。杜維明（杜維明，1996：116）儒家の自我は精神発展の動的な過程である。この独特な自我は他人の参加が必要である。他人との共存が避けられないと考えている。費孝通（1985）先生は『郷土中国』において西側の社会を境界が明確な，個々の稲田にある薪束に例える。「わらは何本かを一掴みにし，何掴みかを一束に，何束かを一くくりに，何くくりかを一担いにする。各薪は担いにおいて一定のくくり，束，掴みに属する。各薪も同掴み，同束，同くくりの薪を見つける……社会においてこれらの単位は団体となる」。中国の伝統的な社会において社会関係は「石が水面に投げられて一つ一つ円に拡散していく波紋のように，各人は自己の影響が及ばす円の中心である。円の波紋によって関係が生じる」。

もし円の中心を自我とすれば，円の拡散は自我の拡大を意味する。一般的に，家庭，コミュニテイ，国家，世界へと範囲はたえず拡張していく。それらの同心円は社会グループとなる。ところが，儒家の思考によると，それも自我の領域である。これらの領域は人類の価値倫理の発展の真の可能性を象徴している。自我は他人の自我と共感してこそ，自我にある内的源泉を充実させる。他人との真の交流を通じて，自我は自己評価をもらえる。自己をわかる人であれば，他人を理解できる。このため，儒家は「自己が確立したいものは他人にも確立させるべき，自己が達成したことは他人にも達成させるべきである」という格言がある。この格言は単なる純粋な利他主義思想ではなく，転換中の自我を述べることでもあり（杜維明，1996：56-57），自我発展にとって必要である。自我拡張は秩序性がある。これも孟子が特に墨子の「兼愛」を非難する理由である。

同時に，儒家は家庭を人間の自然な居場所とみる。それは支え合いと個人成長の必要な，最適な場所である。このため，家庭は儒家の社会観念中で中心位置を占める。ところが，それは目的そのものと見なされない。生活の最終目的は家庭の調整ではないし，倫理関係の調和でもない。それは自我実現である（杜維明，1996：128）。アダム．スミスは早くも『道徳感情論』で「家

庭内部と親友の間に利他主義は強いが，社会関係が疎遠になるにしたがい減っていく」と語った (Stigler, 1990:34)。

ギリシャの大学者であるアリストテレスも強調したことがある (1999, 177)。友愛は長く続けるために，互恵関係が必要以外，相互に共同なもの，すなわち共通の志向，意気投合も必要である。これらは長期の共同生活の背景に必要なものである。これは「己」拡散の動機である。[2] 友愛の基盤は共同性にあり，最も理想的な共通性は相互に同一になることである。そのため，真の友愛は自己への愛である。たとえ友達であっても，時がたち状況が変わり，敵になるかもしれない。それゆえ，真の愛はまず自己への愛である。友達は自身の友達であるにすぎないもう一つの自身である。友達への友愛は自身への愛の拡大である。[3] シルス (E. A. Shils, 1986) も人は周りのもの，現実と具体的なものにより関心をもち，遠く抽象なものに関心を示さないことを強調した。

(2)利他：目的実現の有効手段

キリスト教の神学思想家であるベルヂャエフ (Nicolas Berdyaev) は自我の完全性，目的性と独立性を強調しているが，彼もこう指摘した (1994, 23-26)。個体の人格生存は必ず個体の価値生存を超えて生き延びる。個体人格は，集団の共通性と全体性を認めるだけで，すべての真の統一は個体人格が表している。自我中心主義は人を二重に抑圧する。一つは自我努力—硬直した，狭苦しい自我性に封じ込めるという抑圧である。もう一つは世界—外界の強制手段が使う客体の抑圧である。彼はさらに次のように示した。社会の真実性は特別な「我」ではなく，「我々」である。「我」は他人との出合いが「我々」の中にある。「我々」は「我」の質的内包であり，「我」の社会的

---

(2) 血縁関係という自然共通性は持続性を持つが，他の人為的な関係にもとづいて成り立つ「己」は常に時限性をもっている。たとえ同じ志向を持つ人であっても，長く離れていると友愛は薄れていく。「多病故人疎」「久別人情遠」というのはこの道理である。
(3) 昔から「人の身になって考える」と「自己が嫌なことを人にしてはいけない」ということは友愛の最高の原則である。この意味で見知らぬ人より友達に良いことをするのは崇高な行為である（アリストテレス，1999年，211頁）。

な超越である。「我」は「君」と関係があり,「我々」とも関係があることによる,「我」は社会の真実性の生存の核心となる。典型的で極端な自由主義者であるハイエク（F. Hayek）でさえ個人主義を「原子式的」ではなく,「分子式的」であると信じている[4]（Christoph Zeitler, 2001）。

実際には,「己」の拡大にしたがい,「核心の己」と「拡散の己」とに分離し,これは利他主義の拡大である。西側の社会において,人々の間の利他行動によって形成した双方向性共同体はすでに家庭,友達,小集落などへ拡散をしていく。拡大家庭,地方コミュニテイ,団体など仲介性をもつ自発的な組織が現れる。伝統の中国社会においては「己」は主に家庭に帰属にする。家庭共同体—企業コミュニテイ共同体—社会共同体は価値拡大の方向である。柯武剛らの指摘のように（柯武剛,史漫飛,2000：83）,人類の価値目標は人の調和の一助となる。人類共有の価値と無関係の目標を絶対的に追求するならば人類社会の団結力を弱めるかもしれない。

利他主義は人性の一面であるが,基本の活力は利他の相互性にある。アリストテレスは,友愛は相互であり,一方的なものではないという（1999：173-175）。彼は友愛を三つの種類に分ける。

①利用される友愛。つまり愛されるのは友達であるからではなく,有用であるからである。

②愉快な友愛。自身を愉快にさせるためである。愛する人はその有用性により自己の利益のためであり,愛する人は自己の楽しみのためである。この二つの友愛はともに偶然性で,短くて失いやすい特性をもっている。

③徳性の友愛。すなわち,自己の友愛のために相互に善の面で寄りつき,自身も善になる。この友愛は偶然ではなくて永遠になれる。

アリストテレスは,この三つの友愛の共通点は対等であり,愉快の友達は相互に好きになり,善良な友達は励み合い,利用の友達は相互に利用すると示した（1999：180-181）。そのために,無生命のものへの愛は友愛とはいえ

（4）ハイエクの観点によると,自己の理想は個人が自己利益を追求すべきことを意味しない。逆にこれは「他人の要求を大切にする利他主義者にとっても,利己主義者は同様に重要である。ハイエクも同様に個体の目標は核心であると認める。彼は利他主義はまず家庭,友達と隣人に利他を及ぼし,社会責任のある利他主義に拡大される。

ない，見返りのない愛であるから，善の願望も持ってはならない。たとえ友達に対しても，相手の見返りがないならば，この友達への善良な願望はただの善意であるしかないとアリストテレスも言った。上述の三つの友愛以外に，もう一つある。従属の友愛である。中国儒家がいった「君臣，父子，夫妻，兄弟」である。この友愛は対等なものではないし，対等なものになりえないが，比例関係をもっている。

　西側の厚生経済学の第二定理はパレート最適である。一つの価額の組み合わせ（およびある資源の初期分配）は一つの完全競争の均衡状態である。ところが，厚生経済学の第二定理を現実の公共行動に使用することは非常に困難である。パレート最適に要求される資源と初期分配を計算しようとすれば，それに対応する市場情報が必要になる。しかし，純粋な利己動機に駆り立てられる個人は情報を手に入れることが難しい。もし互恵の倫理に立つなら，もっと多い情報提供が出てくる。しかも，現実生活の中で人々は自己の目標がどこにあるかよく理解できるし，自己目標の最大化を達成する望みもある。利益の相互依頼性を認識しているからこそ，他人の目標に関心をもつようになれる。

(3)自己のための利他：人類の合理行為

　西側の一般的な哲学観によれば，人は自利的で利他行為はめったにない。たとえば，ヒューム（David Hume）の思考は次のようである。人々は通常家庭と友達など小範囲にいる人間に「制限がある利他行為」を行っている。それを遠い関係の人間まで拡大しようとすると利他行為は薄くなる。このため，利他主義に依存せずに組み立てている大量の個人の体系は利他主義に依存しない。有限の利他主義資源を「自由」に使って適当なことをやる。スミスとマンドヴィル（Bernard Mandevile）らの観点によると，人々の需要と選好を満足するほうがよく，市場は利他主義への要求が最も少ない。この意味で市場体系は他の体系よりもっと利他主義を有効に使用している（Buchanan, 1991：27）。同様の道理に基づいて，ハイエクも経済問題は主に特定の時間と空間において素早く利害を調整する問題であり，この調整能力は主に市場によって完成するし，私利への追求による自発性の協力に基づくものである

と強く主張している。

　自己の目標をもっとうまく実現する「利他」はその一つの基本的方法である。この「利己」の目的を実現するための「利他」の行為は自己の目標と利益に最も関連している他人から始まる。自己と関係が緊密な他人を有利にすることが実は「利己」の拡大である。人類社会において，言うまでもなく自己の利益と最も緊密に関連しているのはまず家庭である。これは血縁上の自然関係であり，人の生涯の長い付き合いの固い基礎である。ところが，もしこの利益関連性が弱くなるなら，利他主義の部分も衰えていく。逆に他のより利益緊密な「彼」に取り換えられる。中国は昔から「遠くの親戚より近くの他人」という諺がある。確かに，社会の発展により，家庭の観念は薄くなっていき，家庭中の利他主義も衰えている。

　同様に，地域から見れば，同じ地域に生活している人々は親密な付き合いによって利益共同体を形成する。このような利他主義の態度も異邦の間より盛んである。この分析は同様に親縁，事業縁と道徳縁などの面に及ぶ。実際，社会発展にしたがい，社会はますます一体化し，社会間の利益もますます緊密になる。自己の目的を達成するために利他主義も日増しに拡大してくる。

　原則上，三つの利他主義のメカニズムがある。

　①純粋な愛のために，自己の利益を損なってもかまわない利他。

　②脅かされる利他。

　③明確な自利の動機による自己のための利他。

　前の二つは長く続かない。その資源を全部使い切った時に利他行為は止めるしかない。実は，資源がまだ残っていても，一方的な利他主義は常になくなってしまう。第二の利他行為は脅威がなくなるにつれて利他行為もなくなる。第三の自己のための利他だけは十分に，絶えず補充される。だから，自己のための利他という利他行為だけは長く続くし，互恵はこの利他主義の原動力と源泉である。

III 互恵協調：倫理の本質と内容の分析

経済人の仮定にもとづいて，新古典派経済学は人々の間の基本的な関係が競争的であり，有限な稀少資源を争うために戦っているとしている。そのため，社会も本質では非協調的であると認識している。ところが，もし我々が発生学から倫理学の起源に遡るなら，実はそうではないと明言できる。人々の日常行為は理性に基づき計算されるものではなく，倫理観の歴史の影響を受けた可能性が大きい。

1 互恵協調：倫理の発生学的考察

倫理の内容を探究しようとするなら，その起源を分析しなければならない。まずカップルのゲームから始めよう。

表4-1 カップルゲーム

	バレエ	サッカー
バレエ	10, 5	0, 0
サッカー	0, 0	5, 10

上のカップルゲームのマトリックスによれば，双方は一緒に行動する時しか各自の効用が最大にならない。しかし，二つの均衡組み合わせの可能性があることも明らかである。一体，どの点で均衡を形成できるのか。可能なゲーム方法は二つある。第一は双方とも利他主義者であり，相手の最大の利益を考える。たとえば，初恋の場合に，男の子はバレエが嫌いでも，女の子の心を勝ち取るために，チケットを買ってバレエの公演を見るために彼女を誘う。女の子がある男の子が好きな時は，わざわざ週末のサッカーチケットを買い，男の子を誘う場合もある。ある意味で，両方とも利他のための協調均衡となる。もちろん，これも「自己のため」という基本的な目的を反映している。第二は双方とも利己主義者であり，個人利益の最大化をはかる場合である。たとえば，夫婦生活中に夫が週末のサッカー試合を見たい場合先にチケットを買ってきて，妻に「サッカーのチケットを買った。週末に一緒に行

こうか」と言う。この時，妻がほんとうはバレエを見たくても，夫がサッカーのチケットを買ったため，夫と一緒にサッカーを見に行くしかない。あるいは妻が先にバレエのチケットを買い，夫に「強制」してサッカーの嗜好を捨てさせる。

　明らかに純粋な利他主義は長く続くことが難しい。利他主義は双方向的であり，一方的な長期の利他行為はありえない。他方，もし夫婦双方が上述の第二種類に基づけば，この家庭は長く円満に続くことも困難である。その「強制」の協調は崩壊し，結局，各自が好きなことをやっていくかもしれない。たとえば，いつも夫が先にサッカーのチケットを買い，妻に「強制」するなら，長い時間がたつと，妻に嫌な気持ちが出て，いろいろな理由でサッカーを見ることから逃げ出して自身の好みを大事にしようとする。この双方向の行為によって，結局，第一種類に「回帰」するか，協調が崩壊するか，どちらか一つである。第一種類に「回帰」は「協調が自己の利益を獲得するためには相手の利益を考なければならないことを意味する。すなわち，自己のための利他である。これに基づいてこそ，協調が生命力をもつようになる。これによって一つの慣例が形成される。サッカーとバレエを交替で見に行く。あるいは，一方は相手の「お祝い日」に彼（彼女）の好みを優先するなど。この非正式の規則の形成は両方の習慣になる。双方向性の習慣を受け継ぎ，定着してくるとこれが慣例となる。

　慣例を絶えず積み重ね社会の他のメンバーへ普及，浸透すると一つ社会の習俗となる。習俗はさらに進化して，みんなに認められる社会倫理と制度に強化される。共同体は「信頼の制度化」であり，公共権威の重要な機能は全社会の人々の心中に相互信頼を増やすことである。ウィリアムソン（Oliver Williamson）のいう制度の信頼はこの習俗倫理による生成した慣例化である。つまり，発生学からみると，倫理は双方向性の交流をする人々の間にある習俗から生じる。

　一般には，人々が道徳倫理にしたがう行為方式は三つに分けられる。第一は行為人が無条件に道徳に則って交易する。彼は道徳行為と個人行為の動機を経済の全体利益とし，公共利益を個人利益と見なす。すなわち，他人の行為を考えずに道徳によって交易する，いわゆる原則（道徳基準）を堅持する

人である。第二は，行為人は社会の影響を受け，もし他人あるいは大多数の人が道徳規則を守るなら，彼もそうするつもりであるが，ただ自己一人が「阿呆」のようにしていると感じるなら，道徳を捨ててしまう。第三は日和見主義の不道徳の行為である。すなわち，すべての人が道徳規則を守ることを希望し，自己だけが守らない（Koslowski, 1997：26）。

　第三種の行為は道徳面で日和見主義の「フリー・ライダー」という動機を表し，囚人のジレンマの源泉になる。集団メンバー数の増加にしたがい，ジレンマの発生率も高くなる。社会発展あるいは制度変遷の「理性的無知」という現象をもたらす。これも市場競争のモデルのパラドックスとなる。第二種の行為は全社会の高い道徳倫理環境が要求され，これはセンの孤独逆説問題にかかわる。孤独逆説理論は孤立あるいは他人の行為が不明確な情況において個人は騙される恐れがあるので，原則上普遍の道徳規則を守りたくても，常に守れない。これによって二つの問題が生じる。一つは大多数の行為人が道徳準則に違反する場合に，あるいは他の人が道徳準則を守っているかどうか確定できない場合に人はどのぐらいの時間道徳準則を守り続けるのか。第二はどのように他人が道徳準則を守っているかどうかという不安感と不確定性を削減できるか。もちろん，行為結果と他人が行為条件を守ると思う推測から選んだ自己の行為規範はもう「純粋な」道徳的なものではない。実は「純粋」の道徳人はポスト功利時代にある社会には少ない。そのため，社会の道徳倫理を維持するために道徳を守る人に一定の激励を与えることによって損失を避ける。

　センは次のように指摘した。一部の倫理学の原則がその孤立の，怪しい理論を取りやめる。すなわち，もし他の人が良いことをすれば，みんなが良いことをしたいが，もし人は唯一の道徳主義者になることを怖がっているなら，良いことをしない。(5)「囚人のジレンマ」を「自信のゲーム」に転化させることがすべての人の厚生を改善する。コズロフスキー（1997）は交易費用を減少しようとするなら道徳規則を制限―内在化させる，つまり，互恵は倫理の

（5）たとえば，中国の伝統な文化の一つの特徴は目立つことを嫌うことである（Paticia Peill-Schoeller, 1997）。そのため，孤立した利他主義も長く続くことが難しい。

生命力の源泉であると指摘した。[6]

　他方，習俗の引き継ぎ，推進と進化は文明発展の軌跡である。そのため，文明は平和的な手段によって双方のずれを解決し，大きな利益を獲得することを求める。ゲームの視角からみれば，文明は双方向的な交流の産物である。何回も往来した後，双方向性が形成できる。「協力が利益を増やす」という経験が，文明の規則をなす。

（1）　協力
（2）　何回かのプレーの結果によって費用と収益を計算する（盛洪，1996）。

　文明社会の規則は各当事者が，毎回のプレーから利益があることを求めるわけではなく，長期的な，社会全体の利益を求めるものである。そのため，経済学の視角からみれば，文明社会には二つの性質がある。

　もし単に一回のプレーだけをみるなら，どうして人々がある時に彼らが不利な規則にも従うのか理解しにくい。だから，文明は主に人類の長期，調和，協力の関係を反映している。この双方向性関係の展開拡大秩序を現わしている。

2　習俗化の倫理：人類行為の基礎

　倫理の内在的な特徴は互恵であるが，人類の一般行為の基礎は何だろうか。その基礎は習俗化の倫理によるものか，功利主義の最大化の計算によるものか。

(1) 人の行為は理性で計算するものであるか：Newcombe（ニューカム）逆説の啓示

　ニューカム逆説によって人の日常行為のメカニズムを分析する。この逆説は以下のようになる。深刻な洞察力をもち，他人の心理と行為が先にわかる「超人」がいる。彼はA，B二つの箱にお金を入れる。Aの中に100元を入れ，

（6）　ハンチントンも道徳の調和，互恵互利および道徳の調和性と互恵互利性という原則を包容し，反映する政治のメカニズムは，複雑な社会共同体の発展レベルの力と広がりにより決定されるとする（1989：10）。これらのメカニズムは道徳の調和と互恵互利の行為性の表現である。

Bの中には100元か，0元かを入れる可能性もある。ある人はBだけをとってもいいし，A，Bともにとってもいいと認められている。しかし，「超人」はその人がA，B二つの箱を両方とることを推測できるなら，B箱に0元を入れる。その人がB箱だけをとると推測できるなら，B箱に100元を入れる。

後退推理によると，A，Bの二つの箱をとるほうが合理である。しかし，永遠にミスを犯さない「超人」はこの人が100元しかもらえないようにするために，人は直観的に一つの箱をとるほうが理性的である。最後の結果は同じであるので，計算は時間と精力が必要でコストがかかるので，推理して行為を行うことが引き合わないことは明らかである。

こう推理にしていくと，ブキャナンとタロックはさらに次のように指摘した（Gordon and Tullock, 2000：106）。もし二人以上の人がある決定に意見が一致するならば，各人が自己の可能な収益を最大化させることを求める。これも交渉コストがかかる。すなわち決定費用がかかる。個人面からみれば，この交渉にある大きな投入をすることを決断するのは理性であるかもしれないが，「社会的」面からみれば，交渉の時間と資源が無駄になる。それは決めた「利得」を分ける定和ゲームであるからである。詳しく計算した理性行為がつねに非理性の結果をもたらすことを意味する。

(2)習俗と慣例：人類の現実行為の基礎

シェリング（Thomas C. Schelling）は四つの実験をしてルールを発見した（1960）。

(1) 相互に交流しない場合。二人に同時にコインの表面あるいは裏面を選ばせ，同じ選択をとるなら，賞金がもらえるとした。結局，36人が表面を選び，6人が裏面を選んだ。

(2) 見知らぬ二人の学生にお互いに会うためにニューヨークのあるところを選ばせると，大多数の学生がニューヨークの中央列車の駅を選んだ。

(3) 上述の実験で会う時間を選ばせると，ほぼ全員が正午の12時を選んだ。

(4) 相互に交流しない学生に100ドルを二分させる。同じにするなら，100ドルをもらえる。できないなら，もらえない。結局，42人の中に36人が二つ

の50ドルにした。

　シェリングの実験は次のことを表わした。人々の日常の行為はしばしば驚くほど一致性がある。この一致性はみんなの長い間の共通認識の上に立つことは明らかである。逆に，もし何もかも計算し，最大化によって行為するなら，あの気の毒なビュリダンのロバのように理性のジレンマに陥ることになる。[7]

　実際には新古典派主義経済学派と古典的ゲーム論の理論分析の前提はともに経済当事者の行為は本質上に非習慣性的で，非日常化的であると仮定している。ところが，伝統的な制度分析は，ウエブレン（T. B. Veblen）の「意識の集中」（focus awareness）の習慣であれ，コモンズ（J. R. Commons）の「習俗」であれ，ノース（D. North）の「規則」であれ，習慣だけを通じて「限界効用は現実生活で成立に近づいている」と認識している（クラークによる引用，2001：156）。ケインズは『通論』でも個人の習慣性の生活基準が彼の所得に対する第一の要求であると指摘した。ハイエク（2000：21）は彼の最後の著作である『致命的な思いあがり』で「本能は習俗と伝統に先立つと同様に，習俗と伝統も理性に先立つ。習俗と伝統は本能と理性の間にある」と明確に述べた。現在のいわゆる新制度経済学派は旧制度経済学派の一部のより現実的な分析を捨てて，新古典派経済学の最大化の仮定を引き継いでしまった。

　シカゴ学派の代表人物であるベッカー（Becker, 2000）も次のように強調していた。すべての社会において，多くの選択は大きく過去の経歴と社会の影響によって決まる。ある人が先月煙草や麻薬を吸う程度が著しいかどうかが今月，煙草や麻薬を吸い続けるかどうかに影響する。個人によって異なった効用関数があるのは彼らが異なったレベルの個人と社会関係資本を「継承」したからである。人々の行為が事前と事後に相違する原因はただ個人の資本ストックの変化にある。ナイト（F. Knight）はコスト比較から認識した。

（2）質も量も等しい二つの干し草の中央に置かれたロバは，双方からの刺激がまったく等しいため，いずれか一方を選ぶことができずに餓死してしまうだろう，というもの。フランスの哲学者ジャン・ビュリダンが自由意志の問題を論ずる際に引いたたとえとして知られるが，出典は定かでない。

純粋な個人決定はコストがかかるため,個人はいつも日常の多い決定を慣例化させ,つまり彼は一つ自己の行為を支配する「規則」を採用したり,選定したりすることによって多くの個別の選択を処理する。この方法によって個人決定のコストが減らされる。ある現行の行為規則がある方式に敗け,修正されないなら,意識的な努力や投入などは必要がない(Buchanan and Tullock, 2000:104)。フランク(Robert H. Frank)はさらに我々の大多数の人は習慣と規則によって日常の決定をしていることを示した(ラザフォード,1999:82)。

そのため,アロー(Kenneth Joseph Arrow, 1971)は「人々は社会活動の目立たない形式——倫理的,道徳的な基準を含む社会行為の規範に注意を払うべきだ」と呼びかけた。その理由は「それらは市場の欠落を補償する対策である。人々の間に相互の信頼があることは役に立つ。信頼が欠けると法令と保険を選ぶ代価が高すぎて,有益な相互提携の機会を多く失ってしまうからである。

Ⅳ　ゲームにおける倫理要因の調和機能

社会の双方向性の交流中で協調問題は最大の難問である。これも現在経済学界における理論－ゲーム理論が解決しようとする問題である。現実生活に現れた協力性をゲーム理論によって解釈したものが多い。いったいどうしてこのようになったのであろう。実はこれが倫理要因に関わるからである。

1　協調:囚人ジレンマを弱めるキーポイント

ナッシュ均衡ゲームの中で,各ゲーム側が自己の個体理性から思考,リスクを避ける個体最大化,最少化の原則によって戦略や行動を選び,内集力をもつナッシュ均衡を実現する。個体理性を「規準」とする行動こそ,真の「理性の自慢」(ハイエク)に陥ることになる。「囚人ジレンマ」という現象はその典型的な例証である。

ゲーム双方の相互の利得は対立によるものではなく,協調による。これは以下の単純なゲームを例として分析できる。

表4-2　二重の均衡ゲーム

		対局人B	
		1	2
対局人A	1	1, 1	1, 0
	2	0, 1	2, 2

　上述のゲーム中で二つの純戦略ナッシュ均衡（1, 1）と（2, 2）がある。明らかに均衡（2, 2）は双方にとってより優れた組であるため，均衡（1, 1）の利得は少なく協調の失敗を意味している。もしBは1を選び，Aは行動1から行動2へ転換するなら，限界収入は－1になる。もしBは2を選び，Aは行動2へ転換するなら，限界収益は1になる。つまり，これは一方の高いレベルの行動が相手の高いレベルの行動の限界収益を増進することを表している。クーパーはこの正フィードバックの性質を戦略的補完性（strategic complementarity）と呼ぶ（Richard N. Cooper, 2001：Ⅳ）。協調ゲームのキーポイントは行為主体の間にある双方向性の交流の確立である。それはゲーム人の努力が他のゲーム人を従属させることを意味する。たとえば，Aは2を選ぶことによってBが2を自発的に選び，より高い均衡収益の組が成り立つ。さらに，この双方向性は乗数効果をもたらし（Cooper, 2001：22），自強化傾向をもつようになる。これによって，協調はそのゲーム結果を左右するキーポイントになる。

　しかし，上述のゲームは補完性をもっているが，この補完性は十分に利用され発揮されていない。また上述のゲームを例とする。明らかに均衡（2, 2）の戦略の組はわりあい大きなリスクをもっている。万が一相手が戦略2を取らないと，何の収穫もなくなる。1をとるなら，1の収益を確保できるからである。こうして，日和見主義が盛んな社会や相対効用を好む社会において，相手が行動2をとるかどうか疑っている。結局，（1, 1）をとるのが通常の結果となる。

　われわれは（1, 1）の戦略の組をリスク優先均衡と呼び，（2, 2）の戦略の組を利得優先均衡と呼ぶ。クーパー（1992）らの実験によると，結果は常にリスク優先によって決まる。最後の段階で97％の結果が（1, 1）均衡が出て，（2, 2）均衡がなかった。これは現実における協調の低効率を現わす。

協調はゲームのキーポイントであるなら、どうやって最大の協調を実現できるのか。クーパー（2001：Ⅵ）は次のように述べた。ゲーム協調の中で自信と予期は重要な要因である。協調失敗の可能性は自己の強化された悲観の予想によるものである。特に多重均衡の中で協調失敗の例がよく出てくる。そのため、相互の信頼の確立および予期メカニズムの促進がゲーム協調性を高め、非協力ゲームのジレンマを解決する主な方法である。

2　いくつの伝統的な方法の限界性

囚人のジレンマから脱出するために、学界はつぎのようないくつかの道筋と思考法を設計し、帰納した。情報交流の顕在化—交換、習俗と慣例に頼る情報交流の顕在化、外部の選択メカニズムの設計による制裁の顕在化、法律および他の第三者による制約の顕在化などがある。これらの方法はある程度ゲーム双方の行為の協調性を高め、協力の可能性を促進した。しかし、これにしても、上述の協調方法も同じように一定の限界性をもち、根本的に囚人のジレンマを避けるのが困難である。それらはナッシュゲームのメカニズムにしたがって展開したものである。つまり、個体理性の最大化に立ち、特に最大最少化原則にしたがうもので、他の情報と制限の要因を導入したにすぎない。

情報交流からいうと（情報のコミュニケーションと習俗、慣例を含む）、これはゲーム協調性を高める最も重要なメカニズムの一つであり、国家や全世界の発展にとっても努力すべき方向である。ところが、情報はどんなに完全でも、真の協力を確保するのも難しい。オーマン（Robert John Aumann, 1989）が述べたように、ゲームのプレーヤーが事前に交流できても、相互に口頭で協力戦略をとると約束しても、彼らが自己の約束を守るのを保障できない。個体理性に立つ（特に近視的な、短期的な）思考が日和見主義を生む土壌である。

情報のコミュニケーションからいえば、一般的に情報伝達にコストも、制約力もないと仮定する。このゲームのプレーは通常事前交渉（cheap talk）と呼ばれる。実はコミュニケーションの費用は常に高い。ある行為は完全にコミュニケーションできないかもしれない。たとえば、宗教信仰が異なる人、異なるイデオロギーの人が対立している行為をとることが多い。一部は少な

くても短期的には協調しにくい。これも世界でよく衝突がおきる原因でもある。一部の学者（たとえばハンチントン，シュペングラー，トインビーら）は今後の世界の衝突が文明の衝突であると大胆に預言した。

　たとえコミュニケーションができても，真の協力が実現するのは容易ではない。一般に情報のコミュニケーションは単方向と双方向に分けられる。単方向のコミュニケーションの有効性について，ファレル（Farrell, 1987）は二つの条件によって決まるという。1）約束を守ることは情報を伝える人にとって最良の行動である。2）受け取る人がこの情報を信じると予想する。双方向のコミュニケーションについて，ファレルは次のように仮定した。①もし双方のコミュニケーションが第二段階のゲームにとって一つの純戦略のナッシュ均衡を成り立たせるならば，各人は自己のコミュニケーションの戦略をとる。②もし双方のコミュニケーションが第二段階のゲームの純戦略のナッシュ均衡を成り立たせないならば，各人はいままでコミュニケーションをしたことがないように行動する。

　表3の二重均衡ゲームで，クーパー（1992）らの実験によって，双方向のコミュニケーションはゲーム中の協調問題の解決にとって非常に有効である。上述のゲームのマトリックスの最後の11段階において，90％の結果は（1000, 1000）である。しかし，単方向のコミュニケーションはそんなに簡単ではない。クーパーらの実験によると，ただ53％の結果がパレート最適を実現した。しかも，単方向のコミュニケーションではAの中の87％が戦略2を宣言するが，約束を守る人は少ない。Bも戦略2を取らない。双方のコミュニケーションは有効であっても，それは単純化して，コミュニケーションのコストを考えずに立てたもので，実は双方向のコミュニケーションは単方向の方よりかなりコストがかかることは明らかである。

　しかも習俗と慣例に基づく均衡も低利益のナッシュ均衡であるかもしれない。歴史上低効率の制度はよくあった。

　次に，処罰も，完全に有効でもない。これは処罰のコスト問題にかかわる。他方反則の選別はより重要である。その有効性は通常二つの要因によって決まる。一つは双方の行動の日和見主義と有限理性の影響を受ける。一般的に情報は不完全であればあるほど，日和見主義傾向が大きくなる。有限理性の

表4-3 外部選択をもつ原始ゲーム

		対局人B	
		1	2
対局人A	1	800, 800	800, 0
	2	0, 800	1000, 1000

程度が低ければ低いほど，相手の制約の有効性が小さくなる。二つは相手の制約程度である。これは主に双方の行動力の対比にかかわる。双方の行動力が対等でないならば，力が大きいほうが行動による損失のリスクが少ない。これによって自己行為の制約も欠けるようになる。情報が比較的完全な場合は，日和見主義も弱まる。力の不均等が存在すれば，相手の制約は失効する。一般的にいえば，双方の行動力の格差が大きければ大きいほど，相手の制約の有効性が小さくなる。

　第三者制約（国家制約や法律制約）からいえば，その有効性も二つの要因にかかわる。一つは第三者の公正性と権威性である。権威性は主にその法理性を指す。社会規範を実施する機構と政府の合法性が欠けるなら，この機能を施行する基盤が脆弱であり，双方に反対される。二つは第三者の権威性である。これは国家が双方を監督する費用と制約する費用のことを指す。もし国家の法理基盤が弱ければ，その社会秩序を維持する能力は常にその権威性に頼るしかない。もし国家の権威性が強くなければ，制約を施行する費用は高い。こうなると，一方は他の手段を使って国家の制約を回避，あるいは対抗する。他方行為の受方は他の報復手段を求める。

　さらに指摘すべきことは，第三者制約は規模の経済と交易費用削減の利点をもっているが，第三者制約の施行は不可避的に統一と強制性を伴うので，「一致性損失」をもたらす。この損失は無形であり，巨大でもある。

　最後に，自我制約の道徳マトリックスからいえば，各制約メカニズムによってかかる費用は，自律制約の時に費用は最少である。これは行為施行者の内心からのもので，監督費用と制約実施費用がかからない。しかも，規範と統一のイデオロギーの支配があれば，この制約は相対的な確定性と規模の経済の特徴をもつ。しかし，その有効性も同様に制限がある。

3 自己のための利他：ゲーム中に基礎的協調をもつ行為メカニズム

(1)抽象的な純粋の倫理道徳ゲームの解釈

　ナッシュの非協力ゲームの論理によれば，囚人のジレンマに陥りやすい。しかし，現実に現れるジレンマは理論上によるものより少ない（Williamson, 1983）。どうして実践行為の結果が理論より優れるのか。キャンベルは彼の『理性と協力のパラドックス』の序言で「非常に単純である。これらのパラドックスはわれわれの理性への解釈を捨ててしまい，囚人のジレンマの例で示したように，理性の生き物の間の協力が不可欠であると説明した。そのため，これは倫理学と政治哲学の基本問題に影響を与えると同時に，全社会科学の基礎を脅かしている。これらの結果こそがそのパラドックスがなぜそんなに広く関心を引き起こすのか，なぜ哲学の中心論題になるのかを解釈してくれた」（Richmond, Campbell, 1985：3）。

　人の行為の一つのメカニズムは道徳倫理上の思考である。もし双方とも高度自律性をもつプレーヤーであれば，プレーヤー間の協調を促進できることは明らかである。実は，道徳制約は上述のもう一つの処罰と制約方法である。すなわち，自我制約である。それは行為者がある価値基準から自覚的に他人の利益を損なわないことを指す。実は，各人類文明の発展中にこの忠告と格言が広く存在している。(8)

　一般的には，ゲームマトリックスは二つの意味がある。客観的なゲームと主観的なゲームである。客観的なゲームは人の決定による客観的な特徴で構成する。例えば支払マトリックスによって表示される性質である。主観的なゲームは客観的なゲームと人の決定による主観的な特徴で構成する。例えば，

（8）中国古代の社会規範中には，例えば「自己が嫌なことを人にしてはいけない」「君子は，それが正しいか，正しくないかで物事を判断する」「利益をみて義を考える」「富を得るために善い行いをすべき」などで自律行為の規範を養成させる。欧米文化の中にもこのような価値基準がある。例えば，キリスト教の戒律でも「あなたたちは他人に自己をどう扱わせたいなら，他人をそのように扱わなくてはならない」がある。イスラム教の教義では「自己が好きなものは，他人がそれを得るのも好きだ。自己が苦しみを感じるなら，他人のその苦しみがわかる」がある。ユダヤ教の教規は「他人が自己に与えたくないものを他人に与えず」である。などなど。

第4章 経済分析における倫理思考 173

人の支払マトリックスに関する主観信念である。二つのゲームマトリックスは客観解と主観解がある。客観解は人にある成功を達成させる。主観解は彼らをその成功の方向に導くだけであり，実現させることは確定できない（Paul Weirich, 2000：22）。

　囚人のジレンマを避けるための制裁は上述の積極的な（歯には歯を）と消極的な（退出）方式以外にもう一つある。これは「強制的な民主承認」である。すなわち，プレーヤーは民主の方式を通じて，非協力のもとで自我処罰を行うのである（Hans Van Den Doel, Ben Van Vclthoven, 1999：71）。事実上この「強制式」の自我処罰と制約はよくみられる現象である。例えば，税収の徴収がそうである。オルソン（Mancur Olson, 1995）はかつてアメリカの製造業の矛盾している事実を提起した。90％以上の人が集会あるいは労働組合に参加したくないが，90％を超える人が労働組合成員になった。このように広くかつ深く受け入れられる「強制的な民主承認」は徐々に人々の内在的「自我制約」となる。つまり上述の心理制裁である。ところが，心理制裁の支配のもとでのゲームマトリックスは一つではなく，客観的と主観的なゲームマトリックスに分解される。

　ノーベル賞受賞者であるアマルティア・セン（Amartya Sen）は二種類の囚人のジレンマを設計した。自律ゲームと他の関連ゲームである。彼の思考によると，個人利益選好は不変であるという仮定が置かれたのは初期効用のマトリックスである。ところが，個人は初期のマトリックスによって行動するわけではなくて，別の効用マトリックスによる。このマトリックスは「行為の道徳暗号」によって決まる。自律ゲームとはもし相手が協力すれば，個人も協力する。相手が非協力的な場合は協力が中止になることを指す。例えば，この心理にしたがってゲームを行う囚人はこのように考える。もし仲間が自己と同じ思考をするなら，一年の入獄は仲間を売るより安心できる。もし仲間が自己を売ろうとするなら，彼は報復する。他の関連するマトリックスはもっと強い利他主義に立っている。それは個人がいつも協力していると仮定する。たとえ他人がそのことを拒否しても変わらない。無条件の利他主義の支配のもとで，囚人は仲間を売ることが30年の入獄より酷いことと考える。

表4-4　道徳マトリックス

囚人のジレンマ	自律ゲーム	他の関連マトリックス
(3, 3) (1, 4)	(4, 4) (1, 3)	(4, 4) (3, 2)
(4, 1) (2, 2)	(3, 1) (2, 2)	(2, 3) (1, 1)

　上のゲームマトリックスからわかったのは，自律ゲームの支配のもとで，純ナッシュ均衡の戦略組合せは元の囚人のジレンマ中の単なる白状する均衡から共に白状すると共に白状しない二つの均衡になる。さらに，相互に利他主義の支配のもとでは，白状しない均衡になり，パレート最適に至る。

　そのため，センは社会が次のような伝統を有すると提言した。上述の他の関連マトリックスの選好が最も称賛され，自律ゲームが次に，囚人のジレンマのゲーム選好が最後の選考になる。ドゥールとウィルサブンはもし一人が再び自我中心状態を主張するなら協力の均衡が破られ，センのモデルは道徳の作用を明らかに表明したのである[9]（1999：76）。

(2)自己のための利他：現実のゲーム行為に合うメカニズム

　純粋な道徳倫理は確かにゲーム中の協調性を強めることができるし，協力性を高めることもできるが，自律の形成は主に個人の価値基準によるものである。これは個人の天性である。孟子のいわゆる「性善」説である。ある特定の時代のイデオロギーなどの支配によるものでもいい。

　一般的に，利他は無条件ではなく，相互に要求するものである。これは純粋な利他主義行為が交際する範囲によって制限されることを意味する。ドゥール，ウィルサブンは自律ゲームの特徴は個人のやりとりによって集団結果との間に直接的に積極的な関係が現れるとする（1999：76）。特に関係する人が少ない時によく現れると指摘した。自律の有効性は相手の制約の有効性しだいである。ある意味で，自律は一つの習慣性の行為であるから。習慣は双方向性の双方の行為の刺激―反応作用によって影響を受ける。この作用が

（9）ワイリック（2000年，22頁）はゲームの中に客観解と主観解がある。客観解は支払などの要因によって決まる。主観解は選好と理性などの要因によって決まる。同じような客観ゲームタイプの主観ゲーム中に行為人の客観ゲームに関する情報が相違しているならば，これらのゲームは異なっている。

何回も強化され，習慣が変わり始まる。なぜ「自己が嫌なことを他人にしてはいけない」の？ それはもし自己が嫌なことを他人にしてしまうなら，他人が逆にそれを「己」にするからである。

一般的に，日和見主義を嫌悪する共通認識をもつ環境において各占有者は日和見主義の危険に対してそんなに関心を持たない。日和見主義が盛んである社会においては次のような状況もある。その潜在的な収益がとても高くて極めて保守的な人も規範に違反するようになる。この原因により日和見主義行為により本来は監督と制裁協議に多く努力しなくても協力で完成できる仕事を厳しく制約し，監督と制裁活動の費用を削減する共同規範が必要となる（Elinor Ostrom, 2000：61）。

だから，持久かつ安定した協力ゲームのメカニズムを確立しようとするなら，非現実な厳しすぎる純道徳主義を確立してはいけない。現実的で実行可能なメカニズムを探すべきである。これは自己のための利他である。つまり，利他の手段を通じて自己の目的を実現するわけである。セン（Sen, 1982：66）はこのような契約合意上に立つ行為は囚人に共に最良の戦略を取らせると指摘した。彼は「極端な例をあげると，もし二人の囚人が相手の福利をできるだけ増やすとするなら，二人とも白状しない。…だから，各人は他人の福利を増やす結果が自己もより良い福利をもらえる」と述べた。センは上述の設計した道徳マトリックス中にすでに「利他の手段」を通じて「自己の目的」を達成するという思考があった。下の表を見てみよう。

表4-5 自己のための利他のゲーム

		B	
		R	D
A	R	10, 0	5, 5
	D	10, 5	0, 1

上述のゲームモデル中で，(D, r) はナッシュ均衡であるが，Aに対してDが弱い戦略である。プレーヤーBはR戦略を取る時に，Aは戦略RとDに対して無関心の態度を取る。特に日和見主義が盛んな環境でプレーヤーAは逆にRを選ぶ可能性が大きい。こういう思考でBは最初から戦略Dを選んで，

(R, d) 均衡を達成させる。ではどうやって (D, r) 均衡を達成できるのか？

これは自己のための利他の思考メカニズムに依存するからである。プレーヤーAにとって，自己の収益を最大化させようとするなら，利他の手段を通じるしかない。このため，彼は戦略Dを取るべきである。Bは同じ思考があるから，結局 (D, r) 均衡を形成する。

(3) 固定プレーヤーモデル (fixed player model)：習慣性の自己のための利他の分析

習慣性の自己のための利他というのは，自己のために利他の社会倫理を形成したことを指す。習慣性の自己のための利他の環境においてプレーヤーは相手の今後の行動を考えるだけではなく，自己の目前の行動の相手の今後の行動への影響の可能性も考えるべきである。特に長期の双方向性，相互学習を通じて，ゲーム環境中でプレーヤーが多数の行動を重ねることによって，相手を特定の行動に最適反応させる可能がある。下のゲームマトリックスを例にする。

表4-6　固定プレーヤーモデル

		B	
		R	D
A	R	4, 0	10, 8
	D	8, 5	15, 3

上のゲームマトリックスで，静態的なナッシュ均衡からみれば，戦略DはプレーヤーAの良い戦略である。プレーヤーBはこれをよく理解しているため，(D, r) 均衡が形成する。ところが，(R, d) 均衡はA，B双方にとってより有利な状態である。この場合はもしプレーヤーAは根気強く，しかもプレーヤーBは自己の行動の予測によって自己の収益最大化の戦略を取ることを知っているなら，プレーヤーAはR戦略を取り続けることによって，プレーヤーBに戦略Dを取らせ，(R, D) 均衡を実現する。これも企業理論中のシュタッケルベルグ (Stackelberg) リーダーモデルのミクロ理論基礎である。

実は，この行為メカニズムではAにとって自己の収益を促進したいならば，相手の収益も増進しなければならない。ここで，Aは四つの可能な収益選択肢である4，8，10，15がある。同様にBは0，3，5，8がある。明らかに，Aにとっては最大の収益は15である。ところがその15収益の獲得はBの収益の削減（3しかない）によって得るものである。そのため，この収益構成が不安定である。もしAは4と8の収益を選ぶなら，自己の収益を増やし続けながら，相手の収益も減少させないことができる。同様にBにとってもそうである。結局，相互に安定する結果は（10，8）の収益組み合わせとなる。

V　ロールズ均衡：倫理要因を融合している協力のゲームモデル

以上の分析によると，倫理の協調を導入すれば，ゲーム双方が協力均衡を達成しやすい。しかし，20世紀60，70年代のゲーム理論の発展初期において，協力ゲーム理論は非協力ゲーム理論より注目された。ところが，協力ゲームは推理上と数学表現上の困難により，協力ゲームの研究は進むことができなかった。この純協力ゲームの制限を突破するために，協力ゲームに一つの強固な基礎を提供する必要があり，それにより現実性，操作性をもたせるし，理論推理上の論理性ももたせる。この目的を実現するために，非協力ゲームの方法でモデルを作り，協力ゲームの達成を描く必要がある。汪丁丁博士は「広くゲーム理論が使われる時，手段とするゲーム理論を使う一方で，思想とするゲーム理論にしたがい，思想の基礎上に手段とするゲーム理論を発展していくのがもっと大事である」（1996：73-74）と語った。ここで倫理の立場で一つの協力ゲームモデルを作り，ロールズ均衡と呼んでみよう。

1　無知のヴェール＋相互冷淡（相互に利害関係をもたない）：ロールズの協力秩序

(1)無知のヴェール：ロールズ協力秩序の情報条件

ロールズ（J. B. Rawls）が『正義論』を書いた主な目的は正義の社会秩序をつくることである。このような社会秩序はもちろん協力的で協調的である。

彼の観点によると、正義の主要問題は社会の基本構造のありかたである。すなわち、社会の主要な制度は基本の権利と義務を分配することである。それは社会協力によって生まれた利益を分配する方式を決定する。このため、社会システムの正義は本質上社会の各階層にある経済機会と社会条件に依存している（Rawls, 1988：5）。ロールズは公平としての正義（justice as fairness）の原則とは自己の利益自由を促進し、理性をもつ人々が平等の原初状態（original position）のもとで協力できる基本的な条件を確定することである（1988：9）。しかも、この原則によってすべての後続の契約を調整し、実行可能な社会協力の形式を規定する。

　ロールズは公平としての正義の中で平等の原初状態が伝統的な社会契約理論での自然状態に相当するという。それは実際に存在している歴史状態ではなくて、ただある特定の正義観を表現するとき使われる純粋な仮定状態であると言う。その基本的な特徴は次のようになる。誰でも彼の社会地位——階級地位や社会出身などを知らないし、彼の先天の資質、能力、知能、体力など知る人もいない。彼らの善の観念あるいは特殊な心理傾向も知られない。だから、正義の原則とは無知のヴェール（veil of ignorance）後で選ばれる。この無知のヴェール下で誰であっても原則を選ぶとき、自然の好機あるいは社会環境の偶然の要因で利益を得るあるいは失うことが可能になる（Rawls, 1998：10）。誰でも自己の特殊状況に有利な原則を設計することもできなくなる。

　ロールズの言う人類の原初状態は個人の独特な私利によって不公平の社会秩序を生じる可能性を排除したが、このような同質化された抽象個体は現実の多様な特徴も捨ててしまった。これによって逆に現実から離れてしまい理論思考の意義しかもたない。ロールズ自身も人々が本当に望んで加入する協力システムがどこにもありえない。それは各人が生まれてからある特定の社会に生き、特定の社会地位をもつことからわかるのであると語ったが（1988：11）、彼は公平としての正義原則を守る社会は、志願システムの社会に近づくと思っている。

(2)相互冷淡：原初ロールズ均衡の人性仮定

　原初状態というルールによって制定された環境仮定以外に、ロールズはま

第4章 経済分析における倫理思考　179

た原初状態中にいる各人の人性に次の特徴を与えた。理性をもち，相互冷淡（mutually disinterested）。すなわち，自己の利益だけに関心をもち，例えば富，声望，権力など，他人の利益に無関心である。彼の相互に利害関係をもたない理性の仮定がこのような結果に至る（Rawls, 1998：138）。原初状態にいる人々は自己の目標システムの原則をできるだけ追及する。自己の成功と他人の成功の間の差別を最大に増加あるいは減少しようと求めない。

　もちろん，ロールズが特に指摘したのは原初状態でこのように相互冷淡である人々は表面上利己主義者らしいが，通常の意味の利己主義者ではない。「自己主義者」と見られるほうがいい（1988：142）。もし個人の正義観によって彼が正当な原則で行動するなら，彼の欲望と目標は利己主義的ではない。

　最後に，ロールズは相互冷淡と無知のヴェールとの結合が仁愛のような結果を達成できると言う。それによって社会協力秩序を自覚的に確立させることができる。このような条件の結合は原初状態の各人に他人の利益を考えることを余儀なくさせるからである。さらにロールズはこの仮定は仁愛プラス知識の仮定よりもっと優る。それはより簡潔で合理的で，しかも一つの弱い条件であると指摘した（1988：143）。

2　非現実性と保守性：ロールズ協力秩序の主要な欠陥

　ロールズの正義による協力秩序は理論界に巨大な衝撃をもたらした。その影響は彼自身が属する政治哲学分野を超えて，経済，社会，倫理などの各分野に広くかかわった。社会を秩序化する場合においてどう協力するか，正義は何なのかなどの問題をまじめに考えさせる。しかも，ロールズの単純明瞭の二つの基本仮定は論理の厳密性を保障した。この原則はある程度どうやって協力秩序を確立できるかという問題の探究に参考になる。しかし，ロールズの正義秩序は画期的な意義をもっているが，その影響は主に理論上に限られた。実際の社会秩序の確立に使う時，巨大な障害が残っているかもしれない。

(1)正義ルールの不現実性：無知のヴェール仮定の限界

　まず，ロールズの無知のヴェール仮定は現実的でないことは明らかである。人間の性格は異なる社会環境の影響を受けて異なるのも当然である。ロール

ズは社会環境の影響を捨てた後，残ったのは人間共有の本能に基づく，人性しかない。本能によって最単純，最低級の欲望しか生まれないことによって，一部の単純な生理にかかわるルールしかなく多様な世界に直面できない。サンデル（Michael Sandel）が指摘したように，ロールズは人間を「完全抽象化」（empirically-given features）の主体と理解した。この主体は「完全境遇化」（radically situated subject）と対立した一極となる。このような主体は理性の選択をとることができない。それはすべての経験が奪われたため，動機と思考の能力も失ってしまった（Chandran Kukathas and Philip Pettit, 1999：111）。

次に，無知のヴェールのもとで作った秩序も必ずしも合理的なものではない。実は，ロールズも無知のヴェールの原初状態は実際には存在しないと思っている。人はある正義と無関係のことを知ると公平，正義の原則が実現しにくくなる。例えば，もし金持ちになれると知ると，累進課税制度が不公平であると思うが，貧乏人は正反対の観点を提起するかもしれない。しかし，人々の自己の偏見による偶然要因でミスが起きることを避けるため，ロールズはすべての人はこのような情報が奪われるという状態を提起した。彼によると，いつでも原初状態に入れると考えている（Rawls, 1988：16）。多くのルールは利益と関わらない人々が他の利益と関わる人のために作ったものである。この場合，無知のヴェールの原初状態が存在することに相当するし，この条件で作った秩序も合理的である。

ところが，実際の生活では人々はすでに一つの社会環境にいる。ノージック（Robert Nozick）がいったように，どんなものでもこの世界に来ると，人々の所有権と結びついたが，改めてそれらの物品を分配する人にとって，それらの物品は虚無から生まれるようである（Kukathas and Pettit, 1999：95）。このような特殊なものが彼の観念に影響を与えた。たとえすべての情報を奪っても，各人の正義観は一致しない。だから，原則を決める時，同様に衝突が現れる。単純な例を挙げる。貧乏人と金持ちは，自己の子孫の実際の境遇を知らなくても，500年後の国家の税制への思考が異なっている。インテリとナロードは，未来の社会は彼らに直接の関連がなくても，未来社会の政治経済制度への思考も異なっている。事実上，組織，法律とも自己の安

定性と自身の生存慣性をもっているため，前の行為は後の行為に烙印を押すわけである。

最後に，ロールズの理論中で，秩序制定にかかわる人たちを無知のヴェールにおく目的は社会選択するときに，意見一致を達成するためである。しかし，もし無知のヴェールの後ろにいる人々のリスクへの態度が異なるなら，意見の一致は達成ができなくなる（Dennis C. Mueller, 1999：522）。これは無知のヴェールの原初状態で協力の秩序を作ろうとすることは，理論的に妥当ではないことを意味している。

ロールズの無知のヴェールは，すべての人が平等な原初状態にいる。このような状態で，各人は異なる制度が自己の未来地位への可能な影響を同じとする情報をもっている。これは一つの同質の原子社会である。この状態は機会の公平をもたらすかもしれず，結果の公平さえももたらすかもしれないが，社会の現実とは遠く離れている。そのため，無知のヴェールで作ったルールが公平であっても実行できるものではない。

(2)協力の消極性：相互冷淡の必然の結果

ロールズの協力秩序のもう一つの欠陥は相互冷淡に基づいた協力は消極的だということである。

古典功利主義はある社会の主な制度がそれに属する個人すべてを満足させる最大の剰余額が実現でき制定されるなら，この社会は正しく組織されたため，正義的であるとした。このような社会の選択原則は実は個人選択原則の拡大だと解釈される。功利主義は社会の総収益が個人の間に分配する問題に関心を払わないことは明らかである。しかし，ロールズ（1988：12-13）は次のように考えている。各人の幸福はある協力体系に依存している。この協力がなければ，すべての人は満足な生活ができない。ところが，平等主義に立つ功利主義は次のような結論を得た。同じ資格を持つ人ができるだけ個人の利益を獲得する。そのため，仁愛衝動が欠ける情況のもとで功利主義原則は平等互恵の社会協力観念と衝突するのも当然である。

しかも，功利主義の利己の実現は確率計算の最大化を通じて選んだのである。ロールズも原初状態のもとで，起こることに関わる可能な知識を獲得す

るのは不可能であり，あるいは少なくても保障できない。だから，人々は各可能性の計算結果について疑うのも必然である。そのため，ロールズのいった相互冷淡の私利追求者は極端なリスク回避者である。ロールズは功利主義分析に基づいて可能性によって計算された最大最小原則を批判したが，根本的にいって，ロールズの協力秩序はやはりナッシュゲーム均衡理論と同じ基礎－最大最小原則に立っている。しかも，最大最小原則をさらに広げ，ほとんど同質な人が自己に可能な不利なリスクを下げてみると想定した（Rawls, 1988：146-150）。ロールズから見れば，公正の制度は各人の社会構造中の役割に偶然性の影響を緩和できる制度である。

最大最小の決定ルールは保守主義要素を内在的に持っている（Mueller, 1999：502）ため，それに基づいた協力秩序も必然的に内在的に消極的である。ロールズの秩序は強い最大最小原則の使用であるために，その保守傾向がさらに深刻である。一部の学者は次のように指摘した（Kukathas and Pettit, 1999：46）。最大最小原則にしたがって選択を行うなら，常にでたらめな結論を導く。例えば，休日に外出をする場合でいえば，主観的にいうと，その最善の結果は楽しい休日を過ごす。最悪の結果は交通事故にあって死んでしまう。もし外出しなくて家にいるなら，最善の結果は静かに休日を過ごす。最悪の結果は嫌な人が来て気分が悪くなる。気分が悪いということは人が死ぬことより良いから，最大最小原則によれば，各自休日には家にいるべきである。

だから，ロールスの協力秩序には強烈な悲観主義がある。

3　完全情報での自己のための利他：ロールズ協力秩序への修正

ロールズの協力秩序は現実的な不合理性をもつから，我々は社会協力秩序の内在的要求に対して改めて考えなくてはならない。ロールズの秩序に積極的な要素を加え，それをもっと実行可能に，有効にさせる。この修正によるもっと合理的な社会協力秩序がロールズ均衡といわれる。それは我々の協力ゲームについて提起した基本のメカニズムを説明したのである。

(1)相互交流：現実協力秩序の情報要求

上に述べたように，無知のヴェール下での公平正義原則は実は利益にかか

わらない人々が利益にかかわる人々のためにルールを制定することを意味している。クカサスなどが言ったように（Kukathas and Pettit, 1999：97），実際に，契約の各当事者はすでに保有している物品の分配について争うわけではない。争っているのはまだ保有されず，分配を待っている物品であり，その作りだされる物品をどう分配すべきかが含まれる。しかし，このような秩序の制定はまず利益にかかわらない人々が利益にかかわる人々の情報（選好，分布などが含む）を知り，同時に全体の利益問題を考えることが要求される。

　例えば，地球の人類は宇宙人のためにルールを設計できるだろうか。先進国は独善的に「公平」に発展途上国の制度を設計できるだろうか。たとえこの設計が真に無私であり，今後設計者が設計される国にかかわらないとしても，発展途上国にとって適用されることは保障できないだろう。この点を証明できる例が多くある。クカサスなどが理解しているロールズの契約モデルでも，公平分配原則に立ち契約者が争っても，世界各国の月，南極，海洋の開発への態度は各国の目前の地位によって左右される（Kukathas and Pettit, 1999：97）。例えば，アメリカはまだ世界の覇者になっていないとき，多くの未開発の地域と資源について，利益の平等分配（例えば，19世紀末20世紀初に中国への利益分割）を要求したが，米ソが覇権を争う時代になると，平和共存（例えば，両国の朝鮮，ドイツ及び他の欧亜勢力の分割）を提起した。超大国になってから，また別の態度（積極的な単独推進主義）に変わったわけである。

　クカサスなどはロールズの契約論が非双方向性であり，彼の契約は当事者によって自己の選択を決め，相互に交渉する必要がないと言う（Kukathas and Pettit, 1999：39）。初期状態にこの制限を受けると，すべての協議の公平性を確保できると認める。実際には，このような協議が達成できるかどうか疑われている。大量の囚人のジレンマは実は各自の理性による結果であるから，特に，各自の異なる価値観の支配で，社会が一致するのは不可能である。比較的に有力な説明がアンソニー・ダウンズ（Anthony Downs）が提起した「理性の無知」である。二人の候補者が一つの選挙区の票を争うとき，個人の1票は選挙結果に影響を与える可能性がきわめて小さい。この点がわかっていて，理性の選民は候補者の情報収集をしない。だから，ブキャナンとタ

ロックなどは契約の作用を強調しているが，情報に，さらに十分な情報に対してもっと関心を持っている (Mueller, 1999：527)。

しかも，ある自由は通常別の自由に制約される。社会秩序を制定するときに，異なる秩序の間に入り込むことがあって，衝突することさえもある。例えば，もし土地所有の権利の定義が未許可で立ち入り者を排除することも含まれるとするなら，このこと自身はまた自由行動の権利と衝突するわけである (Mueller, 1999：506)。そのため，初期状態で未許可の立ち入り者を排除する権利と自由行動の権利をふるい分けなければならない。ところが，まだ異なる自由の優先順位を十分に分類していない無知のヴェールでこの協議は難しい。もし初期状態で各人に利用される情報が多ければ，この衝突は解決しやすい。例えば，もし利用可能な土地総量，人口密度，越田の農業生産力への影響，越田に代わる他の方法とコストなどが知らされるなら，具体的に所有権が優先地位に置かれるかどうか決まるし，混合状況まで設計できるかもしれない。

ミュラはこう指摘した (1999：510)。たとえ人々が社会の経済構造を知らないし，他の経済的と社会的との双方向性結果がどう生じるかも知らないとすれば，彼らは選択がないため，その中間手順およびこの手順をコントロールするすべての修正の原則を無視して，最終の結果，関心が最終分配にむく。しかし，ロールズの原初状態に利用できる情報への制限を受け入れるとしても，この問題が最終分配状態原則を選択する問題とみなしても，多くの問題が依然生じる。ハルサヌイ (John C. Harsanyi) が1975年に指摘したように，客観確率情報が欠ける状況下で，決定するときはほぼ本能的に主観確率推測を利用するしかできない。だから，原初状態にいる人々にこのような確率推測が形成しないということが信じられない (Mueller, 1999：511-512)。このような各自主観推測の情報に基づいた社会秩序はもっと混乱するだろう。

もちろん，知識の完全化は不可能である。人類の社会発展自身は一つの情報を絶えず広め顕在化させていく過程である。つまり次第に知識完全化に近づいていく過程である。しかも，情報の交流は協調向上の重要な要因である。そのため，知識を増進させるのは必要である。絶えず知識を増進させしだいに秩序設立の合理性と実行性を高めていく。

(2)自己のための利他：ロールズの協力秩序の修正

　相互冷淡に基づいたロールズの正義秩序は実は消極的な協力方法である。多くの場合自己保身の態度になるかもしれない。自己に関係ないと，完全に関心を払わないのである。われわれは人をいくつかの種類に分ける。人を傷つけ利己する人，人を傷つけ己を不利する人，純粋に利他する（己を傷つけても利他する）人，自己のための利他の人及び相互に冷淡（自己だけに関心を示して他人を無視する）人。前の二種類人の行為は相手あるいは第三者（国家や法律）に制限される。第三種類の行為は長く続かない。第五種の相互冷淡はある程度純粋な契約協調に基づいたものである。最も関心を引く第四種の自己のための利他に基づく行為は堅実な基礎をもち，中に積極的な協力の傾向が含まれる。

　ロールズによれば，「無知のヴェール」+「相互冷淡」の仮定は「仁愛」+「知識」より良い仮定である。それは簡潔，明瞭，合理的であるし，一種の弱い条件である。後者は強すぎて要求も高すぎる。しかし，簡潔な仮定はこれによっての推理が有効であることを意味しない。原初状態の仮定はできるだけ少なくて弱いのがロールズの原初状態の解釈中の一つの基本思想であり，一種の単純化の手段でもある。しかし，現実の世界は複雑であるため，このような同質化の原初状態は明らかに現実の世界に相応しく，その仮定も合理的であると言えないであろう。「仁愛」の要求が高すぎている。人の本質は「自己のためである」からである。その何も考えない「利他主義」精神を持つ純粋な仁愛は「太陽」精神をもつニーチェのような人物にしか長く続かない。これも前述の道徳マトリックスの欠陥への批判の要点である。だから，われわれは純粋な「仁愛」に活力を注ぎ，「仁愛」という条件を弱めて，それをもっと現実性を持つようにさせることを主張する。これは「自己のための利他」である。この条件の緩和が現実的に要求される。

　ロールズの「相互冷淡」という仮定は他人の利益のために自己の利益を犠牲にしたくないことを意味する（1988：124）。この「相互冷淡」は長期の利益のために短期で犠牲を払う「交差補助」を排除した。そのため，この仮定はさらに「自己のための利他」までに至る必要がある。つまり，自己の利益のために，他人の利益を増進させなければならない。ある時に自己の短期利

186　第3部　中国マルクス主義経済学の外延的拡大

益を犠牲してもいい。さらに自己の利益を損なわないかぎり，積極的に他人の利益を増進させるべきである。

ベッカー（2000）もこう指摘した。個体の行為が習慣性をもつため，非協力の行為に対して懲罰対策を取っていない場合に，協力行為が続きやすいのである。しかも，もし過去に協力が続いているならば，彼らは協力しなくても協力よりもっと利益をもらえるかもしれない。相互に協力行為も続けていける。だから，長い目で見れば，情報交流＋自己のための利他の協力精神によってなり立った社会協力秩序は無知のヴェール＋相互冷淡の消極協力秩序より優る。「情報交流」＋「自己のための利他」から達成する社会協力秩序は，われわれが積極的に提唱したいわゆるロールズ均衡である。

Ⅵ　ロールズ均衡の検証：実験分析

われわれはロールズの正義秩序から社会協力秩序の二つの重要な条件を修正し完全化し，最後にロールズ均衡にいきつくメカニズムを発見した。すなわち，情報顕在化下での習慣性の自己のための利他である。

1　資源分割：「最後通牒」式の価格協議実験[10]

(1)本実験の条件仮定は次である。

買い手と売り手との双方が「最後通牒」式（すなわち一回だけ）の1000単位の貨幣分割（最小分割単位を5とする）の価格協議を行う。買い手は価格を付けて，売り手が受け入れるかどうかを決める。もし買い手が付けた価格をxとし，売り手が受け入れるならば，売り手がxをもらえ，買い手が1000－xをもらえる。もし売り手が拒否するなら，双方の収益はともに零になる。売り手は受け入れる場合に，売り手の期待収益は次である。

$$R_1 = \frac{1}{201}\sum_{i=1}^{201} X_i$$

もし拒否するなら，双方の収益は0である。明らかに，最大化を追求する

---

(10)　本実験は東華大学99回修士卒業生の陳綉華の修士論文による。

理性主義者でも，買い手はどのような分配方法を提起しても売り手の最優戦略を「受ける」のである。買い手は自己期待の収益を最大化させるために，売り手の選択行為を予期して，できるだけ最低分配方法 0 あるいは 5 を選ぶ。したがって，この条件の協議価格の平衡点は理論上に (0, 1000) あるいは (5, 995) となる。しかし，実験の結果によって，われわれは個人理性による推測が誤っていることがわかる。

実験のプロセスは次である。

被実験者の20人をランダムに 2 組に分ける。A組は買い手で，B組は売り手である。実験において，売買双方が相手の状況を完全に知らないことにする。しかも，各ペアの価格協議者は各回の協議結果しか知らない。実験は 3 回行われる。毎回は10ターンがある。第 1，2 回目はこのような実験を全くしたことない経営学の学部生を選んで，第 3 回目は前二次の実験の経験者を選ぶ。各10ターンの実験が終了後，ランダムに 1 ターンの実験を取りだし，実験者はそのターンで得た収益を現金で支払う。

(2)**実験の結果は次の通りである。**

買い手の付けた価格からいえば，500の価格が最大の比率を占めて，43.6％であった。しかも，1 ターン目の実験で，買い手の付けた価格はほとんど500近くに集中し，64.3％を占めた。10ターン目になると，一部の価格は450と475へ変わって，28.6％と20.9％を占めるようになったが，500近くの価格はまだ39.2％を占めた。

売り手の受け入れる状況からいえば，売り手の拒否率は 7 ％ − 23％の間にあり，しかも明確な規律性を持っている。始期と終期近くのターンは拒否率が相対的に低くて，中間のターンの拒否率はより高かった。表をみよう。

表4−7　実験の売り手拒否率の分布状況

実験の回数	1	2	3	4	5	6	7	8	9	10	総計
拒否の頻度数	2	2	8	6	12	3	3	5	6	5	52
拒否率 Pi (%)	7	9	29	21	43	11	11	18	21	18	Pi＝19

最後に，買い手の収益からいえば，もしその付け値は x で，拒否される比

率はPiであるならば,その平均収益は (1 − x) × (1 − Pi) である。その平均収益は付け値との関係は下図4-1である。つまりm,買い手の付け値は500に近ければ近いほど,その収益は大きくなる。500になる時,平均収益は485になる。

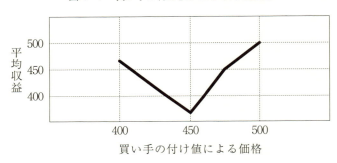

図4-1　買い手の付け値による平均収益図

買い手の中の34.2％は475の価格が合理で,26.9％は500が合理で,19.2％は450が合理的であると認めている。400以下,400,425は合理であると認めるのはそれぞれに7.7％,7.7％,3.8％である。500以上の価格が合理であると認める買い手はいない。他方では,売り手からいえば,44.4％は500が合理的で,40.7％は475が合理的で,ただ14.8％は450が合理的であると認める。それに,Rothなどのアメリカ,イスラエル,日本とユーゴスラビアでの実験も似たような結論を得た。アメリカとユーゴスラビアでは売買双方がそれぞれ50％をとった。日本とイスラエルでは買い手が60％をとり,売り手が40％をとった(青木昌彦,奥野正寛,1999：261)

(3)実験結果のロールズ均衡メカニズム解釈：

本実験の結果は伝統的なナッシュ均衡の解釈と衝突した。ナッシュのゲームメカニズムによると,協議価格の平衡点は理論上 (0, 1000) あるいは (5, 995) であるはずである。しかし,われわれはこの実験がロールズゲームの均衡結果であると考えている。その解釈も単純である。まず,本実験でゲーム双方の情報は対等である。すなわち,みんなは分割しようとする貨幣の総

量がわかるし，その他の情報も同様に知っているわけである。そうすると，自身の目に見えたあるいは隠れた優勢を利用して私利を得る可能性が排除された（もちろん，付け値と値切りの相違による優劣の差はある）。

同時に売買双方の身分を相手に知らせないという実験条件も双方の個人的な関係によって市場経済を模擬して行ったゲーム行為結果への影響を排除するためである。

次に，情報対称と公開の場合で（すなわち各分野は各ターンの価格協議において各自の所得がわかる），各分野は自己の収益を増進しようとするなら，相手の収益を増進しなければならない。少なくても一定の相手に受け入れられる範囲で付け値と値切りをするのである（この範囲は社会環境によって異なっている）。そうすると，最終の均衡は中間点に集中するのは最も可能である。すなわち（500, 500）点である。

ところが，依然としてある程度ゲーム権利の相違があるため，付け値の方が一定の優勢をもっているが，この優勢は弱いし，値切りの方の劣勢も強くない。このため，ゲームの結果も中間点から両端へ波動していく。優勢な方が収益をより多く得るが，劣勢のほうが収益をより少なく得るかもしれない。波動の程度は主に権力（つまり優勢）の大小に関係がある。この場合では優勢の大小が主にその社会の賛同（すなわち公平感）に関わる。

最後に，買い手の収益分布は相手の収益を増進させることにしたがって，自己の収益も次第に高まることを明らかにする。これは上に提起した自己のための利他のメカニズムが双方の収益を促進できるパレート改善という基本的な観点を証明した。

2 安定の連合ゲーム：ブキャナンとタロックの解説

(1)ゲームの基本条件は次のようにする。

1単位の収益を三人の間で単純多数決により分配すると仮定する。もし単純多数を達成できないなら，誰も何の収益も得られない。明らかに，少なくとも二人が連合するだけで，一定の収益を得る可能がある。そのため，分配の可能な結果は単純なゲーム形で表示できる。

I．$U(1) = U(2) = U(3) = 0$

Ⅱ．U(1, 2) = U(1, 3) = U(2, 3) = 1

Ⅲ．U(1, 2, 3) = 1

　上式中で括弧内は達成した連合を表示する。各自が独立し，連合しないとき，収益が0である。二人が連合するとき，その収益の大小分布は（1/2, 1/2, 0），（1/2, 0, 1/2），（0, 1/2, 1/2）となり，三人が連合するとき，その収益の分布は（1/3, 1/3, 1/3）となった。

(2)均衡構成の分析は下の通りである。

　上述の連合ゲーム中で，いったい最終の連合構成はどうなるのだろうか。ナッシュのゲームメカニズムによると，単純多数規則のゲーム中で最も有効な安定した連合は投票人50％へ接近する単純多数連合であることは明らかである。このような連合中で，収益の分布も対称である。たとえば，上の（1/2, 1/2, 0），（1/2, 0, 1/2），（0, 1/2, 1/2）という分布である。このような分布となるのは当事者がある普遍の「公平」態度によって，彼により大きい収益を譲る人がいないと予期するわけではない。彼は自己が要求するものが多すぎると，他人が，自己有利に彼の収益を得る新しい連合に加入する（ブキャナン，タロック，2000, 168）。実際には，同様に情報対等の条件を提示した。この場合，上に指摘したように，自身の収益を増進しようとするなら，同時に相手の収益を考えなければならない。

　しかし，三人全員にとって，情報が完全で均等である場合に，この両連合の構造は安定かどうかである。答えは不安定である。分析は次のようになる。もし（1, 2）は連合を結成すれば，収益分布は（1/2, 1/2, 0）となると仮定する。このとき，個人3は1へ連合しようと試み，収益分布は（3/4, 0, 1/4）とする。承諾するなら，1は誘われ，3と連合する可能性になる。この場合，個人2は3に連合したいと提起し，収益分布は（0, 1/2, 1/2）とする。承諾すれば，3は変わりに2と連合するようになる。もちろん，個人1は将来の離反行為を予想して，3の連合要請に慎重になるかもしれないが，長期に続きにくいし，個人2が3を誘わないことも保障できない。

　このため，もし各人がともに長期の最大化を考えるなら，同時に三人の利益を考えなければならない。それによって，全員の連合を追求し，収益の分

布を（1/3, 1/3, 1/3）とさせるかもしれない。ナッシュゲームのメカニズムによると，この全連合の公平配分は最も不安定に見える。それはどれの多数でもこれを無効にできるからである（Buchanan and Tullock, 2000：165）。もし個人が自己の最大化理性行為から考えるなら，この公平解は永遠にありえない。しかし実際には，ロールズ均衡から見れば，これは最も安定的である。全連合を形成したのちに，どの少人数の連合を結成しようとする場合でも自己の収益を削減しなければ実現できないからである。

主要参考文献

奥尔森『集体行动的逻辑』上海三联书店，上海人民出版社，1995年版。
E. 奥斯特罗姆『公共事物的治理之道』上海三联书店，2000年版。
G. S. 贝克尔 "习惯，成瘾性行为与传统"，载『口味的经济学分析』首都经济贸易大学出版社，2000年版。
尼古拉. 别尔嘉耶夫『人的奴役与自由—人格主义哲学的体认』贵州人民出版社，1994年版。
艾伦. 布坎南『伦理学，效率与市场』中国社会科学出版社，1991年版。
J. M. 布坎南，G. 塔洛克『同意的计算—立宪民主的逻辑基础』中国社会科学出版社，2000年版。
C. 蔡特勒 "自由和法治国家"，载G. 帕普克主编『知识，自由与秩序』中国社会科学出版社，2001年版。
陈惠雄『人本经济学原理』上海财经大学出版社，1999年版。
杜维明『儒家思想新论—创造性转换的自我』江苏人民出版社，1996年版。
德尔，B. F. 韦尔瑟芬『民主与福利经济学』中国社会科学出版社，1999年版。
哈耶克『法律，立法与自由』（第1卷），中国大百科全书出版社，2000年版。
J. 赫什利弗 "扩张中的经济学领域"，载『现代国外经济学论文选』（第十四辑），商务印书馆，1992年版。
S. P. 亨廷顿『变化社会中的政治秩序』三联书店，1989年版。
乔德兰. 库卡塔斯，菲利普. 佩迪特『罗尔斯』黑龙江人民出版社，1999年版。
科斯罗夫斯基 "资本主义伦理—社会市场经济"，载『经济秩序理论和论理学』中国社会科学出版社，1997年版。
R. W. 库珀『协调博弈—互补性与宏观经济学』中国人民大学出版社，2001年版。
柯武刚，史漫飞『制度经济学』商务印书馆，2000年版。
罗尔斯『正义论』中国社会科学出版社，1988年版。
卢瑟福『经济学中的制度』中国社会科学出版社，1999年版。

卢梭『社会契约论』商务印书馆，1980年版。
麦乐怡『法和经济学』浙江人民出版社，1999年版。
D. 缪勒『公共选择理论』中国社会科学出版社，1999年版。
R. 尼布尔『道德的人与不道德的社会』贵州人民出版社，1998年版。
派尔－舍勒"跨文化管理—中德合资企业中的协同作用"，载『经济秩序理论和伦理学』中国社会科学出版社，1997年版。
A. 森『伦理学与经济学』商务印书馆，2000年版。
盛洪"什么是文明"，载张志雄主编『中国经济学的寻根与发展』学林出版社，1996年版。
G. J. 施蒂格勒『经济学者和说教者』上海三联书店，1990年版。
魏里希『均衡与理性』经济科学出版社，2000年版。
韦森『社会制序的经济分析导论』上海三联书店，2001年版。
E. A. 希尔斯"人际关系论"，载米尔斯等著『社会学与社会组织』浙江人民出版社，1986年版。
亚里士多德『尼各马科伦理学』中国社会科学出版社，1999年版。
杨春学『经济人与社会秩序分析』上海三联书店，上海人民出版社，1998年版。
Arrow, K., 1971, *Political and Economic Evolution of Social Effects and Externalities*, In: Frontiers of Quantitative Economics, Amsterdan: North-Holland.
Aumann, R.J., 1989, *Nash Equilibria are Not Self-enforcing*, Mimeo, Hebrew University of Jerusalem.
Campbell, R., 1985, *Background for the Uninitiated*, In: Paradoxes of Rationality and Cooperation, eds. R. Campbell and L. Sowden, Vancouver: University of British Columbia Press.
Cooper, R., D.V. Delong, R. Forsythe and T.W. Ross, 1992, *Communication in Coordination Games*, Quarterly journal of Economics, 107: 218-233.
Farrell, J., 1987, *Cheap Talk, Coordination, and Entry*, Rand Journal of Economics, 18: 34-39.
Sen, A.K., 1982, *Choice, Welfare and Measurement*, Oxford: Basil Blackwell.
Schelling, T., 1960, *The Strategy of Conflict*, Cambridge, MA: Harvard University Press.
Williamson, O.E., 1983, *Credible Commitments: Using Hostages to Support Exchange*, American Economic Review.

第5章　美学と経済学の方法論

I　経済美学の序論

　一般的な認識では，経済は物質生産，分配，交換，消費などの問題にかかわり，美は芸術創作の法則や芸術作品の鑑賞と評価などの問題にかかわる。美は事物がもっているある形式，属性と法則であり，ある美感が生まれる客観性質である。経済学と美学は全く関連がない学問であると思われているが，実際には経済と美は客観的な関連をもっているため，両者を結合させ，経済美学を作るのは可能であるし，必要である。

1　経済美学を創設する客観基礎

(1)経済実践は美学の誕生の前提である

　①古代の「美」という文字から美の誕生をみる　　中国の漢字の「美」は『説文解字』で「美は美味い」の意味である。羊と大という字を組み合わせる。羊は家畜の中の主な食べ物である。美は善と同じ意味である」と書いてある。羊が美の対象になるのは社会生活における牧畜業の出現と関連がある。羊は飼育動物として，当時の人々の重要な生活手段であり，人類にとって親密な対象であった。まだ生理的に低い需要段階にいる原始人類にとっては大きくて肥えている羊ほど美を感じさせるものがない。「美」という文字から美は経済実践との関係が緊密であることがわかる。

　②人類社会の発展から美の誕生をみる　　人類社会が出現する前には，自然界のすべてのものは「自在のもの」であった。それらは物質として存在していたが，審美眼を有する主体がまだ現われていないため，その時の自然には美醜というものがなかった。人類は動物界から離れて，人類としての活動領域に入って，生産実践の歴史を始めた。旧石器時代に，人類は生産と自衛の

ために，原始的方法で粗末な石器を作った。この初期の用具は人類の意識的で目的をもつ創造的労働を表現していた。人類は無意識的に美を創造した（原始人は功利の目的で製造するだけで美の欲求はない）。生産実践が発展するにしたがい，原始人の体と頭は労働を通じて発達していく。人類の需要が多様化する。次第に意識的に美を創造する活動が始まった。この美の創造は物質の生産と生活から離れることがなかった。古代ギリシアの学者であるソクラテスは「どのようなものでも効用の発揮をうまくかなえるなら，それは善的で美的である。[1]」だから，人類社会が現れてから，人類の社会実践の発展にしたがって，労働対象は美の対象になる。

マルクスは「動物はその生命活動と直接に統一する。それは自己と自己の生命活動との間の区別がない。…人間は自己の生命活動そのものを自己の意志と意志の対象にさせる…意識的な生命活動が直接に人間と動物の生命活動を区別する[2]。」つまり，動物は意志も意識もないため，自身と生命活動とは区別できない。人間は意志と意識をもつため，自己と自己の生命活動とは区別できて，自己の認識と鑑賞の対象になる。そのため，人間だけが労働実践の中で生産物を，人間の生命活動自身，すなわち労働活動と生活そのものを美の対象とできる。美の領域が次第に現れ，拡大していく。

③経済実践から美の誕生をみる　　美しいものが人々を喜ばせるには一定の感性が必要であるが，この喜びの根源は感性そのものではない。美と自由創造との関係について，旧唯物主義者は根本的に実践を否定し，従来から美の問題に対して，自由創造の意義を貶めたり，否定したりしていた。唯心主義者は逆に自由創造を神秘化したり，神学の幕をかけたりしていた。マルクスは「ヘーゲルはひとつの労働しか知らないし，認めない。すなわち，抽象的な精神労働しか認めないのである[3]」。抽象的な精神労働は心の自由創造といわれる。実際には，自由創造は生産実践中での労働創造である。自由というのは必要ではないし，必然性に制限もされない。自由は必然性への認識と把握である。自由創造は人類の認識した客観必然性，客観法則によって世界を

---

(1)『西側美学者の美と美感論』商務印書館，19頁。
(2) マルクス『一八八四年経済学―哲学手稿』50頁，117頁。
(3)『マルクス＝エンゲルス全集』第3巻，507，517頁,。

改造して、人類の目的と要求される物質活動を実現させる。自由創造は合目的性と合法則性との統一である。両者は生産実践に基づいての統一である。毛沢東は「人類社会の生産活動は一歩一歩低級から高級へと発展していく。そのため、人間の認識も自然界にとっても、社会にとっても一歩一歩低級から高級まで発展していく。すなわち、浅いところから深いところへ、一面的から全面的に発展していくのである。」(『毛沢東選集』、第一巻（第二版）、第283頁、人民出版社）人々の必然性と合法則性の認識も一歩一歩低級から高級へ発展している。人間の自由は次第に発展している。人間の自由創造も一歩一歩発展している。原始社会で生産した粗末な石器から近代に生産した精美な製品、工芸品まで、すべては客観的な必然性と合法則性を認識した上で作り上げたものであり、自由の創造でもある。

　自由創造、その特徴は最も貴重なものである。というのは、まず、実践で物質的財産と精神的財産を創造し、人類の社会生活に必要な衣食住と交通手段などを満足させた。マルクスは、人類社会は一日も物質的財産がなくてはならないといった。次に、実践での創造は歴史の発展を促進したため、創造がなければ人類歴史の発展もなくなる。社会生活でのすべての進歩は創造と関連がある。人類社会の発展はいつも過去の豊富な発展に基づいてたえず新しいものを創造している。たとえ「労働が疎外された」条件下で人々の創造力が抑制され、侵害されても、創造は止まなかった。創造の特徴が条件によって変わっただけである。最後に、創造の中で人類の知恵、勇敢、機敏、能力などの特質が表現されている。これらの特質はみんなに愛される。創造は知恵の花だけではなく、人間の毅然、勇敢などの特質も表現している。真の創造には勇気と毅然が必要である。創造はつらい労働である。つらい労働の中で成功の喜びを孕んでいる。だから、実践中の自由創造は人類の最貴重な特性である。この最貴重な特性の具体的な表現は美である。マルクスは「労働は美を創造した」といったことがある。これは『一八八四年経済学─哲学手稿』において「疎外」された労働を論じる時の言葉であるが、美の誕生をまとめた言葉である。美は労働や、実践の自由創造の結果である。

(2)美学理論の必要性

①労働生産の中で美学と実践の指導的理論を必要とする　人間の生産労働,経済活動はともに合目的で,意識的なものである。経済実践は人間の認識対象と鑑賞の対象になる。これは動物にとって全くできないことである。エンゲルスは,動物の中に意識をもち,計画的に行動する能力をもつものもいることを指摘した。例えば,キツネは地勢への豊富な知識を利用して障害を避け追いかけることができる。ところが,「一切の動物のすべての計画的な行動は自然界にそれらの意志の印を押すことができない。これは人間しかできない」と強調した。マルクスはミツバチの活動を建築師の活動と比べて,このように指摘した。「もっとも拙劣な建築師でももっとも優れたミツバチより最初から卓越している点は,建築師は小室を蠟で建築する以前に自己の頭のなかでそれを建築しているということである。」(中国語版『資本論』第1巻,202頁,人民出版社,1975年版。日本語版『資本論』第2冊,304頁,新日本出版社,1983年版)。建築師は小室を蠟で建築する前に,それを自己の頭のなかで建築しているからこそ,人間は具体的な状況の変化と発展に際して,適当に設計プランを変更し,小室を建築する効率を高める。これは動物にとって絶対できないことである。人間は労働過程が終了する前に労働設計のプランをいつでも変更できる。社会実践の発展にしたがい,人類は自然法則の知識の増加によって,生産における目的性,自覚性もしだいに発展している。人々は目前の局部の利益から自己の活動の目的とプランを確定するだけではなくて,長期の全体の利益から自己の目的とプランを考えるようになる。

マルクスは動物の生産と人類の生産との完全な相違を論じるとき,次のように説明した。動物も生産を行うが,それは一面的なものである。直接的な肉体の要求がある時しか生産を行わない。「動物は自己自身しか生産しない。人間は全自然界を再生産する。動物の生産物は直接それの肉体と関連するが,人間は自由に自己の生産物と対立する[4]」。人間は「自由に自己の生産物と対立」できるということは人類が生産した生産物が物質的需要を満足させるだけではなく,各精神的需要も満足させるからである。だから,マルクスは

---

(4) マルクス『一八八四年経済学―哲学手稿』50頁。

「動物はその所属する種の基準と需要によって生産する。人間はどの種の基準によっても生産できる。しかも，いつでもどこでも内在的な固有の基準で対象を評価できる。だから，人間は美の法則によって物を作り出すのである」[5]。動物は人類の持つ社会意識のようなものを持たないし，本能の需要しかもたないため，それは「それの所属する種の基準と需要によってしか生産」できない。「種の基準と需要」というのはその種に属する基準と需要である。例えば，動物はミツバチやビーバーやアリのように巣穴しか作らない。これはこの種の基準でもあるし，その本能の需要である。人間は異なっている。その活動は合目的で，意識的であり，自由的で自覚的な創造である。ある種の基準に制約されなくて，「どの種の基準によっても生産できる」のである。つまり，どのような制約も受けなくて，客観法則によって生産を行う。「内在的な固有の基準」というのは人間自身の客観的な要求の基準である。一方では客観的な法則を認識し，他方では人間自身の需要に合わせるのである。その両分野を有機的に結びつけるものは「内在的な固有の基準」となる。「内在的な固有の基準」と呼ばれるのは外在的な種の基準ではない。例えば，机はもともと木で作ったものである。まず木の質，性能，硬度などを知り，次に人間自身の需要によって，その両分野を結びつけて机を作りだすわけである。机が机になるのはその「内在的な固有の基準」があるからである。逆に木の基準は机にとって外在的なものになる。人間の自由創造は客観的な法則を認識したうえで，自己の目的によって，対象に積極的に，自由に加工する結果である。木の客観的な法則を知り，人間の異なる目的によって，さまざまな机を作るのである。机を「内在的な固有の基準」によって評価し，机は人間の物質生活の需要を満足させ，その外観も人間の精神的な美の需要も満足させる。

　「人間とサルの分離」して以来，われわれの祖先は第一号石器を作り始めるとき，美の法則によって作ったのである。この石器はもちろんある需要のために作ったものであるが，この石器はある造形を持っている。もしある形，造形をもたなければ，作るのも無理であるし，需要を満足することもできな

（5）前掲書，51頁。

いだろう。便利で，より有効に使用するために，できるだけ，石器を鋭く，ならして，きれいで，均整に…作る。それによって，人間の頭の中で二つの観念が形成した。一つは「使いやすい」観念である。つまり目的の使用性を満足すること，もう一つは「美」観念である。つまりある形をもつこと。これは人間が美の法則によって生産を行う最初であった。

②**全経済領域は美学の指導理論を必要する**　人間は美の法則によってものを作る。それは人類の労働生産物の中に存在しているだけではなく，生産，分配，交換，消費の全経済領域に存在している。生産は消費のためであり，消費は生産に反作用する。労働生産物は交換と分配によって消費領域に入り，生産物の価値，使用価値と審美価値を実現させる。人々は消費において消極的に自己の労働生産物を消費するだけではなく，たえず美の法則によって積極的に審美の再創造を行っている。人間の消費需要は物質（功利的）の一面があるし，精神（審美性）の一面もある。この両分野の需要は生産労働の全過程を貫いている。労働生産物はただの物質享受の使用品ではなく，精神享受の審美品にならなければならない。人類は労働の中で美を創造した。美の創造の中で自己の審美力を高める。この審美力によってより完璧な労働生産物を作り出す。芸術対象は芸術を理解し，美を鑑賞できる大衆を作り出す。だから，生産は主体のために対象を作り出すだけではなく，対象のために主体をも作り出すのである。人々は生産の中で美しい生産物を作り出し，消費領域でその使用価値と審美価値を実現する。しかも，人々は生産物の使用価値と審美価値を実現しようとするときにも，審美活動をやめていない。生産用具もそうである。人々は機械を使用するとき機械を消費している。人々は機械を使って生産を行う時，たえず機械の不完全なところを改良し，機械の性能，品質，形，色合いなどに対してより高い要求を提起する。それによって機械の革新と改造を推進していく。また生産の中でより美しい機械製品を作り出す。経済活動を美の法則に合わせなくてはならない。もし美の法則に反したら，人類は自己の愚弄と賞罰に遭う。18世紀末，当時のイギリスの産業革命は世界の手工業に歴史的な影響を与えた。人類は従来にない新用具（機械）を使用できるようになる。製品の生産も手労働から機械生産へ進化した。最初の生産の中で，各生産企業は機械生産の「利潤最大化」を追求す

るだけで,「美の法則」を無視していた。その結果は新機能,新材料をもつ製品は粗末な外観との間に強烈な不適合をなしていた。仕事の環境もきわめてひどく,経済の美質と美感を完全に失ってしまった。労働者の自由創造と全面的な発展を抑制し,壊しているだけではなく,消費者の巨大な不満と反感も招いた。このため,人々は「機械に人性を与えよう」と呼びかけた。

経済活動は整体の統一的な協調の過程である。全体の経済のマクロ的なコントロールであっても,企業生産と経営管理であっても,ともに多種の要因が協調しあい,統一的な関係を有する。経済の運営の調和,秩序を,完璧にしなければならない。それ自身は美感を引き起こすし,美の発展法則にも合う。経済運営の順序美,方向美を破壊したら,さまざまな醜い現象が現れる。例えば,改革開放の初期,中国の経済活動の中で経済美の発展法則を軽視することによって,密輸,汚職,賄賂,詐欺,脱税,ポルノ氾濫,偽物や粗悪品の生産販売などの現象が非常に深刻であった。前期資本の高速の蓄積過程において,大量に国家,消費者及び他地域の資金と利益が横領された。それらのことは市場改革と先富論という政策の名声を侵害した。経済秩序が混乱し,美の法則に反した。そのとき,醜から美へ逆転することなく,全国に蔓延していくなら大変なことになる。美の法則にしたがい,経済の総合均衡を実現させ,経済発展の全体から考え,全般的に配慮し,全面的に計画し,経済運営の調和を求めることを要求される。こうすると,全体の経済領域に美が溢れるし,人々は生産の中で,市場の上から美感を感じる。

要するに,経済領域は客観的に美学の理論と実践の指導を求める。経済学と美学の結合は経済行為,経済メカニズムと経済法則をより深く,より広く探究させる。

2　経済美学の略述

(1)経済美学の定義

美学は主に基礎美学と実用美学とに分けられる。経済学もそれに似ていて,理論経済学と応用経済学に分けられる。最近,国内の多くの学者は実用美学と応用経済学,つまり応用経済美学のほうで大量の研究を行っている。その研究は主に美学の視点から商品及び労働自身の審美問題を検討するものであ

る。例えば，商品美学とは商品美の交換価値への作用及び消費行為における役割を研究する学問である。商品美と商品美の審美法則を研究する学問である。商品の形，色，飾り付け，構造，広告，商標などの審美問題を研究する。労働美学とは生産労働における審美法則を研究する学問である。労働美は労働主体美，労働用具美，労働環境美，労働組織美など各分野で現れる。ところが，これらの実用美学を応用経済学と結合させる学問の研究はまだ経済活動の一部の側面に限られている。より高く深い理論視点から，経済学と美学との研究成果を結合し，基礎美学と理論経済学との研究の結合によって経済と美を分析することはまだ空白である。ここでわれわれが言っている経済美学には上述の二つ形式が含まれる。

経済美は社会美の範疇に属する。社会美は自然美，芸術美と同じ存在である。それは実践から生まれ，実践の最も直接の表現である。同じように経済美も実践から生まれる。それは人類経済活動において制度公正，運営整然と発展調和の属性がある。それは富の分配の公平，市場競争の整然，需給総量の均衡，産業構造の合理，経済規模の適度，個人権限と責任の対応，管理システムの協調，生産主体の活発，労働環境の快適，生活消費の合理など一連の経済現象から現れる。

(2)経済醜

経済美に疎外されると経済醜になる。マルクス，エンゲルスは現実にある醜い事物を論じたとき，「醜」を客観的な事物の社会属性とし，歴史の発展から醜の根源を提示した。生活中にある醜は下劣，虚偽，堕落の事物と関連していると指摘した。醜は内容上で，ある生活，人の本質に対しての否定物が含まれている。形式上で均衡，対称，完全，調和などと対立する概念である。エンゲルスはドイツ画家のヒューブナー（Karl Hubner）の「シュレジェンの織工たち」という作品について，「画面はきわめて有効に冷酷な富裕層と絶望的な貧困層をはっきりと比べている。企業主は豚のように太っている。銅色の顔には冷酷な表情が現われている。彼は軽蔑の目で，婦人のリンネルを捨てて…彼の息子である一人の若いプレーボーイはカウンターに身をもたせて，鞭をもち，口にシガーをくわえて，それらの不幸な織工を冷たく

第5章　美学と経済学の方法論　201

見ている。」(『マルクス＝エンゲルス全集』第3巻, 590頁) ここで描いている資産家は性格から外見まで嫌な醜の人物像である。無産者階級は資本家階級の残酷な抑圧下で牛馬にもおよぶ暮らしをしている。この例は, 美学の分析も加えて, 資本家の搾取を分析でき, 資本家階級自身の醜悪と資本主義制度そのものの醜悪を暴露した。アメリカでは深刻な格差, 多発する経済犯罪, 過度の市場競争, 極端な利己主義, 放縦な生き方と強欲な海外拡張などが存在しアメリカの経済制度は美ではない。アメリカの経済発展には醜もあるし, その財産権制度は他国の美の模範にはならない。

Ⅱ　経済美学研究の若干の問題

経済美学研究の内容は非常に豊かである。経済運営の各階段, 各分野でも美の法則が含まれている。

1　調和の美

調和の美 (美は調和である) はかつて姜昆と李文華の一連の漫才の主題であった。それは多くの人々の共感を呼んだ。例えば, ラッパズボンは背が低くて, 太っている人がはいているなら, 笑わせるが, 背が高くて少し痩せている人がはいているなら, 格好がいいし, 美しいと見られるだろう。ビーナスの裸像を中国の明時代の家具が飾ってある老人の部屋に置くと, 不適切だと思われるが, 現代的な家具が飾ってある若い夫婦の寝室に置くなら, 調和して美しい。姜昆と李文華は生き生きとして, イメージ豊かな事例を相次いであげてくれた。非常に啓発的であり, 説得力がある。

(1)調和の美の起源

調和は美であり, 不調和, 非協調は美ではないというのは新たな概念ではない。およそ, 中国では王国維, 魯迅の以前に, 西側ではカント (Immanuel Kant) 以前に, 奴隷制と封建制の時代において美の理想は調和であった。

古代ギリシアのピタゴラス (Pythagoras) 学派 (孔子と同時代) は「美は調和と比例である」という観点を提示した。彼らは数が世界の本質であるとし

ている。この数の観点で音楽を検討すると,音楽も数の原理,数の関係によって組み立てられている。高低,強弱,速慢など異なる音声によって調和を組み立て,音楽の美となったのである。また数学の視角から彫塑,絵画を研究し,造型芸術も数の関係であると気づいた。線と形で数の関係を組み立てている。線の長短,形の大小,比例,平衡,対称など多様性の統一が美であると認識していた。「調和はさまざまな要因の統一であり,非協調の要因の協調である。」このような美は主に形式的な調和にある。形式的な調和といえば美のことをいう。プラトンは客観的な唯心主義者として,一面では美を絶対的な理念にして,美が美しく感じられるのは理念の光をもらったからであると言いながら,他方では具体的な物の美を分析するとき,美が美しいのは異なる要因の素朴な調和統一にあると認識していた(『饗宴』Plato's Symposium)。アリストテレスは唯物論の視点から,美は形式の「秩序,均整と明確の同一性」(すなわち調和の統一)であることを指摘した。彼は「美と不美」は「ともに芸術品にある。もとのばらばらの要因が統一体にまとまった」[6]といった。中世は神学に統制されているが,調和を美とする観念は依然として普遍的で,主導的であった。これはその時の建築,絵画,音楽,工芸などの各分野に浸透している。アウグスティヌス(Aurelius Augustinus)とトマス・アクィナス(Thomas Aquinas)もそうであった。トマス・アクィナスは物の美は協調と鮮明にあり,「神はすべての物の協調と鮮明の原因」であるといった。ルネッサンス後のダ・ヴィンチとホガース(William Hogarth)は美の形式の規則についてより具体的な研究をした。レッシング(Gotthold Ephraim Lessing)は『ラオコオン』において,美の法則は古代芸術の最高の法則であり,この美は調和の理想であると語った。

　中国において,朱自清先生の『詩言志辨』の考証によると,中和の美は殷周以来の伝統的な思想である。『尚書・尭典』における「八音克諧」「人神以和」が「和は美である」という文字の最初の記載で,貴重な資料である。春秋時期の晏子と史伯の「同」と「和」に関する論述はさらに「調和をもって美となす」という思想を発展した。「声一無和,物一無文」というのは各々

---

(6)『西側美学者の美と美感論』商務印書館,39頁。

の異なる音声,要素の調和をとるだけで,感動的な音楽と美しいものが生まれるのである。孔子はこのような形式的な調和思想を礼と楽,理と情,倫理と心理の調和の結合までに深化させた。「怨而不怒,哀而不傷」というのは人間の感情は倫理,理性のコントロールによって均衡になる。悲しいときに悲しすぎないし,喜ぶときに熱狂しない。「温柔敦厚」という詩の教育,楽の教育は中国古代社会の中の伝統的な芸術調和美の理想である(もちろん内容上の封建毒素,妥協色などは批判すべきである)。明代中期以後,資本主義の萌芽と文学芸術の近代的なロマンチック思潮の興隆により,美学上で「温柔敦厚」への批判が始まり,古典調和美を乗り越えようという傾向(例えば,李贄,金聖嘆,李漁など)もあった。しかし,中国の近代資本主義の力が弱かったために,美学上で古典の調和という枠を乗り越えることができなかった。王国維は西側のカント,ショーペンハウアー(Heinrich Floris Schopenhauer)の美学を紹介した。特に魯迅の『魔羅詩説』はロマンチック派の崇高思想を積極的に紹介し,「大団欒」と「十景病」(古典の調和美の具体的な事例)を批判し,近代の崇高な数千年の調和美を否定した。西側もカントの『判断力批判』で古典調和美を総括し,賛美を始めた。とにかく,調和をもって美となすのは一つの歴史の長くて古い範疇である。

(2) 調和の美の内容

調和をもって美となすというのは形式的な範疇ではない。もちろん調和には形式的な要因が含まれているが,形式に止まるものではない。それは形式より内容が豊富である。調和の美は内容と形式との調和であり,真と善との調和である。

調和をもって美となすのは少なくても5つの意味を含む。

(1) 形式の調和。人間,物,芸術品,その外在的要因の大小,比例,質及びその組み合わせの均衡調和(形式の美)。

(2) 内容の調和。主観と客観,心と物,感情と理智(内容の美)。

(3) 内容と形式との調和統一。唯物主義によれば,まず内容の調和がある。内容の調和は形式の調和を要求し,内容と形式の間の統一を制約する(現実美,特に芸術美は主要な要求としている)。

(4) 審美対象と審美主体の間の調和。調和の対象は，審美主体を規定している。調和の審美主体があって，美の対象がある。この主体と客体との完全な統一は人々が追求している最高の境界となる。

(5) 上述の調和はまた人間と自然，個体と社会の調和の関係によって決まる。この調和の関係は集中的に完全に全面調和的に発展している人間によって現れる。全面調和的に発展している人間こそ調和の対象を創造し，調和の美を創造する。

美学史から見れば，調和をもって美となすのは形式学派であった。例えば，ピタゴラス学派，アリストテレス，ダ・ヴィンチなどである。しかし，主な傾向は内容の調和に関わり，主観と客観，主体と客体，人間と自然，個性と社会の調和関係に関わるものである。中国古代の孔子を代表とする儒家は一貫して倫理と心理，個性と社会を調和的に結合する理想を追求していた。西側においてカントは，経験派の感性と理性派の理性を調和して結合する努力をした。彼によれば，審美人は自然人から社会人，文明人までの過渡的な一環である。シラー（Johann Christoph Friedrich von Schiller）はより明確に感性衝動と理性衝動を調和的に統一する人間を美の理想とする。彼は感性の人から理性の人になろうとするなら，まず審美の人にならなければならないとする。人は審美の王国にいるだけで，真に自由であるし，真の人間になれる。当然，彼らは抽象的な人性論者であり，改良主義の色を濃くもっていた。

マルクスだけが真に弁証唯物主義と歴史唯物主義の理論に基づいて，マルクス主義の実践観点によって，過去の一切の調和美の思想を取り入れ，発展させた。共産主義は低級段階を自己の中に含む現代範疇である。生産力の高度な発展，物質財貨の豊富，人類の思考の自覚的な弁証法思考への躍進が必然的に最新の美の形態を誕生させる。共産主義は人類進歩の社会理想と美の理想との統一である。その時代になって，人々が本当に偏狭な功利意識から抜け出し，全面的に自然界を自己の対象として把握できる。さらに，社会的分業による制限を破って，個人の才知を最大限に発揮させる。マルクスは『一八八四年経済学―哲学手稿』において，「共産主義は…人間と自然界の間，人間と人間の間の矛盾の真の解決である。存在と本質，対象化と自我確証，

自由と必然，個体と類の間の競争の真の解決である」と指摘した。[7]このすべての矛盾の真の解決は共産主義理想を実現させることであるし，共産主義の調和美の理想を実現させることでもあり，全面的に調和発展の共産主義新人類をつくることでもある。共産主義の調和美は歴史上にあるすべての調和美理想の継承と発展であるが，以前の調和美とは根本的に異なる。古典の調和美はただ一つの素朴な調和統一である。共産主義の美は一つの新型の対立統一の調和美である。この調和自由の関係説は二つの重要な特徴がある。一つは美の本源上に主，客体の客観関係を主張する説である。もう一つは美の本質の特徴について関係の調和を主張する説である。美の規則は客観的な必要性と主体の社会性との調和統一の規則である。この統一の結果は美の本質を規定している。

2　財産分配における経済美

(1)共産主義の需要に応じる分配制度は調和の美を体現する

①共産主義の需要に応じる分配制度は内容上の美である　生産力の発展にしたがって，人類社会は必然的に最高の段階—共産主義社会に入る。これは人類の最高の理想である。マルクスは生きた労働は対象化された労働と交換し，つまり社会労働が資本と雇用労働の対立の形で確立される。これは価値関係と価値関係に基づく生産の最後の発展であると教えてくれた。マルクスも「直接の労働は財産の巨大な源泉ではなくなると，労働時間は必然的に富の尺度ではなくなる。そのため，交換価値も使用価値の尺度ではなくなる。人々の剰余労働は一般的な財産を発展させる条件でもない。同様に，少数の人の非労働は人類の頭脳の一般的な能力を発展させる条件でもない。そのため，交換価値に基づく生産は崩壊してしまう。直接的な物質生産過程自身も貧困を脱する。個体は自由の発展を得る。必要労働時間の削減は剰余労働のためではなく，直接社会必要労働時間を最低限に削減する。そのとき，これに応じて，すべての人に時間を保証し，手段を作るため，個人は芸術，科学

---

(7)『マルクス＝エンゲルス全集』第42巻，120頁。

などの分野で発展を得る[(8)]」と語った。つまり，人類の理想の共産主義において，全社会範囲で各人の労働は直接の社会労働として現れる。直接に労働時間で計算され，価値の形を取らない。これによって，人々の間の交換活動は商品生産と商品交換の経済関係ではなく，真の平等な連合体となる。共産主義社会において，労働は人々の第一の需要になる。人々は自発的に労働を行う。自己の才知を十分に発揮させる。自然を征服，改造しおおいに発展する。生産力は高度に発達する。物質財産が大いに豊富になる。これらは生産物が人々の需要によって分配されることの客観的な条件を作る。人々の主観上の合理需要は客観的に満足できる。「「バイキング」というのは決められた費用で，食べ放題することを指す。常に食べ過ぎてしまい，体に良くないし，食べ物も浪費する。食べ物を自由に選んで，ちょうどいいように食べる。資源が合理的に配置される。だから，共産主義の需要に応じる分配は主観と客観，心と物の調和であり，内容上の調和美が現われている。

②**共産主義の需要に応じる分配制度は形式美である**　　美学において，形式美は一つの重要な法則である。すなわち単純一致，あるいは整然一律という。これは最も単純な形式美であり，単純で明らかな相違と対立の要素がないことを指す。例えば，色彩の中にある単色のこと。真っ青な空，エメラルドグリーンの湖面，澄み切った泉水，明るく輝く陽光などなど。単純は明るく清らかなものを感じさせる。一致は整然の美である。農民が田植えをする時を例にすれば，苗がきちんとして，一定の株間を保つなら，植物の生長には良いし，形式上も整然の美が現れる。また儀仗隊の隊列を例にすると，兵士の体つき，服装，敬礼の動作はすべて一致していることや，各兵士の精神状態も高度に集中しているなどの特徴は同様に整然の美の現れである。

　共産主義の需要に応じる分配制度は人々が何か必要するとき，手に入れる。生産物は商品に変える必要がないし，貨幣を交換の媒介にする必要もない。これは最も単純な，直接の分配方式である。それだけではなく，需要に応じる分配はまた全社会で統一しておこなわれ，唯一の分配方式である。だから，共産主義の需要に応じる分配は主，調和の内容美があるだけではなくて，単

（8）『マルクス゠エンゲルス全集』第46巻下，219頁。

第5章　美学と経済学の方法論　207

純一致の形式美でもある。これは内容と形式の調和統一であり，最も美である。マルクスは「共産主義は私的財産，つまり人間の自己疎外化への積極的な止揚である。それは人間を通じて，しかも人間の本質のための真の占有である。だから，それは人間が自身への，社会（つまり人間）への回復である。この回復は完全的で，自覚的で，しかも以前の歴史発展の全財産を保持したものである。この共産主義は自然主義を完成したものとして，人間と自然の間，すべての人の間の矛盾の真の解決である。存在と本質，対象化と自我確証，自由と必然，個体と類の間の競争の真の解決である」[9]と予言した。共産主義の需要に応じる分配は，調和は美であるという美学法則に合うものである。ここで，人々は必然の王国から自由の王国へ躍進し，自由創造の美の王国へ躍進する。

(2) 資本主義の分配制度は醜い
①資本主義の分配制度は内容上醜い　　美の対立面は醜である。醜は反調和，反形式，不協調，不適合と見られる。社会発展の規則に合い，社会実践の要求を表現し，人間の進歩思想を認める分配制度だけが美しい。逆に，その社会発展の規則に反し，社会実践の要求を阻害し，人間の進歩思想を否定する分配制度は醜い。資本主義の資本に応じる分配制度は奴隷社会と封建社会の分配制度と比べて，進歩性をもつ。労働者がもらった消費質料はある程度「労働に応じる分配」によるものである。すなわち，賃金は労働の数と質に正比例する。しかし，資本主義において資本家階級と無産者階級との間の搾取と被搾取の関係があることによって，人と人の間に矛盾が生じる。マルクスは「労働は美を生むが，労働者を奇形させる」といった。この「奇形」は一分野で外形に現れる。資本主義社会における労働者は悪い労働条件で体が奇形的に発達する。エンゲルスは『イギリスにおける労働者階級の状態』という本で労働者は「過度な労働による最初の結果は筋肉の発展が不均衡になることである。つまり，物を引いたり，押したりするとき，特に力を入れる腕，足，背，肩と胸の筋肉は発達しすぎて，体の他の部分は栄養が欠けるた

（9）『マルクス＝エンゲルス全集』第42巻，120頁。

め，発育が不健全である。これは体の成長と発育を阻害している。ほとんどの鉱員は背が低い…」と指摘した。エンゲルスはまた「多くの人（医者も含む）はみんなそう思う。体だけで100人の普通の労働者中から一人の鉱員を見分けられる」といった。マルクスはいった「奇形」のもう一分野は心理上の「奇形」である。すなわち，労働者の労働は自己が望んだ労働ではなくて，資本家の強制によって，余儀なく行う労働で，屈辱性の労働である。労働者の自由創造の才知と知恵が抑圧される。美を創造する過程においても必然的に苦痛で，巨大な代価を払わなければならない。人間と自然，人と人の間に激しい矛盾があり，調和統一的ではないため，資本主義の資本に応じる分配制度は内容上醜い。

②**資本主義の分配制度は形式上も醜い**　形式美において，「比例」も重要な法則である。比例はあるものの全体と部分，部分と部分の間にある関係のことを指す。例えば，よく「バランスが良い」ということには一定の比例関係が含まれる。古代の宋玉は『登徒子好色賦』で「少し増やすと長すぎるし，少し減らすと短すぎる。おしろいをつけると白すぎるが，頬紅をつけると紅すぎる」というのはちょうどいい比例関係を描いたものである。魯迅は石友如という画家に対して，労働者の拳を頭より大きく描いていて，人物像が真実ではないと批判した。「プロレタリアーを描くとき，写実すべきであると思う。労働者の本来の外見にしたがうべきである。拳を頭より大きく描く必要がない」といった。そのことは画家の労働者の人物像への理解に問題があること以外に，比例への配慮のミスがある。そのため，人物像は真実ではないと感じられる。資本主義社会において，生産手段の私的所有による不平等があるため，財産分配の不平等をもたらす。資本家階級は無償で占有する剰余価値を資本に転化することによって，労働者が創造した剰余価値をより多く占有する。労働者は自己が創造する生産物を自己のものにできず，資本家のものにされる。労働者は自己と家族の生活を維持するための最低の賃金しかもらえない。労働者の労働は自己を過多にさせないが，資本家を金持ち

---

(10)『マルクス＝エンゲルス全集』第2巻，534-535頁。
(11)『魯迅美術論』人民美術出版社，37頁。

にならせる。労働者が社会化された大生産で創造した生産物は少数の資本家階級に占有される。一方では資本家階級は無限に富裕になるが，他方では無産者階級は相対的に，さらに絶対的に貧困になる。一方では少数の財団が無限の権利をもっているが，他方では労働者たちは「何の権利ももっていない」。資本主義の資本に応じる分配は所得格差，両極分化をもたらす。この分配制度そのものが比例のアンバランスであるため，形式上でも美ではない。要するに，資本主義の資本に応じる分配制度は内容上も，形式上も反調和，反形式，不協調，不適合であり，醜い。

(3)社会主義の労働に応じる分配制度は低いレベルの美である

①社会主義の労働に応じる分配制度は内容上低い段階の美である　　社会主義は搾取制度を消滅し，その労働に応じる分配制度も調和の美を体現する。マルクスが構想した労働に応じる分配の社会経済では，生産力は高度に発達し，すべての生産手段は全社会に所有する。商品と貨幣の関係は存在しない。労働は直接の社会労働である。この条件のもとで，労働に応じる分配モデルは以下の特徴がある。社会は労働者に統一的で，直接，個人消費品を分配する。等量の労働は等量の報酬をもらうという原則が一般化する。社会は社会の平均労働によって，労働者の社会総生産物の中にある所得の比率をきめる。労働に応じる分配は実物の形であり，貨幣形態が存在しない。労働に応じる分配は社会主義社会の唯一の個人消費品の分配方法である。社会は労働者が創造する社会総生産物にとって，各々の必要な部分を差し引き（単純再生産を維持する生産物，拡大再生産に必要な生産物，および社会共同消費に必要な生産物の差し引き）してから，残る部分は個人消費品として労働の数と質によって分配する。社会主義のこの労働に応じる分配制度は内容上美しいが，共産主義の需要に応じる分配と比べて，低い段階の美に属する。社会主義の条件のもとで，人間が人間を搾取する制度を消滅し，階級矛盾もなくなる。労働に応じる分配は「労働は多ければ，所得が多い。労働が少なければ，所得が少ない。労働をしなければ，所得がな」くなり，人々の主観上の需要は労働を通じて客観上満足され，主観と客観の統一した内容美になる。人々の労働は自己で望んでいるもので，強制的ではないため，労働の積極性も高くなる。

労働者の才知と知恵は十分に発揮されるし，高い効率も実現できる。人間と自然，人間と人間の間の矛盾は一定の程度で解決できるが，社会主義の段階ではまだ無料の「バイキング」は実現していないし，労働もまだ完全に人々の自覚とならないため，低いレベルの美に属するしかない。

②社会主義の労働に応じる分配制度は形式上低い段階の美である　社会主義の労働に応じる分配制度には経済の公平性が現れ，比例調和の形式美である。「労働の平等と生産物分配の平等(12)」を表す。このような起点，機会，過程と結果の各分野で差別もあるし，平等もある制度が資本主義の資本に応じる分配と比べて，客観上最も公平であり，比例調和の形式美である。だから，社会主義の労働に応じる分配制度は内容と形式との調和統一の美を体現する。しかし，それは共産主義の需要に応じる分配制度と比べて，まだ低い段階の美に属する。

(4)中国の社会主義初級段階の分配制度は初級段階の経済美である

①中国の社会主義初級段階の分配制度は初級段階の内容美である　現在，中国は社会主義の初級段階にある。生産力のレベルがまだ低いため，公有制を主体とし，多種の所有制が共存する経済制度を実行する。これも中国が社会主義初級段階において労働に応じる分配を主体とし，多種の分配方式が併存するからである。労働に応じる分配と要素に応じる分配を結合させ，…資本，技術などの生産要素が収益分配に参加することを許可し，奨励する。労働に応じる分配とは社会と集団が人々の労働の数と質によって個人消費分を分配することである。労働に応じる分配を主体とするというのは次のことを指す。第一，社会収入分配において，労働に応じる分配が主体である。第二，公有制経済において，労働に応じる分配は基本的な収入分配の方式である。第三，公有制経済において，労働者の個人収入は労働に応じる分配による収入を主体とする。労働に応じる分配を主体とする方針を堅持するのには重要な意義がある。それは社会主義の共同富裕の目標を実現する基礎であり，公有制を固めて，発展させる条件である。生産要素に応じる分配は物質手段を生産す

─────────

(12)『レーニン選集』第3巻，252頁。

るときに投入する生産要素の数によって収益を分配する方式である。各種の企業は各生産要素を使用する数量と比率が異なっているが,労働者,資本,土地など生産要素がなければならない。マルクスは「労働はその生産する使用価値の,すなわち素材的富の,唯一の源泉ではない。ウィリアム・ペティは,「労働はその父であり,土地はその母である」といった。つまり,素材的富は自然物質と労働者,二つの要素の結合である。土地と労働以外に,生産で使われるすべての物質手段,すなわち資本は,同様に素材的富の源泉である。物質生産に投入する生産要素の数量と機能を根拠とし,収益の分配に参加し,各生産要素に応じる多種の収入分配方式を形成する。労働を投入する人は,労働の数と質によって収入をもらう。資金と技術を投入する人は,その投入した要素の比例によって収益をもらう。経営能力が高い人は,経営収益によって社会生産物を分配する。これで,生産要素の所有権は経済上実現できる。中国は社会主義初級段階において「労働に応じる分配を主体とし,多種の分配方式を併存する。労働に応じる分配と生産要素に応じる分配を結合させる」という分配方式は,主観上に投入があると客観上に収益がある。主観と客観は調和の統一になって,内容上の美になる。

　②中国の社会主義初級段階の分配制度は形式上で初級段階の経済美を現す　中国の社会主義初級段階における分配制度は多様統一の形式美の基本法則に合う。多様統一は形式美の法則の高級形式である。単純一致,対称均衡から多様統一へは一から二へ,二から三へ,三から万物へと似ている。多様統一は生活,自然界の中での対立物統一の法則を現わす。全宇宙は一つの多様統一の調和の全体である。「多様」は各物の個性がそれぞれあることを現わし,「統一」は各物の共同性と全体の関連を現わす。多様統一は客観事物自身がもつ特性である。事物自身の形は大と小,四角と円形,高と低,長と短,曲と直,正と斜がある。質は剛と柔,粗と密,強と弱,湿潤と乾燥,軽と重がある。勢は急と緩,動と静,集と散,抑と揚,進と退,昇と降がある。このような対立の要素が具体な事物に統一すると,調和となる。ブルーノ（Giordano Bruno）は全宇宙の美はその多様統一にある。彼は「この物質世界はもし完

---

(13) マルクス『資本論』第1冊,57頁.

全に近似部分だけで構成すれば美ではないだろう。美はそれぞれ異なる部分の組み合わせで表す。美は全体の多様性にある」といった。さらに「自然は合唱団のリーダのように，反対の，高声と中声を合わせることにより，統一の，最高の，何よりも美しいハーモニーになる」と語った。多様統一の法則の形成は人類の自由創造が内容上日増しに豊富になることと関連している。人々はある複雑な生産物を作るとき，多種の要素を有機的に組み合わせることを要求する。乱れてもないし，単調でもない。多様統一は豊富であるし，単純でもある。活発であるし，秩序もある。この基本法則は変化及び対称，均衡，対比，調和，リズム，比例などの要因が含まれる。そのため，通常「多様統一」を形式美の基本法則とする。中国の現段階における分配制度は多種の形式がある。労働に応じる分配はその中の最も主要な分配形式である。他の分配形式はまた経営収益に応じる分配，資金に応じる分配，技術に応じる分配，労働力の価値に応じる分配，社会保障の原則に応じる分配などの形式がある。これらは労働に応じる分配形式への必要な，有益な補完である。これらのさまざまな分配形式を有機的に組み合わせて，中国の公平で，効率的な分配制度に統一する。これは多様性と統一性の結合であり，多様統一の形式美を体現する。だから，中国の社会主義初級段階における労働に応じる分配と生産要素に応じる分配とを結合する分配制度が内容美と形式美との統一であり，調和美を体現する。それは共産主義の需要に応じる分配制度と社会主義の労働に応じる分配制度と比べて，まだ初級段階の経済美に属する。この市場主導型の労働に応じる分配制度は目前の生産力の状況に合うものであり，目前の客観条件において最も適合する美の分配制度である。

　まとめると，富の分配分野における美は美の歴史性を体現する。共産主義社会において，社会生産物は需要に応じる分配，人間と自然，人間と人間の間で真の調和統一になるために，最も美しい。社会主義社会において，社会生産物の労働に応じる分配は，人間と自然，人間と人間の間にある矛盾が一定程度解決し，ある程度の調和になるために，美しいが，低い段階の美である。中国の現段階のような社会主義初級段階においては，労働に応じる分配を主にし，多種の分配形式を併存する分配制度を行っている。これは目前の生産力発展のレベルに合うものであり，実際に合致し，初級段階の経済美に

属する。しかし，資本主義社会において，資本に応じる分配の搾取制度を実行するために，人間と自然，人間と人間の間に大きな矛盾があり，調和統一とはならない。そのため，資本主義の分配制度は反調和，反形式，不協調，不適合であり，経済醜の表現である。

3 企業管理における経済美

(1)企業管理の美学基準

現代美学理論によると，自然美と社会美は同じ源泉である。ともに人類社会実践の産物であり，人間の本質の感性の顕現である。もちろん，企業管理美も人類社会実践の産物である。企業管理における経済美を研究することは，美学の観点で管理を評価し，美学の価値を管理の中で探究するものである。

美学の観点で現代管理を観察するのは時代の要求である。現在，管理，科学技術と情報は現代社会の三つの柱といわれる。管理は悠久の歴史をもっていて，人類の科学探究の鍵である。人類活動の各分野において，管理は幅広く，重要である。

①管理に美が含まれる　ある人は管理が一つの「文化」，すなわち企業文化であるという。あるいは，一つの「学術」，系統化の理論になり，一つの「仕事」，実務の技である。一つの「資源」，生産要素であり。一つの「科学」であり，一つの「芸術」であるという。管理は「指導」「決定」である。これらはただ管理の一般の意味から考えるものである。管理学者は経営と企業管理について他の見解を述べる。「フランス経営管理の父」と呼ばれるフェイヨール（Henri Fayol）は彼の五要素論で，管理が計画，組織，指揮，調和とコントロールであると認める。アメリカの管理学者であり，「現代管理の父」と呼ばれるバーナード（Chester I. Barnard）は，管理は組織を形成し，経営する問題である。一部の学者はアメリカの管理学者であるカヅのように系統観点から，管理を人間，機械，材料，金銭，時間，場所など関連がないものを一つのシステムにする過程であると見なす。一部の学者は，管理は一人あるいはより多くの人が他人の活動と協調して，一人でできない効果をえるために，行われる各活動である。以上の専門家は異なる学問あるいは異なる視角から管理を考察するため，管理について様々な論述あるいは定義を

あげた。生産方式の社会化と人類文明の向上にしたがい，人類認識分野の拡大にしたがって，人々の管理現象への認識と理解の差がより明らかになった。しかし，管理の定義から，管理は多要素の有機的な結合であり，中に多様統一の調和美があることがわかる。

②**管理における美を求める原則**　管理の研究と実践において，美学の原則を求めることは趨勢になり，このことは社会文明進歩のシンボルである。

(A)　社会の進歩，人類文明の発展は美学の観点で実務を遂行することを要求する。その中に企業管理の観察も含まれる。企業（管理）の優劣は企業のイメージと利益にかかわる。中国と日本，ドイツの自動車産業の企業を例にすると，産出から見ると，同じ産量の製品を製造する場合のエネルギーの消耗と原材料の使用および効用の消耗などは，中国はその両国よりかなり多い。その原因は一部の設備が時代後れであること以外に，主に管理が立ち後れ，美の管理が欠けることにもある。言い換えれば，美学の観点で管理主体，管理客体を評価して，管理目標および管理方式を規定することができないからである。

(B)　社会主義市場経済改革の推進にしたがって，企業管理における審美問題を重視することが要求される。社会主義市場経済を実行する企業は独立の法人格をもつ商品生産者あるいは商品経営者となる。企業は自己リスクを覚悟し，自己発展，自己決定しなければならない。市場の価額信号，利率信号，為替信号，供給信号などについて判断しなければならない。同時に，市場経済は優勝劣敗を意味する。市場競争の中で勝とうとするなら，絶えず開拓と進取の精神が必要である。美の管理で美の製品を生産する。美の販売営業で市場を占める。審美意識がないと，市場の海に沈没してしまう。

(C)　美学の観点で管理活動の発展を指導することを要求する。西側の科学管理精神を労働管理に使うことにより，人間労働の潜在能力は，徹底的に発揮される。しかし，管理をただ生産関係と理解し，「私は管理し，あなたが服従する」とするなら，あるいは管理をただ上部構造の規則と制度と理解し，すなわち「私は規定し，あなたが実行する」とするなら，実は管理される人を完全に支配される地位に置くようになる。このように単に利潤，効率を目的として，人間労働を強化するやり方は実は労働の自由の剥奪と人間労働の

一方的な分割である。主観を客観と調和させない。管理における経済調和美から離れていく。そのような上から下への官僚制の管理組織は厳しい等級秩序がある。その行為の原則は上級の権威と下級の服従である。この組織の中で，個人の感情と自発性は常に無視される。組織は個人を疎外して労働者の行為をコントロールする。労働者から強く乖離する，冷たい感じをさせる。労働者の労働熱情が抑制され，元気もなくなる。これらの消極的な気分は必然的に労働者に心理緊張と生理疲労を引き起こし，労働者の能力を低下させる。労働者は労働が嫌になり，関心を払わない，責任を取らない，いい加減にすることが増えている。多くの浪費が出るようになる。例えば，機械設備の損害，エネルギーと原材料の不合理消耗，不良品の増加，違法作業による障害や事故の発生など。もっと深刻な，無形の損失は労働者の創造力の束縛である。人間の自由の生命力のその基本的な特質はその創造力にある。受動的にいくつかの単純な機械的な動作を繰り返すことにより，労働者の創造欲望と創造力は抑制される。結局，全企業は活力がなくなり，止まってしまい，市場の競争力を失う。このように人間と労働対象，人間と人間の間に矛盾があると，人間の個性の発揮ができなくなる。これらは調和統一的ではないし，美学の法則にも合わない。

　管理における経済美学は管理の自律を要求する。上から下への管理組織を労働者の下から上への自治ネットワークに転化させる。上級の強制による実行の組織行為を個人および各システムの間の合理的な資源協調に転化させる。外在的で，他律の組織原則を労働者の幅広い参加の自己管理に変える。これらによって組織管理を高度化させる。そのため，次の三点が必要である。第一，権力を下に譲る。企業の責任者の手に集中している権力を組織の下部単位に譲る。責任者は協調権と重要な決定権しかもたない。第二，管理を単純化して，下部の労働者と上部の責任者との心理距離を近づかせる。第三，下部単位の独立性を強めて，労働者の間での責任のなすりあい，不満をいうなどマイナス面の感情を減らす。管理において美の法則を求めるなら，最大限に生産効率を高めることができるし，企業は大いに経済利益を獲得できる。イギリスの商用機械会社であるアイチカオ工場は20世紀50年代に作業拡大を実行する。従業員の積極性を高め，コストは下がり，製品の品質も高めた。

中国の紹興製鉄所は作業場を分工場に変えて、下へ権力の一部を譲ることによって、年間の純利潤を80万元以上増やした。南京のある燐酸肥料工場には72個の品質管理組がある。従業員が企業管理に幅広く参加できて、大いに生産積極性を高め、企業の収益が120万元以上増えた。日本第二製鉄所は従業員の自主管理集団－「品質管理圏」を成立し、一年で会社のために6800ドルを節約した。管理者は「我々は今までに従業員の手と足しかもらわなかったが、現在、品質管理圏では従業員の頭も獲得できる」といった。管理の自律化は労働者が企業の管理に広く参加できることを実現し、管理者と被管理者の間の厳しい、硬直した関係を解消し、労働者の主体性と人間関係の調和を強める。最も有効に労働者の労働熱情と労働欲望を喚起する。しかも全労働者の熱情と欲望を合わせて、統一の目標に向けることができる。主観と客観、心と物、感情と理智が調和に至る。人間と自然、個体と社会との調和、自由の美を表す。

(D) 審美教育を強めるのは企業発展の一つの原動力であるし、企業管理の重要な内容でもある。美育は広義からいえば、民衆のために美の環境を作り、彼らを薫陶と教育をすることを指す。狭義からいえば、主に学校の審美教育あるいは美感教育を指す。理論上いえば、美育は美学に従うべきであり、美学理論体系の一部分である。実践面からみれば、美育は教育に従うべきである。蔡元培先生は「美育者は美学の理論を教育に応用し、人の感情を陶冶し養育する目的とするものである」といった。また「陶冶と養育の道具は美の対象である。陶冶と養育の作用は美育という」といった。だから、美育は美学理論を使って、美の作品をもって人たちの感情を陶冶する。一つの企業の発展の原動力はさまざまである。労働者の審美意識を高めるのは労働者の素質を高める一つの重要な分野である。これには次のことが要求される。第一、正確な審美教育である。マルクス主義の美学理論で労働者の頭を武装することによって、美の鑑賞力と美の創造力を高める。第二、美を感じる直覚能力と美を鑑賞する分析能力を養成する。これは主に多くの審美実践活動によるものである。第三、美の表現と創造力の訓練は労働者に美の法則を正確に把握、応用させる。積極的に客観世界を改造し、生活の中で美を創造する。労働者は生産中で最も活発な、積極的な要素である。人間の審美能力は人類が

長い歴史経験と文化発展の全部の結果である。そのため，労働者の美育教育を強めて，労働者の素養を高めることを通じて，企業のイメージはよくなり，収益がより多くなる。

　上述のことから，現代社会が進歩し，人類文明が発展している現在では，企業管理の中で美学の法則が必然的にある。すなわち，企業管理中の経済美である。

(2) **管理における経済美は科学性と芸術性との統一を体現する**

　科学性と芸術性との統一は管理における経済美の体現である。管理科学を管理芸術とうまく結合させるだけで，管理における経済美を表すことができる。

　① **管理の科学性と芸術性**　　管理は科学性をもつ。

　(A)　管理の科学性は大いに生産の発展を推進する。本来人類社会の発展には法則がある。管理は生産の必要な条件として，社会の発展法則とも関連している。社会生産の発展は管理の発展を要求する一方で，管理の発展も生産の発展と社会の進歩を促進する。これは管理が科学性をもつ特性を十分に明らかにする。

　(B)　管理科学の特徴から分析すれば，それは科学性を有している。管理は応用科学知識の分野にある。例えば，F・W・テイラーを代表とする古典管理理論の原理は科学実験に基づいて打ち立てられるもので，人間を物として管理するいわゆる科学管理の方法である。その後の行為科学は心理学，社会学に基づいて打ち立てられるもので，人間を管理対象とする管理理論である。第二次世界大戦以後現れた現代管理理論は数学，統計学，コンピューターなどの学問を使って，その基礎によって多くの新しい管理技術が発展した。例えば，情報論，コントロール理論，システム・エンジニアリングなどがある。

　管理は科学性をもつが，厳格な意味で精確な学問とは言えない。それはまだ全部の管理行為と管理活動の内容を反映することができないからである。この一部の行為と内容は管理芸術と呼ばれる。管理の芸術性は多くの分野で表れている。

　まず，管理芸術は明らかに「個性特徴」がある。管理芸術はどんなに抜群

でも，感性経験の範囲を超えることができない。それは人間の直覚，経験と洞察力に基づくものであり，手工業の特徴から離れていない。同じ管理芸術は異なる人間に把握され，あるいは同じ管理芸術であっても同一の管理者に異なる時期で応用されると，異なる効果が生じる。これは管理芸術が明らかな「個性」をもつことを表し，管理者の個人創造力を体現する。管理芸術の内容が豊富で，多様で，創造的であるし，非規範化，非モデル化でもある。

次に，管理において，ある問題は客観上精確化，定量化しにくいことである。決まった順序もない。例えば，人間の潜在能力と行為，人と物の偶発事故，各偶然事件，管理システムにおけるランダムフィードバックなどである。これらの問題は管理芸術を通じて解決するのである。

最後に，ある管理問題は定量化，プログラム化で処理できるが，認知能力と認識道具による制約性があるし，人間により決められ，反映される事物の定量モデルと順序も制約性がある。この制約性は管理の芸術性によって解決できる。

もちろん，管理の芸術性を強調することは管理の科学性を否定するわけではない。実は管理芸術性は一定の科学基礎の上での管理技能，テクニックである。それは数学の精度をもたない管理作業の才能である。管理科学性は管理芸術の規範性，理論化，系統化である。管理の科学性は管理の芸術性と差異があるし，関連もある。相互に合わせ鏡のような弁証法統一の関係である。ここでもし管理活動における科学性と芸術性の関係を管理科学と管理芸術の関係に上昇させれば，認識論から考察すると，管理芸術は経験性質（感性）を表わすが，管理科学は理論性質（理性）を表わす。管理芸術はどんなに抜群でも，個人感性，経験の範囲を超えない。管理科学は管理芸術を一般的させ，理論の形にする。管理科学は管理芸術によるものであり，管理芸術はまた管理科学まで上昇しなければならない。これは両者の認識論上にある弁証法関係である。実践の観点から見れば，管理科学と管理芸術との関係は仕事中の原則性と融通性との対立統一に現れる。管理科学は法則性を有し，管理の原則であるため，堅持しなければならない。そうしないと，科学とは言えなくなるし，仕事のレベルアップをはかることもできなくなる。しかし，仕事の実践中に実際状況に合わせることがよくあるので，管理者の管理芸術を

発揮し，融通性を要求される。原則性はなくて，科学性を無視し，でたらめに指令を出すのはいけない。融通性をなくして，管理科学をドグマとするのもいけない。管理科学は管理者についてその決定をし，管理を実施する時に定量分析を必要とし，事物の数量限界を確定し，異なる程度，規格，範囲の管理を実行することを要求する。ところが，管理芸術は定量分析を捨て，複雑な事物関係の中から判断する管理技能である。だから，管理の科学性が必要だし，管理の芸術性も大事である。

②科学性と芸術性との統一は管理における経済美の表れである　美学の原理にしたがい，全世界は美しい。世界は散逸構造であり，弁証法の法則に従って絶えず運動，変化，発展している。管理における科学性と芸術性はこの美の生動的で，活発的で，動態的な表れである。

(A)　管理科学美は管理芸術美と世界美の反映である。人類の歴史を見て，管理科学であっても，管理芸術であっても，ともに歴史的に人類は大自然美の道を探るときに，ある分野あるいはある成果を反映する。マリー・キュリーは科学の探索研究はそれ自身に最高の美が含まれているといったことがある。

(B)　管理科学と管理芸術は科学の魂を含むだけではなくて，芸術の光に輝いている。各管理者は管理している時，自己の管理芸術のテクニックと手段をもち，異なる形をとる。これらの形は管理者の優れた知恵と才能の光に輝いているため，高い審美価値をもつ。

(C)　管理の科学性と芸術性の特性から見れば，それらは真理性，形象性，調和性，歴史性，多様性をもっている。これらの特性は美の特徴の表現である。

(3)管理における経済美と醜は管理の二面性によって決まる

　マルクスは管理が二面性をもつ。すなわち，管理の自然属性と管理の社会属性であるといった。この論断は非常に重要である。二面性理論は実際に資本主義生産方式の条件の下で，管理の精華と数を識別し，管理における経済美と醜を評価する尺度を与えてくれるし，社会主義の条件の下で，先進国の管理経験を手本とし，受け入れるとき，方向も明示してくれる。

マルクスは『資本論』において「協業」を分析するとき，資本主義生産の基本的な方式中で，その管理は二面性をもつと指摘した。彼は「…資本家の指揮は，内容から見れば二面的である－それは，指揮される生産過程そのものが，一面では生産物の生産のための社会的労働過程であり，他面では資本の価値増殖過程であるという二面性をそなえているためであり形式から見れば専制的である。協業がいっそう大規模に発展するにつれて，この専制は，それ独自の諸形態を発展させる」（マルクス『資本論』第3冊，新日本出版社，1983年，577頁）といった。マルクスがここで指摘した管理の二面性は管理の自然属性あるいは生産力属性と管理の社会属性あるいは生産関係属性である。この論断は資本主義の生産関係を分析してから得たものである。唯物主義歴史観の高みから管理の本質を指摘し，管理史上一つの永遠の価値をもつ命題である。もしこの命題で美学の側面から資本主義制度における管理を見れば，美の分野はあるし，醜の分野もある。

　まず，管理の自然属性あるいは生産力属性の面からみれば，管理活動は人々の共同労働によって始まったものである。どんな社会であっても，社会関係を結成し，目的をもつ実践活動を行おうとするなら，人々の間に分業と協業があって，「協調」「指揮」のような管理活動がなくてはいけない。そのため，管理は生産力発展を推進する必要な要因となる。もちろん，管理のレベルは直接労働協業による生産力水準と効率へ影響を与える。高いレベルの美の管理は生産力の水準と労働効率を向上させ，少ない資源，時間を使ってより多い財貨を作り出すことができる。現代経済先進国の発展を見渡すと，豊富な資源，高い素質の労働者と先進的な科学技術がある以外に，重要な要因は高い水準の美の管理を使用していることである。だから，管理の自然属性は，生産労働そのものの法則性を反映し，社会制度に制約されないものである。管理は楽団の指揮者のようなものである。その指揮棒によって，各種の異なる楽器は相互に協力し，美しい楽章を演奏し，多様統一，調和の美を現わす。

　管理の社会属性は階級関係によって決まり，生産関係の影響に制約される。マルクスは，すべての直接生産者である労働者が生産手段の所有者と対立することによって樹立した生産方式の中で，監督労働を生み出すのも当然であ

ると指摘した。資本主義は生産手段の私有制によって，資本家階級が管理を大事にする唯一の目的はより多くの賃金労働者の剰余価値を獲得することである。労働者は監督され，圧迫される状況で働いている。資本主義の初期において「テイラー主義」があった。労働者の労働強度を強くする。日本において仕事のプレッシャーが大きすぎで，「過労死」現象が現れる。中国の外資企業においても経営者が出稼ぎ労働者を圧迫する管理方式もある。これらは労働者の個性を発揮できないし，労働生産性も制限される。人間と自然，人間と人間の間に矛盾があり，調和の美とはならないため，醜である。

社会主義の管理は資本主義生産に基づいて発展したものである。同様に大規模機械生産の特徴をもつ。その自然属性は，資本主義の管理とはそれほど異なっていないが，社会主義市場経済は管理の科学化およびマクロ調整をより強めることが要求される。

管理の社会属性から見れば，社会主義の生産目的は最大限に人民の日ましに増大する物質文化への需要を満足させることであり，生産手段の社会主義公有制を主体として，多種の所有制経済が並存する形を取っているため，それは社会主義の管理主体と客体の相互連動の関係を決定した。すなわち，労働者も管理に参加し，管理により強い民主性と自由度をもつようになる。管理の最終の目的は労働者を全面的に発展させ，管理における経済美をより高いレベルまで向上させる。主観と客観と一致させ，調和の美となる。

美は調和であり，多種の関係の総合平衡であり，「雑多を統一し，非協調を協調させる」[14]発展の過程である。管理において，もし全体の統一系統が協調性をもたなければ，個別の一部が優れていても，全体に美感を与えることができない。管理は多種要因が相互に協調統一する関係である。調和，全体，秩序，完璧に進行することが要求される。これは管理システムの協調の経済美である。

---

(14) マルクス『一八八四年経済学―哲学手稿』46頁。

第6章　システム論と経済学方法論

　システム科学はシステムを研究と応用対象とする科学技術の一分野である。自然科学，社会科学，数学のように，現代科学技術体系中の一つの新興の科学技術体系である。システム科学は三つの段階，多くの学問と技術によって構成される。①工程技術段階—システム工程，自動化技術，通信技術は直接に客観世界を改造する知識である。②技術科学段階—オペレーションズ・リサーチ，情報論とサイバネティックスは工程技術を指導する理論である。③基礎科学段階—システム学。システム学はシステムの基礎属性と一般法則を研究する学問であり，すべてのシステム研究の基礎理論である。

　システム科学の確立は人類が客観世界を認識し改造する能力を強化し，科学技術と経済の発展を促進する。これらはマルクス主義哲学を発展させ深化させる。システム科学そのものは自然科学の内容をもつし，社会科学の内容ももっている。その研究は重要な科学的意義をもつ一方，国家経済と人民の生活や人類生存環境の利用に対しても現実的意義をもっている。

　経済システムは他のシステムと同じように一定の環境の中に存在している。本章は主に経済システムと環境の関連，経済システムの内部関連からシステム科学の経済システムへの応用を探ることによって，新たなシステム経済学の枠組みを作り上げる。

I　システム論と経済学方法論の概要

　システム経済学はその独自の「システムのパラダイム」とシステムの思考，システム「全体」の方法論を出発点とするため，全方位，広視角，全面的，客観的に多くの複雑な社会経済現象の本質と経済システムの法則を提示できる。実際，マルクス主義政治経済学の名作『資本論』には多くのシステム思想が含まれている。

第6章 システム論と経済学方法論

1 経済学方法論におけるシステム思想の回顧

システム思想はマルクスの『資本論』の科学体系を構成する極めて重要な方法である。マルクスは『資本論』の中で,「社会有機体」「構造」「機能」など多くの現代システム科学に通用する概念と範疇を提起し,「全体法則中のシステム効果」など現代システム科学における多くの重要な原則までも述べていた。

経済学方法論の個体主義は従来から西側の主流派経済学の方法論の原則であり,古典経済学の分析方法は還元法を土台とし,「経済人」の分析を通じて,古典経済学の個人利己主義の方法論の基礎を定めたが,現代科学と経済学との結合が日ましに進化していくにつれ,全体主義方法論はますます経済学者に重視されている。

本節でマルクス政治経済学方法論の最高成果である『資本論』および近代経済学体系におけるシステム思想を探る。

(1) システム思想の発展史

システムは世界の万物の存在の一つの方式である。1980年に中国の有名な学者である銭学森教授が中国システム工学会を成立してから,システムや,システム工程などの概念がしだいに幅広く使用されている。「システム」(System) の英語は古代ギリシャ語 (systēma) からである。各部分により全体を構成するという意味である。古代ギリシャの哲学者であるデーモクリトスは彼の『世界大システム』において最初にシステムという語を使った。システムは一般的に認識,方法,スタイル,秩序,ルールなどの意味がある。それは混沌 (Chaos) の反対語である。システムは相互関連,相互作用する要素(部分)によって構成され,一定の構造と機能をもつ有機的な全体である。

システムの概念は長い歴史を経たが,科学概念として使用されるのは20世紀である。科学者がシステムを明確に研究対象とするのは20世紀30年代から始まった。その時,理論生物学者のベルタランフィ (Ludwig von Bertalanffy) は,生命の本質は有機体全体であり,重要な科学成果の中にシステム思想が含ま

れることも述べた。実際，中国にも素朴なシステム思想が古代からあった。

システム思想とは「システム」概念の哲学の総括であり，「システム」概念の精髄でもある。弁証法唯物主義は，一切の事物，過程，さらに全世界は相互関連，相互依存，相互制約，相互作用の事物と過程によって形成する統一的な有機体全体，すなわちシステムであると認識している。このように世界が普遍的に関連していると見なす全体性思想はシステム思想である。単純にいえば，システム思想は問題や仕事が相互関連している各部分により構成されるものと見なす。これらの部分は自己組織における内外環境と相互作用のネットワークで見られる。システム思想は部分と全体との弁証法的統一の思想である。実際は，我々は問題を分析，処理するとき，このように考える。システム思想は歴史が長いし，人類思想文明発展史はそれに豊富な思想素材を提供している。長い人類社会の発展過程において，人々はいつもシステムに関わっている。それは四つの発展階段を経た。

　①素朴な全体思想　最初の全体思想は古代人類の社会実践経験からである。人類は生産活動の中で，いつも各自然システムに関わることによって，しだいにシステムを知り，システム問題を処理する経験を積んで，素朴な全体思想が生まれた。例えば，古代バビロン人と古代エジプト人は宇宙を一つの全体とみなす。医学上の名作である『黄帝内経』では人体の各器官の有機的な関連を強調した。秦代の李氷親子が監工した都江堰ダムはシステム工程の基本思想をあらわしている。古代農事，医薬，工程，天文などの領域では，ある程度素朴なシステム思想の自発的な応用が反映される。古代中国，ギリシャとローマの哲学著作で素朴なシステム思想もみられる。古代ギリシャ弁証法の創始者であるヘラクレイトス（Heraclitus）は『自然について』という著作で「世界は一切の全体を含む」と述べた。古代ギリシャの唯物主義者であるデーモクリトスの『世界大システム』という本は「システム」という言葉が最初に使用された著作であった。古代ギリシャの思想家であるアリストテレスは「全体はその各部分の合計より大きい」という名言を提起した。彼は「四要因論」で事物の生起変化の要因を説明する。一つは質料因である。つまり事物はどんなものから構成されるのか。二つは形相因である。つまり事物はどんな形式構造をもつのか。三つは動力因である。つまり何の力によ

り一定の質料，一定の形式構造を取得するのか。四つは目的因である。つまり事物はいかなる目的で存在するのか。アリストテレスの全体論，目的論，認識論と四要因論は古代の素朴なシステム全体思想の最高の表現形式である。中国古代において，システム思想の哲学論述も多かった。春秋戦国時代の思想家の多くは自然界の統一を強調する。『易経』は陰陽五行八卦論で世界の統一を説明しようと試みた。老子は「道」で万事万物を統一した。彼は「道は一を生じ，一は二を生じ，二は三を生じ，三は万物を生ず」と語った。

②**機械的なシステム思想**　15世紀以来，近代科学が盛んになり，部分に分けて孤立的に事物を研究する方法は，古代の素朴な，システム的に，全体的に事物を考察する方法に取って換った。この方法は哲学上で形而上学の思考になる。それは機械論の視角から自然を認識し，自然を機械性のシステムに描いている。例えば，17世紀初頭の哲学者 T. ホッブズ（Thomas Hobbes）は力学と幾何学の原理を使って物質およびその運動を解釈し，物質運動は単純な機械運動であり，外力によって動かせるとした。デカルト（Rene Descartes）は人体を一部の機械にたとえた。ラメトリ（La Mettrie）は『人間機械論』の中で人間，動物，大自然を機械にたとえて，機械の原理でそれらの全体運動を解釈する。機械的なシステム思想は克服できない限定性をもっているが，人類システム思想発展の通らなければならない段階である。

③**弁証法的なシステム思想**　19世紀前半に自然科学は巨大な成果を挙げている。特にエネルギー保存の法則，細胞学説，進化論の発見により，客観世界への一般的関係が提示されてくる。19世紀の自然科学はマルクス主義哲学に豊富な素材を提供した。システム思想は弁証法唯物主義の構成部分となる。

宇宙は一つのシステムである。エンゲルスは『自然弁証法』の中で「宇宙は一つのシステムであり，各物体の関連しあう総体である」と指摘した。

(A)事物は一般的相互関係，相互作用によって有機的な全体を形成する。スターリンは「弁証法は自然界を関連ある統一の全体とみなす。その中で各対象あるいは現象が相互に有機的に関係し，相互に依存し，相互に制約している」と述べた。

(B)運動形式のシステムの描出。エンゲルスは『自然弁証法』の中で，物質

運動の形式を単純から複雑へ,低級から高級への形で区別し,機械運動,物理運動,科学運動,生命運動,社会運動の五つの形に整理することによって,自然界の関係をシステムの形で描き出している。

(C)社会システム理論。マルクスとエンゲルスは社会を一つの有機的なシステムとみなしている。社会は「一切の関係が同時に存在また相互に依存する」「一つの統一的な全体」であると認識している。マルクスは『経済学批判』の「序言」において社会発展のシステム形式は五つの社会形態が相継いで交替して前進すると書いた。マルクスの名作である『資本論』は資本主義を一つの社会有機体としてシステム的に研究する。それはシステム思想を体現する完全な巨著である。

④定量化のシステム思想　20世紀以来,科学技術はおおいに発展して,人々の認識対象を絶えず複雑化させる。人々は大範囲,大システム,複雑システムおよび不確定な要因をもつ問題に直面する。これによって定量化のシステム思想が客観的に出現する。現代科学技術はシステムの定量的研究のために,現代数学理論,コンピューターなどの有力な道具を提供しただけではなく,観念上の変化まで引き起こす。20世紀30年代末,戦争に用いるために,科学者たちはレーダーシステムを開発した。その後,20世紀40年代末,大型の通信ネットワークの拡大につれて,概念を蓄積し,一つの総体を構成した。それは科学者に「システム工学」と呼ばれる。これらの仕事において方法論が初めて提起された。すなわち,一つの工程が進行する時のルートである。システムに対して定量的研究をする学問はまだ多くある。例えば,サイバネティックス,情報論である。特に20世紀60-70年代以来,散逸構造論,シナジェティクス,カタストロフィー理論,ハイパーサイクル,カオス理論,フラクタル理論,ソリトン理論,ヴェーブレット解析などの理論,技術はシステムの定量的研究を徐々に発展させ,完全にしている。しかし,システムの定量的研究はシステムの定性的分析を排除しないし,通常両者を結合して問題の解決ができる。今日,複雑な巨大システムを処理できる有効な方法は定性,定量を結合するシステムの研究方法である。

中国の有名な科学者銭学森はシステム科学の確立と発展に多大な貢献をした。銭学森はシステム思想とシステム方法を使って事物発展のより一

般的な法則の探求に力を尽した。彼は現在あるシステム研究成果をまとめ，総括する上で，20世紀70年代末，最初にシステム科学体系の段階構造を提起した。

人類社会の生存発展の基礎は経済である。そのため，システム科学は経済学と結合することも当然である。

(2)マルクス経済学におけるシステム思想

『資本論』はマルクス政治経済学方法論の最高の成果である。その体系は巨大で，内容は広くて豊かである。その優れた理論研究と科学的な革命の結論が全世界に影響を与え，変革するまでに至る。その科学業績と偉大な意義はその研究自身を称賛させる。『資本論』の研究はその著述時間が長期にわたった。システム思想はマルクスが『資本論』の科学体系を構成するための極めて重要な指導思想である。資本主義生産方式，この人類歴史上の最も発展的で，最も複雑な生産様式に対して，マルクスは彼の全体主義の方法論を使っていた。この方法論の重要な特徴は対象についての全面的な把握及びその歴史の具体的な関係の再現である。

①マルクスの『資本論』構成の科学体系の原則—システム思想

(A)『資本論』は，資本主義生産様式は雇用労働を搾取して剰余価値を獲得することを特徴とする経済循環の大システムであると示した。

マルクスは『資本論』のはじめに「資本主義的生産様式が支配している諸社会の富は，『商品の巨大な集まり』として現われ，個々の商品はその富の要素形態として現われる。それゆえ，われわれの研究は，商品の分析から始まる。」と書いた（前掲『資本論』第1冊，59頁）資本主義社会において労働力は商品になる。資本家は無償でもらった剰余価値の一部を拡大再生産に投入し，より多くの労働者の剰余労働力を引き続いて無償で占有する。労働力を基礎とする商品生産の所有法則は資本主義的取得法則へ転換する。資本主義生産過程は絶えず蓄積，しかも自律実現するシステム過程になる。

この生産過程中の循環は流通過程でさらに拡大する。広義の流通は資本が増殖するための流通過程と生産過程における形態変化の全過程を指す。つまり，生産過程の前後に売買の過程をプラスするのである。そうすると，自己

循環の生産システムはより大きなシステムに入る。これは個別資本の典型的な変化及び循環である。資本は運動体であるため、いつも貨幣資本、生産資本、商品資本に形態交替して変化し循環している。同時に、産業資本の現実循環は単なる生産過程と流通過程の統一ではなく、その三つの循環形態の統一である。資本循環の時間上の継起性、空間上の併存性、数量上の合比例性は一つの完全な、永遠に止まない循環運動システムとなる。個別資本の運動システムの交錯によって、社会総資本システムの運動を形成する。社会総資本システムの運動はより複雑な特殊の条件と法則に制約される。それは資本の流通システムを含むだけではなく、一般的商品流通システムも含む。資本価値の流通システムを含むだけではなく、剰余価値の流通システムも含む。生産消費システムを含むだけではなく、個人消費システムも含む。マルクスはシステムの抽象法をもちいて資本の単純から複雑へ、低級から高級への循環運動システムを総括したのである。

(B)『資本論』における、全範疇群の間にある矛盾の発展はシステムの特徴を現わす。

『資本論』における科学範疇の関連、発展、運動はシステム思想を基本原則とする。マルクスはこのように指摘した。労働の二重性の矛盾は商品の二つの要因－使用価値と価値の矛盾を引き起こす。その矛盾の内的発展は必然的にその外部的対立を引き起こす。そうすると、一極は商品世界であり、もう一極は貨幣世界であるという矛盾システムを形成し始める。貨幣は資本になってからも、労働の二重性に基づく矛盾は続く。労働と資本との矛盾→労働と価値増殖過程との矛盾→生産の社会化と生産手段の私的所有との矛盾→資本主義の一連の他の矛盾…経済危機→資本主義はその歴史の使命が終わる。

マルクスは経済範疇の配列を、その全資本主義生産様式の発展における地位と作用のみで考えるだけではなく、現代資本家階級社会総体における役割をより十分に認識しておかなければならないとした。そのため、単に厳格に歴史に合うという理由で、「経済範疇を歴史上の順序で配列してはいけないし、それは誤っている。それらの順序は逆にその現代資本家階級社会における相互関係によって決まる。この関係はそれらの自然順序あるいは歴史発展の順序とは正反対である」と指摘した。つまり、経済範疇の順序はその異な

る社会形態の継続交替の配列が，歴史上にどのような地位をもつかということではないし，「観念上」における順序でもない。それらは現代資本家階級社会の内部構造，関係における地位と作用にある。確かに，マルクスが生きている時代にはシステム科学がまだ誕生していないが，『資本論』における一連の科学範疇の関連，発展，運動はシステム思想をその基本的な原則としている。

②『資本論』は「社会有機体」「構成」「機能」など現代システム科学に通用する一般的な概念と範疇を多く提起した

(A)マルクスは先に「社会有機体」「社会的生産有機体」などの概念を提起した。生物の有機体の発展を資本主義の生産様式と類比し，説明することによって，システム思想を人類社会経済分野において適用するようになる。

ベルタランフィの現代一般システム論は，システムは発生，発展，消滅の法則があると認識している。マルクスは生物システムの発展法則を借りて，資本主義社会の段階性を示唆した。マルクスは「現在の社会は堅い結晶体（crystal）ではないが，それは変化できて，しかもよく変化している有機体（organism）である」，分配の様式は社会生産有機体自身の特殊な方式にしたがい，生産者の相応した歴史発展程度にしたがって変わっている」。システム科学の出現は偶然ではなくて，現代科学技術の発展に関わっていて，人類思考の論理発展の必然の結果である。マルクスが生物発展の法則を人類社会発展の法則と類比したことは従来にない方法である。

(B)マルクスはシステム，要素，段階，構成，機能，動態，均衡，秩序，ランダムなど現代システム科学の一部の基礎概念を使って，資本主義の生産様式という巨大なシステムを分析する。

『資本論』では機械性の労働手段の結合を生産の骨格システムと呼ぶ。労働対象とする容器，例えパイプ，たる，かご，かめなどの結合を生産の脈管システムと呼ぶ。マルクスは合目的労働，労働対象と労働手段を労働過程の単純要素という。マルクスは大機械体系を異なる要素を組み立てるシステムとみなす。マルクスは「もっぱら伝動機械設備を媒介として一つの中央的自動装置からその運動を受け取る諸作業機の編制された体系として，機械経営はそのもっとも発展した姿態をもつ。ここでは，個々の機械の代わりに一つ

の機械的怪物が現れるが，そのからだは工場建物に広がり，またその悪魔的力は，最初はその巨大な分肢の荘厳で慎重な運動によって隠されているが，無数のそれ自身の労働器官の熱狂的な旋回舞踊となって爆発する」（前掲『資本論』第3冊，新日本出版社，1983年版，661頁）と語った。

　マルクスは生産について分析をするとき，段階，構成，機能などの概念を大量に使用した。例えば，マルクスはこう指摘した。異なる社会経済形態のもとで，各自の商品資本，貸付資本と地代があるが，それらは異なる段階，構成において，機能も異なっている。商業資本を例にすると，前資本主義社会において，商業は支配的な地位をもつが，現代社会に置くと正反対になる。段階，構成の差異が機能，作用の差異をもたらす。前資本主義社会において，商業は生産様式中の交換の媒介であり，詐欺と略奪の機能をもち，旧生産様式を崩壊させる作用がある。現代社会の商業は産業資本から分離され，独立の資本形態である。それは産業資本と一緒になって，労働者を搾取し，資本主義の生産様式を補充し改善する。

　マルクスは社会的再生産の均衡問題を研究するとき，社会的再生産の二大部門はその客観的な現実運動の中で価値を実現するだけではなく，素材を補填もしなければならない。それで社会的再生産は正常に行われると認識した。社会的再生産には一連の均衡が必要である。マルクスは，二大部門の内部にある均衡問題を論述したし，再生産条件における蓄積と消費の素材補填と価値補填がどうやって均衡を保つことができるかという問題を詳しく検討した。

　現代システム科学の中でランダム，秩序は共に重要な概念である。『資本論』の中でマルクスの法則に関する論述はこれらの概念を述べる手本である。資本主義私有制のもとで，いつも必然性は支配的な地位を占める。そのため，必然性について総括すれば，必然性の内的な法則が認識できる。ランダムは必然性の分析中で基本的な概念であり，また法則は秩序の一つの安定した表現方式である。明らかに，マルクスはこれらの概念と範疇を一つの有機な全体の資本主義生産様式のなかで分析したのである。

　③『**資本論**』においてシステム原理を多く論述した
　(A)現代システム原理の中には全体は部分の総合より大きい，すなわち，全体創発原理という原理がある。マルクスは資本主義そのものが一つの巨大な

システムであり、このシステムには成分が多く含まれる、すなわち子システムである。各子システムそのものは一つの有機体でもある。労働生産力を例にすれば、それは「中に労働者の平均的熟練程度、生産過程の社会結合、生産手段の規模と効能、及び自然条件」が含まれると考える。これは有機的に結合している全体であり、単純な線形性の重ね合わせではない。この中から、以前の要素及び単純な重ね合わせによっては生まれない新たな性質を生みだす。これが全体創発効果である。それは要素の間の、及びシステムと環境との間の複雑な非線形性の作用によって引き起こされる。例えば、生産過程の一つの社会的結合は協業である。協業は新しい生産力を生む。マルクスは「個々別別の労働者の力の機械的な合計は、多数の働き手が、分割されていない同じ作業で同時に働く場合——たとえば、荷物を持ち上げたり、クランクを回したり、障害物を取りのぞいたりするような場合——に展開される社会的力能とは、本質的に異なっている。この場合、結合された労働の効果は、個々別々の労働によってはまったく生み出されないか、またははるかに長い時間をかけてようやく生み出されるか、もしくは小規模でしか生み出されないか、であろう。ここで問題なのは、協業による個別的生産力の増大だけではなくて、それ自体として集団力である生産力の創造である」（前掲『資本論』第3冊、新日本出版社、1983年版、567頁）と述べた。

(B)現代一般システム論は各有機体が厳しい等級によって組み合わされ、等級構成あるいは階層構成をもっていると考えている。マルクスは階層の観点で、資本主義の生産関係を説明した。マルクスは唯物史観に立ち、弁証法を使って、階層の手段と方法を使って、資本主義生産の有機体を体現する経済範疇と法則について厳密に考察し、位置付けた。『資本論』の第1巻の中で、マルクスは一般商品生産と資本主義商品生産を別の段階に置いて、科学的にこの異なる段階を労働力商品化によって結びつけ、商品所有法則から資本主義占有権へ転化させることを完成させた。『資本論』第2巻の中で、マルクスは固定資本と流動資本）を異なる段階におき、個別資本の循環と回転を説明し、社会総資本再生産を科学的に分析する。『資本論』第3巻の中で、マルクスは利潤および平均利潤論を提起した。剰余価値という抽象的な形態は利潤、利子、地代など剰余価値の具体的な形態とつながり、両者の転形問題

を科学的に解決した。マルクスはこの一連の複雑な経済問題を相応しい地位と正しい関連の中に置き，これらの問題を単純化し明確にした。

(C)現代システム自己組織化理論は，システムが環境に適合し，生存発展しようとするなら，まず環境中の物質，エネルギー，情報との交換を安定と秩序化された方式で行うことが要求され，内部調節メカニズムをもつ必要もあるとする。マルクスは生命システムの自己組織化原理を使って人類の社会生産を説明し，資本主義生産様式の運動法則と特徴を提示した。マルクスは「労働は，第一に，人間と自然とのあいだの一過程，すなわち人間が自然とのその物質代謝を彼自身の行為によって媒介し，規制し，管理する一過程である」（前掲『資本論』第2冊，新日本出版社，1983年版，304頁），「われわれがその単純で抽象的な諸契機において描出してきたような労働過程は，諸使用価値を生産するための合目的的活動であり，人間の欲求を満たす自然的なものの取得であり，人間と自然とのあいだにおける物質代謝の一般的な条件であり，人間生活の永遠の自然的条件であり」（前掲『資本論』第2冊，新日本出版社，1983年版，314頁）と語った。マルクスは，人類社会生産は一つの自己組織であり，労働は人類と自然とのあいだの物質代謝の媒介であると認める。資本主義生産様式のもとで，人間と自然との物質代謝は新しい特徴をもつ。

資本主義生産様式の自己組織システムは環境に適合しない。資本主義生産様式のもとで，人間と自然界との物質交換は商品の形をとる。無産階級は何ももっていないため，労働力を資本家に売らなければならない。労働力商品が現われてから，単純再生産と拡大再生産において，商品所有法則を資本主義所有法則へ転化する。それによって資本蓄積が可能になる。資本蓄積の一般的法則は必然的にプロレタリアーとブルジョアジーとの厳しい対立をもたらす。一方では大量の生産物は売りだせず，ついには焼却，廃棄されるが，他方では貧乏人はこれらの生産物を買おうとしても買えないのである。資本主義生産様式はこのような無秩序の方法で人類と自然界の物質交換を行っている。

つぎに，資本主義生産様式は自己組織システム内部とも協調していない。資本主義生産は人類の需要を満足させることにより廃絶されるのではない。

それは利潤を生産,実現する要求により廃絶されるのである。この矛盾はそれ自身にある。マルクスは「矛盾は…資本主義生産様式は,…生産諸力を絶対的に発展させる傾向を含んでいる…,実存する資本価値の維持およびこの資本価値の最高度の増殖…を目的とする,ということがそれである」。しかし,「この生産様式がこの目的を達成するのに利用する諸方法は,利潤率の減少,現存資本の価値減少,すでに生産されている生産諸力を犠牲としての労働の生産諸力の発展,を含んでいる」(前掲『資本論』第9冊,新日本出版社,1983年版,425頁)と述べた。つまり,資本家は利潤率を高めるために使っている諸方法はより大きい規模で,より速いスピードで利潤率を低下させるだけで,結局,資本の命をなくすしかない。

自己組織原理によれば,マルクスの資本主義生産様式が必然的に滅亡していく歴史的趨勢があるという結論は当然のこととなる。

マルクスにとって,資本主義経済は一つのシステムであるため,資本主義経済システムを反映する経済理論システムを構築しようとすると,システム思想を基本原則としなければならない。資本主義経済理論体系をシステム理論で現わす。これはマルクスの経済システム思想の中心内容である。

(3) 近代経済学におけるシステム思想

①古典経済学者は「唯科学主義」という方法論を懸命に求めて,「経済人」を基本仮定とし,演繹体系の公理化を建てた。それにより個体主義方法論は長い間欧米主流経済学の方法論の原則になった。

ドイツの旧歴史学派(19世紀40-60年代)は古典学派が提供した概念について抽象的で一面的だと非難した。例えば,経済関係についての分析は利己主義という抽象的な概念に基づいていて,精神,道徳,利他主義などの要素の影響を無視したものである。歴史学派は自己の研究方法を提起した。すなわち,歴史的方法である。彼らは,事物は相互に関連している有機体であるため,分析するとき,総合的で,帰納的な方法しか使えないとした。

つぎに,制度学派は「経済人」についても強く批判した。ウエブレン(Thorstein B Veblen)からみれば,新古典派の完全競争体系,その純潔な「経済人」は事実把握にとって有効な表現ではない。新古典派理論そのものが現

代社会を有効に解釈できないだけではなく，社会の真相についての検討にとっても有害である。この結果をもたらす根源は非歴史的で，単純化された「経済人」の人間性観と個体主義を出発点とする方法論にある。新制度主義は，個人が「経済人」である前に，まず「社会人」と「組織人」であると考え，単に個人の動機から経済法則を発見しようとするのは「木を見て森を見ない」という一面的な思考法であると結論した。制度主義者はマクロ経済現象の総量はそれ自身，合理的な実証性があると認識している。これは還元論と全く異なっているもので，ケインズ革命のために発展の場を造ったのである。

20世紀30年代に，ケインズは伝統経済学の個体主義の分析方法を克服して，総量分析方法を使って総供給，総需要，総生産，総収入，総消費，総投資，総貯蓄，総就業などの一連の総量を分析した。ケインズのマクロ経済の弾力性分析方法は数量分析から経済現象の内的関係を説明する。過去の数量分析に基づく線形性方程式の制限が破られた。ケインズは乗数を投資増加によって所得，就業量が倍数的に成長する投資乗数分析に使用するとき，非線形性理論の中にあるカオスの「初期条件への敏感依頼性」に近づいている。ケインズのマクロ経済学はいくつの点で現代システム経済理論と一致している。

ケインズ経済学は古典経済学と比べて，極端に走ったが，「全体」という概念から出発し，ミクロ経済行動も全体経済に決定的な影響をもたらすことを認識した。

つぎに，開放経済，すなわち国際貿易要因を導入して全体経済システムの運営状況を強調し，経済行動，特にマクロ経済行動を一つの開放のシステムとみなして考察する。

さらに，経済システムの非平衡性を強調するのもケインズ革命の重要な特徴である。一般的にはミクロ経済学は平衡概念を重視し，その中心は需給の平衡である。しかし，ここでいう均衡や平衡概念は等しい，不変，無差別とは異なっている。それは利潤最大化の状況と条件，つまり，経済システムのある特定の安定状態から他の動的安定状態への臨界点を反映するものである。例えば，ミクロ経済学における限界効用と限界費用との平衡あるいは均衡がそれである。

ケインズ経済学はこの完全競争のもとでの平衡あるいは均衡の理想状態さ

第6章　システム論と経済学方法論　235

え捨ててしまった。セーの「供給＝需要」という法則を徹底的に批判して，総需要が総供給を決めるという思想を提起した。ケインズ経済学によると，この非均衡，非平衡はシステムを有利に進化させるのではなく，最終的に経済システムを「全面崩壊」させる。

　伝統ミクロ経済学の「見えざる手」への厚い信頼を捨てて，より政府の管理とコントロールを重視する。ケインズ主義の管理とコントロール理論は全体管理理論あるいはシステム管理理論ではないが，財政政策のマクロ経済管理とコントロールへの働きを強調したものである。

　それは財政政策の拡張を主張している。これは政府管理の政策であるし，非均衡の財政政策でもある。主に一般的状況では資本主義経済は有効需要不足に陥るとして支出，消費と赤字予算を拡大する方針である。

　同時に，その反対の場合，つまり資本主義のインフレ，物価上昇，就業拡大，物資不足などの状況では，ケインズ主義は「裁量的財政政策」を提起した。すなわち，具体的な状況によって政府の支出を拡張するか，引き締めるか決めたり，税種税率を変えたりして，「反循環」の対策を用意したりする。つまり，インフレ期が来る前に積極的に政府の支出を削減すると同時に，税収を増やしたり，利子を高めたりする。不況期が来る前に積極的に支出を拡大すると同時に，税収を減らしたり，利子を下げたりする。経済不況期になると赤字財政予算のインフレ政策をとり，好況期になると黒字財政のデフレ政策をとるわけである。

　このような財政政策も一つのシステム財政政策である。各財政年度の収支均衡を追求するわけではなくて，全体の景気循環における経済均衡を実現させるからである。ローズヴェルトの「ニューディール政策」後のケネディ政府はこの思想を発展させた。すなわち，全体の景気循環の予算均衡を追求するのを目標としない。経済不況を解消し，景気循環を緩和するために断続的で，切れ切れの裁量的赤字財政政策をとる一方で，経済成長を刺激することを目的とする連続的で，総合的な積極的赤字財政政策もとる。

　ケインズ主義は財政政策を主にして，中央銀行の貨幣金融政策による経済へのコントロールと管理機能も強調している。それは三つの内容が含まれている。一つはミクロ経済面であり，つまり選択的管理である。二つ目は宣伝

と扇動である。三つ目はマクロの一般的な管理である。マクロ貨幣管理からいえば，ケインズ主義は通常中央銀行の割引調整，公開市場操作，中央銀行の法定準備金率の調整など多面的な措置を通じてその目的を実現させる。しかし，ケインズ経済学は資本主義の「スタグフレーション」には何もできなかった。

　もちろん，ケインズ主義は真のシステム経済理論ではない。これには二つの原因がある。一つは，資本主義制度はケインズ主義の「政府経済学」を実施している間に失敗する可能性がある。資本主義制度では，国家はマクロのコントロール計画を実現することができないため，最終的にはマクロのコントロールは財政あるいは貨幣政策しかとられない。これによりケインズの「政府経済学」が行政，経済，法律を一つにするシステム経済学になるのは不可能である。二つ目はケインズ経済学そのものもミクロ経済学と反対の一面性をもっている。

　②新古典派総合（Neo-classical synthesis）あるいはポストケインズ派主流経済学（Post-Keynes mainstream economics）は明らかに折衷，総合の特徴がある。それはケインズの経済変動を中心とするマクロ経済学をマーシャルなどの均衡価格を中心とするミクロ経済学と総合させようとする。この総合性の基礎は，現代資本主義は単なる個人私有制ではなくて，私有制経済部門以外に，多くの資本主義経済は国家に管理される公共部門があることによる。そこに，新古典派総合という経済学が生存し発展する現実の基礎―「混合経済」があった。この理論の基礎はケインズ主義の所得決定理論と完全雇用理論である。これは新古典派総合に一つの「結合点」を与えた。そして，これは新古典派総合経済学が経済全体の中の具体的な生産構成及びその形成過程を，全体の社会経済総量，例えば総生産量，総所得，総雇用量と総合させる基礎を提供した。ミクロ経済学とマクロ経済学の「大きな溝」がこれで埋められる。彼らから見れば，ケインズ経済学は短期と比較静態分析だけに当てはまるし，経済大恐慌の時だけに当てはまるのである。ケインズのマクロ経済理論モデルによって作った政策措置に頼るだけなら，戦後の複雑多岐な経済情勢に対応できなくなる。彼らは戦後の資本主義が公私共同経営の「混合経済」であるため，単なるケインズのマクロ需要管理理論，あるいは単なる古典主義のミクロ市場均衡理論は通用しない。政府の「需要管理」による経

済への干渉作用を強調する一方で，市場メカニズムの商品需給への調節作用も保つことによって，「完全雇用」に基づく「安定経済成長」を実現させると考えている。

　新古典派総合が主に直面しているのはケインズ経済学が解決できない「スタグフレーション」問題である。このような状況になると，拡張的政策を使って需要を刺激し，失業を減らそうとするならば，インフレに火に油を注ぐようになる。もし引き締め政策を使って需要を抑制し，インフレを抑えようとするならば，失業がより深刻になる。どちらを選んでもジレンマに陥ってしまうのも当然である。新古典派総合から見れば，「スタグフレーション」には三つの原因がある。一つは異常な部門変動である。主に生産資源の供給に異常な変動が起こることを指す。例えば，ある生産要素の供給が異常な変動を起こした（例えば石油不足と価格急騰）。それによってコストプッシュ型インフレを引き起こし，この製品に関連する生産部門の生産量を削減したり，雇用者を減らしたりして失業者が増える。二つ目は財政支出構成の変化である。例えば，政府の財政支出の項目に変化が起きて，危機をもたらす。三つ目は市場の不完全性と構成の変化である。このような状況によって，新古典派総合はマクロ政策の「伸縮的組み合わせ」とマクロ政策のミクロ化の方法をとった。「伸縮的組み合わせ」というのは，一つは「伸」的財政政策と「縮」的貨幣政策との組み合わせであることを指し，もう一つは「縮」的財政政策と「伸」的貨幣政策との組み合わせであることを指す。マクロ政策のミクロ化というのは，主に一つの市場あるいは一つの部門の具体的状況によって，異なる財政政策や貨幣政策を制定し，失業やインフレについて区別して扱うのである。これはシステムエンジニアリングである。それは次の内容が含まれる。徴税方案を区別して扱うこと。例えば，異なる目標に対して異なる徴税方法をとったり，異なる税率を制定したり，個別的に徴税範囲を調整したりする。政府の支出を区別して扱うこと。これは主に生産力を促進する場合や，就業機会を作って失業を減らす場合に使われる。福祉支出を改善すること。例えば，失業期間の長さによって異なる失業補助を実施したり，「負の所得税」の方案をとったりする。低所得の家庭には収入を補助する。異なる貨幣政策で区別すること。例えば，異なる利率を制定することによっ

て，異なる業種，部門の貸付条件と貸付量をコントロールする。未熟練労働者あるいは技術をもたない失業労働者に対して再訓練し，「構造性失業」を解消しようとする。

③新ケンブリッジ派のシステム思想

新古典派総合に対立する新ケンブリッジ派もリカード，マルクスとケインズ経済学の総合と交流を実現させてきた。当時の資本主義における主な問題が経済の大不況と失業問題であるために，ケインズは経済成長と就業問題を重視していた。新古典派総合はそれを現代所得決定論の重要な根拠であると考えている。ところが，新古典派総合は所得分配という重要な問題を見落としていた。ケインズ（ポーランドの経済学者カレツキの思想まで遡れる）は所得分配を重視する思想を展開させ，拡大させた。さらにそれに基づいて資本主義において金利生活者がいない文明社会へ移行する政策を研究し，制定する。彼らは資本主義の経済成長は「豊富の中の貧困」をもたらすことは間違いない。その原因は所得分配の失敗にあると思っている。資本主義社会の弊害を排除しようとするなら，所得分配制度の改革を行わなければならないと考えている。彼らは改善対策や提案を提起した。そのため，新ケンブリッジ派も「ケインズ左派」（「第二次ケインズ革命」と自称した）と呼ばれる。

新ケンブリッジ派は確かに新古典派総合の致命的な問題を発見した。新古典派総合は国民所得の一般的な成長あるいは限界生産力の分配しか重視しなかったし，資本主義の所得構成には触れなかった。しかし，それこそ資本主義の「消費需要不足」の主要な原因である。新ケンブリッジ派は新古典派総合が真に「豊富の中の貧困」を解決できないとみなした。この点で彼らはマルクス主義経済学の影響を受けている。彼らは分配論が価値論と一致すべきあるいは分割できないと考えている。学派の代表人物であるジョーン・ロビンソン（Joan Robinson）とピエロ・スラッファ（Piero Sraffa）の『商品による商品の生産』における生産価格理論はリカードとマルクスの価値理論の「重要な発展」である。彼らは労働価値論の批判と継承に基づいて「基準合成商品システム」という構想を提起した。資本主義制度のもとで賃金と利潤は対立しているため，単なる経済成長では国民所得の分配構成がますます資本家に有利になると考えて，政策面から新古典派総合の自由経済の容認に反

対する。それはただ収入分配の不均衡，不合理をさらに拡大させると認識しているからである。他方政策面から新古典派総合の総需要の調整と賃金―収入物価の管理という政策に反対する。それはただ労資関係の矛盾や収入と分配との不合理，不公平を深化させると考えている。それで，二つの改善処置を提起した。一つは厚生対策を強めることと現行の税収制度を改善することによって，できるだけ所得の平準化を実現させ，「豊富の中の貧困」を減らす。例えば，税制面では累進税制と相続税を改善するなどの方法で財産が集中しすぎるのを克服する。他方，投資に対して全面的な社会管理を実行する。それによって経済の盲目的な成長，国民経済の軍事化，生産資材の浪費と環境汚染などの問題を克服する。ケインズ以後の資本主義先進国家において国民収入の三分の一が公共部門に入るため，国家投資によって個人投資の比率を変える可能性は大きい。

④全体主義方法論におけるシステム思想

まずシステム論の専門家が，そして哲学者が，最後に経済学者が最新の自然科学成果を利用して，社会経済システムを全体の方法で研究する。彼らは経済構成の全体性の機能を機能結合システムで描き出す。多くの全体市場経済構成がこのような相互作用，相互関連の機能結合ネットワークの総合である。さまざまな経済理論とモデルはこの巨大な経済関係の機能結合ネットワークの単純な処理によって得た結果である。経済システムは百万以上の個人と組織の相互作用によって決まるが，各個人と組織はまた数千以上の商品と数万以上の生産過程にかかわるため，個体の行為は孤立した存在ではない。ただ完全に個体の行為を認識するだけでは全体の経済システムの進化状態を把握できない。実際には，全体の中にある各個体は全体の規則に制約される。全体の規則は全体の特徴と各個体の特徴を決定する。全体の中で各個体に与える属性は，これらの個体が全体以外に独自に得た属性よりはるかに大きい。だから，経済学研究は経済現象への全体的な把握を強調し，全体の規則のもとでの個体の行為に注意を払わなければならない。

経済学は二つのシステムを分ける。ブルジョア経済学とマルクス経済学である。マルクスは経済学の革命を完成し，資本主義制度を分析する経済学体系を作った。彼の名作である『資本論』には豊富なシステム思想がある。し

かし，マルクス本人の計画によれば，その経済学は定性分析を主にする。ブルジョアジー経済学に属する近代経済学は他の学問のように，しだいにシステム思想，全体の思考法，情報，サイバネティックス，フィードバック，合理化，数量化，モデル，負のエントロピー，非均衡，開放巨大システムなどの概念と方法を取り入れる。一部のブルジョアジーの学者はいくつかのシステム経済の思想を提起したが，理論上のシステム化は達成しなかった。

　近代経済学の基礎と前提は19世紀の自然科学と技術をその背景とした。科学技術の進歩にしたがって，経験，感性，実在に基づく経済学はさまざまな挑戦と危機に直面している。この状況から脱出する道が現代システム科学方法の経験を取り入れることにある。

2　システム経済学の方法

　経済システムは多要素，多段階の複雑システムである。現在ある経済理論で経済の複雑な現象を解釈するのは非常に困難である。どうやって現代の科学技術を使って経済システムの発展進化の規則を探究するのか。それは現実と理論に対して意義ある課題である。システム経済学の研究対象は複雑な行為をもつ経済システム内部およびその環境との相互関連，相互制約の規則であり，安定と秩序の構成を形成する条件と特徴である。

　経済システム概念の提起はシステム科学思想の経済学における反映である。あるいはそれは経済学が現代科学思想を取り入れる結晶である。経済システムという用語は広く使われているが，今日まで一般的に認められる経済システムという定義はまだない。本章では経済システムが経済要素とそれらの間にある経済関係によって共に構成する全体と定義する。通常経済要素の集合を経済システムのハードといい，それらの間にある経済関係をソフトという。

　一般的にいえば，ある経済システムをより正確に表現するために，それが置かれている環境を明示すべきである。経済システムの環境は経済システムの歴史と由来，および自然的，経済的，社会的，政治的な環境などが含まれる。数学用語でいえば，経済システムの環境というのはそれの初期条件と限界条件である。経済システムの環境はその数学表現で変数とされている。

　現実には，各経済システムは自己の初期条件と限界条件をもっている。あ

る経済システムに相応しい理論がそのまま別の経済システムに当てはまることはできないかもしれない。各学派や理論体系は各自の初期条件すなわち適用条件がある。これらの適用条件を満足すれば，理論が成立するし，正確な答えが出せる。これらの前提条件を満足しなければ，理論は成立できない。数学定理のように，その概念や適用範囲を満足すれば，定理は必ず成立する。逆の場合には定理は成立しない。ある特定の状況の下で，実際の状況に接近している学派あるいは理論体系のほうがより実際問題を解決できる。

　システム経済学の対象によって，システム経済学は次のように定義ができる。複雑システムから秩序構成（自組織）を研究する一般理論と非直線性理論（カオス理論，フラクタル理論）を使って，経済システム内部及びそれと環境の間にある相互関連，相互制約の規則と，安定と秩序の構成を形成する条件と特徴を検討する現代経済学である。システム経済学の科学理論体系をつくろうとするなら，現代科学の方法論を使わなければならない。

　現代科学方法論というのはシステム科学方法論である。マルクス主義哲学思想の指導に基づいて，現代科学哲学方法論流派の合理的部分を吸収し，システム論，情報論，サイバネティックスを基礎として，現代数学とコンピューターを道具として20世紀30年代以降の科学方法について系統的に総括することによって作ったものである。

　現代科学方法論あるいはシステム科学方法論はまだ発展途上で完成されていないが，システム経済学の科学理論体系の確立が現代科学方法論を用いた結果であることはわかる。システム経済学の方法は次のような特徴をもっている。

(1) **複雑システム構成は統一的な全体とみなされる。**
　散逸構造論の創始者であるイリヤ・プリゴジン（Ilya Prigogine）教授は非均衡システム中にある単純と複雑，部分と全体の弁証法関係を検討する時に，複雑性と全体性の研究の重要性を強調した。散逸構造論はこの点で一般システム論の観点とは全く一致している。

　一般システム論は全体性と有機性を強調し，直接機械論の単純化傾向を批判して樹立したものである。一般システム論の創始者であるベルタランフィ

のシステムを各部分の混合ではなく，一つの全体として研究する見方は現代科学の見方と一致している。それは現象を狭い意味で孤立してとらえず，相互作用を考察し，ますます大きくなる一部の自然界を研究しようとしている。システム研究で多くの専門的な現代科学成果が同じようになる傾向が見られる。…システム研究の専門的な方法を深く探究するのは今日の科学の方向である。19世紀の科学の特徴が自然の基本的な形式と過程を研究するのと同じように。システム論が強調している全体性原則，相互関連原則，秩序性原則と動態原則は散逸構造論と同様の魅力をもっている。そのため，中国の有名な科学者である銭学森は散逸構造論をシステム科学の一つの物理学理論基礎とすることができると考えている。

　一つの複雑システムを多くの小さな個体の単なる直線性の組み合わせとみるのは良くない。各要素の間に関係がないのではなくて複雑な相互作用をもっているからである。例えば，フィード・バック，自触媒，自組織，自己複製などである。一つの複雑システムについては全体性の研究が必要である。熱力学は複雑システムの全体研究の始まりである。散逸構造論は離散している平衡状態の複雑システムにおいて各粒子の間の作用は非直線性の特徴をもち，大量の粒子の協同動作が含まれているコヒレント状態（例えばレーザ）であるとし，全体性と複雑性の研究を行っている。

　唯物弁証法の観点によれば，全体と部分との関係は対立物の統一の関係である。両者の統一性は全体が各部分により構成されることで現らわされる。全体の性質は総合的に部分の性質を反映する。両者の相違と矛盾性は各部分による全体の構成が，各部分の和に等しくないところにある。

　プリゴジンは非平衡状態熱力学を研究する時に局所平衡仮定を提起した。その中にも全体と部分の関係問題が含まれている。非平衡状態システムのエントロピーを求めるために，プリゴジンはマクロ非平衡システムをマクロの観点でみると十分に小さく，ミクロの観点では十分に大きい局所に分ける。各局所上においては，十分に小さいから平衡システムとみなし，時間要素が度外視できる。ミクロにおいてもまた十分に大きくて，粒子が多く含まれているために，マクロ熱力学システムとみなすこともでき，マクロ熱力学関数で表現できる。積分によって非平衡システム全体のエントロピーをえる。こ

のようにすれば，一つの平衡と非平衡の関係を解決したように見え，そこには一つの全体と部分の関係が含まれている。

　プリゴジンは西側の古典的科学を中国の伝統的自然哲学と比較して，西側古典的科学が「実体」（例えば，原子，分子，素粒子，生物分子など）を強調し，対象を各種の単純な要素に分解して研究することに関心をもっていることを指摘する。中国の伝統的自然哲学は「関係」を強調し，全体の強調と協力を研究することに関心をもっている。中医理論の経絡学説，臓腑理論は人間の全体性や人間と環境の協調性に非常に興味を持っていると述べた。だから，プリゴジンは現代科学革命が実験，分析と定量公式を大事にする西側科学伝統と一つの「自発的組織がある世界」を強調する中国の伝統的哲学と結合し，新しい総合を実現させること，それは時代の科学精神であり，新しい自然哲学と自然観をもたらすと主張した。

　システム経済学も同様の認識である。中国古代では人間生命の全体性の認識，それを反映している中医理論は中国古典哲学思想の自然科学の完全な反映である。中国古代では戦争の全体性の認識，それを反映している『孫子兵法』はまた中国古典哲学思想の社会科学での完全な反映である。中医と『孫子兵法』は現代システム論と協同論の最初の形態と民族形式であるといえる。例えば，『孫子兵法』は戦争の運動は上下，兵員，兵種，精神と肉体，頭脳の協同作用であると認識している。このような古典的全体観は優れた歴史モデルを提供した。社会経済システムは広い内容をもつ複雑システムである。全体観でシステム内部の各段階の有機関連を扱うのも必要である。『孫子兵法』が指摘した戦争の法則は完全に社会経済システムに適用できる。『孫子兵法』で描いた「五事」を中国の現代社会経済システムに応用すると，「道」というのは政治（社会主義民主を提唱すること）のことである。「天」「地」というのは科学（生態と生物気象，資源と環境など）のことである。「将」というのは人材のことである。「法」というのは法制のことである。これらは発展戦略を決定する出発点である。システム経済学の応用は複雑システムの構成を統一された全体として経済分析を行なうことである。このこともこの弁証法精神に合致し，システム科学方法論の観点が強大な生命力をもつことを反映している。

(2)複雑システムの分析は定性，定量の二つの分析を含む。

　客観的に存在している一切の事物は質と量の統一体である。一定の質と一定の量のないものは存在しない。システム科学理論は，いつもできるだけ数学言語と数学手段を使って問題を定量的に精確に表現する。社会，経済，軍事領域を含む多くの複雑なシステムへの研究が定性から定量へ進むことにより，人類の認知水準をより高い段階に引き上げる。定性分析と定量分析はシステム分析を行う不可欠の両面である。数学は客観対象の一切の質的な特性を捨てて，量的な考察と分析をおこなって，客観世界の量的規則性を提示する方法である。だから，システム分析の中で定量分析を軽視する傾向は間違っている。

　自然科学研究において，数学と数学的方法は自然界を認識する必要な手段になった。社会科学では，近代社会科学史上，数学方法はほとんど使われていなかったが，現在，その社会科学での応用はますます広がっている。人類の社会活動を定量的な分析で行うなら，質と量の両面からその本質を把握し，その規則を提示することができる。数学と哲学，社会科学の間に一連の学際的な学問が現れる。

　一つの経済システムも質と量の統一体である。そのため，すべての経済概念，経済範疇あるいは経済規則は質的な規定性と量的規定性をもっている。定性分析ができるところで，対応的な定量分析を行うべきである。

　システム経済学において数学方法が経済学における主要な分析方法であり，経済学への定性分析にとって定量分析が不可欠である。量的概念がなければ，定性分析も正確にはならない。経済学で数学の使用は必然である。経済学においてよく使われる最少損失，最大効果は数学の最適化問題である。統計規則は経済現象の中に現れている。それはミクロの統計を通じてマクロ経済の本質を確定できる。それは統計規則によって決まるものである。経済現象の中の必然性は動力学で描ける。経済現象の偶然性は確率変数を実数中のある値と関連させ，この値の変化から確率変数の内的規則性を反映する数理統計方法で解明できる。システム経済学は経済の定性と定量分析を緊密に結合することを強調し，より精確な科学になっている。

　マルクスは数学に対してユニークな研究を行ったことがある。彼は「ある

科学は数学をうまく使うだけで,真に完全になれる」と語った。

　マルクスは数学を最単純の一般から具体的な演繹科学に上昇することを保障するもの,および関数関係の表現方式として利用する。そのため,質と量の統一から数量変化の関係を分析し,質と量の両面から経済発展の規則性を認識し把握し,経済現象あるいは経済過程に適用し,この方法はマルクス主義哲学の弁証法精神とも一致している。

　(3)**複雑システム規則の認識は三つの特性に依拠しなければならない。**
　複雑システムの特性およびその規則性は認識しにくい。しかし,科学者はこのような信念をもった。すなわち,世界の一切の自然現象は単純な原理によって基礎を作ったものである。これらの自然原理は認識される。もし我々の原理構造が実在を把握できることを信じないなら,我々が世界の内的調和を信じないならば,科学がなくなる。このような信念は一切の科学創造の原動力である。複雑システムの規則性を認識するためにはシステムの最普遍,最基本の属性を考えなければならない。複雑システムのこれらの特性は次のように総括できる。①全体性(構成性,段階性,相関性を含む)。②協同性(動態性を含み,秩序性を反映する)。③相似性(統一性を含む)。

　20世紀以来,特に第二次世界大戦以後,複雑システムを探究するために,科学の視角は大いに広がっている。この時期,科学技術の相互関連と浸透は強まり,科学技術の総合化と全体化の進行を速くした。基礎科学,例えば,数学,物理学の影響が目立つようになる。それらによってシステム論,サイバネティックス,情報論などの学問が発展してくる。これらの学問はまたより広い範囲すなわちシステム科学に属する。

　複雑システムを研究するために,科学者は特に自然科学と社会科学の,哲学観点,マルクス主義の弁証法的唯物論で考察する必要である。それは同時に現代科学の発展または哲学の進化と発展も促進する。複雑システムを研究しようとするなら,社会科学も不可欠である。長期に,自然科学と社会科学は離れている。ドイツのハーケン学派がシナジェティクスを確立してから,自然システムと社会システムが同一原理,すなわちシナジェティクスによって支配されることがわかった。シナジェティクス理論によって,部分と全体

の関連を考察するなら，支配システムが単純から複雑へ，低級から高級へ，無秩序から秩序へ安定して発展させる最も本質のものが協同作用であり，システムの主な特性は協同性であることがわかる。階層性，構造性，安定性，秩序性は協同性と関連する。

システムの協同性は各複雑システムまで拡大できる。これは物質世界の統一性を証明している。全自然界は数えきれない異なる物質によって構成する相互関連の統一体である。統一性原則によって，既知のシステムで明らかになった規則性を使って，未知の各複雑システムの規則性を認識し，提示できる。一つの既知の複雑システムの基本理論，規則，方法を真似するだけで，複雑な未知システムを速く解釈できる。この属性は相似性という。相似性あるいは類似性は理論，規則，定律，概念，方法の普遍的適応性でもある。数学の用語でいえば，同型である。構造類似性は技術，生物，社会，経済など各分野であらわれている。

このような類似性によると，人々は一つの分野において別の分野の過程を設計できる。この過程はその分野と似ていて，別の分野でも同じようなことが起きるのである。例えば，人々はいくつかの機械装置をつくって，それらをある社会経済過程の方式を真似て動かせる。その装置はアナログコンピューターあるいはアナログ機といわれる。流体力学装置を使って国民経済内部にある各部分の間の流通過程をまねして，拡大再生産のある問題を解決することができる。貯水池に液体がたまるということは生産品の在庫を示している。貯水池の液体が少なくなることは在庫品が減っていることを意味しているなど。この方法以外に，電力ネットワークにある電流で水流にかえることもできる。電流強度（あるいは仕事率）はネットワークのある点で測定したものである。同じように，ある物理現象（例えば流体力学分野において）を物理学における別の支系の中にある現象（例えば電気現象）で表現するのである。こうすると，流体力学装置は電気装置に代えられる。この二つの装置はともに経済過程のモデルとすることができる。

以上から見れば，事物の統一性から相似性を演繹する。これに基づく「公理方法」は未知の複雑システムを解決する，および各事業を成功させる鍵になるかもしれない。以上の複雑システムに対する三つの主要な特性の認識に

第6章　システム論と経済学方法論　247

基づいてシステム経済学は散逸構造論，シナジェティクス，ハイパーサイクル，カオス理論，フラクタル理論など既知の理論，定律，概念，方法を使って未知の現代経済システムを分析することができるようになる。

(4)複雑システムの発展は四つの法則に従う

　複雑システムの発展には法則がある。法則は現象における普遍的で安定的なつながりである。宇宙のすべての事物は普遍的に関連している。各事物はこうして周りの他の事物と相互に関連している。ところが，事物間の関連はすべて同じわけではない。事物の普遍的な関連はいろいろである。内部関連と外部関連，本質関連と非本質関連，必然関連と偶然関連，主要関連と副次関連，直接関連と間接関連などがある。それらの事物の存在が発展に与える作用は異なっている。事物の存在と発展過程において事物自身の法則は支配的な作用を発揮している。法則性は事物の内部的で，本質的で，必然的な関連である。事物の相互関連の考察から離れると事物の運動，変化と発展の法則性は把握できなくなる。

　宇宙の中に発生している一切の物質運動の変化過程は現代科学の基準によって，機械的，物理的，化学的，生物的，社会的な運動形式にわけることができる。人類社会と経済発展は自然界と切り離せない関係をもっているため，システム経済学の客観的な社会経済システムの発展は実際には上述の各運動形式を含んでいる。それは自然法則，社会発展法則と経済法則に制約されている。経済システムは経済法則を有するし，自然法則と社会発展法則にも作用している。そのため，経済科学のなかで数学，物理学，生物学，さらに心理学，社会学など一連の科学成果を応用するのは当然である。

　マルクス主義の哲学は世界観のシステム化と理論化の学説である。それは世界の一切の物質運動，変化，発展の普遍法則を総括し，科学研究に正しい世界観と方法論を提供した。正しい世界観と方法論はまた科学研究に正確な方向性を与える。全科学体系においてマルクス主義哲学は最高レベルの学問であり，すべての科学の普遍法則を総括し，各学問の発展を指導できるものである。経済科学を研究するとき，同様にマルクス主義哲学思想の指導のもとで行うべきである。自覚的に唯心主義と形而上学の影響を排除することに

よって，戦略上の誤りを避ける。毛沢東は「事物の矛盾法則，すなわち対立物統一の法則は唯物弁証法の最も根本的な法則である」と語った。対立物統一法則は弁証法の本質であり，弁証法の核心である。唯物弁証法の一切の法則と範疇，例えば量的変化と質的変化，肯定と否定，本質と現象，必然と偶然，原因と結果などは対立物統一法則の具体的な表現である。もし対立物統一法則の基本内容を全部理解すれば，唯物弁証法の真実が根本からわかるようになり，マルクス主義哲学がわかるのである。毛沢東はその後さらに「マルクス主義哲学は対立物統一法則が宇宙の根本法則だと認識している」と明言した。システム経済学が経済システムを分析する時に，平衡と非平衡，無秩序と秩序，線形と非線形，確定性と不確定性，局部と全体などを重要な範疇として，その弁証法関係を研究するのはマルクス主義古典作家が述べている対立物統一法則という宇宙の根本的な法則によって行っていることになる。

　次に，一切のシステムの発展は必然性と偶然性によって決まる。事物の相互関連と発展過程においても必然性と偶然性は同時に存在している。事物の因果関係も必然関連と偶然関連のなかにある。必然性は事物の内部的で，本質的な原因によって決まる。それは必然的な発展趨勢であり，事物の発展過程において支配的な作用をしている。偶然性は事物の外部の原因によって引き起こされるものである。必然性は大量の偶然性を通して発現する。偶然性は事物の必然性の関係を反映する。だから，科学研究を行うとき，必然性の要因を大事にする一方で，偶然性の要因も無視してはいけない。チャンスをうまく，しっかりつかんで，至る所でよく観察し，偶然事件をよく考えて，偶然には必然があることを信じることは，科学者が必ず銘記すべき信念である。もし主観的に必然性しか信じなくて，偶然性を排除するなら，生き生きしていて，さまざまに変化している偶然性を必然性と結びつけることができなくなる。経済システムにおいて大量の，偶然性があるランダムな現象から経済活動の法則を見つける。システム経済学はミクロの統計によってマクロの性質を提示する。これは統計法則の役割であるし，経済学中の応用統計論の客観的な基礎でもある。数理統計が経済学で応用できることはこの客観的な基礎によって決まる。統計の作用を強調しすぎるのは誤っている。統計論において処理するのは相互に関連のない，独立した事象であり，しかもラン

第6章 システム論と経済学方法論 249

ダム的で，大量的なものであることに注意しなければならない。厳密にいえば，マクロ経済システムにおける各ミクロ要素は上述の仮定に完全には当ってはいない。システムにおける各々の子システムは相互に関連し，各々の子システムの空間と時間とは同時に存在している。各々の子システムの転換には一つの確定した時刻がある。統計論は各々の子システム空間のある時刻の状態やマクロ時空の中にある相互作用を描出することができない。だから，統計論のマクロシステムへの考察はまだ厳密ではないし，完全ではない。これによって，ミクロとマクロとを統一させる，完全な理論が要求される。システム経済学は統計学と動力学との結びつきが，上述の経済学の問題の解決の助けとなると考えている。シナジェティクスという理論は統計学と動力学をつかって，ミクロからマクロまでの考察をおこなう。考察の対象は「大量」である必要はない。それは時間，空間，機能から物質システムの発展変化の法則性を描出する。そのため，それは厳密に，完全に物質システムを描出でき，ミクロからマクロへの，厳密又は科学的な考察方法になった。散逸構造論は統計論しか使わない。動力学の考察はない。それはマクロから始まるために，システムのミクロからマクロへの発展変化過程を精確に考察することができない。

　最後に，生物学革命は社会経済発展にも大きな影響を与える。21世紀以後，生物学の世紀が現れるかもしれない。生物エネルギー，生物農業，生物工業の出現にしたがって，人類社会の生産と生活方式が変えられる。生物学の進化原則は経済学，現代管理科学など各科学に適用するようになる。それは新しい観点で社会経済進化発展の良性循環を研究する。社会経済システムは人間生命システムと本来的には共通性が多くある。①両者はともに非平衡システムである。②両者はともに入力出力と情報フィード・バックがあり，代謝機能をもつ有機体である。③各々の子システムを比べるなら，機能の相似性をもっている。例えば，人体の神経システムは管理情報システムに相当し，各部分と全体の行動を協調し，指揮するなど。④各々の子システムの間の関係は一つが他を決定し，制約することによって一つの循環する全体を組み立てる。循環は一旦中断すると，代謝も中断し，生命力もなくなる。中国の伝統的な医学の陰陽五行学説は生命体の相互関連の特徴を反映している。すな

わち，生命体は外界環境の作用のもとで子システムの間の相生相克の，開放の循環体である。例えば，中国医学理論における金，木，水，火，土は五つの最も基本的な子システムを抽象的に代表すると見られている。木は火を生じ，火は土を生じ，土は金を生じ，金は水を生じ，水は木を生じることによって，一つの循環を完成した。これは一つが他を決定する順循環関係である。木は土に勝ち，土は水に勝ち，水は火に勝ち，火は金に勝ち，金は木に勝つことによって，一つが他を制約する循環関係である。各子システムと全体システムはともに内部に対しては協同的で，外部に対しては開放的である。しかも，ともに陰陽，正負，虚実など対立する二つの分野の相互作用，相互協調がある。もしこの原理を経済学分野に応用するならば，蓄積，生産，分配，交換，消費と五つの基本の部分に分ける。それらの関係は，蓄積は生産を決定し，生産は分配を決定し，分配は交換を決定し，交換は消費を決定し，消費は蓄積を決定する循環であり，一つが他を推進して運動発展する良性循環である。逆に，蓄積は分配を制約し，分配は消費を制約し，消費は生産を制約し，生産は交換を制約し，交換は蓄積を制約するのは一つが他を制約する反作用の循環関係である。人体生命システムの社会経済システムとのこの驚くべき相似性は中国医学理論が普遍的適用性をもつことを明らかにした。「開放循環論」はシステム科学におけるハイパーサイクル論とは緊密な関連がある。「開放循環論」を，生命体を研究する理論基礎とすると，中国医学に使用される陰陽五行学説はシステム科学に属するハイパーサイクル論との間に繋がるようになる。

　システム経済学はこの基礎に立って，自然現象，社会現象と経済現象の普遍関連を上述の四つの普遍法則（すなわち対立物統一法則，統計法則，協同法則，開放循環法則）によって決定する。この四つの普遍法則は自然科学，技術科学，社会科学と経済科学の間の溝を取り除き，哲学，経済学，数学，物理学，生物学の間の緊密な関係を提起したため，現代科学の総合化発展を促進するための客観基礎を提供した。それゆえ，経済学を研究するとき，一部の法則（例えば生産関係の生産力発展状況への適応法則，労働に応じる分配原則，価値法則，均等比率経済発展法則）およびその理論を把握する以外に，総合的に一般システム論，散逸構造論，シナジェティクス，ハイパーサイクル論，

カオス理論，フラクタル理論などシステム科学理論を使用しなければならない。マルクス主義哲学思想の指導のもとで，全面的で，正確的で，厳密的に，経済システムに対してミクロからマクロまで，単純から複雑まで，低級から高級までの発展変化の法則性を把握するのは可能である。これを捨てると，真の科学的な，完全な，精確な経済学理論体系はもてない。

(5)複雑システムの決定は五つの要点を貫くべきである

システム経済学は一連の新興学問の新しい成果の影響を受ける。経済学理論と結合して社会経済システムの五つの基本の科学観点を提起した。

①システムの観点　経済システムの中に人間の意識的な活動がある。人々は一連の決定によって経済システムへ影響を与えて，安定秩序，発展向上の経済システムに改造する。経済システムは複雑な，人間の要因を含む多極，多支系，多変量の大システムとして，すでに世界諸国の学者のシステム工程学の研究範囲に組み入れられた。それゆえ，システム科学理論は経済システムを研究する基本方法となった。これは経済発展決定政策がシステム環境に適合しなければならないことを要求する。経済システムの環境とは経済システムと物質，エネルギーと情報の交換をもつ外部諸要因の集合である。経済発展政策はこの環境に適応すべきである。

経済発展政策は経済システムの目標を明確にしなければならない。多目標決定の方法を使い，数学分析，数学企画，システム分析，サイバネティックスなどの方法を導入して解決すべきである。

決定体制は経済システムの構造に適応すべきである。高級決定機関が精力を傾け，システム全体の効果に責任をとり，また低級決定機関の部分決定に一定の自主権をもたせる。それによって，衆知を集め協力して，最大限各級の人員の積極性を発揮させる。

②開放の観点　発展，向上のシステムは必ず一つの非線形，非平衡の開放のシステムである。非平衡統計物理学あるいは散逸構造論の研究対象は開放システムである。国民経済そのものも一つの開放システムである。それは開放システムの一般的な法則にしたがわなければならない。そのため，経済発展政策は開放システム理論の観点を使うべきである。経済発展決定政策は

また協同の原則を強調すべきである。協同は安定と秩序の十分条件である。発展している経済システムは開放していると同時に，内部をうまく整理し，各々の子システムを協調一致させ，マクロ経済とミクロ経済，主観と客観の要因，局部と全体を有効に結合しなければならない。

経済発展決定政策は時間の不可逆の原則も強調すべきである。国民経済発展においてほとんどの過程は不可逆である。

経済発展決定政策はまた進化の原則を強調すべきである。経済システムの発展方向は単一ではなく多様である。システムの構造は発展変化している。すなわち，「一元」から「多元」へ，「単一段階」から「多段階」へ，単純から複雑へ発展していく。これは進化の結果である。国民経済構造を研究しようとするとき，「構造」を「進化」の思想と結びつけるべきである。散逸構造論にある秩序と無秩序，組織と自組織，安定と不安定，変動作用，およびフラクタル論にある局部の次元分割などの一連の概念は経済発展決定政策を研究するために使われる。

　③**情報の観点**　　経済政策決定者の役割は必要な情報を十分に受け入れ，判断を加えてから，必要な指示情報を出すことである。実際，決定そのものは経済情報の一種である。

発展政策は確実な経済情報によるべきである。経済情報は未来の経済発展を予測するための客観的な根拠を提供する。経済情報を手に入れ，初期情報と高い質の派生情報を最大限利用し，経済情報を分析することによって，決定者の盲目性を克服することに役立てる。

発展政策はまた「フィード・バック」の調節も必要である。「フィード・バック」とは出力を入力に戻すことを指す。それはサイバネティックスの重要な概念である。伝統の「一次調節」の方式が決定の需要に適応しなくなったために，システムのフィード・バック連続原理はフィード・バック調節によって，適時に決定を修正すべきである。

経済発展政策も決定の「後発効果」を見積もるべきである。ここで二つの現象に注意する。その一は「時間の延引」現象である。引き延ばしすぎると決定は失効する。それゆえ，情報管理を強め，コントロールを強化することによって，「時間の延引」のマイナス効果を減らす。その二は「拡大」効果

である。子システムの間にある協同作用の結果により秩序構造を生じ，システム機能を「拡大」させることができる。逆に協同作用の全面的な破壊も経済の崩壊をもたらす。良い決定者はこれらの結果を十分に予想しなければならない。

　④**動力の観点**　　動力あるいは動態の観点とは経済発展政策がシステムの動態の特徴を把握すべきことを示している。動態分析を通じて経済システムの発展の動向を予測し，経済システム行為を合意の方向へ導く。カオス理論にある一つの成熟した，実用的な技術は相空間再構成技術である。カオスの判断基準を利用して，さらに経済混沌のアトラクターを見つけるのは経済システムの予測とコントロールの助けとなる。

　経済システムを良い方向に発展させるために，外部の条件を設計する必要がある。それを経済システム内部に働かせて，内部の協同を促進する。各規則，制度，法律を制定してシステムの協同発展を保障する。特に人間の経済動力（例えば内在的な動力は人間の主動性を指す。「外在的推力」は「競争」あるいは「懲罰」などを指す）を確かめるのは重要である。人間の知能と知識の作用に加えて，各種類の人材，特にリーダーに十分に能力を発揮させることにより，全体経済システムの協調的な速い発展が可能になる。

　発展政策は人間の多種類の需要を満足させることにも関心を持つべきである。経済システムの動態特性はシステム発展変化の活力から生じる人間の経済活力である。決定者は人間の活動の動機と動力を深く検討することを要求される。経済を発展させるには人間の多種類の需要と緊密に結合すべきである。

　⑤**比較的，歴史的な観点**　　フラクタルは部分と全体がある方式で相似になる対象である。社会，経済システムもフラクタルの特徴がよくある。このような観念で，部分と全体，短期と長期についてより良い分析と把握ができる。

　ある民族の未来は民族の歴史の延長である。民族の未来の社会経済戦略に関する発展政策も民族伝統の延長であるべきである。人類は完全に現在に生きているものではない。伝統は過去を保存している。民族伝統はその民族歴史の総括である。民族の文化伝統はそれを生じた経済要因がなくなってから

も，保存できるし，新しい社会生活において重要な地位を占めている。それゆえ，社会経済戦略の発展政策はシステムの観点，開放の観点，情報の観点をもつ以外に，歴史の観点をもたなければならない。決定は情勢を見て，民族の特色をもって実行することによって可能になる。

各民族の発展は共同の法則をもっている。発展理論の基礎となる現代科学理論は中国の文化伝統のなかでその原形およびその民族の形が見つけられる。例えば，システム思想と協同思想はすでに中国の春秋戦国時代に中国医学，気功理論と『孫子兵法』の形で存在していた。中国の社会主義現代化の強国建設の歴史進行において開放を重視しながら，民族の伝統を発揚すべきである。盲目的な排外に反対する一方で，自信も必要である。それらは世界の文明と進歩に重要な貢献をしたが，さまざまな歴史の要因でうまく継承，発揚することができなかった。逆に一部は外国で広まるようになって，大きな成果が得られた。だから，マルクス主義哲学の指導のもとで，現代科学理論に基づき，古今の豊富な資料を整理，総括して，法則性をもつ認識を得なければならない。実践を指導する依拠理論とすることは，中国の良い民族文化伝統を発揚し，社会主義の建設を加速させることに役立つ。

以上の五つの特徴はシステム経済学方法論体系の主な内容で独特の性質がある。それは現代各科学学問の全面的な融合であるし，マルクス主義哲学の深化と発展でもある。現代科学方法論でもあるこの方法論には新しいものを入れることもある。一般に主にシステム論，情報論とサイバネティックスを把握すれば客観的な世界の法則性を科学的で完全に描出できるため，この「三つの理論」を現代科学方法論の基礎にするのは十分である。システム経済学の「三つの理論」は実は一つの理論，すなわちシステム論である。マクロシステムの全体性と子システムの相互関連の描出にはシステム論を応用する必要があり，システム論は事物が相互作用と一定の段階構造をもつ全体であり，システム論は本質から事物に対して考察する能力が欠けている。それは合理化の方法を強調しているが，目標の選択やシステム進化発展の法則性の考察にあまり注意していないため，完全な描出にはなってない。一部のシステム工程プロジェクトの失敗も目標の選択に問題があった。目標の選択は完全に合理化方法によるものではない。それは社会経済発展の法則性の理論

と価値を測る基準および人々の経験を総合して確定したものである。一切の科学を相互に関連している統一した体系の中で考察し，各理論，各方法を総合して応用しなければならない。

システム経済学は初めて現代科学の方法論—システム科学を大量に経済学分野に応用する。しかもこの方法論によって総括した学問の範囲を大いに拡大し，その中にある内容を大いに具体化させた。これこそシステム経済学の方法論の独自の貢献である。

3 システム経済の方法と古典経済学の方法との比較

システム経済学はシステム科学と経済学の学際的な学問として出現したものである。それはシステム科学自身の発展と完成によって徐々に発展してきた。システム科学自身はニュートンの方法の対立面，転覆者の姿として現れた。20世紀60年代以来，散逸構造論，シナジェティクス，ハイパーサイクル論，グレイシステム理論，カタストロフィー理論，カオス理論，フラクタル理論などを創設してから始まり，ベルタランフィに提起されたシステム理論がしだいに多様な現代システム科学の学問集団となる。それらは数学の使い方や，研究側面において少し異なっているが，方法論と全体の研究対象は共同である。それらはともに複雑な現象と非線形システムを研究対象としているため，複雑性科学あるいは非線形科学あるいは非線形理論（もちろん他の見方もある）と総称することもできる。これらの科学は経済学と結びついて交わる。各学問の特徴をもって発展し，深化している一方，互いの対象と方法の相似によって相互に借用し，融合し，発展し総合し，一つの統一的なシステム経済学を形成していく。

システム経済学はシステム科学に基づいて樹立したものである。システム「全体」方法論をその出発点としている。これは新古典派経済学がニュートン「個体」方法論を使うことと完全に反対である。このような個体主義の方法論は個体経済人の利益最大行為が集団行為のなかで非最大化結果を導くという個体経済人のパラドックスを生み出す。新古典派経済学に対して，システム経済学の各理論は全体性を出発点として，経済システムを一つの全体存在とし，全体で発展し変化しているとする。全体の内部にある各個体は相互

に相関性をもっているが，全体の規則によって制約されている。全体は個体の線形相関による単純な集合体とは異なり，協力しあい，また競争しあう非線形相関の複雑な体系である。それゆえ，システム経済学は経済対象への全体的把握を強調し，個体行為は全体規則の制約のもとで行わなければならない。このような全体主義方法は市場経済そのものの実際状況により相応する。その方法によって市場経済の裏に良好な秩序構造があり，完全に無秩序状態ではないとする。経済変動は市場経済システムの内部からの可能性もあり，完全に外部の干渉からだけではない，非平衡は市場経済システムの常態であるなど一連の現実と一致して，より良い結果を得る。これらは新古典派経済学のニュートン時空観と異なっている。新古典派経済学のシステム進化は時間上可逆的である。特定の初期条件と外在環境のもとで，過程は自我反復ができるし，過去と未来は可逆的である。このような可逆性のニュートン時間観を採用すると，原因結果が固定的であり分岐性の否定をもたらすのは必然である。経済システムの進化は単一で機械的となる。これは実際状況とは完全に反対である。システム経済学は時間の不可逆性を強調した。市場経済システム進化は不可逆的である。システムは初期条件への敏感性を強調した。すなわち「バタフライ効果」である。多くの確定性をもつ経済システムは時間がたつにつれ変数の変化によって分岐が現れ，最後にランダム性をもたらし，すなわちカオス状態に行く。

　新古典派経済学はニュートン時空観のもとにあるため，経済活動空間を無限的で，制約されないと見なし，無限の延長があると考えている。システム経済学はシステム科学の時空観にしたがって，経済活動空間の制限性，資源と人力の制限性，など一定の制限がある。経済成長は異なる環境と科学技術条件のもとで制限があると認める。閾値，飽和状態，上限，下限などの概念をつかって各経済モデルを制約する。市場経済システムの実際はシステム経済学の概念，推理と結論にも一致している。

　モデルを作る数学方法もシステム経済学は新古典派経済学と異なっている。新古典派経済学はニュートン線形分析と近似方法を使い，多くの周期が「共存」している現象を解釈できないし，非線形安定区の行為，経済の波動はなぜ「安定分布」が現れているか，貨幣の対称性の破れ（貨幣はフラクタルな

性質をもつ），経済情報の非対称性，経済変数反復過程のなかの分岐の間隔，変数間の距離は一定の規則をもつなどの現象の原因（ファイゲンバウム定数で解釈できる）も解釈できない。ところが，システム経済学自身は非線形差分方程式と非線形微分方程式などの方法や，カオス動力学，フラクタル幾何学などの数学の道具をつかって，システムの各部分の関係を非線形と全体性をもつ関係に処理する。それによって上述の新古典派経済学が解釈できない各難問を一つ一つ明らかにした。

　均衡と確定性を追求するのは新古典派経済学の最高原則である。しかし，実際の市場経済システムは不均衡で不確定的である。それはいつも進化し発展している。不均衡と不確定性はその常態である。システム経済学はシステム科学の不均衡と不確定を研究する方法を継承した。社会経済システムを一つの自組織の特性をもつ散逸システムと見なし，システム進化中の確定過程とランダム過程，線形特性と非線形特性を統一して無秩序中の秩序，マクロ混沌下のミクロ秩序などの現象を認識する。個人の自己の利益最大化を追求することが全体経済システムの最大化状態から乖離することをもたらすかもしれない。経済変動は安定に向かうかもしれないが，安定し周期変動してもいいし，さらに混沌で限界があってもよい。マクロ経済の不規則な変動は経済システムの内部メカニズムから発生するが，必ずしも外来の干渉からではない…など一連の現実に合致する豊富な結論をえる。

　システム経済学自身は相関全体と重ね合わせの非線形方法によるものである。そのため，それは新古典派経済学のようないわゆるミクロ経済学とマクロ経済学の区分がない。新古典派経済学のミクロとマクロの間にある困難も存在していない。このようなミクロ経済とマクロ経済の統一の観点はシステム経済学の新古典派経済学との差異の一つである。

　新古典派経済学が理論分析の方法を強調するのと異なって，システム経済学は理論分析，数値計算，実験方法とコンピューター模擬と相互結合している。これは主にシステムにおいて大量の非線形作用があるため，複雑性と数学方法の限界性がもたらした結果である。これは総合方法であり，定性と定量，理論分析と実証，推測とコンピューター模擬などと一体になるものである。

　システム経済学の内容は社会経済の複雑システムの各分野に関わる。最終

の目的は各分野の協調が実現して,動態的で安定した秩序構造を形成することである。これはシステム経済学の研究目的でもあるし,システム経済学の旺盛な生命力を明示している。

Ⅱ 経済システムと環境

1 散逸構造論を社会経済システムに応用する一般方法

散逸構造論はすでに流体力学,化学,地学,農業,気象,環境保護,生態学,医学などの分野で広く応用されていて,一定の成果を得た。

散逸構造論を用いて自然システムを議論するとき,各子システムの相互作用,相互関係を分析することによって,子システム間にある定量関係を見つけて,全システムの進化方程式を書いて,解析方法あるいは模擬方法でこの方程式を解く。その結果によってシステムの変化規則を分析し,システム進化の趨勢を予測する。散逸構造論を社会経済システムの分析に応用する時も,このような基本手順で行うべきである。

(1)進化方程式を作る条件:社会経済システムの定量化

システム進化を研究する時に,まずシステムの状態を確定すべきである。自然システムについてはすでにある物理法則,例えば保存法則(物質,エネルギー,情報)あるいは統計方法などで確定できる。しかし,社会経済システムの状態は常に定量化が困難で,システム進化方程式を作るのも難しい。例えば,需要は心理要因に大いに影響を受けるが,心理活動は定量化するのが難しい。この意味で社会経済システムに散逸構造論を応用するのはまだ少なく,それらは定量で一部のシステム状態を描出できるにすぎない

社会経済システムの中で散逸構造論を応用するならば,まず一つの実体を研究対象として選ぶべきである。例えば,都市進化の問題を研究するときに,都市は一つの実体として多くの属性がある。例えば,面積,人口,経済状況,歴史,配置,精神文明水準など。散逸構造論はこれらの具体的な分野を部類別に分類して研究するわけではない。それはシステム全体をマクロ分析し,

都市進化の一般的な特性と法則を研究する。通常人口で都市の状態を描く。人口数の発展はまた経済状況と関係がある。これによって，人口と経済状況この二つの変量で都市システムの状態を描出し，その進化を分析できるようになる。面積，配置など副次的な要因などは，暫く研究範囲に入れなくても良い。配慮する要因が多すぎると，問題の複雑性を増して，解を求めるのは難しくなる。要するに，選んだ状態変量は主要な問題を強調すべきものに限定すべきである。研究問題とあまり関わらない要因は取り上げなくても良い。

次に，状態変量は単純に計算と分析ができるかどうかを考えるべきである。社会経済システムは常に人的要因を含む。このような変量について現在評価方法がない。社会経済システムの性質はまた人的要因（例えば，選好）による影響が大きい。例えば，都市進化において人の移転選好は人口に大きな影響を与える。企業の競争力を分析する時，その大小は測りにくい。これらの変量に対して，通常人為的方法である程度の区分を行い等級に分ける。例えば，まず企業の競争力を従業員能力と技術条件などに分解して，相手と比べて，絶対的な優勢を＋10にし，絶対的な劣性を－10にし，同等を０にして，全部で21等級に分ける。これによって定量化して比較ができるようになるし，総合もできる。

さらに，社会経済の各子システムを分析する時に，直接表示しにくい関係があれば，変量交替の方法を採用すべきである。例えば，企業発展の潜在力を分析する場合，定量化しにくいから，企業の生産する製品の販路によってその発展潜在力を示す。このような入れ替えにより，発展潜在力と製品の販路の関係を確定する必要がなくなる。最後に結果を分析する時に適当な説明をすれば良い。製品の販路は依然として定量的に把握しにくいため，入れ替えつづけていき，購入人数で製品の販路を表示する。そうすることによって具体的になる。

(2)社会経済システム状態の進化方程式を作る要点

システム工学を使って実際問題を解決しようとするなら，まず実際問題のモデルを作らなければならない。散逸構造論によって実際システムの進化を分析する時も，まずモデルをつくる。このようなモデルは一般に微分方程式

である。モデルが正しいかどうかは，結果の分析に大きな影響を与える。

まず，システム内部のメカニズムの分析を通じて，外界の環境のシステムへの影響を分析し，システムの進化を研究する。上述の都市システムを例にとると，それは多くの子システムをもっている。

次にアウトライン図で子システムの間の関係を描出する。最も単純に，人口，経済状況（ここでGDPを使う）で都市システムを代表すると，都市システムは次のように描ける。

図6-1　都市システムのアウトライン略図

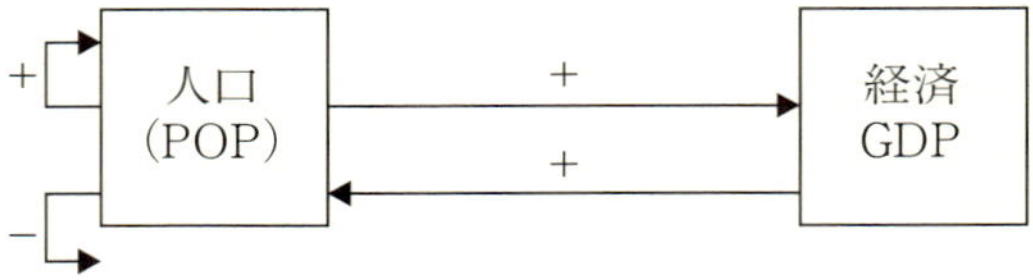

極性がある矢印線はそれぞれ正，負のフィード・バックの関係を意味する。人口が多い，出生数が多い，死亡数も多い。これらはそれぞれの正，負のフィード・バックの関係である。人口とGDPの間は正のフィード・バックの関係をもつ。人口以外に経済への影響要因は資源，技術進歩水準などがある。アウトラインの略図では検討しようとする子システムの間の関係しか描かなかった。関連程度が大きくない他の要因については制御変数とするほうが良い。図を描く前にまずシステムの限界を確定する。これは研究の目的によって確定する。分析しようとする内容はシステムの中に含まれるべきである。そうしないとそれらの変化の法則が見つけられない。無関係の内容はシステム以外に排除すべきである。そうしないと問題の複雑性を増す。限界の外はシステム環境である。環境はシステムに影響するが，システムにより直接にコントロールされる要因ではない。例えば，スーパーマーケットの売上高と客数の関係を分析する時に，客の来店は環境である。駐車位置と売上高の関係を分析すれば，自動車の到着は環境であり，客はスーパーマーケットの一つの子システムとなる。

次に，局所平衡仮説によってシステムの進化を研究する。局所平衡仮説は

プリゴジンの散逸構造論の一つの重要な前提である。その基本内容は一つの非平衡状態にあるシステムはそれを多くの小さい部分に分けると仮定する。しかも，各小部分の範囲内では熱力学量の関係は平衡熱力学による関係を満足すると仮定する。以上の二つ仮定はともに局所平衡仮定という。局所平衡成立の条件によって社会経済システムの子システムを分けるとき，①各子システムはマクロ上小さくて，全システム上ばらつきがあっても，小部分は均等なシステムに描出できる。ミクロ上大きくても，多くのミクロ成分が含まれることによって統計処理ができるようになる。②各子システムの変動の衰減時間は全システムのマクロ変化速度より速い。③できるだけ小さい入力出力（一つは入力で，一つは出力であるほうが良い）で各子システムは周辺との作用を示す。一つの子システムの出力は他の子システムの入力であるかもしれない。子システム入力と出力の因果関係を分析すると，ブシネクス方程式の組を得られて，システム進化の方程式を得られる。

　さらに，進化方程式は常に非線形である。実際には多くの変量は極限がある成長で現れる。例えば，人口の増加は極限がある。その極限は資源が負担できる最大の人口数量である。このような変化を表せる微分方程式は多い。どのような形式を使うか，具体的な情況によって決める。次によく使われる二次非線形，極限ある成長方程式ーロジスティック方程式を紹介する。

　あるクラスターの数を x(t) の進化とすれば，その変化率 は現有の数 x(t) と正比例する。これは指数の増加 x(t) = eμt をもたらす。ところがクラスターの間の相互作用（例えば，有限の資源供給の競争）によって，結局，この増加は制約される。そのため，x(t) の進化は下の方程式になる。

$$\frac{dx}{dt} = \mu x(1-x) \qquad [1]$$

　[1]の方程式はロジスティック方程式（logistic equation）という。その離散化形式である。

$$x_{t+1} = \mu x_t (1-x_t) = f(x_t)$$
$$(0 \leq x_t \leq 1, 0 < \mu < 4) \qquad [2]$$

　[2]はロジスティック映射という。x_t は第 t 代クラスターの数を代表する。関数 $f(x)$ は放物線であるため，パラボラ映射ともいう。制御関数 μ の大きさ

は放物線の高度を示している。ロジスティック映射は単純であるが，関数 μ が変わるときに，システムの方程式の進化の形態 $x_t(t \to \infty)$ は多種多様になる。主に分岐点，周期倍分岐，逆分岐などがある。多くの社会経済現象はロジスティック映射で描出できる。

システム進化方程式を作ることは散逸構造理論をつかって社会経済システムの主要な役割を考察することになる。それは最も困難で創造性をもつ任務である。進化方程式をつくり，異なる変数値を確定して方程式の解を求めた後，異なる変数値はシステム進化への影響（安定傾向，分岐，倍周期分岐，逆分岐など）を分析できるようになる。

2　経済システムのハイパーサイクル発展の基本原則と方法

システム経済学は経済循環運動の法則を研究すべきである。散逸構造理論は主にシステムと外部の関連からシステムが秩序構造を生じる原因を研究する，ハイパーサイクル論はより全面的な自己組織理論である。

(1)経済システムの発展進化はハイパーサイクルの特徴をもつ

アイゲン（Manfred Eigen）のハイパーサイクルは形式上の循環システムの整合ではなくて，もっと重要なのは機能性の総合である。触媒的ハイパーサイクルにおいて，システムは自己複製と突然変異の機能をもっているし，適応，競争，選択などの基本機能をもつ。経済運動は生命現象と異なっているが，経済運動も一つの循環であり，自己の運動規則があり，一つの循環からより高い循環を組み立てるのである。経済システムの発展進化はハイパーサイクルの特徴をもっているのは明らかである。

通常経済運動を四つの部分に分ける。すなわち生産，分配，交換，消費である。生産は分配をもたらし，分配は交換をもたらし，交換は消費をもたらす。これは経済学の共通認識である。消費は人間を生存させ，発展させる。蓄積はまた生産をもたらす。これは明らかである。蓄積は生産能力を高めて生産規模を拡大させる。経済要因の間にある制約関係も明らかである。生産は交換の制約作用がある。交換は生産によって決まる。交換はまた蓄積を制約している。その原因は

(1) 交換は発展すればするほど，市場が繁栄する。社会は生産者に速く蓄積をさせる。
(2) 蓄積する前，生産し必要な生産手段を取得し，蓄積し始める。
(3) 交換の速度と規模は蓄積の速度と規模を制約している。蓄積は分配を制約している。その原因は
(1) 蓄積の拡大がないと，分配も増加できない。
(2) 蓄積の内容は分配の物質内容を決定している。分配は消費を制約している。その原因は
(1) 分配の水準は消費水準を決定している。
(2) 分配の物質内容は消費の内容と方式を決定している。消費は生産を制約している。その原因は消費は生産の対象を示し，生産の動力と目的である。各要因の間の影響は相互的である。例えば，消費は生産を制約し，生産はまた消費を制約する。これによって，経済ハイパーサイクルは複雑なハイパーサイクルになる。

(2)経済システムのハイパーサイクル発展の基本原則と方法

ハイパーサイクルが普通のサイクルと異なるのは成長速度における非線形項にある。経済の進化発展を加速するために，その運動規則を認識しなければならない。それによって積極的に，科学的に経済システムの正常運営を調節し，コントロールできる。本節では経済運営を一つのハイパーサイクルとして捉える原則と注意点を検討する。

①経済システムのハイパーサイクル発展の基本原則　経済ハイパーサイクル過程をコントロールする基本原則は次のとおりである。

(A)開放性原則

経済循環システムにおける各部分は相互関連，相互作用している。それらは必ず同時に外界環境と物質，エネルギー，情報を交換することによって，システムの循環を維持する。

(B)協同性原則

経済循環システムにおける各部分は一つの有機体の中で相互協力し競争し，一つの時間，空間，機能の秩序構造となる。経済循環において各部分は緊密

に協同し，相互関連し作用する。秩序構造の目的ある行為は経済システムに生命力を富ませる。しかし，このような関連は障碍にあうと，循環も止まってしまう。経済システムは代謝の生命特徴をもたなくなる。協同作用の出現はシステムの成分が十分であることを要求する。これは伝統的な経済学の規模の経済の観点と一致している。

(C)適応性原則

経済開放システムの循環は環境と適応しなければならない。自然界に多く適応する経済循環であるだけで，経済ハイパーサイクルと言える。人体は三百万年以上の自然の移り変わりの中で自然界に高く適応できることが，人間が自然界の万物の霊長になる基本原因である。再生不能資源を浪費する，環境を汚染する，森林を壊す，生態環境を破壊する経済は悪性循環になる。ハイパーサイクルの理論をつかって新たに発展戦略を制定しなければならない。

(D)情報増殖原則

人類の生産活動は耐えず物質，エネルギー，情報を消耗しなければならない。物質，エネルギー保存の法則によって，地球上のこれらの資源はますます少なくなっていく。情報の有効増殖によって有用な情報はますます多くなる。例えば，種は情報である。栽培によって大きくなるのは情報の有効増殖を実現したことによる。これは人類の富の一つの根源である。

(E)進化原則

経済のハイパーサイクルシステムはその自己複製，自己触媒と突然変異の作用によって，各種類の経済子システムになる。これらの経済子システムの間に各自のレプリカーゼの相互作用によって相互促進のブシネスクを形成するかもしれない（このレプリカーゼは科学技術と見られる）。科学技術の経済子システムと他の経済子システムへの触媒あるいは増進作用への非平衡によって，四つの異なる状況をもたらす可能がある。すなわち一定の経済システムにおいていったん経済変異体の間に相互作用が発展すると，たとえそれは比較的弱くても，経済ハイパーサイクル組織が不可避的に出現する。この能力は経済システムを低級循環から高級循環へ進化させる。

(F)自己組織の秩序原則

経済ハイパーサイクルは一つの自己組織として，自己環境適応，自動コン

トロール，自動調節の機能をもっている。経済システムの秩序構造は長い社会経済発展において形成したものである。人々の絶えまない経済構造の改革と調整によって，経済構造の秩序性はより明らかになる。経済ハイパーサイクルにおける各システムは秩序性の支配のもとで，協同作用を生じる。協同作用も人々の計画，コントロールによって実現する。

以上の六原則は経済循環に適用される。経済循環を運営し，進化発展させるために以下の要点に注意すべきである。

②ハイパーサイクル経済運営の注意点

(A)協同の経済循環システム構造を作る必要がある

以上の原則によって社会経済を管理するには，調査研究に基づいて統一して経済循環と計画とを整合すべきであり，一つの開放的で，しかも自然界に高く適応する経済循環システムをつくるべきである。このシステムはエネルギーの消耗が最少，エネルギー転換が最適，汚染が最低である。これを目標として，経済システムの構造の秩序化，協同化を要求する。このような経済形式は自然界の選択試練を受ける。

(B)経済循環システムの情報，エネルギー，物質交流が順調な経済ハイパーサイクルを形成するために，経済システムにとって円滑な情報伝達ネットワークが必要である

十分な「基質」を保証するために交通運輸ネットワークが必要である。これによって物質，エネルギーの交換と伝達が速くできるようになる。これらのネットワークを通じて経済システムの運営状態を反映できるし，調整とコントロールができる。

(C)経済循環システムは早期警戒とフィード・バック，自動調節の機能が必要である

経済ハイパーサイクルは一つの自己組織として，フィード・バックと自己調節の機能をもつ。この機能の中で，市場メカニズムが主な作用である。経済運動は偏差が生じるならば，影響が非常に大きい。そのため，経済システムの確立を保証するために，管理部門は早期警戒とマクロ的なコントロールのメカニズムをつくり，十分に利用すべきである。もし経済循環の中に偏差を生じることを発見すれば，偏差を正す適当な措置を即とるべきである。

266　第3部　中国マルクス主義経済学の外延的拡大

(D)人類と自然環境の関係研究を重視すべきである

　全人類社会を一つの大きなハイパーサイクルシステムと見るならば，その基盤は人類生存環境である。基盤は豊富でなければ，ハイパーサイクルを実現できない。それゆえ，如何に自然資源，例えば，水，土地，鉱物資源，生物資源などを合理的に利用することを考えなければならない。人類および生物遺伝子庫を作るべきである。これらは千百万年を経て形成した物質，エネルギー，情報の宝庫であるから。

Ⅲ　経済システムの自己相似性

　経済システムにおける自己相似性フラクタル理論の創始者であるマンデルブロー（Benoît Mandelbrot）は1960年に綿の価額の60年間の変動を研究して，経済システムにおける自己相似性を発見し論述した

　綿価額の毎回の変動はランダム的で，予測できない。しかし，価額の日変化と月変化の曲線は完全に一致している。彼の方法で分析していくと，二度の世界大戦と一度の大不況を経る60年間に綿価額の変動周期は変わっていない結論になった。マンデルブローは多くの商品，株の価額と利子率を研究して，二つの法則を得た。

　①各単位時間の株価の変動分布は特性指数 D1. 7の対称安定分布に従う。

　安定分布については，フラクタルと関連している一部の性質しか議論しない。単位時間 T の株価変動 x の分布密度を $p(x)$ と記すと，次の式になる。

$$\int_x^\infty p(x')dx' = \int_{-x}^{-\infty} p(x')dx' \propto x^{-D} \quad [3]$$

　[3]は株価変動の大小分布がフラクタルであることを示している。貨幣のフラクタル性質によれば，（例えば）ある人たちは1000元を1単位として株を売買し，他の人たちは10万元を1単位として株を売買している場合，どちらでも売買の決定方式は同じである。取引金額の数量が異なっているだけである。株価は自己相似変動の重なりによって決まるため，株価変動の分布をフラクタルと見なすのである。

　例えば，ある株価の一日に変化する x 元以上の回数を P と仮定すると，

2x 以上の回数は $\frac{1}{2^{17}}P \approx 0.3P$ 回変化する。

安定分布は負冪乗則ともいう。それは資本市場の特有の現象だけではなく，人々の所得分布にも描出できる。

②単位時間Tは大小に限らず，その分布も相似的である。つまり，適当に尺度を変えても，同じ分布となる。

安定分布は統計意義上で時間について自己相似的である。つまり，序列は目盛の不変性をもち，一つのフラクタルである。時間尺度を調整した，序列の確率分布は同じ形態をもっている。例えば，一日の株価変動図を一年の株価変動図と比べると，変動の状況は似ている。異なるのは株価の水準だけである。

(2)新製品増加のフラクタル特徴

①生産高の増加　　一つの新製品を市場に投入するときに，多くの人は知らないため，販売増加のスピードは低い。製品の販売広告の宣伝とユーザーの相互宣伝，特にすでに製品を購入した人が製品を購入したことがない人と接し宣伝することによって，販売スピードは日ごとに増加していく。製品の販売数量はしだいに市場の潜在的な需要量に近づき，市場は飽和状態になっていく。販売スピードも落ちる。数学言語で書くと，一人が一つの商品を購入すると仮定する，商品数量は人数に比例して次のようになる。

x_t ─ 販売した商品数（客に対応する），$t = 1, 2, \cdots$

M ─ 社会上この商品を需要する潜在人数（有効市場）

$1 - x_t/M$ ─ 社会上需要するが，まだこの商品を購入していない人数が有効市場に占める割合。

数学で表現すれば，$x_t \ll M$ の時，x_t は指数増加を表わす。$x_t \approx M$ の時，x_t は極限的な指数増加を表わす。この問題は次の方程式にかける。

$$x_{t+1} = \mu x_{t+1}(1 - x_t/M) \qquad [4]$$

これはロジスティック映射の変形の一つである。変数 μ の増加にしたがい，x_t は倍周期分岐によってカオス状態に入り，[4]は代表する新製品の生産量増加の過程がカオスの特徴をもっていると説明できる。

ここの鍵は μ の経済意義の説明にある。我々はそれがこの商品に与える原動力であり，投資力の増加，広告宣伝などは μ の値を増加させると考えている。上述の分析から μ 値は大きすぎると x_t の変動をもたらし，安定した成長には不利であることがわかる。

②増加率　［４］に基づいて新製品の生産量の増加率に関する方程式を導けば，第 t＋1 年の増加率は次になる。

$$g_{t+1} = (x_{t+1} - x_t)/x_t \\ = \mu(1 - x_t/M) - 1 \quad [5]$$

［５］から次を得る。

$$g_t = \mu(1 - x_{t-1}/M) - 1 \quad [6]$$

すなわち，

$$x_{t-1} = M(1 - 1/\mu - g_t/\mu) \quad [7]$$

［７］および $x_t = \mu x_{t+1}(1 - x_{t-1}/M)$ から，次を得る。

$$x_t = M(1 + g_n)(1 - 1/\mu - g_t/\mu) \quad [8]$$

［５］と［８］から，次を得る。

$$g_{t+1} = g_t(2 - \mu + g_t) \quad [9]$$

ここで各変数は各期に不変と仮定する。これによって最後に得た新製品の生産量増加率の反復法方程式の中に有効市場 M がなくなった。

［９］はロジスティック映射と定義することもできる。すなわち，増加率序列 g_t もフラクタルあるいは自己相似の特性をもっている。

経済システムはフラクタルあるいは自己相似の特性をもっているため，フラクタル理論とカオス理論を経済システムの研究に応用するのも自然となる。

2　経済変量関係のフラクタル次元分析

以前の経済モデルは通常線形モデルである。その特徴は経済変量の間の関係を線形（変量間が比例となる変化とすれば，その関係は線形関係となる。逆は

第6章　システム論と経済学方法論　269

非線形関係となる）と仮定する。実際には経済変量の間の関係は非常に複雑である。線形モデルはある小区間でしか近似しない。人々は早くから，非線形は普遍的な現象であり，非線形の相互作用によってもたらされる。そのため，カオス理論，フラクタル理論などを経済学に応用することが，経済理論を質的に飛躍をさせるかもしれない。非線形モデルは不動点（定常運動），リミットサイクル（周期運動），カオス（限界ある非周期運動）などがある。線形モデルに対応して，過去の伝統経済学は「安定」「均衡」「理性的な行為」などを強調したが，非線形経済理論は「不安定性」「構造変化」「時空の目盛」などを強調する。

　まず経済弾性のフラクタル次元の意義を分析する。次にフラクタル次元で製品の競争力を定義してみる。最後に多重フラクタルを導入して，局所フラクタル次元である業種（産業）の成長率の大小を反映する。これは主導産業の選択の助けになる。

(1) 経済の弾性のフラクタル次元の意義

　弾性は経済学を含む多くの学問における重要な概念である。経済変量 y は別の経済変量 x の関数を表示できると仮定すれば，$y=f(x)$ となる。これによって y は x への弾性を次のように定義する。

$$e = \frac{dy}{dx} \cdot \frac{x}{y} = \frac{dy/y}{dx/x} \quad [10]$$

また，

$$\frac{d\ln y}{dy} = \frac{1}{y} \quad [11]$$

$$\frac{d\ln x}{dx} = \frac{1}{x} \quad [12]$$

それで，

$$e = \frac{d\ln y}{d\ln x} \quad [13]$$

明らかに e の定義はフラクタル容量次元の定義と対応している。つまり，弾性 e は $1/x$ を尺度単位として y の不規則あるいは複雑さを「測った」もの

である。

　経済学の常識によると，生活日常品，必需品あるいは一般サービス需要の価格弾性は比較的小さい。すなわち，価格の逆数あるいは一単位の貨幣により買える商品の数（購買力）を尺度単位としてこれらの商品あるいはサービスを測ると，それらと貨幣購買力との関係は単純である。非必需品，奢侈品，娯楽品あるいは特別なサービス需要の価格弾性は比較的大きい。すなわち，価格の逆数あるいは一単位の貨幣により買える商品数（購買力）を尺度単位としてこれらの商品あるいはサービスを測ると，それらの貨幣購買力との関係は複雑である。フラクタル次元と弾性との対応関係を作ることによって商品需要はこの商品の貨幣購買力との関係をあらわすようになる。

　運輸業において，高価値商品の運輸需要は運賃の弾性あるいはフラクタル次元値が小さい。すなわち，一単位の通貨で買える輸送量（購買力）を尺度単位として高価商品の運輸需要を測ると，それらは購買力との関係が単純である。低価値商品の運輸需要は運賃の弾力あるいはフラクタル次元値は大きい。すなわち，一単位の貨幣で買える輸送量（購買力）を尺度単位として低価値商品運輸需要を測ると，それらは購買力との関係が複雑である。これは低価値商品の運輸需要増加の可能性が比較的に大きいことを説明している。

(2)製品の競争能力のフラクタル次元の定義

　どのような数量指標で，ある製品の競争力を描き出せるのか。通常生産額，利潤，利潤率などを使うが，これらの指標で全面的に一つの製品の競争能力を描き出すことができない。これは主に価額体系に原因がある。それ以外に，一つの企業の初期あるいは一つの新製品の初期生産段階では，利潤率が比較的低いかもしれないが，競争力は比較的強い。フラクタル次元値で製品の競争力を定義すると，人為的に価額が歪む影響を受けることは相対的に小さい。

　ある製品が，生産企業から，各卸売業者（小売商）を経て消費者まで着くと仮定する。末端卸売業者（消費者）までにかかった流通費用の拡大倍数 l は比較的小さいと，製品の競争力は比較的大きい。逆もそうである。末端卸売業者（消費者）に着いたとき，その数量の増加倍数 N は比較的大きいと，製品の競争力は比較的大きい。逆もそうである。D は製品の競争力を代表すると

第6章 システム論と経済学方法論 271

仮定すれば,下の式はこのような関係を反映する。

$$D = \frac{\ln N}{\ln l} \quad [14]$$

式[14]によれば,これは製品拡散ネットワークのフラクタル次元の定義である。N値は大きければ,製品が広く受け止められ,拡散能力が高くて,競争力が大きいことは明らかである。l値は小さければ,製品が拡散していくのにかかる代価が小さくて,競争力が大きいことは明らかである。D値はこのような関係を反映する。製品拡散ネットワークのフラクタル次元値 D は製品の競争力指数として合理的である。このような指標は各地域の異なる業種部門,異なる部類の製品の競争能力と比較できるし,自己製品の競争力を判断し,自己の優勢,劣勢と条件を分析して,長所を伸ばして短所を避けることによって製品の競争能力を強める。この指数はマクロ経済管理部門にも参考価値がある。異なる業種部門の製品の競争能力は国民経済における地位と作用により変化する。

(3)局所フラクタル次元と産業成長確率

フラクタル次元数あるいはフラクタル次元の概念はまだ発展しているところである。実際の経済システムにおいて,最も多く使われるのは相関次元であって,それを使って複雑な経済現象の裏に隠れている奇妙なアトラクターを探究する。実際の多くのフラクタルの集合は疎であり密であり(あるいは強があり弱がある),集合の分布は非常に不均等である。ここの奇妙さは単一のフラクタル次元で描出することができない。それゆえ,このような非均等のフラクタルの情報を表示するために,多重フラクタル次元がある。フラクタルを形成する過程において局所条件の作用を了解するために,「多重フラクタル」(「多重スケールフラクタル」「複合フラクタル」などと訳される)が提起された。これは全体の特徴スケール指数(フラクタル次元数)によって完全に描き出せない奇妙な確率分布の形を表示するのに使われる。あるいは,一つのスペクトル関数でフラクタルの異なる段階の成長特徴を描き,システムの局部からその最終の全体特徴を研究する。このことはマンデルブローが1974年に最初に提起した。流体は激流が発生する時にこのような多重スケー

ルの特徴を見せる。

多重フラクタルはフラクタル幾何体が成長している間に異なる段階と特徴を描き出す。研究の対象を N 個小区間に分けて，第 i 個小区間のスケールを ε_i とし，この小区間にある成長確率は P_i である。異なる小区間の成長確率は異なっていて，異なるスケール指数 α_i で表示する。

$$P_i = \varepsilon_i^{\alpha_i} \qquad i = 1, 2, \cdots, N \qquad [15]$$

もしスケール ε_i が零になっていくならば，式[15]は次のように書ける。

$$\alpha = \lim_{\varepsilon \to 0} \frac{\ln P}{\ln \varepsilon} \qquad [16]$$

式[16]は α がフラクタル体のある小区間のフラクタル次元を表示して，局所フラクタル次元という。その値の大小がこの小区間成長確率の大小を反映する。

α は奇妙性あるいは卓越性の指標である。経済学においてもっとも応用の価値がある複雑な経済対象について，多くのスケール指数を使わなければならない。経済システムは単一の自己相似性で描き出せるものではないから。経済システムにとって，局所フラクタル次元 α_i, $i = 1, 2, \cdots, N$ がある経済要因（産業，部門，企業，製品など）の成長確率の大小を反映する。つまり，卓越的で，構造の複雑な産業の局所フラクタル次元値が大きければ，その成長確率も大きい。明らかなのはこの指標を使えば主導産業の評価と確定の助けになることである。そのため，フラクタル次元の概念は広くなったが，その基本的な意味（複雑性を表示するなど）は変わらない。

多重フラクタルは α でフラクタル体小区間のフラクタル次元を表示する。小区間の数が多いため，異なる α_i によって組み立てるスペクトルを得て，$f(\alpha) = F(P, \varepsilon)$ で表示する。これは多重フラクタルの一セットの変数である。奇妙なスペクトルともいわれる。それは複雑な経済システムを描出する時，より広く使用される。

3 経済システムのカオス研究方法

コンピューターと計算科学の高度の発展に伴い，現代科学の研究方法を理

論，計算，実験の上に置いた。カオス理論は現代科学の先端研究の，数学，物理学，天文学，生物学，システム科学，コンピューター科学などの諸学問の相互交差と融合の産物である。すなわち，モデルの設立，理論の論述，数値の計算，実験の観測である。ところが，カオスは新たに発見された複雑な現象である。経済的カオスを研究する際には，他の学問の方法について選択，改善，総合，創造して自己の特色を形成しなければならない。

(1) 経済システムモデルの設立

システム科学方法はモデル化する方法が主流となっている。理論の論述，数値の計算，実験の観測と検査はともに一定のモデルについて行う。先に数学モデルを作成して，数値の計算と理論の分析ができるようにする。応用モデルから見れば，経済システムのカオス研究方法は次のようになる。モデルを立て，モデルの解を求め，解の特性を分析し，経済システムの未来進化を予測し，コントロール方案を制定するなどである。

① 動力学の特徴　カオスはシステムの時間進化の行為である。状態変量 x は時間 t の関数であり，$x=x(t)$ となる。システム分析には時間の進化により二つの基本方法がある。一つは連続的であり，もう一つは離散的である。連続のシステム進化過程を描出する数学モデルは主に微分方程式である。経済システムの変化過程は連続的であるため，微分方程式で描出すべきである。これらの方程式は経済法則から導き出せるし，あるいは現象的な方法で設定もできる。今日の経済的カオス研究に関わる方程式は多くが経済学ですでに発見され，論述されたものである。経済的カオス研究がそれらをモデルとするのは，新たな視角から考察し，新しい結論を得るためである。経済的カオス研究の目的は多くの単純な運動方程式と見られるものから複雑行為が生じることを証明し，多くの複雑な経済現象を解釈して，伝統的な観点に衝撃を与えることである。そのため，現在では経済的カオス研究は既存の非線形微分方程式を新たに研究すべきである。経済的カオス理論の発展にしたがい，多くの新しい微分方程式モデルが発見される。

② コントロール変数に依存　カオス運動が現わすシステムは開放的で，平衡から遊離する非線形システムである。環境と物質，エネルギー，情報を

交換し，環境に制約される。環境は経済システムへの作用と制約を二つの方式を通じて表わす。一つは方程式の中にある外部の作用項である。一般に時間によって変わる量である。もう一つは方程式の構造と変数である。変数はシステムが環境に制約される方式，あるいはシステムと環境のブシネスク方式を反映する。コントロール変数値の大小はシステムの動力学特性に影響し制約している。ある臨界値に当たって経済システム動力学特性の定性性質の変化をもたらす。実験の観測と数値の計算の中で常にこれらの変数を変えることによってシステムの定性特徴をコントロールする。この理由でそれらはコントロール変数といわれる。コントロール変数が変わる時に経済システムの構造安定性を考察するのは経済的カオス研究の中心課題の一つである。

③非線性特性　カオスはシステム内部における非線性の働きによる結果である。線形システムにおいてカオス行為を現わすのは不可能である。経済数学モデルの運動方程式の中に状態変数 x およびその導関数の非線形項を含むところにある。そのほか，一部の非線性システムは区分線形関数で描出されている。突端あるいは間断点によって，システムは全体上で強い非線形が現われるし，カオスも現れるのである。

④確定性　多くの動力学システムにおいて環境のランダム作用があるため，確率微分方程式を使って描出する必要がある。現在のカオス理論はまだこのようなシステムにかかわっていない。それによるシステムは確率微分方程式をモデルとしている。以上によると，カオスシステムの運動方程式は以下の一般形がある。

$$\dot{x} = N(x, \mu, \Delta, t) \qquad [17]$$

式の中の N は非線形関数であり，Δ は空間であり，μ はコントロール変数である。

式[17]は確率非線形偏微分方程式である。離散動力学システムの数学モデルは差分方程式である。あるいは離散映射（反複）で描出する。カオス運動が生じるモデルが非線形映射である。一つの m 次元映射の一般形は次である。

第6章　システム論と経済学方法論　275

$$x_{n+1}^i = \phi(x_n^1, \cdots, x_n^m), i = 1, 2, \cdots, m \qquad [18]$$

式の中のx^iは第i番目の状態変数である。nは反復次数（離散の時間）である。

進化方程式の一般形[17]あるいは[18]の研究は不可能である。実際の経済システム，具体的な情況について，モデルの具体形式を提起しなければならない。

モデルで問題を研究するのは常に実際のシステムを単純化しなければならないからである。単純にする一つは空間分布にかかわる進化現象である。時間進化とするカオスだけを考察する。つまり，xはΔの偏導が零と仮定する。これによって偏微分方程式を常微分方程式へ転化させる。もう一つの常用の単純化の方法は連続システムを離散化させることである。つまり常微分方程式を再び離散映射に単純化させる。一つの典型はロジスティック映射である。

$$f : x \to \mu x(1-x) \qquad [19]$$

それ自身は連続的であり，離散の時間変数nを導入してから反復法方程式に単純化できるようになる。

(2)理論の描出

モデルがあって，モデルの解を求め，分析することが中心課題となる。経済的カオス研究の基本内容は経済的カオスの定義，分類，経済的カオスの基本特徴の定性，定量の描写，経済的カオスの発生メカニズム，存在条件，カオスへのルート，経済的カオスの予測，制御と利用が含まれる。これらの問題を解決するために，精確に定義される概念と厳格に証明される定理を確立する必要がある。

経済的カオス研究における理論方法は主に以下の二つの分野がある。

①システム方法　　上述したように，伝統の科学方法論思想に支配的な地位を占めるのは還元論である。全体の性質は部分の性質に還元できること，還元しなければならないことを信じている。この方法は線形システムあるいは可積分系を描出することに適用できる。カオスは逆に強非線形性，強非可

積分系の典型行為であり，一つの根本的非加成性である。一切のカオス運動は本質上部分特性に還元して全体性を認識することができないものである。システムの観点と方法で処理しなければならない。

それゆえ，カオス経済理論の方法論は全体あるいはシステムの方法であり，すなわち「理論は再分割できない。カオス経済理論から見れば，経済システムは数百万の個体と組織の相互作用によって決定する。各個体と組織はまた数千の商品と数万の生産過程にかかわる。そのため，個体の行為は孤立した存在ではない。ただ完全に個体の行為を認識するだけでわれわれに全体の経済システムの進化状態を把握できない。実は全体内部の各個体は全体の法則に制約される。全体の法則は全体の特徴と各個体の特徴を決定している。全体の内部で各個体に与える属性は，これらの個体が全体以外で単独に獲得する属性より大きい。だから，全体は単純な集合体とは異なる。個体の全体中に現れる特徴は独立して全体以外に存在することができない。そのため，カオス経済理論は経済現象の全体把握を強調し，全体法則に制約される個体行為を重視する。「人類行為はその全体構造の考察によってしか提示できない」と認める。

システム方法論の先導があって，カオス経済理論は経済成長，経済変動，株式市場変動，企業行為，為替変動などの分野で先見ある進展をもたらし，経済変動は外界の撹乱ではなく，経済システムの内生メカニズムによって生じ，非均衡は経済システムの状態であり，複雑な経済現象の裏に良好な構造を隠してランダム状態ではないなどの一連の結果を得る。これらは新古典派個体主義方法論のもとで獲得できないし，より実際の状況に合致するのである。

②**動力学方法**　カオス運動は一つの動力学行為である。理論分析の主要任務はカオスシステムの動力学の特徴を描出することであるため，動力学方法は基本方法である。動力システム理論の主要内容，例えば安定性理論（stability theory），分岐理論（bifurcation theory），アトラクター理論（attractor theory）などは，経済システムのカオス研究において応用できる。

経済の安定的で健全な発展を維持するのは経済学研究の重要な任務の一つである。安定性理論の研究する内容は，単純にいえば，一般のあるいは特殊

な微分方程式で描出する動力システムに判別方法を作ることである。それによってどの実際運動システムが妨害される状態が，妨害されない運動状態と比べて差が小さい，差が大きいかを判別する。特に，安定的な動力システムを設計し，不安定な事象を避けるために，数学理論と方法を提供する。システムの安定性研究は興味ある問題である。一つの実際システムあるいは工作システムは回避不可の妨害に遭う。妨害の結果はどうなるのかは考えなくてはいけない。安定性は普遍的な意義をもっている。経済カオスは経済の周期運動が不安定になってからもたらされる行為方式である。経済カオスの発生メカニズムを提示しようとするなら，安定性分析が不可欠である。不動点に近いところで経済システムの動態特性を考察すべきである。経済カオス研究は安定性の概念を普及させ，安定性分析の内容を発展させる。

　差分方程式を背景とする分岐理論は経済学研究の中に最初に導入されるカオス動力学の支系である。現在からみれば，カオス経済理論の中で最も広く使用され，深く考察される支系である。動力学の研究によって，周期分岐はカオスと密に関連している。カオスと周期運動の緊密な関係から考えて，経済システムの数学モデルによって，現れるすべての可能な周期軌道を確定し，それらの現れる順序を明らかにして，すべての周期軌道を分類し，特にコントロール変数の経済システムへの異なるプロパティの影響を明確にするのは経済カオス研究の重要な課題である。

　経済システム進化を研究する時，主に関心あるのは経済システムの長期的な漸近的行為である。すなわち，進化過程はどのような最終形態に向かうか。カオスはシステム進化の長期的な漸近的行為の一つであり，アトラクターの概念で描出すべきである。

(3) 数値計算

　数値計算は一つの独立した学問である。カオス現象を研究するもう一つの基本手段でもある。例えば，ローレンツ (K. Lorenz)，李天岩 (T-Y. Li)，ヨーク (J. Yorke) などのシステムのカオス運動に関する研究は数値計算に依存した。カオス理論の誕生を示したファイゲンバウム定数の発見は無数回の数値計算によるものである。

278   第3部　中国マルクス主義経済学の外延的拡大

　張守一などはかつて中国の全人民所有制工業企業の月度データを利用し模擬して，中国の工業成長の中にカオス現象を得た。経済システムの非可積分を描出し，解析解を得られない微分方程式にとって，数値計算は定量分析の唯一の手段となる。

　経済カオス現象を研究するために，適当なコントロール変数を選んで計算する。次に変数を変えて新しく計算し，変数空間において考察する。

　数値計算で処理する結果は，解の周期性の確認およびアトラクターの描出に帰結する。解の周期性の分析は，次の方法で実現できる。

　(1)ポアンカレ断面法。ポアンカレ断面上で周期運動は一点あるいは多点を現わす。準周期運動は限られる数の点を現わすか，あるいは一本の曲線を現わすかが，カオス運動のランダム分布の点を現わす。

　(2)パワースペクトル解析の方法。周期運動は点スペクトルであり，カオス運動は連続スペクトルであるなど。

　(3)記号動力システムあるいは数論におけるファレイ（Farey）木。経済システムはそれと対応関係を作ることを通じて，数値結果の中に周期解を確認できる。ファレイ木は数論中のファレイ数列からのである。

$$1 階：\frac{0}{1}, \frac{1}{1}$$

$$2 階：\frac{0}{1}, \frac{1}{2}, \frac{1}{1},$$

$$3 階：\frac{0}{1}, \frac{1}{3}, \frac{1}{2}, \frac{2}{3}, \frac{1}{1}$$

$$4 階：\frac{0}{1}, \frac{1}{4}, \frac{1}{3}, \frac{1}{2}, \frac{2}{3}, \frac{3}{4}, \frac{1}{4}$$

$$5 階：\frac{0}{1}, \frac{1}{5}, \frac{1}{4}, \frac{1}{3}, \frac{2}{5}, \frac{1}{2}, \frac{3}{5}, \frac{2}{3}, \frac{3}{4}, \frac{4}{5}, \frac{1}{1}$$

$$\cdots：\cdots\cdots$$

[20]

　以上からわかるのは，すべての分数は0/1と1/1によって分子合計で分母合計を割って得る。ファレイ数列は一つの重要な性質をもつ。数列の中に任意の三つの隣接分数 $\frac{a}{b}, \frac{c}{d}, \frac{e}{f}$ にある一つ $\frac{c}{d}$ の値は他の二つの分子の和で分母の和を割るに等しい。すなわち，

$$\frac{a+e}{b+f} = \frac{c}{d} \qquad [21]$$

$\frac{c}{d}$は「ファレイ娘」で，$\frac{a}{b}$, $\frac{e}{f}$は「ファレイ父」といわれる。最終に0/1と1/1しか父にならない。他のすべての分数は「娘」である。式[20]は随意に検証できる。例えば，0/1，1/4と1/3の三つの隣接分数（第4階にある）をとる，式$(0+1)/(1+3) = 1/4$がある。ファレイ数列のこの構造はもともと純数論の内容でしかないが，カオス研究においてそれを使って共振の位置が予言できる。例えば，すでにシステムは1/3と1/2が共振すると知り，システムは必ず$(1+1)/(3+2) = 2/5$の共振がある。

アトラクターを描出するのは困難であるが，とても意義ある仕事でもある。奇妙なアトラクターの限りない層の嵌めこみ，各層上の大小異なる穴，構造の非連続変化などで，それはフラクタルとなる。各分数次元数はカオス運動を描出する重要な特徴量である。もう一つの重要な特徴量はリアプノフ指数である。それによって指数分離の速度で軌道を描出する。奇妙なアトラクターには正のリアプノフ指数はあるが，負指数（高次元システム）もなくてはいけない。奇妙なアトラクターは外部に吸引作用をもつため，アトラクター全体の安定に，限界がある。負のリアプノフ指数はこの特徴を反映できる。もし三次元システムのリアプノフ指数スペクトルは（λ_1, λ_2, λ_3）であれば，異なる組み合わせによって，異なる動力学特性（点アトラクター，極限環アトラクター，不変環面アトラクター，奇妙なアトラクター）を表示するのは次である。

$$(\lambda_1, \lambda_2, \lambda_3) = \begin{cases} (-, -, -) \\ (-, -, 0) \\ (-, 0, 0) \\ (+, 0, -) \end{cases} \qquad [22]$$

もちろん数値計算自身も問題がある。原則上，文字の長さが有限であるコンピューター中で真の非周期序列が生じることは不可能である。長周期と非周期は区分しにくい。数値計算で厳格な数学分析に代えてはいけないし，数値計算は問題が存在するという理由でそれを貶したり，否定したりしてもいけない。

(4)実験観測

　数値計算はシステムの数学モデルに依拠し，背景空間（相空間）は明確であるが，実験観測の中で通常は背景空間がわからないし，アトラクターに一切の変量をつけて測定することもできない。通常のやり方はアトラクターをある二次元（平面）あるいは一次元（直線）の子空間に投影して観測するのである。一つ二つしか変量をとらないデータ序列からアトラクターを再構成しようとするのは非常に困難である。その後，アメリカのカリフォルニア大学のカオスを研究する若い学生四人は時間序列によって相空間を再構成して，さらにアトラクターの方法を探し出す。つまり，相空間再構成技術である。その基本思想はシステムのどの分量の進化であっても，それと相互作用している他の分量で決まる。これらの関連分量の情報は任意の分量の発展過程に隠れている。従来，ある制限によって，一つの変量の時間序列しか観測されない。現在，これの一次元データの中に含まれている多次元情報は幾何的に展示されるようになる。例えば，ロジスティック映射の結果 x_i の中から放物線の反復過程を再建するのは可能である。ただ x_i と x_{i+1} の二つの座標を選んで，一次元データを二次元データへ変化している。一般には，一次元時間序列 $\{x_i\}_{i=1}^N$ を得られる。それを多次元データに変える。このような情報を一つの次元数が n である時間遅延のベクトルで表示する。任意時刻 t について一つの n 次元ベクトルを構造する。すなわち，

$$x_t^n = (x_t, x_{t+\tau}, x_{t+(n-1)\tau})^T \qquad [23]$$

　式の中に τ をある正整数とする。この方法で一つの n 次元ベクトル序列 $\{x_t^n\}$ をもらえる。それを n 次元ユークリッド空間 E^n の中の一つの離散動力システムの軌道と見なす。E^n は埋め込み空間と呼ばれ，n を埋め込み次元数と呼ばれる。n は十分に大きければ，再構成の動力システムは原動力システムと幾何等価となり，フラクタル次元も計算できる。

　相空間の再構成技術を経済分析に応用するのは当然である。操作中に原初データを生じるシステムの内在構造と性質はほとんど議論する必要がなくて，十分な数学技法があれば良いからである。国内外でもこの方法で経済時間序列の中から奇妙なアトラクターを探し出してその次元数を計算する人がいる。

彼らの研究成果はただ少数の変量でこの複雑な経済現象を描出できることを意味している。経済システムのカオス理論研究と応用はまだ萌芽段階にある。

4 経済システムの質的変化の分析—シナジェティクス方法の適用

一般的方法論から見れば，シナジェティクスで問題を処理する方法は一つの総合的方法である。それは主に全体から対象を把握し，子システム間の総合を研究してシステムのマクロ上に現れる質的変化の条件と規則を獲得する。もちろんシナジェティクスも経済システムに使用できるし，経済システムの質的変化を分析もできる。経済システムは一つの複雑な大システムであり，多くの相互作用の子システムによって構成している。子システム間の相互作用，特にその中にある人と人の間の相互作用が，経済システムの発展を促進したのである。人々は異なる視角から数学方法で社会経済システムを研究したことがある。その中に「世界モデル」を作るのは一つの方法である。このような方法でまず大量のデータ資料を収集し，数学モデルを作る。モデルをコンピューターで実験して，今後10年，さらに20年の状況を模擬する。ところがこうするにはいくつか条件が必要である。一つは十分な情報および大容量のコンピューターがある。二番目は将来の発展変化は過去の法則に従う。しかし，これらは成立できないかもしれない。言い換えれば，「世界モデル」を使って経済システムを処理するには条件が必要である。もしシステムのマクロ性質上に質的変化が現れるなら，「世界モデル」は失効するようになる。

シナジェティクスは一つの新しい思想を経済システムの研究に導入した。シナジェティクスの観点によれば，システムのコントロール変数を変えることによって，システムの中に自己組織作用を生じさせ，システムの質的変化を引き起こす。シナジェティクスはシステムの質的変化の問題を研究することに優れる。一つのミクロ経済学の例を通じて説明しよう。仮に二人の商人が砂浜で清涼飲料を売ろうとする。場所を均等に分けて，等分した場所の中心に各自の販売点を設置して売るのが最も良い方法である。しかし，この状態は維持できないかもしれない。二人のうち一人に次のような考えが生じるかもしれない。販売量を増やすために，その砂浜の中心に少し移動して他の

半分にいる客を招き寄せる。このときに、もう一人の商人も反応した。彼は同じように中心に移動していく。このような行動が何回もあって、最後に両方とも中心に至って面と向かって競争するようになる。結果はどうなるか。砂浜の端の客は全く買いに来ないかもしれない。両方ともはかりごとしているが、最後の結果は以前より悪くなる。このような例は枚挙にいとまがない。レストランは互いに接し、商店同士も接している。競争を避けるために、商店はできるだけ平均して分布するのが通常の思考である。目標は最大限に客を引き付けることであるため、客はどのように流動するか、すなわち彼らは遠いところに来て消費したがるか否かをわからなければならない。もし客は近いところでしか消費したくないならば、商店は同一の地域で平均して分布するほうが有利である。もし客は遠いところに行って（移動）もかまわないならば、商店は同一の地域に集中する方が有利であり、より多くの客を引き付けられる。商店は協力できるし、客により豊富で特色ある選択枝を提供し、孤立なまばらの商店を押しのけていくことができる。

　交通システムと商業システムとの相互作用は都市の配置に影響している。各自の問題の要因、変数およびその相互作用を明らかにしてから、実際に即応するモデルを作りモデルの解から未来を予見できるようになる。

　文献からシナジェティクスのマクロ経済への分析を引用しよう。経済システムは物理学、化学、生物学などの領域と異なって、人間の生活と直接に関連しているため、それの処理は慎重にならなければならない。例えば、完全就業と不完全就業を二つの異なる相として、相変化の研究を通じて相変化をコントロールする重要な要因を探す。この問題は技術進歩の作用に関わる。科学技術の経済への働きは二つある。一つは製品の新発明である。例えば電話、自動車、コンピューターなど。二つは技術の新発明である。例えば自動車の新技術は多くの業種に影響を与える。例えば、鉄鋼業、化学工業、機械産業、電子産業など。発明は基本段階と改善段階の二つの段階に分ける。第一段階で新製品を生産し、新工場を建てる。生産は速く増加し、大量の就業機会を作り出すため、速く完全就業に至る。第二段階で生産発展はより理性的になり、より少ない人でより多く、より良い製品を生産するようになる。結果として市場は早くも飽和になり、生産が下がり、失業は増加して、不完

全就業が現れてくる。

　シナジェティクスは完全就業と不完全就業の相変化を検討する時に，まず年平均生産量 X_0（金額で表示する）を引き入れて，実際生産量は X_0+X で表示し，X は年平均生産量との差額を表示する。われわれが関心を持つのは生産がどのような程度に発展できるか，および生産が低下する時にどのような影響を生じるか。仮に I を研究と発展への投資として，生産の増加を促進する。そして，合理化の生産要因 r も生産を成長させ，rX でそれを表示する。ところが生産は無制限に成長することができない。例えば原料不足，販売困難などの要因は生産の成長に制限を与える。cX^3 でその作用を表示し，次を得る。

$$\dot{X} = I + rX - cX^3 \qquad [24]$$

　生産を失業の度合いを測る一つの量とする。式は一つのマクロ経済の進化方程式であり，一つの典型的な序変量方程式でもある。その関係式は次のようである。

$$\dot{X} = -\partial V / +\partial X \qquad [25]$$

　それに[24]のポテンシャル関数 V を求める。

$$V = -IX - \frac{1}{2}rX^2 + \frac{1}{4}cX^4 \qquad [26]$$

　コントロール変量 I を変えるならポテンシャル関数の形を変える。ポテンシャル関数の極小値の変更からマクロ状態の変化を解釈できるし，一部の有益な結論を得られる。

　まず仮に投資を全部生産合理化に使おうとする。この時，式[26]ポテンシャル関数の曲線は図6-2となる。それは二つの極小値をもっている。すなわち二つの可能な安定状態がある。一つは低生産低消費の需給状態であり，もう一つは高生産高消費の需給状態である。これは以前に経済学が注目したことがなかった。これで完全就業と不完全就業の二つの結果が現れる。

図6-2　全部の投資を生産合理化に使う場合

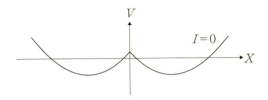

R は増加する時に，ポテンシャル関数は図6-3に変わる。その最小値は左にある。すなわち，新発明の投資の増加が不十分である時に失業状態となる。

図6-3　$r > I$ 不完全就業の状態を生じる場合

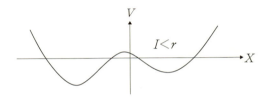

新製品の開発への投資 I は十分に増加する時に，ポテンシャル関数の曲線は図6-4に変わる。個別メーカーにとって，単独で投資 I を増加するなら，彼の利潤に影響を与える。そのため，その変化は彼らの集団行動あるいは政府の投資によって実現する。

図6-4　$I > r$ 完全就業の状態

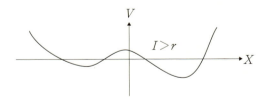

以上の例はシナジェティクスが経済システムにおける質的変化を簡単な数学言語によって説明した事例である。これによってわれわれは社会経済変化を引き起こす要因に対して量的把握ができるようになる。

主要参考文献

袁嘉新『经济系统分析』『数量经济技术经济研究』1995年,第5期。
许国志『系统科学大辞典』云南科技出版社,1994年版。
马克思『资本论』第一,三卷,人民出版社,1975年版。
『马克思恩格斯全集』第46卷(上),人民出版社,1979年版。
冯锋『略论马克思经济学整体方法论』『合肥工业大学学报』(社会科学版)2000
 第1期。
萧君和『建立新的社会主义经济理论体系的思考—要用马克思的经济细胞思想,
 经济系统思想作指导』『江海学刊』1999年,第2期。
李崇阳,王龙妹『经济学研究的系统化综合化数学化大趋势』『福建论坛』1997年,
 第8期。
漆光瑛,李定慧『外国经济学说史教程』东北财经大学出版社,1994年版。
杨立雄『"个体主义"抑或"整体主义"』『经济学者』2000年,第1期。
侯荣华『制度经济学方法论』『财经研究』2000年,第7期。
乌杰,赵凯荣『系统经济学』湖北人民出版社,1997年版。
商德文『系统论与经济学的革命』『系统辨证学学报』1995年,第2期。
周豹荣『非平衡系统经济学与计量经济学概要』吉林社科院经济所,1982年版。
侯荣华『经济理论的创新研究:系统经济学』『上海交通大学学报』(社会科学版)
 1999年,第4期。
贝塔郎菲『一般系统论 基础 发展 应用』社会科学文献出版社,1987年版。
『回忆马克思恩格斯』人民出版社,1973年版。
毛泽东『毛主席的四篇哲学论文』人民出版社,1964年版。
刘荣勤『当代经济学学问』中国展望出版社,1988年版。
沈小峰,胡岗,姜璐『耗散结构论』上海人民出版社,1987年版。
M.艾根,P.舒斯特尔著『超循环论』上海译文出版社,1990年版。
胡传机『非平衡系统经济学』河北人民出版社,1987年版。
格来克『混沌—开创新学问』上海译文出版社,1990年版。
张济忠『分形』清华大学出版社,1995年版。
徐龙炳『探讨资本市场有效性的一种有效方法:分形市场分析』『财经研究』1999
 年,第2期。
黄登仕,李后强『分形维数与经济弹性—从线性经济学到非线性经济学的一种可
 能途径』『数量经济技术经济研究』1989年,第12期。
苗东升,刘华杰『混沌学纵横论』中国人民大学出版社,1993年版。
马克·布劳格『经济学方法论』北京大学出版社,1990年版。
米切尔·拉齐斯基『制度动力学,决定混沌及自组织系统』『经济问题杂志』1990
 年,第3期。

理查德・戴等『混沌经济学』上海译文出版社，1996年版。
邹刚，高峰『经济学研究与混沌理论』『数量经济技术经济研究』1991年，第4期。
张守一，葛新权『对经济混沌的初步分析』『大自然探索』1992年，第3期。
郭治安，沈小峰『协同学』山西经济出版社，1991年版。
H. 哈肯『协同学—自然成功的奥秘』上海科普出版社，1988年版。

第7章　経済学における生物学方法の適用と意義

I　はじめに：進化概念の定義

　進化論は生物学における最大の統一的な理論である。生物世界における様々な現象，つまり形態的・生理的・行為的適応と，種の形成および絶滅と，種内と種間関係などの現象すべては，その理論基礎上において統一的に解釈される。生物学のすべてに進化論の原則と思想が貫いている。テオドシウス・ドブジャンスキー（Theodosius Grygorovych Dobzhansky, 1900–1975）によれば，進化論の指導なしに生物学は，科学として成り立たない。進化論は二つの発展段階を経てきた。第一段階は，進化論は創世説の対立として現れ，最終的に創世説に打ち勝ち，代替した過程である。第二の段階は，進化論自身の発展過程であり，生物組織の各段階を考察し進化の原因，メカニズムとその法則を提示した段階である。現代の進化論は，創世説に対立した科学的世界観だけではなく，科学的理論，進化的理論として次第に発展し，その思想と観点は生物学の各領域に浸透して，生物学の各研究成果を吸収し総合してきた。マイア（E. Mayr）の言葉で言えば，「進化論は生物学の中の最大の統一的な理論である」。

　Evolution という言葉は，ラテン語の evolvo- と evolutis から由来し，「展開」を意味し，すなわち巻き締めたもの（布，本）を緩めることを意味する。それが生物学で「進化」と訳される。ダーウィン時代において evolution は物事の低い段階，単純な形式から高い段階と複雑な形式への転換過程を意味し，「進歩」の語彙で用いられていた。ダーウィンによれば，生物進化すべては，必ずしも「進歩」ではない。彼は「修正変化のある系図（descent with modification）」を用いて生物の時間に伴う変化および連続的な過程を表した。これは，私たちが今日の理解している進化である。

Evolution に現代的な定義を与えたのは，イギリスの哲学者スペンサーである。彼によれば，進化は物質の整合とこれに伴う消散であり，その過程で物質は不定的・同質状態から異質的な常態への転換をすることをいう。かれによれば，進化はすべての物質の発展法則である。スペンサーの以上の定義は，生物的な進化を含むと共に非生物的な進化をも含んでいる。自然界の進化を指すと共に，社会構造と文化システムの発展と変遷をも含む。その定義は物質が無秩序から秩序へ，同質から異質へ，単純から複雑へと方向的な変化過程を指しているので，生物学専門家およびその他の領域の学者に受け入れられていた。

　生物の進化は特殊の現象であり，遺伝過程の変化によって実現される。生物の進化は生物とその生存環境との相互作用の過程で，遺伝システムに伴い発生した逆転できない改変である。多くの場合このような改変は，生物総体が生存環境に相対的に適応することに導く。

Ⅱ　生物学の定義とその理論

1　ダーウィンの「自然選択」学説およびその修正

　自然選択とは，すべての生物が生まれる生殖細胞或いは後世代数が生存可能な個体数より遥かに多くあり，平均的にいえばその環境条件に最も適応する有利な変異の個体はより大きな生存チャンスがあり，後世代を繁殖することができ，その有利な変異が世代に蓄積され，不利な変異が淘汰されることである。

　ダーウィンは生存競争という概念を用いて自然選択を説明した。彼によればすべての生物は高速度で増加する傾向があるから生存のための闘いは必然的結果である。各種の生物は，その自然生活期間中に数多くの卵子と精子を産み，また生活のある時期或いはある季節に死亡する。幾何級数の増加原理に基づけば，その個数は過剰増加し，収容できる場所もなくなる。これゆえ生まれた個体は，生存する数より多くなり至るところで生存競争が起こる。ある個体は，同じ種の他の個体と競争し，或いは異なる種の個体と競争し，

第7章　経済学における生物学方法の適用と意義　289

もしくは生活における環境条件と競争する。単純に言えば，すべての生物は個体数を高速に増やす傾向がある。このような傾向によって，数多くの個体はその生活条件（空間・食物）との間に矛盾が生じ，高い比率で死亡する。これはまさに生存競争であり，ある意味では，同じ種の個体間の競争或いは異なる種の間の生存チャンスを得るための闘いである。ダーウィンによれば，自然状態の下で大量の変異が存在していて，同種の個体の間にも相違が存在している。したがってこれらの個体が一定の環境状況のもとで，その生存と繁殖するチャンスは不均等である。生存と繁殖に有利な変異個体にとって，生存と繁殖するチャンスは相対的に大きい。また変異遺伝法則によって，それらの極めて小さな有利な変異は，後世代へ遺伝され保存される。この過程は，人工によって有利な変異を選択する過程と非常に似ているので，ダーウィンはこれを「自然淘汰」と称した。

しかしある学者は，ダーウィンの「適者生存」という説明を同義反復であると批判した。つまり「適者」は何かというと，答えは「生存者」であり，「生存者は何か」というと，答えは「適者」である。ダーウィンの本義は，自然淘汰を「統計学」上の概念としたが，「全部或いは無」の過程ではない。彼は，スペンサーの「生存競争，適者生存」というスローガンのような説明を誤って採用した。生存と死亡は「全或いは無」の概念であり，最適者の適応する程度を測ることではない。これは論理的な過ちである。生存は繁殖の前提ではあるが，繁殖できない生存は進化にとって無意味である。したがって繁殖（遺伝子の継続）はもっと本質的なものである。現代総合論は，ダーウィンの学説を修正する時に，適応程度の測定に「繁殖」を「生存」に代替し，「適者生存」を「適者繁殖」に変えて，さらに適応度という新しい概念を用いて適応の程度を定めて表すことにした。

2　共生理論

「共生」という言葉は，ギリシア語からきた。共生の概念については，ドイツの生物学者ハインリヒ・アントン・ド・バリー（Heinrich Anton de Bary）が1879年に提起した。彼の定義によれば共生とは，異なる種属が共に生活することである。彼はまた寄生も一種の共生であるが，短期的な関連は共生関係

ではないとはっきりと指摘した。数多くの学者がバリーの定義を受け入れ，共生とは相互性生体の栄養性関係であり，共に生活している生物体はある程度永久的な物質的関係にあると認識していた。

共生は普通に存在する生物的現象であり，集団寄生と集団偏利共生及び互恵集団の共生といった三つの現象を含む。共生の中でもっとも典型的な実例の一つは，人々がよく知っている豆科植物と根瘤細菌との共生現象と，海生生物の清掃関係である。しかし共生はただ一種の生物的現象だけではなく，また社会現象でもある。それは，一種の生物的識別メカニズムであり，また一種の社会科学の方法にも適用できる。

現代社会において人と人との交際はますます緊密になり，また高度な知識を持つ人と生産手段との結合も更に緊密になり，人と人，人と物が相互に依存する共同体を形成している。したがって社会学者は「共生方法」に関する理論を用いて，社会生産システムを組み立て，その社会生産システムにおける各要素の機能と関係を強調した。

共生は共生単元，共生環境及び共生モデルなどの要素を含む。共生単元とは，共生体或いは共生関係を構成するエネルギー生産とエネルギー交換の基本的単位であり，共生体を構成する基本的な物質的条件である。異なる共生体における共生単元の性質と特徴も異なる。細胞共生体において，細胞核と細胞質及びミトコンドリアなどは全部共生単元である。家庭共生体において家庭成員の一人一人は共生単元であり，地域共同体において家庭はその共生単元になる。企業共生体において従業員一人ひとりは共生単元であり，企業ごとに共生単元になる。共生単元は分析レベルの変化によって異なる。

共生モデル，いわゆる共生関係とは，共生単元の相互作用方式，或いは結合形式を指す。それは共生単元の間に作用する方式とその作用の強度を反映する。これと共に共生単元間の物質的情報交流関係とエネルギー交換関係を反映する。行為方式からは，寄生関係と偏利共生関係及び互恵共生関係などに分類できる。また組織程度からは，点共生，間欠共生，連続共生及び一体化共生など多種類に分類される。

共生単元間の関係，すなわち共生モデルは真空中に発生するのではなく，一定の環境の中で生じ，発展する。共生環境は，共生単元以外の全ての要素

の総合によって構成される。それらの環境は，植物と共生する菌類が存在する土壌環境または水環境，家庭共生体と対応した社会環境，また企業共生体と対応した市場環境及び政策環境などである。これらの環境をその影響を与える手法によって，直接環境と間接環境とに分けることができる。また影響を与える程度によって，主要環境と二次的環境とに分けることができる。

共生環境における三つの要素の中で，共生モデルは重要であり，共生単元は基礎であり，共生環境は重要な外部条件になる。そして共生システムは，共生環境が存在する基本的な属性となり，共生法則を深く研究分析するための基本的認識のルートでもある。共生システムとは，共生単元がある共生モデルと共生類型に基づいて構成された共生関係の集合であり，生物界と人類社会とを研究対象とするものである。

3　動物の利他的行為および進化

生態学における基本的な観点によれば動物生命体の行動原則は，動物自身の利益のためであり，けっしてその所属する種の利益や共に生活している集団の利益のためではない。しかし動物の行為全ては利己的ではない。個体間の協力的行為からその利他的行為がわかる。例えば，ライオンと狼とが共同で猟をする行為，また鳥類と哺乳動物との間で，ある個体の鳴声で危険を他の個体に知らせること，さらにある個体が自身で後世代を育てるのではなく，他の個体のために育児するなどの行為は明らかに利他的行為である。こうして人々は20世紀60年代以降，ダーウィンの種内における競争といった観点を改めて認識し，評価した。ここでの利他主義と利他行為とは，自身の生存と生殖を犠牲にし，他の個体に生存のチャンスを与える行為と生殖成功率を高める行為を言う。これらの利他的行為は表面上のレベルにおいて利他的であるが，遺伝子のレベルから見ると利己的である。またある利他的行為は，表面上のレベルから見ても，遺伝子のレベルから見ても利他的であり，徹底的な利他行為であると言ってもよい。

動物の利他的行為の進化に関しては，血縁関係選択理論による解釈がある。この理論は個体を自然選択の基本的な単位とするだけではなく，遺伝子を自然選択の基本的な単位とする。この理論によれば，ある突然の変化により利

他的行為を支配する遺伝子が生まれたとすれば，この遺伝子の成功はこの遺伝子を携帯する動物の個体に利益をもたらすかどうかによって決まるのではなく，その遺伝子自身に有利であるかどうかによって決まる。もしこの利他的行為によって利益を受けた個体は，利他的行為を行ったものの親族であるとすれば，その利益を受けた個体の体内に同じく利他的遺伝子を持っている可能性が非血縁関係的個体のそれより高い。したがってこの利他行為的な遺伝子が遺伝子庫における割合が増加するようになる。個体の間の血縁関係が遠くなるほど，それらの体内に含まれる利他的な遺伝子の確率はもっとも小さくなる。これゆえに，非血縁関係の個体間における利他的行為と協力行為との発展は難しくなる。

しかし非血縁関係の個体の間においても利他的行為，いわゆる互恵的協力的利他行為が存在する。二つ或いはもっと多くの個体間の協力的行動は，その全ての個体にメリットをもたらす。というのは全ての個体がこの協力的行動によって得る利益は，その協力によって払う代価より大きい。血縁関係のないライオンたちの連合関係はそうである。もう一つの解釈としては，行為支配式の利他主義が取り上げられる。ある動物は見た目では利他的行為に差異ないが，しかしその利他的行為は他の個体（利他的行為から利益を受けたもの）の支配を受けたからである。そのもっとも明らかな実例は寄生鳥（ホトトギス）と宿主との関係である。宿主両親が苦労をかけてホトトギスを飼育するのは，他人の支配を受けたことによる。宿主はこの利他的行為からの獲物は何もなく，ホトトギスがその他の鳥を騙して自己の後世代を飼育させているわけである。また互恵報酬の形の利他的行為という説明がある。利他的行為によって他人にもたらす利益が，利他的行為を行ったものが払った代価より大きいのであって，ある時期にこの利他的行為を行ったものがある程度報われるのであれば，双方は共に収益を得ることになる。雄のヒヒの間で相互的に報われる形で相手を探す利他的行為は，その例である。

Ⅲ　生物進化と社会，文化進化の共通性

　厳密に言うと，生物の進化と社会，文化の進化とは異なる。後者のほうを「発展」という言葉で表すのがむしろ適切である。しかし西側の学者たちは，「文化の進化」という概念を用いることから生物の進化と社会文化の発展という二つの過程は，ある共通の特徴を持つ。生物の進化とは，生物個体と種群の遺伝組み合わせおよびこれらに関連する特徴の世代改変を指す。文化の進化とは，人類社会の文化システム（生産方式および上部構造を含む）が時間の推移に伴い変化する過程を指す。経済学の視角から言えば，マクロ経済制度と経済体制など，ミクロの構造から言えば，人の行動方式および企業内部の体制などがそれにあてはまる。人類は人類自身の生物的進化と人類社会の文化の進化という二つの進化の過程を経て，これら二つの過程は相互に関連する。

　人類文化の進化は生物学的進化を基礎とするものであり，生物学的な進化がある段階（一定の知力，労働器官の形成，言語能力，社会組織）に進んだ場合，文化の創造と文化の進化とが可能になる。ある動物は，単純な言語（信号言語），一定の知力さらに社会組織があっても，獲得した経験を安定的に累積し，伝えることができない。文化は，一種の記号システム（記号言語，文字）及び習俗（社会集団の行為傾向）などによって表され伝達される。人類だけが文化を創造し，社会組織，言語，文字，習俗，教育といった諸要素で構成された文化システムを構築できる。他の視角から言うと，文化創造は一つの行為であり，人類行為も生物学的特徴を持ち，遺伝要素を基礎とする。したがって人類文化の進化は，人類が文化を創造する複雑な行為の進化であると見てよい。

　文化システムは遺伝システムと似ていて，また情報システムでもある。情報の変化する過程は情報の累積過程であり，進化過程である。これゆえ，文化システムと遺伝システム，文化進化と生物学的進化はある重要な特徴において類比できる。

(1) 進化システム内部には必ず変化或いは変異があり，そのシステムの進化に素材を提供する。生物のシステム（種群を例とする）内部の変化の主な源は遺伝子の突然の変化と，移動或いは種群の混合による外来遺伝子の流入である。通常は，種群の遺伝子群には大量の変異要素が蓄積されている。しかし文化システムにおける変化の源となるのは，生産技術の革新，科学的発明，文化芸術の創造，法律・制度・宗教などの要素である。一つの文化システム内部には，多種類の変化する文化要素が存在する。文化システム内部の変化をもたらすもう一つの源は，外来文化の導入或いは異なる文化システムの間の交流及び融合である。

(2) 進化システム内の変化或いは変異は，蓄積，伝達が，連続した場合に，その進化過程が完成される。生物のシステムは，核酸を基礎にする遺伝子システムである。しかし文化システムは，各種文化情報の蓄積と伝達が文字，言語と習俗などを基礎にした文化教育システムを通じて行われる。

(3) 進化の動因と進化の方向のコントロール

生物システムの進化において，自然選択は主な動因である。自然選択も誘導作用があり，生物を生存環境に適応する方向へと変える。ただしある状況のもとで，人類は意識的に目的を持って生物の進化方向に干渉し，コントロールする。農業と畜産業の実践はその例である。文化システムの進化における人の知識の蓄積，発明及び創造は，生産力を絶えず上昇させ，この生産力の上昇が文化の進化の主な動因になる。また文化システム内部或いは文化システムの間の競争（例えば階級闘争，異なる社会制度間の競争）は，その文化進化の重要な動因になる。マルクスによれば，人類社会は生産力を最大限に解放する方向へ発展し，文化進化は社会物質生産によって導かれていると見てもよい。

(4) 人類の生物学的進化から言うと，その進化の結果，生物自身の構造・機能及び習性を改変し，生存環境に適応する。人類文化の進化の結果は，自然環境を変えて人類自身の需要に適応させることである。

(5) 生物学的進化は極めて緩慢な過程であるが，文化の進化はより速い。動物界の翼の進化まで百万年ぐらいの時間がかかったのに対して，飛行機を発明し創造するまでには２千年（凧の発明から計算する）しかかかっていない。

また自然界では車輪への進化は見られなかったが，人類文明では車輪は早期に発明された。

(6) 最後に隔離は，生物的進化と文化の進化に対して似たような影響を与える。隔離は生物種群間の遺伝子交流を低下させる。文化システム間の分離は，文化交流の多様性を低下させ，弱めて，文化の多様化へ導く。生物学的進化であれ，文化の進化であれ，隔離によってその進化の速度が遅くなる。

人類の生物学的進化と人類の文化の進化は相互に影響する。人類の文化の進化による創造活動は，思考・労働・言語の三つの基本的能力によるものである。それに人類の思考器官（脳），労働器官（手），と言語器官（声帯）などは生物学的進化の結果である。

人類文化は人類の生物学的進化に反作用する。例えば，文化システムにおける倫理，法律などは人類の生物学的進化を促進，或いは妨害する。科学技術が人類の生物学的進化に与える影響はますます大きくなっている。

人類の文化創造活動は，人の神経システムのコントロールを受ける。したがって人類の行為と関係する各種の社会活動と社会現象すべては，生物学の要素（主に遺伝子要素）のコントロールを間接的に受けている。これはいわゆる社会行為の「生物学的決定論」（biological determinism）の観点である。社会学における「自然主義」（naturalism）の観点は，この観点に似ていて，人類の本性を持って社会行為を解釈する。

その逆の観点によると，社会における人間の行為は自然界における動物の行為とは異なる。後天的な勉強・社会教育・人と人との相互影響などの環境要素は，人類の社会的行為をコントロールする決定的な要素である。これはいわゆる社会行為の「環境決定論」（environmental determinism），或いは後天主義（nurturism）とも言われる観点である。

実は，極端な社会生物学の観点（生物学の観点を用いて社会現象すべてを解釈する趨勢）と極端な「人類特殊論」の観点（人類は動物界から完全に離脱）は，次第に学者たちに捨てられ，次第に「折衷」的な認識に至っている。すなわち，人類の社会行為と人類の生物学的本性とは一定の関連があるということを認めると同時に，後天的な環境要素（学習，教育）が人類の社会行為に重要な影響を与えることも認める。

一方，人類すべての行為は生物学的基礎を備えている。例えば，人の色彩に対する好みの相違には生理学的基礎がある。他方，文明社会における男性と女性との社会行動方式の相違は，一定の社会文化によるものである。例えば，一人の人の挙動はその人の文化素質を反映している。すべての人は一定の文化背景に置かれていて，一定の社会習俗のもとで生活している。しかし文化と習俗そのものがその人の一定の自然的な本性を反映する。

人類の行為は三つに分類される。第一の行為は，遺伝子に直接コントロールされ，遺伝子によって伝えられる行為であり，本能である。普通本能とは，個体的に適応することを意味し，環境の影響によって変えられることなく，学習も必要としない。例えば，敵と弊害から逃避する本能的行為である。第二の行為は，社会行為であり，一定の社会文化システムにおいて学習し，後天的な経験などによって形成される行為方式を言う。通常この行為は，社会に適応する意義を持ち，遺伝子を基礎とするが，直接的に遺伝要素の制約を受けないし，遺伝子によって直接伝わることもない。この行為は社会文化を構成し，またこの社会文化システムを通じて伝達する。第三の行為は，非本能的かつ社会行為の範囲にも含まれない個体の行為である。それは個体の学習過程における行為であり，偶然的な環境要素に対する応答でもある。

人類の複雑な社会行為は，自然選択といった生物学的進化要素の直接的な作用によって生じたものではない。社会行為のルールも生物学的制約要素から直接来ているわけでもない。人類の行為，近親との結婚に対する禁忌といった複雑な社会行為は，生物学の背景から発生していることは疑う余地のない事実である。この点で人類は，鳥類と哺乳動物とは似たような行為傾向があり，共同の起源と共同の遺伝基礎を持っていることが説明できる。人類の社会行為方式は，後天的な経歴と先天的な遺伝要素の両者によって決定される。生物学の制約要素（遺伝）と社会行為との間の関係は，遺伝型と表型との共同関係に類似する。遺伝型は一定の反映範囲を決めると同様に，生物学の要素（遺伝）は社会行為方式の一定の範囲において実現する可能性を決定する。

IV　経済学における生物学方法の適用の意義：
　　力学から生物学への変遷

　経済学は創設して以来自然科学の影響を受けてきた。経済学における各学問は数理科学と生物学領域の模擬，モデル及び術語などを用いて社会経済現象を説明し，このことが長い歴史を持つ。特に経済学において物理現象を応用したことの歴史や伝統が長い。

　古典経済学者のアダム・スミスは，特にニュートンの力学を重視し，若いころ「哲学検討の指導原理：天文学史を例に」などの論文を書き上げた。数多くの学者が現代経済学は，力学的な性質を持つとしている。例えば，著名な経済学者ニコラス・ジョージェスク・レーゲン（N. Georgescu Roegen）は，『エントロピー法則と経済過程』（1971年）においてこの観点を述べた。ミロウスキー（P. Mirowski）はさらにその代表作である「熱は光より多い：社会物理学としての経済学及び自然経済学の物理学」（1989年）で以下のような認識を示した。19世紀70年代の新古典派経済学の起源は，19世紀の物理学の発展と密接に関連している。その密接な関係の程度を，レオニード・フルヴィッツ（L. Hurwicz），レオン・ワルラス（M. E. L. Walras）などの先駆理論家たちもこの学問のモデル化公式において応用数学を取り入れたことからもわかる。

1　新古典派経済学における力学方法

　新古典派経済学の創始者たちは，物理学を示唆の源泉であると見なしていた。そして物理学の「限界革命」の設計士に与えた影響は至るところまで広がった。例えば，現代の一般均衡理論の創始者であるワルラスは1874年に次のように書いた。「経済学の純理論は，そのすべての点で物理学—数学に似ている同門の科学である」。同時代の数理経済学者のジェボンズも以下のように述べた。「効用は，一方唯一必要とする人がいる時に，他方需要のある時にこそ存在する。ある物質の引力がその物質の質と量によって決まると同時に，その周りの物質の質と量及び相対的位置によって決められる。これと

同様に効用は，ある需要のある人と，ある需要物質との一種の吸引力である」。経済学者のエッジワースは，次のような類似と比喩をした。「電磁力は極大エネルギー達成の傾向があると同様に，欲望力にも極大エネルギーに達する傾向がある。欲望力から発生したエネルギーは，感受意識のある生理随伴物と度量尺度である。パレートは，また「力学方法」の一貫的支持者である。彼は「均衡を確定する方程式」を「理論力学の方程式」と見なし，理論経済学は力学であり，或いは力学に似ていることの根拠であると述べた。細かい面においてまだ論争が起きているにしても，経済学における力学の役割は証明された。実は，19－20世紀の多くの時期において，経済学者たちは経済に次のような特徴，すなわち経済は一台の機械に似て，分析できると仮定していた。工業革命における力学と工程学の巨大な成果を受けついで，現代経済学理論の先駆者たちは，力学モデルに常に言及していた。

　ここで注意すべきことは，古典物理学における力学思想は，経済学に影響を及ぼしていることである。ここでの「力学」とは，1860年以前の古典力学もしくは，古典物理学であり，統計力学と物理学におけるその他の新たな発展をここでは言及していない。現代主流経済学における核心的な概念，例えば理性，均衡などの思想は，力学思想から由来する。古典力学は，質点システムを研究する。方向力は，一定の距離内に計算できる運動法則によって，質点システムに影響を与える。そのルートの選択は，最少作用原理の制約を受ける。この原理は，その最大の意義から言うと，経済学原理—極大極小原理である。

　しかし現代西側経済学方法論において主導的な地位を示す力学の限界は，少なくない。ここでの経済学における「力学方法」の限界とは，経済学における力学思想の利用は価値がないということではない。それは，力学原理の模倣によっては経済世界で解釈できない問題が多くあることを指す。その原因は，力学原理の模倣は，経済学をシステム誤差のない，且累積と発展がない均衡図解に陥れたことである。力学は，時間とともに発生する知識と数量の変化，不可逆性を排除した。

第7章　経済学における生物学方法の適用と意義　299

2　マーシャルの「経済生物学」概念

　「経済理論における危機」は経済学から力学的模倣を取り除き，それを他のもので代替することによって克服できるか？　この点について現代経済学改革者たちの間では，大きな相違が存在する。ある経済学者たちは，経済学のような社会科学はすべての物理学と自然科学の方法を戒めるべきであると考える。彼らは，経済学は社会経済範疇の原理に基づいて形成されるべきであると強調する。例えば，シュンペーターは『経済分析史』（1954年）において次のように書いた。「個人的企業制度のある分野を生存競争であるとするのは，むしろ正確である。この競争による適者生存というのも同義反復的に定義する必要はない。もしもこのようであればそれらのことを，経済事実を持って分析すればよいのであって，生物学に援助を求める必要はない」。
　ウエブレンを代表とする「古い」制度学派の経済学者たちの立場は，それとは異なる。ウエブレンは「現代の文明と他のエッセイの科学の場所」（1918年）において経済学は，まだ一つの「進化論科学」として成り立ってない。ダーウィンの生物学から示唆を受けるべきであるとした。
　これらの経済学者たちは，シュンペーターの弟子たちと共に「進化論」の肩書きを享受した。しかし生物学の方法を採用したのは，ウエブレンでありシュンペーターではない。
　ウエブレンの「なぜ経済学は進化論科学ではないか」という論文が1898年に発表される8年前に，アルフレッド・マーシャルの『経済学原理』が出版された。彼は同時代のジェボンズとワルラスとは異なり，生物学模倣を推賞すると公言した。彼の『経済学原理』が1961年に再版される時に，その本には「経済学のメッカは経済力学にあるのではなく，経済生物学にある」という名言を付け加えた。しかしマーシャルが生物学の模倣を援用したことについては，次のように考えられている。つまりその応用は局部的であり完全ではない。そしてまたダーウィンの示唆を受けたのではなく，主に哲学者，社会学者と早期の進化論者スペンサーの示唆を受けたのである。「経済生物学」における一種の変容を助けたのは，マーシャルの伝統の一部分であることは疑いない。

しかしマーシャル学説における生物学の示唆的な要素は，すぐに減少しマーシャル逝去後，彼の追随者に削除された。生物学模擬は，戦後のマーシャル学派の教科書において優先的な地位を占めなくなった。しかもウエブレン的伝統は，20世紀20年代以降の生物学の発展成果を応用しなかった。ファシズム主義下の「社会ダーウィン主義」と生物学の成果は，社会と政治領域に大量に乱用され，生物学的模倣は二次大戦時期において自由派社会科学者の歓迎を受けなかった。

3　戦後生物学方法の経済学における復興

戦後生物学方法の経済学における復興は，アルチィアン（Amen Alcian）の1950年に発表された『政治経済学雑誌』における「不確定性，進化及び経済理論」という論文での「自然淘汰」方法の著名な応用をはじめとする。その後経済学における進化論思想の応用を中心に重要な議論が広がり，その内にペンローズ（Edith T. Penrose）が1952年に『アメリカ経済評論』に発表した「企業理論における生物学の模倣」といった重要な論文が含まれている。

20世紀70年代の後期になると，もう一つの生物学学派の思想が経済学に取り入れられ，以前と異なった形式を採った。シカゴ学派の経済学者ベッカー，ハーシュライファーとタロックたちは，新興の「社会生物学」を，個人主義の仮説に対する実証と生物学及び経済学領域を超える普遍的な「法則」に対する確認と見なした。それぞれ「利他主義，利己主義と遺伝合理性：経済学及び社会生物学」「生物学の視角から見た経済学」と「社会生物学及び経済学」などの論文を発表した。

彼らは希少性と個体競争などの現象を，経済学と生物学との二つの領域における相互に通じ合う現象と見なした。このような見解は，19世紀末期の社会ダーウィン主義者が提起した数多くの命題の重複である。したがって上述の見解の発表は，生物学の模倣の社会経済領域における異なった応用を明らかにした。

シカゴ学派の三人の経済学者は，静態的均衡理論の伝統の一種の継承者である。彼らが最も関心を持つのは，人類行為の普遍的な仮説を生物学の基本的な原理を基礎にして形成する試みである。20世紀80年代初期ネルソンとウ

ィンター（Nelson and Winter）の重要な著作『経済変遷と進化論』（1982年）がハーバード大学出版社で出版されるに伴い，経済学における生物学思想の援用に新たな趨勢が現れた。この本では，遺伝子（企業のプログラム），変異（企業における新技術の追及）と淘汰（利潤を獲得する企業の発展）などを明確に説明している。

　実は，彼らはいつのまにか，ウエブレンの「進化論経済学」の伝統を復活させたのであると指摘された。その結果，進化論模倣と経済学モデルにおける使用は，指数的に増加した。主流経済学の特徴は，主に理性的選択の仮説と生態的均衡の視角であるとすれば，進化論からの枠組みは望ましい核心的な理論を提供し，これらの核心的な思想に関連する根本的な挑戦を提供した。

4　経済学領域における生物学方法をもって力学方法に代替する若干の問題

　経済学の研究が生物学の思想に助力を求めるのは，以下のような信念による。現実世界における経済現象と生物有機体及び生物過程との共通点は，経済現象と惑星との共通点より多いからである。経済は粒子，力とエネルギーだけに関わるのではなく，結局生き物である人類と関係するものである。ただここでの方法の転換はリスクを抱えている。種々の原因によって人々は生物学的模擬を採用することを拒否する。

　生物学は，社会科学者によって濫用されたことがある。例えば，過去にあった「社会ダーウィン主義」，またその後の生物学の思想及び新貴族主義或いは性差別などの思想・意識と，政治運動との悲しい関係は，人々の記憶に残っている。

　次に，現在においても進化論的思想の「適者生存」という概念は，あらゆる国家からの補助或いは干渉を拒否する意味が含まれているといった誤った認識がある。進化論は，競争結果はいつでも最適であり，或いは進化「進歩」法則は，一分のすきもないということを意味するものではない。現代理論に基づいて見れば，進化過程はあらゆる最適な結果に必然的に導くとは限らない。このような論点は生物学の領域に，また経済学の領域にも適応される。進化論生物学において，ヴォルテールの哲学的風刺小説『カンディード』におけるライプニッツ博士の格言，「この世界は可能なかぎり最善の世

界である」ということを再度見つけることはない。

　第三にこの二つの領域間における概念的な対立が取り除かれるのであれば，社会現象に関する解釈すべては，生物学及び遺伝学問題に帰結するのではないかという懸念がある。人類社会と自然界との間には，概念の対立が永続し，最終的な分析の基礎とする必要がある。

　ここで生物学方法は，万能薬ではないことを強調する。生物学内部には，論争と生物学自身の問題が存在する。生物学自身には，力学方法と帰納主義方法がある。例えば，多くの生物学者は，物理学或いは化学の術語を用いて生物学の現象を解釈することを試みている。つまり，科学というのは，現象をより多くの構成単位に分けることによって，その現象の本質を明らかにする。

　この「帰納主義」の方法は，古典力学の父であるガリレイとニュートンと関係がある。しかし，最も複雑なシステム例えば，生物学におけるシステムにおいて帰納主義の目的を十分に実現できるかどうかは，人々に疑問を持たせている。帰納主義の目的を十分に実現することは，依然として現在のより多くの科学が追及する目標である。

5　経済学における生物学方法の価値

　現代生物学は，様々な問題とリスクを抱えているにしても，経済学がその中から豊富な思想と方法を吸収できるし，自身の活力を回復できる学問である。経済学における進化論の応用は，力学模倣の採用よりその利点と進歩が多い。それは，時間の推移にともなう非可逆的進行の過程，短期的限界の調整ではなく長期的発展，質と量との変化，変量の多様性，均衡・不均衡的な状況と永続するシステムとの間の差異の調整などである。とにかく進化論方法の採用は，静態的制約条件のもとで力学の最大化を実現するといった主流的・核心的な思想の代替思想を提供した。主流経済学において核心的な地位をもつ理性的選択理論は，静態仮説によって決められる。すなわち，一種の安定的或いは最終不変的な政策決定環境という概念と，完全理性選択という概念は，進化論からの直接的な挑戦を受けている。

　経済システムが複雑であることは，生物学的思想が経済学において重要な

意義を持つもう一つの要因である。生物システムと経済システムには，散逸構造と因果関係が含まれていて，連続的な変化と巨大な多様性を持つ。この問題に関して，多くの傑出した生物学者たちは深思熟慮したが，興味をもつ経済学者は極めて少ない。むしろ生物学方法を採用すればこの重要な方法論上の議論の解決に有益であろう。生物学界において，帰納主義と適切な進化淘汰単位の論争はまだ続いている。理論上は遺伝学から分子生物学を帰納すること，ひいては化学と物理学の応用は可能かどうかの論争が続いている。これとは異なって，主流経済学はニュートンの力学における不可分割的な「個別」粒子の方法を深く信じていて，個人目的と選好の心理学或いは社会学の基礎を伝統上期待しない。

最近の何十年，特に20世紀60年代以降，主流経済学者は個人に基づいて，構造システムの効用の最大化経済現象を解釈するようになった。このような「方法論個人主義」は，システムとレベルの総合を焦点とするケインズのマクロ経済学基礎の作用を弱めた。経済学者は，生物学と経済学が共通の複雑な問題を抱えていることを公認しているから，方法論個人主義を過剰に信じることはない。個人以上の分析レベルと単位の正確性を認める。

生物学が分析しようとしている部分的な現象は，複雑性を持つことが公認されている。これによって，生物学の理論的多元性が展開されている。ダーウィンの方法論は厳格な定理ではない。ダーウィンの方法論は厳格な演繹核心を持つが，それは独自に何も証明できない。それは大量の経験的素材の範囲内に置かれる。生物学内には，演繹論点とこれに伴う経験前提及び結論との結合状況が存在する。

その典型的な状況は以下のようである。生物学における数多くの理論と解釈は，既定の実際状況の全部ではないが，主要な原因を識別できたと公言している。幸いなことに，生物学は方法上において独占的な地位を示していない。これゆえ，生物学は現在の経済学をまだ窒息させることにはならない。

生物学へ転向したことには重要な価値のある原因がある。デカルト哲学とニュートン的世界観は，このような思想と習慣を支持する。このような思想と習慣に基づいて，人類と自然界其の他の部分との間に，敏感な区分がある。人類と自然界における其の他のすべては，生物であり，地球上利用できる自

然資源には限りがあるし，地球生態システムの容量にも限りがある。したがって生物学の方法を援用することは，21世紀のこれらの重要な問題をわれわれに指摘してもらうには有益である。

力学方法は，時間の推移に伴い発生した知識，数量変化及び不可逆性を拒否する。力学は経済学をシステム誤差のない，発展の均衡図式の累積のない状況に陥らせた。生物学方法の価値は，これらの欠陥を一定程度克服したことにある。特に，生物学方法を使用した結果，方法論上の個人主義と帰納主義が置換できるようになった。正統派経済学者のハーンは以下のように予言した。その予言は，次世紀は生物学に親しいマーシャルの伝統を回復することである。もしこのような予言が的中するのであれば，経済学に重要な再建が起る。

V　経済学における生物学の方法の適用事例

1　「自然選択と進化」の経済学における使用

「進化」という言葉は生物学で，同時に自然科学，社会科学でも重要な概念である。ある有名な生物学者は，生物進化の論文の作者でもあるが，その専門用語解釈の中でこのように書いた。「進化はゆっくり進行していく変化である。生物進化，通常言われる種の進化は有機体の一世代一世代の遺伝変化である。あるいはより適切に言えば，生物の遺伝子頻度の一世代一世代の変化である。」(Wilson, 1975)。

生物上の有性繁殖の一つの顕著な特徴はその独特性にある。無性繁殖あるいは一倍体繁殖は生物界で重要な作用がある。「類似生物」の批判者はよく「遺伝の類似物は何であるか」という問題を強調する。この問題を強調している時は，有性繁殖を念頭に置いている。明らかなのは，この分野で類比できないことは，当然それは使用できないことを意味する。確かに多くの生物理論は直接非生物の分野に適用されない。

ここでは自然選択「進化」と「選択」の意味と結びつけ，各種類の文化進化への議論に応用する。

(1)進化分析の理論構成

　最も抽象的な専門用語で言えば，進化の過程は情報ストックを選択し保存する過程である。わかりやすく説明するために，大学図書館の本を考えてみよう。図書館には，通常同じ本が多くある。本の紛失，盗難，磨耗あるいは破損によって，同一資料を比較的完全に保存するために，図書館は既存所蔵本を新本で補充しなければならない。

　一冊の本には多くの情報が含まれている。本も「種類」がある。例えば，同一作者，同一書名の本もある。形式上，「同一作者と同一書名」はこの本の等価関係である。ところが，他の多くの等価関係がまだある。例えば，「同出版社」「同分類番号」「同色」などなど。

　図書館の一年間の変化を見てみよう―例えば，毎学年の終わりの，棚卸の時には，すべての本も返却する。図書館の書物には―例えば，本の中に赤色で重要なところに線を引いたり頁わきに疑問符を付けるなどの各変化がありその量は大変大きい。この変化を描述する，より現実的な方法は，一つあるいはいくつの等価関係をとって，複数の日付に，例えば，各書名と作者のように，等価クラスの項目を数えることである。時刻Tにその等価クラスがいくつあるか，その結果を時刻T＋1の，図書館の同じ等価クラスの項目と比較する。この時，図書館員は主にこの二数の差異を解釈することに興味があるかもしれないが，進化理論家は後ろの数を前の数で割り，この書名―作者の（観察された）「適合性」（もちろん，仮に分母はゼロではない時だけできる）と呼ぶ。

　この思考にしたがい，図書館はどのように（書名―作者の上で）「自然選択」するかという議論ができる。自然選択という専門用語を図書館に例えると，毎本は図書館に入ったり，消えたりする過程の複雑な収集行動を指す。

　上述したように，図書館の例で説明する進化方法は，一つの有用な枠組みを提供できるかもしれないが，それは一つの理論ではない。特に，「適合性」という概念は，図書館がどのように時間にしたがって変化するのか，単に同義反復の「解釈」である。もっと重要なのは等価関係の小構造である。このような枠組みを理論に転化させるのは難しくない。例えば，ただ「書名―作者適合性」は異なる時間にも等しいとすればよい。

図書館の例で言うと，書名―作者を選んで等価関係とするのは一つの妙な，創造的な先見をもつ方案である。将来，書名―作者を分類基準として，多くの本に関して適切に相似の情報を把握できる。

進化科学者は遺伝を支配している実際の制度を選択する詳しい知識をもっているため，図書館の理解を助けるが，必要不可欠ではない。「同書名と同作者」は図書館の進化に影響する大きな関係の一つの重要な関係である。

上述の大学図書館進化に関する議論は一つの生物比喩を提起することをその目的とすれば，「同じ書名と作者」の等価クラス (equivalence classes) は「種」に相当する。一冊の本の版本と印刷は遺伝子型に相当する。しかし，異なる種類の間にある差異と比べるなら，この差異は小さい。引かれた重点線，赤色の強調線，磨耗した頁のへりなどなど，すべては異なる表現型の例である。それらは一冊本がその生命周期の中に遭った事件と事故を反映した。

ところが，人々は進化の文献目録を表現型の進化科学とすることもできる。文献目録の類似を使って生物学を考える。この分野では，重要な意識が等価クラスという概念である。この等価クラスの中で，各要素（個体）は各可視の分野では，相互に非常に接近している模本である。「非常に接近」という意味は等値クラスのシステム中に，小類の内在的変異と大類の間にある変異との比較を含む。

性を通じて再生産を行う生物類はこの基本的な進化パラダイムの複雑な変体である。配偶子発生の過程において，最精確な模本を生産して染色体を複製する部分の過程に関わる。親にはない，また後世に残さない完全な遺伝描述が含まれている。遺伝因子の完全に同じ個体は―この個体の間の相似は一冊本が同じ回の印刷で相似の本が印刷されるのに似る―の概念は理論モデルの中で非常に顕著である。

要するに，ここの論点は進化分析枠組みの経験的使用である。一般に分類体系（あるいはもっと正確に言えば，研究しようとする個体の上にある等価関係の体系）の発展が要求される。このような体系があると，遺伝，適合性と選択など一般化の概念は使用できるようになる。

(2)生産知識の進化

多くの有名な経済学者はこういう観念に賛成する。すなわち，進化の原理，あるいは生物科学は経済学者にうまく模倣される知能モデルである。マーシャル（Marshall）は，「経済学者のメッカは経済動学ではなく経済生物学にある」（マーシャル『経済学原理』1920年，第14頁）という有名な名言を述べた。トーマス（Thomas, 1983）はマーシャルのこの思想の発展の過程においてこの文の起源，意味と暗示についてたいへん優れて詳しい分析をした。経済生活の中で，不可逆の進化変革という観念が極めて重要であると強調した。「把握すべき要点は，資本主義を研究する時に，進化過程を研究しているというところにある。…資本主義は，本質上経済変動の一つの形式あるいは方法である。それは従来だけではなく，永遠にも静止的ではない。」（Joseph A. Schumpeter, 1942）。

シュンペーターの言った情況の中で，不可逆の変化は「進化」の内包で主要な地位を占める。シュンペーターはよく「進化」という言葉を使っている。

進化科学の発展にとって，上述の議論は何が最も重要なのかを指摘しなかった。どうして経験内容を有効に，遺伝と選択の一般的な概念の中に浸透している等価関係体系によって経済現実を解釈するのか。このような意見はその後ウエブレンが彼の『経済学は進化の科学ではない理由』という論文によって単純であるが提起した。「経済科学の目的にとって，解釈しようとする累積変化の過程は一連のやり方―物質生活手段を処理する方法―の変化である。」ウエブレンの直接の影響を受けていないかもしれないが，アルキアン（1950）が書いた進化科学を論じる有名な文章の中で同じような意見（「行為規則の模倣」を強調する）を提起した。この観念はウィンター（1971）により明らかであるが，ネルソンとウィンター（1982）が「しきたり」というタイトルで書いた文章である。ペンローズ（1952）の「生物類比」への批判は進化経済学の重要な要因への答えである。

進化経済学では「知識を生産することによって保存する社会過程は何なのか」という問題が非常に重要である。この問題について伝統の経済理論は答えなかっただけではなくて，提起したこともなかった。

これらの問題はここで詳しく議論できないが，解釈として一つのやり方―，

すなわち「タイプ」—を考えるのが良い。この目的のために使われる機械は，一つの等価関係がある。すなわち，「同じ（ローマ字）キーボード」と一つの等価クラス「クワティー（QWERTY）キーボード」である。それと関わる人類のテクニックは「ブラインドタッチ」と言われる。またクワティーキーボード上で訓練を受けたことがある，熟練したタイピストの等価クラスがある。アーサー（Arthur）とデヴィッド（David）はこれらのよく知られる現象の早期進化史をうまく分析，描述した。デヴィッドが言ったように，クワティーキーボード上で，我々はよく知っているキーの配列がもともと一つの特別な技術上の要請によって生じる適応力のある反応であった。特に，タイピストは原文を見ずに打つ必要上そうしたキー配列が要請された。数十年の進化を経て，タイプライター自身も大きな変化が起きたが，QWERTYキーボードは幸いに残っていて，今でもタイピストの仕事強度を減らす役割を果たしている。

デヴィッドは一代一代にQWERTYをコピーする社会過程の主な特徴は熟練したタイピストの補完であると自信満々に認めた。十分な訓練を受けたことがあるタイピストがいなければ，新しいタイプライターに転換するのも不可能である。

タイピストがその役割を果たす一つの要素であるブラインドタッチは言うまでもなく，みんなが知っている技能である。技能は一人から他の人に符号を通じて移転することができない。人々も部屋にいる多数のタイピストに授業を行い，それらの技能を一つのキーボードから他のキーボードに移すこともできない。タイピストは自己の仕事についてどうすべきかがわからない。実は技能に秀でたタイピストのタイプレベルは科学分析の謎である。それは人類神経生理学に規定される限界を超えたのである。

QWERTYのタイプ方法を大規模に保つ社会過程は一つの複雑な多面現象である。一連の伝統上に，他の要因を加えて，明言する必要もない知識などの要因に関わっている。

(3) 経済人：進化の批判

経済学者は世界全体を評価する時，特に人類の本性を評価する時に，いつ

も自己を頑固な現実主義者と見なす。ところが，経済学の目的にとって，自己本位の理性個人のモデルは重要な欠陥をもっている。それは一幅の透明な風刺画（教科書の消費者はただ商品とサービスの消費だけに関心がある）ではないが，いつも曖昧な同義反復（なぜ「効用」に影響する可能性があるか。それによって選択に影響することを制限しなかった）である。

進化の観点から見れば，重要な問題は，各理論に述べられる経済人の亜種の中で，どの種が，適応できるのか。人類の本性（ここで現れている自己本位の程度と性質）は，現代人類行為の生物的と文化上の決定要因であり，これらの決定要因を造る進化の力を支える。

経済学者は「実際を重視する」のではなくて，まさに反対の理論仮定を使う。この主な例は次の仮定である。社会はある方式により完全で，代価も払わないで協力すること。もう一つの例は社会ネットワーク（各基準によって定義された）を交易型の決定的な要因と見なさないことである。人々は必ずしも進化の観点をもっていないが，適度な分析経験があれば，このような仮定に基づいての経済分析は現実の場面で大きく歪むことがわかる。進化の観点は，経済はどのように，どうしてこのような役割を果たすのかという問題を議論することにある。

経済学はその第一級の近似仮定によって形成した殻から抜け出していたため，他の社会科学と生物学との関係がより明らかでより成果があるようになる。行為の中に自己本位の役割と社会協力の基礎などがもつれ合っている課題は経済学の中の基本であるだけではなく，すべての社会科学の中で，及び大部分の生物学の中でも基本的である。ハーシュライファーはいつもこれらの課題の統一性を先見の明で強調している。彼は「一つの社会科学しかない」といった。もし「一般経済学」をこの経済学とすれば，経済学は「人を実際に存在している人ー自己本位である，あるいは自己本位ではない。十分理性あるいは理性ではないーと見なさなければならない」。

統一社会科学に最も良い名前を与えようとするのはまだ早いかもしれないが，多くの「一般経済学」を修正する方案を呼びかけたことは間違いないであろう。統一の方向へ発展していくことはあきらかである。制度上の支持はまだ弱く，あるいは存在していないけれど，その中で一部は進化の枠組みを

明らかに使っている（例えば，Akerlof, 1984）。ある部分はそうではない（例えば，Williamson, 1985）。特にボイド（Boyd）とリチャーソン（Richerson, 1985）の仕事である。彼ら一組の「二元遺伝」のモデルを使って，生物進化と文化進化の間の相互作用を模倣して研究した。もちろん，この相互作用は人類生物学への理解と文化への研究にも意義がある。

　要するに，自然選択と進化は生物学の特定の目的のために，あるいは経済学の特定の目的に適用する概念と見なすべきではない。それを生物学，経済学と他の社会科学が共同に分かち合える新しい概念構造の中の構成部分であると見なすべきである。

2　企業競争と自然選択

　競争条件の下で，企業は生存しようとするなら，十分な利潤を重視しなければならない。生物の自然選択と同じ意義は経済理論において大きな影響がある。ミルトン・フリードマン（Milton Friedman）はその有名な論文集の中で挑戦的な文字で（Friedman, 1953）この作用を明確に表現した。

　しかし，この命題はまたもう一つの問題を提起した。このような原理は経済選択過程の明確なモデルを特徴とする。このモデルの中でまず企業の一連の行為の可能な範囲を規定する。それは「利潤最大化」という行為を含まなければならない。利潤を得る企業は生存して発展していく。損をする企業は落ち込んで失敗していく。このような過程の静止状態は「選択均衡」である。

　このようなモデルは進化経済理論の中で重要な地位を占めているが（Nelson and Winter, 1982），中心ではない。これらのモデルはモデルの均衡を選ぶ（異なる意義で）のは基準的な競争理論の均衡を模倣することが有益であるからである。

　もちろん，競争という概念は完全な競争均衡と思ってはいけない。広義に言えば，「適合であるなら盛況である」「非適合であるなら盛況でない」という一般的ではない選択モデルも一つの「競争」過程モデルである。この過程は静止均衡がいらない。あるいはいかなる均衡もいらない。

　（混乱を避けるために，指摘しなければならないのは議論の中で使われる世界「均衡」という概念が二つの意味を含むことである。すなわち，経済学理論の「行

為が変わらない刺激」と，経済学以外で通常もちいられる「一つの動態過程においての静止位置」である。議論の目的は特殊な方式でこの二つの均衡概念を結びつけようとすることである。)

(1) 別企業の需給関数はその企業の規模（あるいは生産力）が価格に依存して，直接には規模に依存しない関数と掛けあわせることで表示できる。

(2) 儲けになる時に，企業は規模を拡大しなければならない。儲けにならないとき，企業は規模を縮小しなければならない（あるいは完全に休業する）。同様に，特定の企業は儲けようとするなら，儲かる企業の行為を完全に模倣しなければならない。明らかなことは，これらの仮定がなければ，通常は非零利潤のところで均衡になる。

基準理論によれば，企業の規模を拡大することは企業が以下の仮定によって利潤を求める活動と見なされる。価格はその相関する生産能力の影響を受けない。これはまず議論する企業が大量に存在する企業の一つであることを要求する。これらの企業は同様な技術，組織能力を獲得する。

このような仮定（企業は同じ生産設備と行為準則をもつ）は普通であり，進化理論とは大きな矛盾がある。正統な観点は，生産知識は全部自由に取れ，公共の図書館で全部獲得できるとする。逆に，進化理論は企業が生産知識の高度の私有蓄蔵者である役割を強調して，生産知識は全部単純に手に入れられるわけではないと考えている。進化理論の観点から見れば，基準理論中にある模倣原理は人々が公共知識源泉から知識を獲得できると仮定する。

現行の価格で産出できるが衰退している企業の行為は変わらない。現行の価格では倒産する恐れのある潜在的な競争者は競争に加入しない。この仮定は競争均衡状態が事実上選択過程の一つの静止状態であると確定しなければならない。

生物学において一部の自然選択モデルは通常この仮定にあわない。それは偶然の行為変化によって一時の中断や，あるいは過度に楽観的な競争参加者によって一時の中断を許すからである。すなわち，基準理論はある意味でその行為仮定から言えば健全である。残念なのは，基準理論はこの観点の意味について手がかりを提供しないことである。経済システムの調整過程は明らかに問題の中心であるが，行為上合理的な調整理論はまだない。このような

理論は静態均衡理論にある規定モデルの動態対応物である。

　静態競争理論をより厳格にさせるために，必要な条件を規定しなければならない。この限度内で，最も合理的な方法は企業が選択過程において自己の「行為準則」があるという思想を，アルチアンは論文中で提起し，ヘバート・シモンズ（Hebert Simons）の満足概念と結合する。単純に言えば，各企業はただ忠実にすでに決まった行為準則（あるいはネルソンとウィンターに言われた「通例」1982年）に従えばいいのである。このような準則は企業の需給関数を含むことを意味している。ある企業は一定の時期に欠損があってからより良い行為準則を求めると仮定する。これは調整過程の行為の合理性を増加する。すなわち，偶然的な準則の変化が他の状況のもとでの静態競争局面を破ることになる。

　最後の条件は単純で適当ではなく「ある企業は利潤最大化でなければならない」と言われるかもしれない。ここで特に二点を強調すべきである。第一点は利潤最大化の行為準則（関数）は利潤最大化行動と区別することである。一般的に言えば，特定の競争均衡を模倣する選択均衡は次のような選択均衡である。この均衡の中で，ある企業はその競争均衡の中で利潤を最大化させる行動をとって，利潤の最大化者となる。しかし，これは選択均衡中にいる生存者は利潤最大化の準則を把握したことを意味しない。もっと厳格な意味で言えば，生存者は通常は利潤最大化者ではない（証明しよう。たとえ，規模収益は不変である競争均衡を例として分析する。企業の需給関数を既定の均衡中にある規模要素価値に相当する常数と限定する。この静態均衡を動態調整システムの中に移す。このシステム中で，企業の産出規模は仮定(2)によって，儲かる可能性に反応する。それで，この既定の競争均衡は選択均衡となる。使用できる唯一の方法がその利潤をもたらしたから。しかし，厳格に言えば，企業は利潤最大化者ではない）。

　第二点は第一点の発展である。利潤最大化行為準則という観点そのものは，生産構成あるいは関数が既知であるという概念基礎上に立てたものである。しかし，進化理論の中でこれらの行為準則自身はデータ資料や，特定の環境中で生じた価値（行動）を論理前提とする。

　多くの分析目的から言えば，最大の弱点は，それは支持しているのがただ

均衡行動に関わるが，行為準則に関わらないところにある。人々は準則が利潤最大化であり，比較静態がもたらす結果であると考えているから。均衡の変数変化を「模倣」することによって妨げられる選択システムは，必ずしも別の新たな「模倣」均衡になるわけではない。以前の均衡による現れた状況と一致する選択システムとなるのは言うまでもないであろう。

シュンペーター競争

シュンペーターは二冊の偉大な著作及び多くの他の文章で革新活動が資本主義発展の中に極めて重要であると指摘した。彼の早期の著作である『経済発展の理論』において主に個別企業家の作用と貢献を研究した。今日から見てもこの本は先見や大きな挑戦の意味をもっている。彼の後期著作である『資本主義・社会主義・民主主義』は同様に先験と挑戦の意味をもっているが，少し時代的な誤りがあった。この時代的誤りは彼は未来が官僚化であり，個別企業家の権力は全部大組織に奪われてしまい，資本主義の社会政治の基礎はこれによってすべて取り除かれるという予言である。今日の現実は完全にシュンペーターの予言に合致していない。彼は明らかに資本主義の企業であっても，社会主義国家の内部に現れる経済刺激問題の深刻さがあることの考察が大いに不足している。

シュンペーターの各著作の中で，前提と予測の文献を大量に集めていた。ここで議論する目的はシュンペーターの観点で選択と競争の関係を評価し，つまり，もし企業が革新を行い，新しい作業方法を発見し開拓するならば，どのような差異があるのかである。明らかなのは，第一の差異は「競争」を広義的に理解しなければならないことである。競争過程において価格によって産出量が決定される以外に他の要因があると認めることである。特に，革新，他人の革新を模倣すること及び革新の収益を占有する代価を払った活動を企業競争の要因に入れることは重要である。

こうして，選択は二つの関連している段階で行うようになる。各企業の現有製品と製法の使用をコントロールしている各組織のしきたりは市場を通じて相互に作用している。すなわち市場は競争者に賞罰をあたえる。これらの同じ賞罰も比較的に高い段階でのしきたり—新製品と新製法はこれによって

出てくる—の市場成績表で評価される。これらのしきたりは例えば革新性と模倣性の研究と発展の水準を含む。選択力はこのような企業には有利である。それらは絶えず革新によって「レント」を得て、これらの革新を生じる研究と発展費用の間に有利な均衡を取る。

競争は「完全的で、しかも非常に速い」ものであると考えている。それは革新作用の活力がなく、革新費用は高すぎで模倣する（特許などの制度性障害を克服することを含む）費用が低いため、結局すべての企業は革新をやめるようになって、経済システムを静態均衡に入らせる。（しかしこの均衡の特徴は進化過程の初期条件と無作為の事件によって決まる。生産状態が最終的に実現するのは進化過程の内在的特徴である。）人々は一部の典型的な事例を作って、シュンペーターの「革新しないと死ぬ」という警告を説明できる。その基本的要求は上述の費用条件を逆転するだけである。

ある極端で、あるいは高度に単純化した状況を除いて、シュンペーターの競争モデルは複雑な無作為過程を表述した。それは基本的な概念をはっきり説明したし、さらに、ある特殊な情況を検討して、新しい見解を獲得できるのである（ネルソンとウィンター、1982年）。モデルの中から得た最大の利点の一つはたまたま実際に働いているメカニズムがちょうどモデルの一部の「明らか」な特徴と一般的な特徴を再現したことである。

シュンペーター競争の動態モデルの基本要素）は一つの技術機会モデルである。このモデルは典型的な企業の革新に使われる資源をそれらの革新成果と結び付ける。もし個別企業が短期に資源を革新に使うならば、その革新成果は収益逓減を生じるか否か。もし生じるなら、何の「固定要素」が収益逓減させたか。これらの要素はどの程度企業自身の努力や他のメカニズムにより時間がたつにつれて変化が生じるのか。

しかし、シュンペーターの競争範囲内で模倣原理を探究するのは失敗する。シュンペーター式の競争モデルは我々の生活の現実環境を描述する分野では明らかに静態均衡モデルよりよいため、この選択支持力に関する総合結論は単純な静態モデルの結論よりもっと消極的である。これらの仮定に基づく予測はある時に正しく、ある時に曖昧である。しかも、基準理論はこれらの情況を見分ける方法を提供しない。

3　共生理論と中小企業

　国際的には中小企業を一般に四つの基準によって分ける。その一は従業員の人数である。その二は資本数である。その三は取引高である。その四は法人地位である。欧州連合およびその成員国は中小企業の区分に明文規定がある。20世紀90年代に欧州連合委員会は欧州中小企業の規定を次のように規定した。「中小企業は，その企業雇員の人数が250人以内，年生産額は4000万ユーロ（欧州の通貨単位）を超えない。あるいは資産年度負債総額が2700万ユーロを超えない。大企業は25％以上の株を持たない。」そのほか，小企業にとって更なる規定がある。企業の雇員は50人より少ない。年生産額は700万ユーロを超えない。あるいは資産負債総額は500万ユーロを超えない。独立の法人地位をもつ。欧州連合の成員国は中小企業への規定は完全に同じではない。各成員国の中小企業規模への分類から見れば，ドイツ，フランス，イタリアおよびイギリスなど主要成員国は経済実力があるため，彼らの中小企業の規定は比較的相似している。ほとんどは中小企業の雇員人数を500人以下に規定する。他の国，例えばオランダとスペインなどは中小企業の人数の規定がより少ない。欧州連合中小企業の競争力と凝集力を強めて，有効に中小企業を支援するために，欧州連合委員会は各成員国の企業の規模分類に一つの統一の基準を作る必要があると考えている。それは欧州連合中小企業への統一した管理がしやすいからである。こうして，欧州連合委員会は関連文書で各成員国は欧州連合の統一的な基準によって中小企業を分けることを提案した。この基準は欧州の企業を五種類に分けた。第一種類は雇員がない企業である。第二種類は「非常に小さい企業」で，雇員人数は1－9人。第三種類は「小企業」で，雇員人数は10－49人。第四種類は「中型企業」で，雇員人数は50－249人。第五種類は「大型企業」で，雇員人数は250人以上である。この分類基準は基本的に欧州連合の中小企業の共同特徴を反映したために，各成員国に普遍的に承認されたのである。欧州経済の一体化は進み，欧州連合委員会の権限が拡大していくにしたがい，世界各国が欧州中小企業分類を参考にし最も権威ある基準となる。しかも欧州経済の発展と向上にしたがって，世界の他の国への影響も日ましに大きくなっている。

建国以来，中国は中小企業に対して6回の調整をしたことがあるが，適用範囲と企業規模などではまだ多くの問題を残している。国際的な区分方法によって中国の実態と併せて，定性の基準（資産総額など），定量の基準（雇員人数）等を策定し，基準の選択，モデル企業の基準などで中国の中小企業の規定基準を完全にする。中小企業の規模規定は重要な意義をもつ理論問題だけではなくて，実践中にも大きな意味がある。それは企業内部の管理問題に関わるだけではなく，より重要なのはそれが中央政府と地方政府の育成政策に関わる問題でもある。同時にそれは国家政策の安定性に関わるし，政府の決定にも必要な根拠を提供する。

中小型企業（以下は小型経済と略称する）の共生関係は主に二種類を含む。一類は小―小の共生関係である。もう一類は大―小の共生関係である。前者は小型経済内部の共生状況を反映している。後者は小型経済外部の状況を反映している。産業の共生関係から言えば，また産業内の共生関係と産業間の共生関係を含む。そのため，小型経済の産業共生関係は四つの組み合わせがある。すなわち，産業内の小型経済の共生関係，産業間の小型経済の共生関係，産業内の大型経済と小型経済の共生関係，産業間の大型経済と小型経済の共生関係である。

VI　むすび

生物学方法の経済学方法との交叉，融合は自然学問と社会学問の中の重要事である。この交叉融合による二学問の発展への影響は計り知れない。実は両者の「相互共生」の状況はそれだけではない。生物学方法の経済学における応用はすでに一つの主流趨勢になった。有名な経済学者ケインズも経済学者のメッカは生物学にあると明言した。

要するに，生物学の中にある多くの理論は経済学の参考となる。動物の利他主義は主流経済学の礎石である「経済人仮定」への反駁である。動物の「擬態行為」はゲーム理論における学習理論と，動物の群れ関係は産業組織理論における産業分布および進化的に安定な戦略（ESS）などで，すべて研究すべき課題である。さらに注意しなければならない点は，生物学の方法で

経済理論の本質を弱めてはならないことである。

主要参考文献

俞可平『权利政治与公益政治』社会科学文献出版社，2000年1月第1版，8頁。
O. R. 杨『政治科学的系统』41頁，Prentice Hall.
O. R. Yang, *Systems of Political Science*, Prentice Hall, 1968.
伊斯顿『政治生活的系统分析』347頁。
申农和韦弗『通讯的数学理论』（*The Mathematical Theory of Communication*）伊利诺伊大学出版社，1959年版，95頁。
Easton, D., *A Systems Analysis of Political Life*, London: John Wiely & Sons, Inc. 1965.
O. R. 杨『政治科学的系统』50頁，Prentice Hall.
O. R. Yang, *Systems of Political Science*, Prentice Hall, 1968.
多伊奇『沟通模式和决策系统』见查尔斯沃思编『当代政治分析』277頁。
杰索普『治理的兴起及其失败的经验：以经济发展为例的论述』『国际社会科学』1999年，第2期。
汉斯・摩根索『政治学的困境』（*Dilemma of Politics*），芝加哥大学出版社，1958年版。
Hans J. Morgenthau, Dilemma of Politics, *The University of Chicago Press*, 1958.
西奥多・A.，哥伦比斯和杰姆斯・H.，沃尔夫『权力与正义』华夏出版社，1990年版。
Couloumbis, Theodore A., Woife, James H., *Introduction to International Relations: Power and Justice*, Prentice Hall, 1978.
J. N. 罗森奥『对外政策之科学研究』纽约，自由出版社，1971年版，239頁。
汉斯・摩根索『政治学的困境』66頁。
Hans J. Morgenthau, *Dilemma of Politics*, The University of Chicago Press, 1958.
『马克思恩格斯全集』第1卷，69頁。
关于这一问题的论述详见程恩富，张建伟，1999年。
华勒斯坦『开放社会科学』三联书店，牛津大学出版社，1997年第1版。
Wallerstein, I., *Open the Social Sciences: Report of the Gulbenkian Commission on the Restructuring of the Social Sciences*, Stanford University Press: 1edition (March 1, 1996).
［美］熊彼特『资本主义，社会主义和民主』商务印书馆，1979年第1版，353頁。
Joseph A. Schumpeter, *Capitalism, Socialism, and Democracy*, London: Unwin Paperbacks, 1987.
Joseph・E・Stiglitz, *Wither Socialism?*, MIT Press Cambridge, MA, 1995.

[美] 塞缪尔・亨廷顿『変革社会中的政治秩序』华夏出版社，1988年版，24-25頁。
Samuel P. Huntington, *Political Order in Changing Societies*, Yale University Press, 2006.
崔之元『美国二十九个州公司法変革的理论背景』『经济研究』1996年，第4期。
罗尔斯『正义论』中译本，1頁，中国社会科学出版社，1988年版。
John Rawls, *A Theory of Justice*, Harvard University Press, 1971.
罗尔斯『正义论』中译本，292頁，中国社会科学出版社，1988年版。
John Rawls, *A Theory of Justice*, Harvard University Press, 1971.
『西方美学家论美和美感』19頁。
添加：作者：北京大学哲学系美学教研室，商务印书馆，1980年。
马克思『一八八四年经济学—哲学手稿』50頁，117頁。
Karl Marx, *Economic and Philosophic Manuscripts of 1844* [M], International Publishers, 1972.
『马克思恩格斯选集』第3卷，517，507頁。
『一八八四年经济学—哲学手稿』50，51頁。
Karl Marx, *Economic and Philosophic Manuscripts of 1844* [M], International Publishers, 1972.
『西方美学家论美与美感』39頁。
添加：作者：北京大学哲学系美学教研室，商务印书馆，1980年。
『马克思恩格斯全集』第42卷，120頁。
『马克思恩格斯全集』第46卷，下，219頁。
『马克思恩格斯全集』第42卷，120頁。
『马克思恩格斯全集』第2卷，534-535頁。
『鲁迅论美术』37頁。
『列宁选集』第3卷，252頁。
马克思『资本论』第1卷，57頁。
布鲁诺『拉丁文著作集』第2卷，第1部分，27頁。
布鲁诺『拉丁文著作集』第1卷，第3册，272頁。
马克思『一八八四年经济学—哲学手稿』46頁。
Karl Marx, *Economic and Philosophic Manuscripts of 1844* [M], International Publishers, 1972.
这是程恩富1993年主编的『文化经济学』一书已突破和2001年全面倡导的观点，现被学术界普遍认同的"第一个突破"。『倡导"新的活劳动价值一元论"』『光明日报』2001年7月17日。
『马克思恩格斯全集』第25卷，北京，人民出版社，1972年版，51章。
休谟『人性论』下册，商务印书馆，1997年版，527頁。
David Hume, *A Treatise of Human Nature*, Penguin Press, 1985.
米塞斯『经济学的认识论问题』经济科学出版社，2001年版，26頁。

Ludwig Von Mises, *Epistemological Problems of Economics*, New York University Press, 1978.

杜威文选『新旧个人主义』上海社会科学院出版社, 1997年版, 125頁。

程恩富『西方产权理论评析』当代中国出版社, 1997年版, 151頁。

劳伦斯, A. 博兰『批判的经济学方法论』经济科学出版社, 2000年版, 229-230頁。

Boland, Lawrence. *Critical Economic Methodology* [M], Routledge, 1997, p.232.

杨春学『经济人与社会秩序分析』上海三联书店, 上海人民出版社, 1998年版, 175頁。

程恩富『西方产权理论评析』当代中国出版社, 1997年版, 158頁。

摩尔根『印第安人的房屋建筑与家庭生活』文物出版社, 1992年版, 86, 99頁。

Lewis Henry Morgan, *Houses and House-life of the American Aborigines*, Chicago & London, 1965.

『马克思恩格斯全集』第4卷, 人民出版社, 1958年版, 151頁。

王东京「澄清经济学的三大问题」『中国改革』2006年, 第9期。

科斯『论生产的制度结构』上海三联书店, 1994年版

诺思『制度, 制度变迁与经济绩效』上海三联书店, 1994年版。

R. H. Coase, *The Institutional Structure of Production* [M], Nobel Foundation, 1991.

Douglass C. North, *Institutions, Institutional Change and Economic Performance*, Cambridge University Press, 1990.

周肇光「关于资源有限与需要无限假设的理性分析」一文, 『经济问题』2004年, 第2期。

倪力亚『当代资本主义国家的社会阶级结构』福建人民出版社, 1993年版。

萨缪尔森, 诺德豪斯『经济学』中国发展出版社, 1992年版, 1252-1253頁。

Paul A. Samuelson, William D. Nordhaus, *Economics*, McGraw-Hill Book Company, 1973.

费希尔, 唐布什『经济学』下册, 中国财政经济出版社, 1989年版, 586頁。

Stanley Fischer, Rudiger Dornbusch, *Economics*, McGraw-Hill Inc.: US, 2nd Revised edition, 1988.

凯斯, 费尔『经济学原理』下册, 中国人民大学出版社, 1994年版, 693-695頁。

Karl E. Case, Ray C. Fair, Sharon Oster, *Principles of Economics*, Pearson Education, 2013.

刘日新『论生产资料社会主义公有制』中国国际文化出版社（香港）, 2007年版, 101頁。

保育钧「政府"遮风挡雨"」人民日报, 2006年3月2日。

『江泽民文选』第3卷, 人民出版社, 2006年版, 70頁。

補章　現代マルクス主義政治経済学の五つの理論仮定

　本章ではまず経済学の仮定の内包と分類を検討し，仮定の重要な相違による理論経済学の異なる流派の差異と体系を明らかにする。現代西側主流経済学者と異なって，現代マルクス主義政治経済学者は仮定の現実性，科学性と弁証性を強調するため，より大きな理論認知機能と社会建設機能をもっている。はじめに現代西側主流経済学者の仮定の分析をする。その後，現代マルクス主義政治経済学のあるべき五つの理論仮定を順々に論述する。「新しい生きた労働は価値を生むという仮定」「利己と利他の経済人仮定」「資源と需要の両制約仮定」「公平と効率の相互促進，同時変動仮定」と「公有制高成果仮定」である。

I　理論仮定の内包と分類

　仮定は科学研究の重要な一環である。経済学も例外ではない。前提性仮定には，経済学自身の演繹過程と論理的推理がある。厳密にいえば，仮定は仮説と仮定の二つの意味がある。経済学の仮説法とはすでにあった経済事実資料と科学原理に依拠して，未知の経済事物あるいは法則性を推測する一つの方法である。科学的な経済理論仮説は現有の経済事実と経済科学知識に依拠するものであるが，確実で信頼できる部分と真実性がまだ確定していない部分の二つの内容が含まれるため，推測部分がある。客観的な真理に経済学思考で接近するのは有効な方式である。経済学仮説の検証は一つの歴史過程であるし，実践による検証性をもつが，経済学の仮定法は簡素化などの経済研究の便宜上，論理的分析の始点において事前にある経済状態を設定する方法である。しかし，経済学の仮説と仮定は交錯しているために，われわれはある時に大まかな経済理論仮定で経済思想を表現することもある。

　以前はマルクス主義経済学の真理性と現実性を強調して，いつも「普遍原

補章　現代マルクス主義政治経済学の五つの理論仮定　321

理」あるいは「基本原理」のような語彙が使われている。ある経済思想と理論を一つの「原理」と見なせば、仮定はすべて実際とかけ離れ無意味な空想と幻想になり、マルクス主義経済学理論の重要性を低く評価することになる。現代西側主流経済学と交流、あるいは論争する必要によって、現在は用語の定義を変えて、「理論仮定」という言葉およびその論理的叙述方法を使用すべきである。

　例えば、エンゲルスによれば、マルクスの第一の発見―歴史唯物主義は第二の発見―剰余価値理論を形成する前に実証されないため仮定の性質に属する。

　多くの現代西側の学者は今でも歴史唯物主義を認めないのは問題である。交流と論争を推進するために、われわれも一歩退いて歴史唯物主義を仮定と呼ぶ。歴史観を含めてある経済学あるいは他の社会科学の理論仮定が公理といえるか否かという問題には研究者主体の異なる価値判断と実証資料への理解がいる。異なる方法と立場に基づいて、マルクス主義者が確実な実証史料と論理的証拠を提起しても、ブルジョア学者はマルクス主義およびその経済学の基本理論の一部が正確であると必ずしも認めない。でもそれを理論仮定とするのは容認できるため、論争を簡素化し深化させるのに有益である。マルクス主義社会科学の中にある資本主義あるいは前資本主義の実践で証明されている正しい理論、および社会主義への移行あるいは社会主義に関する理論分析はいずれも現代の多様な実践の中で検証しつつ、論理的体系を展開して絶えず完全にしなければならない。この意味で、それらの承認されている原理、公理あるいは思想的予見であるものは理論仮定と呼んでも良いだろう。

　経済学研究において任意に仮定することができるか否かは意義ある問題である。任意に仮定するのは許されるが、このような仮定のもとで行われた研究やその結論などは通常は局部的で、一面的である。現代マルクス主義経済学は現代西側経済学を科学的に止揚していくなかで学問を厳密にして現実に接近することを強調し、恣意的な仮定に反対する。そのため、理論仮定について分類する必要がある。

　(1)　仮定は歴史と現実との関係によって、歴史あるいは現実に合う仮定と、歴史と現実に合わない仮定に分けられる。例えば、現代西側経済学の取引費

用を零と仮定する「コースの定理Ⅰ」は現実に合わない仮定に属する。それは現実の計画管理の費用を零に仮定するのと同じである。または西側の「公平と効率が高低の反対方向へ変動する仮定」と異なって，筆者が提起した「公平と効率の相互促進，同時変動仮定」は国内外の豊富な歴史資料と実例に証明されている。

　(2) 仮定の科学性の程度によって，科学の仮定あるいは非科学の仮定に分けられる。公有制は市場経済と有効に結合できるか否かという仮定を例にすると，これは中国とベトナムの歴史経験によりすでに部分的に有効に証明された。この問題を肯定する仮定は比較的に科学的であるが，否定する仮定は非科学的である（コースも公有制は市場経済と結合できるか否かという点で，現在はまだ誤りが立証されるとは言えないと認める）。「生きた労働は価値を生む仮定」と比べて，「生産三要素は価値を生む仮定」は科学性，歴史性と実際性が欠けることが示されている。史上，奴隷主，地主と資本家によって占有され貸し出される生産手段そのものは何の新しい価値も生まない。われわれは「新しい生きた労働は価値を生む仮定」を提起しなければならない。市場経済の歴史実践によると，マルクスの生きた労働は市場交換のために生産される商品価値を生み，および商品価値形態の転換のために行う単純な流通活動は価値を生まないという理論によれば，すべての直接市場交換のための物質商品と精神商品を生産する労働，および直接労働力商品の生産と再生産のために行う労働，その中に自然人と法人にある内部管理労働と科学技術労働を含む，などは価値を生む労働で，生産的労働であると推測できる。

　(3) 仮定のスパンによって歴史型，未来型あるいは混合型という仮定に分けられる。多くの仮定は未来を歴史にのっとって推測するため，歴史と未来を含む混合型仮定に属する。ところが西側新経済史学は歴史型の仮定である。例えば，ジョン・クラハム）（John Harold Clapham）の『現代イギリス経済史』，ポール・マントゥ（Paul Mantoux）の『18世紀における産業革命』，ハウスヘル（Haussherr, H）の『近代経済史』などの歴史論著はともに交通運輸と工業革命の間にある相互促進の因果関係を強調した。交通運輸革命中の，特に19世紀における陸上交通発展中の鉄道と列車の誕生は工業革命との関係は最も緊密であるとしている。チャンドラ（Alfred D. Chandler）（1997）は鉄

道の建築業と金融業への影響を深く検討し，鉄道建設の需要はアメリカ金融業と建設業の根本的な改革をもたらしたと考えた。ところが，鉄道は工業革命と緊密な関係があるというすでに常識となっていたことはフォーゲル（Robert Fogel）の疑問と再認識をもたらした。事実は確かにそうだろうか。フォーゲルは当時の主要な工業資料を復元し「反事実」の論拠を提示した。例えば，運送費，主要な農業貿易流通量の地域分布，当時の冶金工業の納品情況の分析などなど。それに基づいてフォーゲルは鉄道の経済発展への影響が間違いであるという結論を得た。彼は当時アメリカの水路運輸を少し拡大すれば，同じ費用で95％の農業用の土地に運航できる。鉄道を造ることによって引き起こされた工業需用は1840－1860年のアメリカの鋳鉄生産の5％を超えたことがなかった。そのため，鉄道によって当時のアメリカ冶金工業の急速な発展を解釈できないと考えた。彼はさらに次のように指摘した。他の条件が変わらない場合，鉄道がなくても1890年のアメリカ国民総生産はその年の実際生産額より3％以上低くならない。それゆえ，鉄道がアメリカ経済成長に果たした効果は実は少なかったと結論付けた。アメリカ経済の発展は多様な要因でもたらされた。フォーゲルのアメリカのこの歴史時期の成長に関する「鉄道微小作用仮定」は歴史型仮定と呼ばれるものである。マルクス主義史学も積極的にこの方法を手本とすることができる。

　（4）仮定の影響範囲によって全面的仮定あるいは片面的仮定に分けられる。例えば，近現代西側経済学における完全に私的な「経済人」仮定はただ部分的現象しか解釈できない片面的仮定に属する。これによって得た一部をもって全体を説明する経済理論が「公理」と認められるのは難しい。人類史全体を踏まえて，われわれは新しい「経済人」仮説と理論を確立しなければならない。すなわち，「利己と利他の経済人仮定」である。その方法論は歴史唯物主義と全体主義である。利他経済人仮定は制度設置，誠実と信用の確立，および栄辱観の教育などにとって積極的な意義をもっているし，さらに社会協業と公共福利の増加をもたらす。

　「フィリップス曲線」はイギリスの1861－1957年の賃金増加率と失業率の歴史資料によって両者の関係を表示するものであり，学術価値と実際価値をもっている。しかし，不変の意義をもつと過去にみなされたのは不適当であ

る。それはまた歴史型仮定の性質をもっていて、普遍的適応性をもたない片面的仮定である。そのため、2006年のノーベル経済学賞受賞者であるフェルプス（Edmund Strother Phelps）はインフレが失業だけでなく、企業と従業員の価格と賃金の増加への期待とも関連があると指摘した。それで20世紀60年代末と70年代初のインフレと失業が同時に増加する歴史現象をうまく解釈できる。

　そのほか、現代西側主流経済学の重要な仮定あるいは仮説の一つは資源の有限と需要（欲望）の無限である。この「資源の有限と需要の無限仮定」も片面的である。この仮定に含まれている時間と空間の二つの制約条件は対称ではないからである。西側主流学者の上述の理論仮定を再認識して修正すると、新たな「資源と需要の両制約仮定」を得る。すなわち、一定の時期に資源と需要はともに制約されると仮定すると、多様な資源と多様な需要によって各種の選択あるいは代替の組み合わせを形成できる。さらに一定の両制約条件のもとで資源の高効率的な配置と需要の極大満足を実現する。このような理論仮定は現実を全面的に反映し、論証の論理も厳密である。

　(5) 仮定の抽象程度によって基本の仮定あるいは具体の仮定に分けられる。史学と経済学の重要な方法としての唯物史観、およびマルクス主義政治経済学の中心である労働の二重性観点は抽象度が高い基本の仮定に属する。マルクスの個別の資本循環と回転、社会総資本の拡大再生産などの仮定は具体の仮定に属する。

　そのほか、たとえ同じ基本的な理論仮定であっても実践環境の差異によって具体化すべきである。「公有制成果」を例にすると、筆者がマルクス経済学から総括した「公有制成果」の仮定とは計画経済の条件のもとで、生産手段が社会成員全員に共有される公有制体系は、社会効果が最大化できることを指す。鄧小平経済理論から総括した「公有制高成果」の仮定とは市場経済条件のもとで生産手段の全国民所有制と労働者集団所有制は社会成果が最大化されることを指す。計画経済体制と市場経済体制の異なる実践環境において「公有制高成果仮定」は内包と前提条件の差異がある。

　最後に、指摘しなければならないのは仮定の差異による経済学の異なる流派と体系を明らかにすることである。現代西側主流経済学者のフリードマン

は仮定の良し悪しを判別するのは「真実」であるか否かではなく、理論の構築が有効であるか否かにあると言う。すなわち、正確な予測を有効にできるか否かである。理論の意義を多く評価すれば、仮定は現実的にならないと強調した。現代マルクス主義経済学者は仮定の現実性、科学性と弁証性を強調するため、より大きな思想認知機能と社会建設機能をもっている。

　以上の異なる理論仮定に基づいた現代マルクス主義主流経済学と現代西側主流経済学の二大理論経済学の方法、範疇、原理と体系は相互に吸収と融合し合う一面があるし、相互に批判と排除し合う一面もあるために、異なる現代理論経済学のパラダイムを現らわしている。現代西側主流経済学の重要な理論仮定、およびそのパラダイムが普遍的適用性あるいは普遍的適応性をもち、中国化すべきであるという思想は明らかに幼稚である。重要な要の理論仮定と核心の理論は科学性と普遍適用性をもつマルクス主義及びその経済学にしかできず、中国化を通じて中国の真の強大、民主、文明、調和、自由の社会主義建設と発展を促進できないからである。

II 「新しい生きた労働は価値を生む」仮定

1 「新しい生きた労働は価値を生む仮定」の主要な内容

　マルクスは生きた労働は市場交換のために生産する商品価値を生み、および単純な商品価値形態転換のための流通活動は価値を生まないとした。しかし、直接市場交換のために物質商品と精神商品を生産する労働、および直接労働力商品の生産と再生産のために行う労働、自然人と法人の内部管理労働と科学技術労働などは価値を生む労働、あるいは生産的労働に属すると推測できる。この「新しい生きた労働は価値を生む仮定」はマルクスの「生きた労働は価値を生む仮定」の核心思想と方法を否定していないだけではなく、マルクスの物質生産分野が価値を生むという思考にしたがうものであるし、それを一切の社会経済部門に拡大した必然的な結論である。具体的に言えば次となる。

（1）物質商品を生産する労働は価値を生む生産的労働である。例えば、市

場に物質商品を提供する農業，工業，建築業，などの分野は生産的労働である。これはマルクスがすでに論述した。

（2）　有形と無形の商品の場所変更に携わる労働は価値を生む生産的労働である。例えば，市場に貨物と人員を空間移動させる運輸労働や，手紙，情報，電報，電話などの各情報の伝達をする郵便電信労働である。場所変更あるいは情報伝達は広い意味の交通労働による効用である。それらは流通分野で生じる特殊な生産的部門である。これもマルクスにより明らかにされた観点である。

（3）　有形と無形の精神商品を生産する労働は価値を生む生産的労働である。例えば，市場に精神商品を提供する教育，社会科学，自然科学，文化技術，文学芸術，ラジオと映画とテレビ，新聞出版，図書館，博物館などの分野は生産的労働である。授業，演出など無形商品あるいはサービスを含む。価値創造は物質労働に限られるという理念にとらわれることなく，有形と無形の精神商品を生産する労働は同様に価値を生むと確認すべきである。(1)

（4）　労働力商品の生産に携わるサービス労働は価値を生む生産的労働である。直接に労働力その特殊な商品の生産と再生産に関わる部門は，人々の生活に関わる生産的部門を含む以外に，また医療，衛生，体育，美容，シャワーなども含む。(2)

（5）　生産的企業の私営業主の経営管理活動は価値を生む。中外の伝統の政治経済学は公有制企業において工場長や責任者が携わる生産的管理活動は商品価値を生む生産的労働であると認めるが，資本主義私営企業の生産的管理活動は価値を生むか否かという問題については完全に否定や回避する態度をとっている。これは論理上説明しにくい矛盾となる。本来は価値を生む生産的管理活動に属するが，一旦にその企業の財産私有権と結びつくと，その価値を生む生産的労働属性を失うことになる。生産的私営企業の主要な投資者

（1）これは程恩富が1993年に編集した『文化経済学』という本で2001年に全面的に提唱した観点である。すでに学界で普遍的に認められている「一の突破」である。『『新しい生きた労働の価値一元論』を提唱する』『光明日報』2001年7月17日。

（2）これは程恩富が2001年に正式に提起して広く認められた「二の突破」である。程恩富「新しい生きた労働価値一元論」『当代経済研究』2001年，第11期を参照。

あるいは所有者は同時にその企業の実際の経営管理者であるなら，このような管理は二重性がある。一つは社会労働協業の必要な管理から生じた労働機能である。二つは財産所有権から利益を得るのに必要な管理から生じた搾取機能である。客観的にまた無償で他人の剰余労働を占有する。現実の経済生活においてこの二つの機能は交錯して一人によって担当されているが，科学的な分析の中では質的に区別しても良い。[3]

（6）労働生産力の変化は労働の複雑程度と社会必要労働量の変化をもたらすかもしれない。さらに商品価値量の変化をもたらす。マルクスは商品価値量と労働生産性の変化規則を論述する時に労働の主観条件の労働生産率への影響を捨てた。労働の客観条件と自然条件の変動により引き起こされた労働生産性の向上はただ使用価値量の変動をもたらして，価値総量に影響を与えないとし，商品価値量は労働生産性と反方向に作用するという法則を得た。しかし，一般の観点からいえば，労働生産性の変化をもたらす重要な要因は科学技術の進歩である。それは労働の複雑程度，熟練程度と強度の向上をもたらし，さらに商品の価値量を増加する。それによって社会価値総量を増加する。

①もし労働生産性の変動が労働の客観条件によって引き起こされ，労働の主観条件は変わらないならば，労働生産性は価値量と反方向の変動関係となる。この情況はある条件で，ある時期に存在する。

②もし労働生産性の変動は労働の主観条件によって引き起こされ，労働の客観条件が変わらないならば，労働生産性は価値量と正方向の変動となる。

③もし労働生産性の変動は労働の主観条件と客観条件の共同の変動によって引き起こされるならば，労働生産性は価値量の変動方向を確定できず，正方向に変動できるし，反方向にも変動できるし，変わらない可能性もある。

④労働の複雑程度，熟練程度と強度の向上によって引き起こした労働生産性の向上は主要因であるため，長期的に見れば，商品の価値総量と社会価値総量は上に変動する趨勢をもち，不変ではない。われわれはマルクスの商品

（3）これはマルクスが否認していなくて強調もしていない論述である。程恩富は1995年に書いた論文による「三の突破」である。「生産的管理活動は全部価値を生む生産的労働である」『社会科学』1995年，第7期。「経済管理活動は価値を生むか」『人民日報』2000年12月14日。

価値量と労働生産性の法則に以上のような規定と新たな理解をして，科学技術と管理労働などの価値創造における作用と事実を科学的に説明できる。[4]

2 新しい仮定と緊密に関連している「全要素生産説」と「生産要素の貢献に応じる分配説」

上述の「新しい生きた労働は価値を生む仮定」と緊密に関連しているのは「全要素生産説」と「生産要素の貢献に応じる分配説」である。指摘しなければならないのは生きた労働は価値の唯一源泉であるが，労働の過程からいえば，ただ生きた労働しか価値の源泉でないのは不十分である。人間は労働以外の他の生産要素がなければ，現実の生産とサービスが行われないし，人間の各需要を満足する使用価値あるいは効用を提供することもできない。その中には土地，資本，技術，情報及び自然資源と生態環境なども含む。そのため，財富，効用あるいは使用価値の源泉は多元的で，全部に関連している生産要素が直接に価値を創造し構成する。一部の論著が，勝手にマルクス経済学が財富および生産要素を軽視すると批判する観点とは反対に，マルクスは一貫して財富および各生産要素の作用を高度に重視していた。

明らかなのは，ここの「全要素生産説」と「生産要素の貢献に応じる分配説」は矛盾ではなく，相互に補完し合い，共同して商品と財富を創造する。前者は具体労働過程にある生産要素の社会財富（商品使用価値あるいは効用）との関係を説明するものである。その目的は主に使用価値を生む具体的労働過程において人と物との関係や物と物との関係を明らかにする。この面で財富の源泉は必然的に多元的である。後者は抽象的労働である生きた労働の商品価値との関係を説明する。その目的は主に特定の社会生産方式の下で新しい価値を生む過程における人と人の関係を明らかにする。この面で価値の源泉はまた必然的に一元的である。

（4）これは程恩富の「四の突破」である。すなわち，マルクスの労働生産性が向上しても価値量が不変であるという仮定と論述を論破している。科学技術など労働の複雑性と熟練の向上によって労働生産性の向上は商品の価値量を増加できるという新たな観点を確立する。詳しい内容は，馬艶，程恩富「マルクス「商品価値量と労働生産性変動法則の新たな検討」『財経研究』2002年第10期。

補章　現代マルクス主義政治経済学の五つの理論仮定　329

　同時に，両者の内在関連でみると，労働主体と生きた労働は価値の源泉でもあるし，財富の源泉でもある。労働客体とする有形あるいは無形生産資料は財富の源泉であるし，価値を生む必要な経済条件あるいは基礎でもある。しかし，要素価値論者は財富の源泉は商品価値の源泉でもあるとする。労働は財富の唯一の源泉でないから，労働は価値の唯一源泉でもない。他の生産要素も一緒に価値を生むと言明している。ここで彼らは財富と価値，具体労働と抽象労働，不変資本と可変資本，労働過程と価値創造過程などの一連の区別を混同した。

　最後に，もう一つの重要な問題を指摘しなければならない。中国の現行の収入分配制度は労働に応じる分配を主体とし，多種の分配方式が併存している制度である。労働に応じる分配を生産要素に応じる分配と結合するのは社会主義市場経済の基本制度である。広義に見れば，生産要素に応じる分配では労働力，主体性要素に応じる分配（労働と労働力との厳しい区別を了解してから労働を一つの独立的な生産要素というのはうなずける）を含むのも当然であるが，市場型の労働に応じる分配はまず労働力を他の生産要素と同じと見なし，所有権によって分配を行う。次に労働力の実際の有効支出あるいは貢献，すなわち有効労働の数量と質量によって分配ができる価値量あるいは金額を具体的に確定する。これでは狭義上労働に応じる分配を生産要素に応じる分配から独立させることを否定できないし，別にしても説明できる。

　マルクスは『資本論』の中で全面的に系統的に生産要素の多種の財産権状態と生産成果の多種の分配状態及びそれらの相互関係を論述した。このことは国民所得の分配の視角から「多財産権分配説」を抽出し，多種の財産権関係は資本に応じる分配と労働に応じる分配など多種の分配方式を決定するという視角を与えてくれた。資本主義市場経済であっても，社会主義市場経済であってもその多種の分配形式はともに直接に生産要素の所有権あるいは財産権によって決まる[5]。

　労働価値論はすべての市場経済の理論礎石である。それが提示したのは市

（5）『マルクス・エンゲルス全集』第25巻，北京，人民出版社，1972年版，第51章。所有権と財産権は広義上等しい。詳しくは程恩富『西側財産権理論の評析』当代中国出版社，北京，1997年版，74－76頁。

場経済条件での労働と商品の間にある一般的法則および労働メカニズムと価値メカニズムである。価値を生きた労働によって創造し，生産手段の価値はただ商品価値の中に移転して元の価値を保存すると指摘した。マルクスが描出した原理的社会主義の労働に応じる分配は商品貨幣関係と市場経済が存在しないため，労働価値論はマルクスが構想した社会主義の労働に応じる分配の直接の依拠となれない。ところが，現段階において中国の社会主義市場経済の労働価値論は市場型の労働に応じる分配とは一定の関連があった。分配したのは商品販売後の価値であり，また企業が自主的に分配し，完全に貨幣化するからである。市場化のもとでの労働に応じる分配の直接の根拠は生産手段の公有制と労働力の個人所有制である。広義からいえば，公有制の範囲内での給料は労働力価値あるいは価額の転化形式であるし，市場型の労働に応じる分配の実現形式でもある。

　さらに言えば，生産要素の貢献に応じる分配は生産要素の所有者が自己で財富と価値を創造する過程において具体的な貢献に応じて分配する。生産要素の所有者の所有する要素の財富創造と生きた労働の価値創造の過程において要素数量および財産権関係による貢献程度による分配である。これは生産要素の貢献に応じる分配の形式と実質である。哲学の形質で述べるなら，「貢献に応じる分配形質説」と略称できる。

　現代西側主流経済学の「生産三要素は価値を生む仮定」は生産要素の貢献に応じる分配の形式あるいは表象をつかんでその本質とするが，現代マルクス主義政治経済学理論は生産要素の貢献に応じる分配の形式あるいは表象を認めるし，またその経済実質を提示する。そして形式と本質との統一の基礎において「生産要素の貢献に応じる分配」という用語を理解し，新たに使う。これは現代経済学が一貫して主張している生産要素の貢献に応じる分配の解釈と立場とは本質的な区別がある。

　ある論著はただ「生産要素の貢献に応じる分配」という用語を認めるならば，生産要素の所有者は自己財富と価値を創造し，あるいは貢献したと認めるのは同じであるというが，それは間違った論証である。その理由は，われわれは「生産要素の貢献に応じる分配」という用語を使う時に，特定の経済制度において要素の所有者は一定の数量の土地，資本など非労働性質の要素

補章　現代マルクス主義政治経済学の五つの理論仮定　331

を提供して労働力と結合して，労働者が生産要素を使って実際に財富と価値を創造すると認めるからである。産業資本循環の三階段から分析すると，要素の所有者は実際の財富と価値を生産する前の購入段階に「前払い」「持ち出し」あるいは「提供」の意味で労働以外の生産要素を「貢献」したにすぎない。すべての財富と価値は生産段階に労働者が労働以外の生産要素を使って実際に創造と生産し，生産段階が終わってから（商品であるなら販売後），購入段階の各要素所有者は「前払い」した要素の数および所有権によって生産成果を分割や分配するわけである。

　つまり，要素そのものが財富の源泉となり，主体性をもつ要素所有者は財富の源泉になるわけではない。要素そのものは財富の実際構成に生産性の貢献を与えたが，要素所有者は財富の実質構成に生産上の貢献を与えたわけではない。一般的労働過程から見れば，労働者は各生産要素を使って実際に財富や価値を生産あるいは貢献することは，各種の生産要素の数と質にしか関わらず，要素の所有権の状況（私的所有，集団所有，国家所有あるいは公私混合所有）とは直接に関係がない。

　実は「生産要素の貢献に応じる分配」は労働所得あるいは労働に応じる分配や資本所得あるいは資本に応じる分配に分解される。管理，技術，情報などを労働と見なすと，それらは労働所得あるいは労働に応じる分配の範疇に属する。管理，技術，情報などを資本と見なすと，それらは資本所得あるいは資本に応じる分配の範疇に属する。例えば，科学技術要員は技術の発明によってもらう収入は労働所得あるいは労働に応じる分配に属する。その後，科学技術要員はこの技術発明を一定量の技術の株に換算して分配を行うと，それは明らかに技術資本の所得あるいは資本に応じる分配に属する。また，ある有名人を企業に名を連ねさせ，一定量の権利株を与える。彼はその企業で何もしない場合は，有名人の無形資産を資本に転化したことになる。それらは全部資本所得あるいは資本に応じる分配に属する。さらに，実際に企業で働いている管理者あるいは職員に一部の給料プラス一部の権利株での総収入の分配方式をする場合は，その総収入は労働所得あるいは労働に応じる分配に属する。他の生産要素もそのように分析すれば良い。

　では，各種の要素収益の量的規定は何の法則やメカニズムによってきまる

のか。要素価値論者は限界分析法で各自の得るべき実際の貢献額を精確に測定できると考える。実は，各種要素所有者の分配に参加する数量の多少はその根拠と分割規則が異なっている。賃金収入は労働力の価値あるいは価格の貨幣表現である。賃金の多少は商品の価値に影響を与えない。その実際金額は労働者の交渉状態によって決まる。労働者の限界貢献によるものではない。[6]非労働の生産要素の所有者は競争法則と平均利潤率法則によって等量の資本は等量の収益を獲得する。しかも地代，利子と利潤の形で現れる。この趨勢性の収益分割法則とメカニズムは各々の独占，産業地位，交易能力とゲーム戦略などの主観的客観的要因によって実際収益数量に影響することは避けられない。

われわれは労働，科学技術，情報，管理，環境と資本など各種の生産要素を重視し，その効能を発揮すべきである。確かに一切の要素所有者の合法権益を保障して，国民経済と人民生活を速く良く健康に発展させる。これは「新しい生きた労働は価値を生む仮定」，およびそれに関連する「全要素生産説」「多財産権分配説」と「生産要素の貢献に応じる分配形質説」が必然的に導く政策思想である。

Ⅲ 利己と利他の経済人仮定

現代経済学はイギリス近代のアダム・スミス，シーニアとJ・S・ミルから現代のアメリカのハイエク，フリードマンとブキャナンなどに至るまで「私利的な人」すなわち「経済人」を人類の経済行為と市場経済を探究する始点，基点と定点として，それによって全体の経済学体系と経済進化史を演繹する。現在ある新自由主義経済学者は伝統の「経済人」の内包を修正し補充して，分析の範囲を非経済分野まで拡大して，機会主義行為の描出と情報

---

(6) アメリカの労働者を例とすると，1992年に労働組合の雇員がもらった週平均賃金は非労働組合の雇員より35％高い。すべての産業のブルーカラー労働者との対比では70％まで高くなる。ところが，労働組合の企業の労働生産率は非労働組合企業より高いとはっきり示す証拠がない。詳しくは，毛増余編集『中国著名経済学者と対話―顧海良，王振中，林崗，程恩富』五集，中国経済出版社，北京，2003年版。

費用の制約を付け加える。あるいは意味を拡大して貨幣で測れる経済利益と貨幣で測れない精神利益の二つの分野を規定している。この「完全な私利的経済人仮定」は三つの基本的な命題を含む。1．経済活動を行う人は私利的である。すなわち，自己の利益を追求することは人が経済行為を行う根本的な動機である。2．経済活動を行う人は行為上理性的である。完全あるいは比較的に完全な知識と計算能力をもっている。市場と自己の状況を見て個人利益を最大化させる。3．良好な制度保証があるだけで個人の自己利益の最大化を追求する自由行動は無意識に有効に社会公共利益を増進できる。

1　「完全な私利的経済人仮定」の誤り

現代フランス経済心理学学会の創始者であるアルブは西側「経済人の神話」を批判する時に各人文科学の進歩，特に心理学，社会学と社会心理学の進歩によって，「経済人」に関するこれらの論点は不十分あるいは不適切であるとした。具体的にいえば「完全な私利的経済人仮定」あるいは「完全な利己的経済人仮定」の理念は以下の誤りがある。

(1)理念は功利主義から生まれる。19世紀にベンサムは大小の私有者の経済活動における自発的に生まれた功利基準を倫理領域に一般化し，最大限に個人利益を追求する私利的精神を最大多数の最大幸福の手段だと言った。これはアダム・スミス経済学およびその後継者の主要な哲学方法である。実はヒュームは以前このような観念を批判したことがある。「私利という性質は大げさに言われすぎだった。ある哲学者たちが喜んで書いた人類の私利は，童話や小説の中にあった化け物に関する記載と同じようにでっち上げであり，実際とずいぶん遠く離れている。[7]」と語った。

(2)理念はプリインストール主義と合致する。現代科学哲学のプリインストール主義は，科学発展において，超歴史的で，不変的で，違反できない方法，基本仮定，推理原則と「元化学」という概念があると考えている。「完全な私利的経済人」理論が強調しているのは，人は歴史，現実中で完全に私利的である，経済学は理性の「私利的人」を不変の仮定あるいはプリインストール

---

(7) ヒューム『人性論』下巻，商務印書館，1997年版，527頁。

しなければならない。これは違反できない分析方法と推理原則であるというものである。経済哲学者のオーストリアのミーゼス（Ludwig von Mises）は『経済学の認識論的問題』の中で経験の方法，歴史の方法と実証主義方法を完全に排除し，新カント主義者であるヴィンデルバント（Windelband, Wilhelm）とリッケルト（Rickert, Heinrich）の経済学が個別性を説明する歴史科学であるという観点に反対している。経済学は原子式の個人主義を基礎とする法則化の先験理論であり，「先験の理論は経験から生まれるものではない」(8)と公言した。明らかにこれはカント先験論の思惟方法を受け継いだものである。

(3)理念は歴史唯心論の精神に充ち溢れている。「旧経済人」理念は利己心が生まれた時から変わらないものと見なす。歴史時点を考えずに「私利人」を抽象化，永久化し絶対化する。特定の経済関係と経済制度の人への経済行為と経済心理の作用を無視する。これで無意識に歴史唯心主義の泥沼に落ちてしまった。これについてはデューイ（John Dewey）も賛成しない。彼は「実は，経済制度と関係は人性で最も変わりやすいものである。歴史はその変化幅の生き生きとした証拠である。…もし人性が変わらないものであるならば，教育のようなことも存在しなくなり，われわれは教育へのすべての努力が必ず失敗するだろう」(9)と語った。

(4)理念は形而上学の偏見に浸透されている。現代西側私有財産権学派の代表人物である張五常は徹底的に西側主流経済学の信念を述べていた。「経済学上最も重要な基本的仮定は，誰でもどんな時でもどこでも限られた制約条件の下でその個人の最大利益を獲得する。悪く言えば，各人の行為は一貫的で，永遠に不変的で，私利を出発点とする。…経済学の範疇においていかなる行為もこのように見られる。金の寄付，他人への協力，街での行動などはすべて『私利』から生まれるものである。」(10)。少し唯物弁証法がわかる経済学者と哲学者はこのような極端で一面的，孤立的で静止的な理性「私利人」という観点を認めないであろう。またボーランド（Lawrence A. Boland）は1997年に出版した『批判的経済学方法論』で次のように書いた。

（8）ミーゼス『経済学の認識論的問題』経済科学出版社，2001年版，26頁。
（9）デューイ文選『新旧個人主義』上海社会科学院出版社，1997年版，125頁。
（10）程恩富『西側財産権理論の評析』当代中国出版社，1997年版，151頁。

補章　現代マルクス主義政治経済学の五つの理論仮定　335

「新古典派経済学は以下の形而上学の観点に夢中になる。各個別の決定者は理性的（少なくても個人の行為で理性的な論拠によって解釈する程度に）である。遺憾なのは理性が個人主義と関係する時に，一つの機械的な決定行為に関する観点を生じる，つまり個人が一台の機械と見なされる。」ことである。[11]

　(5)理念には「経済―道徳」という二元パラドックスがある。スミスは『国富論』の中で経済領域での私利私欲の行為しか認めないが，『道徳情操論』の中ではまた道徳領域での人は一定の同情心と利他行為をもつ可能性があると述べた。これは一つの「経済―道徳」の二元パラドックスとなる。経済活動の過程において道徳と利他の問題が存在していないか。完全で永久の「私利人」と「道徳人」あるいは「利他人」の行為はどう協調するか。通常の西側経済学者と異なって，ベッカーはこの難問を捨てて，家庭と親戚の範囲内である程度の利他行為があると認める。すなわち「血族利他主義」という主張である。しかし，何といっても，経験あるいは実践の中に利他行為（家庭経済活動を含む）が存在するだけで，完全な「天性利己主義」仮定は誤りを立証された。もちろん，「血族利他主義」も「経済―道徳」という二元パラドックスの矛盾の小間結びを解けない。それはただ家庭の領域の分析を広くしただけで，非家庭の広い領域では依然として「私利人」という思惟に包まれている。

　(6)理念は唯理論のドグマを信奉する。西側主流経済学で言われる理性とは個人が自己の私利を追求する合理行為を指すため，「理性人」は「私利人」である。さらに合せて「理性経済人」といわれる。彼らの視角では，人は私利でなければ，非理性的である。それは「私利の物神崇拝」と言える。理性を極端に一面的で大げさにさせる観点である。私利は理性に等しくないことは経験で明らかになった。ある私利の行為は非理性に属する。例えば，よく考えずに私人の経済契約をしてしまった。ある理性の行為が利他に属する場合もある。例えば，匿名で金を寄付するなど。実は，フロイト主義およびその心理実験も証明している。サイモン（Herbert Alexander Simon）の「限定合理性」仮説は「完全合理性」あるいは「十分合理性」仮説より現実に近づ

---

(11)　ボーランド『批判的経済学方法論』経済科学出版社，2000年版，229-230頁。

く。ところが，「限定合理性」はまだ旧「私利人」の理論の枠での改良である。この理論は改良しても「銀行強盗するのは理性的であるか否か」（ポーランドの問題），および「窃盗は何の害があるか」（張五常の主張）など論理的な怪しい問題を解明できない。

(7)理念は人類の低級な本能の意識を擁護する。個人の本能あるいは人類の本能は一切の動物が共有するものであり，生理によって決まったものである。ところが個人の本性あるいは人類の本性は特定の社会環境によって決まる。旧「経済人」理論は個人の低級な本能およびその経済行為と経済心理を人の多様な社会本性に換えてしまい，思惟は単一になり平板になる。アメリカのケーリー（Henry C. Carey）は次のように非難した。ミルの「政治経済学の対象は実際に人間ではない。最も盲目的な機嫌によってこき使われる想像上の動物である」「彼らの理論は人性の最低級の本能を議論し，人の最も高尚な利益を単にその理論体系を妨げるものと見なす」ため，大文字の「人」という文字を冒瀆したのである。[12] 児童教育者であった哲学者ポパー（Karl Raimund Popper）は，児童は本来暴力が好きではない。映画で危険な場面を放送すれば彼らは眼を閉じたが，その後すぐ影響されて，ますます暴力を見たくなる。彼らは慣れて恐怖感と反感が克服されたからである。ポパーの分析から，人は人を殴る，人は人を殺すあるいは人は人を食べることが現代人の本性あるいは真の理性ではないと推論できる。フロム（Erich Seligmann Fromm）は受動傾向性，搾取傾向性，蓄積傾向性と市場傾向性を持つ人を病態とする。十分に自己の潜在能力を発揮し，人を傷つけて自己の目的を達成するようなことをしない人格を真の健康な人格という。たとえフロイトの「本我」「自我」と「超我」に関する区分を参照しても，生来の原始的で本能の「本我」を道徳的で高級で超個人的な「超我」で制約しなければいけない。旧「私利人」の理念はただ「本我」の段階や理性の「自我」の段階に相当するものである。

(8)理念は「店オーナ」の狭い思惟と人性の異化心理に限られている。近代，個人主義を強調する経済と哲学思想は反封建と反禁欲に対して積極的な効果

---

(12) 楊春学『経済人と社会秩序の分析』上海三聯書店，上海人民出版社，1998年版，175頁。

をもったが，資本主義の意識の一つでもある。ドイツの歴史学派のリスト（G. F. List）はスミスの「経済人」の人性仮定およびその理論体系を批判する時，「この学説は店のオーナの視点から一切の問題を考えるものであり」「完全に国家と国家利益の存在を否認したものである。何もかも個人の思考に任せる」。「利己性格は一切の効力の創造者の地位に引き上げられた」[13] と厳しく指摘した。その学派は，現実人の行為は三種類あるとする。一つは私的経済において一切は個人の利益を中心とする。もう一つは強制的な公有の経済において社会全体の利益を行動の準則とする。最後の一つは慈善福祉を目的とする経済において主に倫理道徳を行動規範とすると考えている。歴史学派のこの経済哲学の思惟の論理は深い意義をもっている。マルクーゼ（Herbert Marcuse）とフロムの理念の中で人性の異化は人類社会がある時からすでに存在している現象である。ただ現代資本主義社会の中でもっと深刻になっただけである。しかも生産と消費などの各分野で十分に表われている。実際は「店のオーナ」の心理は人性の異化心理の重要な反映である。西側の「私利人」理論がどんなに豪華な数学理性の仮面をかぶっていても，その経済哲学思想は階級と社会の印を隠しきれない。

2 「利己と利他経済人仮定」の基本的命題

マルクスの思想の啓発を受けて，新しい「経済人」仮説と理論を確立しなければならない。すなわち，「利己と利他経済人仮定」（「自己他人両性経済人仮定」）である。その方法論は全体主義，唯物論と現実主義である。これは現代マルクス主義政治経済学の基本的仮定の一つであるし，現代西側経済学を超える「ポスト現代経済学」理論でもある。それは「完全な私利的経済人仮定」に対応して同様に三つの基本的命題を含む。

(1) 経済活動をしている人は利己と利他の二つの傾向あるいは性質がある。
(2) 経済活動中の人は理性と非理性の二つの状態をもつ。
(3) 経済活動中の人が集団利益あるいは社会利益の最大化を増進するなかで合理的に個人利益の最大化を実現させるのが良好な制度である。

---

(13) 程恩富『西側財産権理論の評析』当代中国出版社，北京，1997年版，158頁。

(1)の命題について。

　動物界から離れて次第に動物の本能から遠ざかる人類は，極めて豊富な感情と理知をもっている。単純に完全な私利性をもっているわけではない。もしわれわれは単方向の思惟から抜け出して人類が経験した社会を観察すれば，明らかに三つの利他主義が見える（一般的に自己利益以外の他人利益，集団利益，国家利益と人類利益などを指す）。

　(1) 自己の時間，精力と財富をかけて，すぐ見える他人利益と取り換えることを望む。

　(2) 自己の時間，精力と財富をかけて，ある未来の他人利益と取り換えることを望む。

　(3) 自己の時間，精力と富をかけて，実際には無効な他人利益と取り換えることを望む。すなわち，他人の利益のために実際の効果を求めない。最後の一つが特殊で個別の利他行為に属する以外に，前の二つの利他行為は職場，家庭と社会などにあるし，経済，軍事，文化と政治などの各領域にもある。つまり，利己と利他は「経済人」（経済主体）がもっている二つの可能な行為特性と行為傾向である。

　社会で利己と利他の行為はどちらの特徴が目立つかあるいは主導地位を占めるかは，社会制度と各環境によって決まる。人の利己と利他は一つの社会ネットワーク中にある双方向性の行為であり，相互に促進性をもつ内的メカニズムがある。特定の社会全体の大環境と集団の小環境とに関連している。モルガン（Thoman Hunt Morgan）は古代インディアンの原始経済生活を考察し，「生活に大きな比重を占める共産制はインディアン部落の生活条件による必然の結果である。…彼らの心中にまだ目に見える個人蓄積の欲望も生じなかった」。「これらの風俗習慣は彼らの生活方式を示したし，彼らの生活状況は文明社会の生活状況との，インディアン家庭は文明社会の高度の個人化家庭との大きな差異を示した(14)」と書いた。つまり，その後数千年の多種の私有制は人類社会を支配して，私有経済の活動主体はしだいに利他意識を失った。

　指摘すべきことは，一切の利他行為を利己行為と見なすのが情理に合わな

---

(14) モルガン『インディアン人の住宅建築と家庭生活』文物出版社，1992年版，86，99頁。

いことである。西側旧「経済人」理論の解釈者は，僧侶は貧乏人を救済し，雷鋒は人を助けることを喜びとし，洪水と闘って犠牲になった人，反ファシズムで勇敢に戦う人などなどはみんな私利的であると思っている。貴方は人を助けて喜び，犠牲が光栄になると感じる時に，個人の心理需要と主観的欲望を満足したから私利的である。このような主観的欲望の満足で私利的行為を決めるのは唯心論の方法である。それは利己と利他との客観的行為の限界を混同したし，真善美と偽悪醜との客観的行為の限界も混同した。われわれは非現実的な人々は「人を助けて悲しく感じる」「犠牲は恥ずかしく感じる」心理感覚を，利他の行為だと認めることができない。実は利己と利他，主観と客観との典型的な組み合わせは四種類ある。主観的利己と客観的利己，主観的利他と客観的利他，主観的利己と客観的利他，主観的利他と客観的利己である。もちろん，その中に利己行為を捨てると同時に利他行為ができるかもしれない。利他行為と同時に利己行為ができるかもしれないなど複雑な要因がある。

(2)の命題について。一般的に自然界の動物と比べて人は理性的動物である。人の正常行為は一定の理性から始まり，個人は他人と，社会と，自然と相互関係している。広義に言えば，理性は純潔と汚濁，合理と荒唐無稽，正義と邪悪，完全と欠乏，不変と可変，単一と多様，単純と複雑などの特性をもつ。著名なキリスト教の哲学者であるニーバー（Reinhold Niebuhr）は広い意味で，理性はあくまでも一つの道具である。善に奉仕できるし，悪にも奉仕できると明言した。ところが，狭義にいえば，理性は認識の純潔，合理，正義と完全を指し，認識の高級段階である。不潔さらに汚濁，不合理さらに荒唐無稽，非正義さらに邪悪および不完全さらに欠乏は相対的に非理性と見なされる。これが多くの哲学者と経済学者が真の理性を賛美する原因である。それゆえ，理性と非理性には一般に相対性，程度性と歴史性が現れる。そのため，マルクスは「人類の理性は最も不潔である。それは不完全な見解しか持たないから。毎歩でも新たな未解決の任務に遇うから[15]」と言った。

狭義から分析すると，経済活動の中にいる人は理性と非理性の二つの状態がある。上述した新観点にしたがえば，学術界で論争している論理的な難問

---

(15)『マルクス＝エンゲルス全集』第4巻，人民出版社，1958年版，151頁。

を解決できるようになる。例えば，銀行強盗することは理性的であるか否か。窃盗するのは理性的であるか否か。売春するのは理性的であるか否か（ポズナー〈Richard Allen Posner〉は分析したことがある）。偽物を作るのは理性的であるか否か。たばこを吸うのは理性的であるか否か。新たな「経済人」の理論から分析すれば，これらの経済にかかわる活動はすべて非理性に属する。彼らは行動する前に一般に「その行動動機を構成する目的」と「その目標に達成する制約条件」など「理性」的思考をした（西側旧「経済人」理論によって強調した）。実は，サイモンは，企業家は「満足な利潤」を求めても「十分に良い」しか得られないのを例にして，「有限の理性」で「最大化の理性」を否定する。誰でも「無限の理性」と百パーセント「完全な理性」を主張しないであろう。理性上制約条件の下での最大化を追求することは実際の経済生活では実現できない。しかし，これで「最大化の理性」を否定することができない。しかも，制約条件の下で「満足な利潤」と「十分に良い」を追求するのは，理性が探し求める利益の相対最大化である。

　(3)の命題について。私的範囲において，個人の自己利益の最大化を求める自由な行動が無意識的に正負の異なる効果で社会公共利益を増減できる。旧「経済人」理論にあるように，個人の自己利益最大化を追求する自由な行動が無意識的に有効に社会公共利益を増減できるのではない。根本的経済制度は具体的経済制度（正確にいえば具体的経済体制）と緊密な関連がある。私有制は必然的に根本から良好な経済制度あるいは体制の確立と健全性を制限する。個人がひたすら自己利益の最大化を優先して追及すると，各種の集団利益や社会利益と矛盾し衝突し，個人利益の総和は必ずしも集団利益あるいは社会利益の総和や潜在的最大化と等しくない。

　理論上から分析すれば，良好な制度は人が集団利益と社会利益の最大化を増進する過程において合理的個人利益を最大化させることができる。良好な制度の下で，公有経済の理念は集団あるいは社会のための利益を求める。その中で活動している人およびその理性は集団理性あるいは社会理性にしたがうべきである。すなわち，まず集団利益の最大化（デイヴィッド・ミラーなどが言った「社群」に類したもの）が目的である。しかしここでは社会理性と集団理性の矛盾を言わず，社会利益の最大化を求める。そうしないと，個人主

義によって利益制約と利益損失を受ける。良好な制度の下では，すでに得た相対的に最大化している集団利益あるいは社会利益を公平に各人に分配して（例えば労働に応じる分配など），最終的に個人利益の最大化を実現する。

　ある公有企業は不景気を理由として上述の理念を非難するかもしれないが，それは成立できない。以上の理論探究はすでに文献によって詳しく論理的に証明されたが，公有制は実際に高効果になるか否かは，高水準の管理を前提としなくてはいけない。今までの公有制実践はすでに部分的に新「経済人」理論を有力に実証した。理論は実証されることができないのではない。不断に断続的に部分的に実証されるかもしれない。実践は真理を検証する基準であるというのは，ある時点での単なる具体的な検証あるいは実践を指すわけではない。

　最後に指摘すべきことは，最近の新しい論文は，人の私利を推奨するわけではないと弁解するが，他面でまた「人は財産のために死に，鳥は食物のために死ぬ」という「完全な利己経済人仮定」に賛成する。実は西側ではすでに利他経済人仮定と理論モデルを検討する文献が増えている。利他経済人仮定は制度設置，誠実と信用の確立と栄辱観の教育などにとって積極的な作用をもち，さらに社会協業と公共福祉への増加をもたらす。[16]

Ⅳ　資源と需要の両方制約仮定

　一部の論著は，マルクス主義経済学は生産関係を研究しているが，西側近代経済学は社会の希少資源の配置を研究していると言う。明らかなことは，このような一般的表現はよく誤解されることである。実は前者が社会資源の配置を研究していないわけではないし，後者も完全に各利益集団と階級の関係を研究しないわけでもない。西側の近代政治経済学，新旧制度主義と現代新制度経済学はともにこの研究を強調している。現代マルクス主義政治経済学と現代西側主流経済学との区別は資源配置を研究するか否かというところにあるのではない。資源配置をどのように研究するのかというところにある。

---

(16)　王東京「経済学の三大問題を明らかにしよう」『中国改革』第9期，2006年。

つまりどのような方法論で資源配置問題を研究するのかである。

　具体的に言えば，現代マルクス主義政治経済学が研究する資源配置は現代西側主流経済学とでは重要な区別がある。前者の経済学は一つの社会科学である。その研究の起点と終点はともに人である。社会生産と再生産はただの物質手段の生産と再生産の過程ではない。特定の経済関係と経済制度の生産と再生産でもある。社会資源の配置はただの計画あるいは市場の配置方式ではなく，公有あるいは私有の配置方式であると考えている。後者が研究する資源配置の前提は，人と物の関係や人と人の表象関係を摩擦なしの調和的なものとして研究している（コース，ノースなど新制度経済学も主流経済学の狭い研究対象と思考に反対し，事実上マルクスと古典経済学の分析視角を「復活」させたのである[17]）。次に，前者は一貫して歴史的な視角に立っている。資源配置と経済運営の方式は絶えず発展し変化しているものであり，社会制度とは関連のない自然現象ではない。異なる経済関係の下で独特の社会経済内容と経済運動の形式をもっていると考えている。後者はこのような歴史的な視角と弁証法の思惟が欠けることは明らかである[18]。

　上述した経済思惟の具体的表現として，現代西側主流経済学の重要な仮定あるいは仮説の一つは資源の有限と需要（欲望）の無限である。西側近代経済学の資源と需要の相互関係への叙述は一定の理屈があるが，明らかな論理欠陥もある。その理由は，

（1）　前提から見れば，資源は有限であると仮定する時に，一定の時間と条件を前提とすることが込められている。逆に需要は無限であると仮定する時に，一定の時間と条件を前提としていない。二つの前提が一致しないあるいは対象としない経済事物と概念を一緒にして比べて，一組の経済基本矛盾にするのは明らかに単純化や絶対化しすぎるし，完全な論理性と弁証性にも欠ける。西側学者は「希少」で「資源」を定義してしまう。稀少ではないなら資源とならない。資源という言葉には希少性が含まれている。そのため，資

---

(17) コース『生産の制度構造』上海三聯書店，1994年版。ノース『制度，制度変化と経済成果』上海三聯書店，1994年版。
(18) 周肇光「資源有限と需要無限仮定の理性分析について」『経済問題』第2期，2004年。

源が希少であると再びいうのは，同義反復になる。

　(2)　資源の利用面から見れば，各種類の資源は一定の条件の下で有限であるが，ある意味で無限でもある。資源を含む全宇宙そのものが無限であるし，科学技術の発展，物質交換と循環経済も無限である。我々は地球の自然資源と宇宙の物質世界との関連を捨てて，資源を宇宙の一部の物質形態，すなわち地球資源に限り，宇宙の資源と物質の広範性，無限性と可循環性を無視するのはいけない。現代西側主流経済学は人類の生産，分配と交換が資源の「希少性」から始まることを強調しすぎていて，逆に生活の必要から始まることを軽視している。たとえ少ない需要に対して，ある可用資源がすでに十分で過多な場合でも，人と人は一定の生産関係を結ばなければならない。しかもある可用資源は総量十分の条件下でも「過多性」の生産と消費の選択をする。例えば，一部の人は所有する貨幣によって，ある生産資源を選択できるが，異なる選好あるいは目標関数によって選択する必要がある。一部の人は所有する貨幣によって「過多性」ある飲食あるいは身なりができるが，生理，選好と健康などの要因でまた消費を選択する必要がある。

　(3)　需要を満足する面から見れば，需要は一定の条件下で有限でもある。しかも市場経済の中で実現できる需要はまた貨幣支払能力があることが必要な，需要である。人々の現実の生産力水準と貨幣状況から離れての空想性の需要ではない。人類の絶えず増加していく合理的な需要そのものも一定の制約あるいは制限される。西側理論は需要の種類及び制約条件について明確に区別していない。大まかに需要は一貫して無限状態にあるというのは情理にあわない。

　そのため，西側主流学者の上述理論仮定を批判的に修正した結果，現代マルクス主義政治経済学は「資源と需要の両制約仮定」を作るべきということである。すなわち，一定の時期に資源と需要はともに制約があると仮定する。それによって，多種の資源と多種の需要はさまざまな選択あるいは代替の組み合わせができる。さらに一定の両制約の条件下で資源の高効率の配置と需要の極大満足を実現する。このような理論仮定は全面的に現実を反映するし，論証も厳密である。300年来の近代経済学と異なって，現代マルクス主義政治経済学は需要をはっきりと三種類に分けている。一つは経済条件から離れる無制限の欲望あるいは需要である。もう一つは経済条件に合致する合理性

のある欲望あるいは需要である。最後は貨幣支払能力を必要とする，すなわち需要である。最後の二種類の需要は経済学が研究すべき主要な任務である。一定の時期に可用な資源は人々の絶えず増加している合理的な需要を完全に満足できない。供給と需要の総量と各構成もアンバランスになるからである。各種類の資源と各種類の需要がある条件の下で異なる選択性の組み合わせをうまく作ることが要求される。資源は相対的に最良の配置が得られる。需要は相対的に最大の満足が得られる。

「資源と需要の両制約仮定」の内在的な要求1）は，科学技術と管理の改善などの手段によって各種類の資源の高効率の利用と最良の配置を実現させることである。資源の破壊的な開発，環境の非友好的な利用，品物の過度な包装，再生不能資源の乱用，循環経済の軽視，種の人為的な破滅，戦争による生態の損害，人力資源の浪費などなどは自然法則，経済法則とその理論仮定の客観的な要求に合致しない。

「資源と需要の両制約仮定」の内在的な要求2）は，有効需要と合理的な需要の総量をシステム科学などの手段によって各種類の需要の最大限満足を実現させることである。人々の貨幣支払能力ある必要（需要）は現有の生産力水準に基づく正常で合理的な需要とは相違がある。人々の有効需要の満足度は一定の価格の条件下でその支払い能力によって決まる。そのため，重要なのは社会総供給と総需要を均衡させることにある。

「資源と需要の両制約仮定」の内在的な要求3）は，資源の高効率の利用と最良の配置によって日ましに増加している社会有効需要と合理的な需要を絶えず満足させることである。私有制主体型の資本主義市場経済体制とは異なって，公有制主体型の社会主義市場経済体制をうまく運営できるならば，市場の基礎性と国家の主導性は相互に補完し有効に結合すると，最小の社会費用で最大の社会収益を獲得できる。さらに資源利用の極大化，需要満足の極大化を実現させる。

単純にいえば，現代マルクス主義政治経済学の中で資源の有限性と無限性，希少性と過多性，深思熟慮に基づく選択性と勝手な自由に基づく無選択性はすべて複雑な弁証法関係が現れる。現代政治経済学は資源の稀少と過多，需要の制限と満足，機会費用の確定と選択，効果の構造と向上，節約の実質と

方法,環境の利用と保護などの一般的意味と社会制限の条件を解析しなければならない。もちろん,現代マルクス主義政治経済学の資源と需要に関する仮定は現代西側主流経済学と異なって,社会の根本的な経済制度と階級利益に関わり,思惟方法と表述の技術面的分岐に属する。

V 公平と効率の相互促進,同時変動仮定

1 経済公平の理論と現実

　経済学の意味での公平は経済活動に関わる制度,権利,機会と結果などの分野での平等を指す。経済公平は客観性,歴史性と相対性をもつ。経済公平を単純に心理現象と見なし,その客観的属性と客観的基準を否定することは唯心主義の分析方法の思惟表現である。経済公平を一般的で永遠の範疇と見なし,異なる経済制度と歴史発展段階での特定の内包を否定することは歴史唯心論の分析方法の思惟表現である。経済公平を前提が必要ない絶対的な概念と見なし,公平か否かの弁証法関係と転化条件を否定することは形而上学の分析方法の思惟表現である。

　公平あるいは平等の概念は所得均等あるいは所得平均と同じではない。経済公平の内包は所得平均の概念より大きい。経済活動の結果によって所得分配が公平か否かを判断するのは経済公平の一つの意味でしかない。結果公平には少なくても資産分配と所得分配の二つの視角がある。財富分配の視角がより重要である。所得分配平均と所得分配公平は異なる側面の問題に属するため,混同してはいけない。

　アーサー・M・オークン（Arthur M. Okun）とラーナー（Abba Ptachya Lerner）を含め,国際学界で,経済公平と結果平等を所得均等化あるいは所得平均化と見なすのは重要な論理の誤りがあることは明らかであるし,経路依存となりやすくて「公平と効率が高低の反方向へ変動する仮定」あるいは「効率優先仮定」の思想的誤りを生じる。

　アメリカなど資本主義国家には著しい不公平がある。アメリカの連邦準備制度理事会（FRBと国内税務局が発表した連合調査報告によると,1989年

に全国家庭の純資産は合計で15.1万億ドルである。その中に住宅，他の不動産，株券，債券，自動車と銀行預金などを含む。

その割合は1％の最富裕家庭が37％を占め，その他の9％の富裕家庭は31％を占める。残る90％の家庭は32％しか占めない。そして，FRBの最新調査によると，1％の最富裕家庭の一世代平均資産は230万ドル以上あり，全国資産の40％近くを有する。20％の最富裕層のアメリカ人は家庭資産が18万ドル以上あり，全米財富の80％以上ある。ところが，社会低層にいる20％のアメリカ人の所得は国税引き後総収入の5.7％しか占めない。

ブルッキングス研究所の経済学者パドリスの研究は，1995年にアメリカの5％の最富裕層の収入は5％の最貧困人の25倍である。1969年にはその差が11.7倍だった。21世紀初，アメリカの財富と収入分配構成は大きな割合変化がなかった。[19] そのため，西側の私有制主体型国家における国民生活水準は徐々に向上しているが，いまだ社会財富の占有と所得分配の貧富両極が存在している。その数百年の階層分化と高低変化は根本から貧富両極対立の現象を解消していない。

サミュエルソンは貧困の原因を分析する時にも「所得の格差の最も主要な原因は財富の占有によってもたらされたものであるとした。…財産の格差と比べて，給料と個人能力の格差は極めて小さい。…このような階級格差もまたなくなっていない。今日，比較的低層の，あるいは労働者階層の父母は自己の子女を学校に行かせるのに必要な費用を負担できない。これらの子女は全部高給を得る職業から排除された」[20] と認めた。それゆえ，資本主義の不公平は主に私有財産制と資本に応じる分配およびそれによって生じた現象に現れる。労働能力の原因による経済不公平の現象は，二つの制度が公平か否

---

(19) 倪力亜『当代資本主義国家の社会階級構成』福建人民出版社，1993年版。『経済日報』1995年5月11日，12月27日。朱雲漢は「リスクを防御して，自己の道を歩こう」という文章で「過去の20年に，アメリカの経済は成長しているが，アメリカの97％の新増加した所得は全部20％の高収入グループの手に入った。2002年にアメリカの最富裕の1％の家庭は全米財富の39％を有している。最低層の40％の家庭は全国財富の0.2％しか有しない（多くの家庭は負資産である）。小ブッシュが在任の時にアメリカの貧困人口は17％増えた」と書いた。『読書』第7期，2006年。
(20) サミュエルソン，ノードハウス『経済学』中国発展出版社，1992年版，1252-1253頁。

かを比べる時に暫く捨象すべきである。

2 　経済効率の理論と現実

　人類のいかなる活動においても効率問題がある。経済学の意味での効率とは経済資源の配置と産出状態を指す。一つの企業あるいは社会にとって，最高の効率は資源が最適配置の状態にあって，需要は最大の満足を得るあるいは福祉は最大の増進を得るあるいは財富は最大の増加を得ることを意味する。経済効率は生産，分配，交換と消費の各領域に関わり，経済力と経済関係の各分野にも関わる。それは生産力の範疇に属するだけではない。

　国際環境が私有制大国に有利である条件の下で，中ソ両国の発展成果と効率も多くの西側国家を超えていた。1952－1978年，中国の国民総生産は年平均成長が6.1％であった。資本主義国家中で成長が最も速い日本の戦後から現在までの年平均成長率と同じである。資本主義市場経済国家の平均成長速度を大きく超えていた。中国の総合国力は1949年に世界第13位で，1962年に10位で，1988年に世界第6位になった。2014年にはアメリカに次いで2位である。アメリカのフィッシャー（Stanley Fischer）とドーンブッシュ（Rudiger Dornbusch）は共同著作である『経済学』という教科書でも公有制国家の比較的高い効率を確認した。「計画体制の運営はどうなるか。第二次世界大戦後の大部分の時期にソ連の成長は日本より速くないが，アメリカより速い。」[21]資本主義国家はすべて高効率であり，社会主義国家はすべて低効率であるという論点は20世紀の各国経済発展の実証分析結論と科学精神とは全く合わない。またアメリカのケース（Karl E. Case）とフェアー（Ray C. Fair）は（20世紀）の90年代初頭の経済学教科書の中の論述は比較的客観的であった。「私有制と競争市場は効率的であるという結論は一連の非常に厳しい仮定に大きく基づいたものである。…ところが，効率から言えば，主流経済理論も自由放任の資本主義は完全に成功したという結論をだしていない。[22]」

　科学的社会主義も依拠する改革目的は高効率の最良状態に入ることである。

---

(21) フィッシャー，ドーンブッシュ『経済学』下部，中国財政経済出版社，1989年版，586頁。
(22) ケース『経済学理論』下部，中国人民大学出版社，1994年版，693－695頁。

社会主義資産公有制はミクロとマクロ経済の効率及び私有制よりもっと多い機会均等のための客観的な可能性を与える。この可能性が現実性になるのは科学的経済体制と経済メカニズムを仲介としなければならない。効率は公有制と体制改革を実現する基本の動因である。中国の現代マルクス主義者は多種の財産権制度及びその効率を研究したことがある。一切の私有財産権制度の国家の効率に追いつき追い越し，「市場社会主義」という理念（イギリスなど社会党と言われる資産階級中の左翼の私有主体型の「市場社会主義」ではない）を実現するためである。それは大量の信頼できる経験の比較に基づいたものであり，人類の絶えまない前向きの先進思想を代表している。

3　公平と効率の関連

経済公平と経済効率は経済生活の中の基本矛盾である。経済学論争の主題でもある。人々はこの矛盾の難問解析を経済学説史上の「ゴールドバッハの予想」と呼ぶ。社会経済資源の配置効率は経済活動が追求する目標である。社会生産中での起点，機会，過程と結果の公平も経済活動が追求する目標である。この二大目標の間の内在的関連や制度措置は各派の経済学が回答し切れない両義的選択となるからである。

所得と資産の格差は効率性の結果ではない。その刺激効果は一定の程度に達してから，次第に減少する傾向があり，さらにマイナス面の効果が出る。例えば，世界各国で普遍的にある「地下経済」「特殊利益追求」活動，権銭交易（権力とお金を変えること）などによって形成した巨大な黒色収入と灰色収入は効率の向上とは内的関連はない。逆に資源配置効率の下落と損失になる。また，一部の高収入者の仕事効率がすでに頂点に達した時に，分配格差の拡大は効率を向上させることができない。一部の低所得者は条件を変えて所得を増加することができないため，意気阻喪の心理状態になり，効率の低下をもたらす。言い換えれば，人々の高収入による刺激を受けて効率をあがることが生理と社会に制約される。新収益がなければ，単純に効率の改善はできない。全社会あるいはある業種（例えば，中国では現在うまく調整できない国有金融業）では所得と資産の格差は大きすぎると，必然的に社会総効率の損失になる。

高効率は合理的な公有制経済体制に基づく公平分配から離れてはいけない。現実の可能性から考察すれば，所有制，体制，公平と効率この四つの関連要因の結合様式は四種類に分けられる。公有制→体制優越→最公平→高効率（効率Ⅰ）。私有制→体制良好→不公平→中効率（効率Ⅱ）。公有制→体制やや良好→やや公平→やや中効率（効率Ⅲ）。私有制→体制やや劣悪→不公平→低効率（効率Ⅳ）。制度費用を最小にし相対的に最公平の状態で高効率を実現させるのは社会主義市場経済体制の改革方向を堅持し完全にする終極的な目標である。

「公平と効率が高低の反方向へ変動する仮定」あるいは「効率優先仮定」の意味と全く逆に，「公平と効率の相互促進，同時変動仮定」は経済公平と経済効率が正反同方向への変動を促進しあい，補完関係をもっているかどうかである。すなわち，経済活動の制度，権利，機会と結果などの分野は公平であればあるほど，効率が高くなる。逆に公平でなければないほど，効率が低くなる。現在，公平と効率の最適結合の担い手の一つは市場型の労働に応じる分配である。労働に応じる分配による経済公平は，格差を含む労働の平等と生産物分配の平等で表現される。このように起点，機会，過程と結果の分野で格差があるのは，平等の分配制度である。資本に応じる分配と異なり，客観上最公平であり，公平と効率はどちらが優先するかという問題も存在していない。

中国の法律は資本に応じる分配，この不公平な要因及びその制度が局部で存在するのを許している。つまり，労働に応じる分配のような経済公平は客観性，階級性と相対性をもっている。同時に，このような公平を所得と資産上の「平均」あるいは「均等」と曲解しなければ，有効な市場競争と国家政策を通じて，労働に応じる分配はミクロの視角からも，マクロの視角からも，必然的に直接，間接に効率を促進して極大化に至る。労働に応じて報酬をとる合理的な所得格差は，最大限に人の潜在力を発揮させることができて，労働資源を最適配置させるからである。国内外に日ましに増えている実例をみても，公平と効率は正相関の関連をもち，両者はともに向上したり，ともに低下したり，同方向へ変動し促進し合う関係と補完し合う性質が現れる。初級の社会主義分配制度で労働に応じる分配を主体とし，資本に応じる分配を

補完あるいは補助とする。効率を高度に重視すると同時により社会公平を重要視し，公平と効率の調和的双方向性のメカニズムを確立し完全にする。現在，所得と資産分配上に「低を高め，中を広め，高を抑え，非法を潰す」ことを特に強調しなければならない。これらの「公平と効率の相互促進，同時変動仮定」に基づく論断と政策は一般的意義と科学性をもっている。

　市場型の労働に応じる分配を主体とする分配の仕組みは共同富裕と経済調和を実現できる。計画経済と比べて，市場経済条件の下で，等量労働は等量の報酬を獲得する，労働に応じる分配の基本的内容は変わっていない。変わっているのは労働に応じる分配の形式と手段だけである。詳しく言えば，

　(1) 労働に応じる分配の市場化である。すなわち，労働力市場によって形成した労働力価格の転化式──賃金が，労働者と企業双方が市場で労働契約書を作る基礎であるため，労働に応じる分配を実現する前提条件と方式である。

　(2) 労働に応じる分配の企業化である。すなわち，等量労働が等量報酬を得る原則は公有企業の範囲内でしか実現できない。異なる企業の労働者は等量労働をおこなってもその報酬が必ずしも等量とならない。とはいえ，労働に応じる分配の平等は商品交換の平等と結合して，労働に応じる分配の実現方式と程度に影響を与える。もし中国がある資本主義諸国が経験したように，またアメリカのクズネッツ（Simon Smith Kuznets）が書いた「逆U字型仮説」の道を踏まなければ，徐々に公平と効率が両立できる良性循環メカニズムを通じて，共同富裕と経済調和を推進することができる。

Ⅵ　公有制高成果仮説

　マルクス経済学から総括してきた「公有制高成果仮定」は，計画経済条件の下で生産手段が全社会成員に共同所有される公有制体系が社会効果の最大化に至ることを指す。鄧小平経済理論から総括してきた「公有制高成果仮定」は，市場経済条件の下で生産手段の全人民所有制と集団所有制が社会成果の最大化になることを指す。しかし，その中にはいずれも多くの複雑な前提条件が存在している。例えば，重要な社会腐敗が存在しない。委託代理双方の権限と責任が合理的である。国有企業は担った業務外の社会的義務が別

にある。政府の管理，政策と操作は大きなミスがない。選んだ経営者は高い素質をもっている，などなど。これらの前提条件を同時にもっていることにより，社会主義公有制の計画経済あるいは市場経済との結合による高成果が現れる。たとえ，過去あるいは現実生活の中で社会主義公有制をうまく運営させる前提条件が欠けることにより，低成果現象をもたらしても，これは計画経済あるいは市場経済の否定にはならない。機械生産に基づいて確立した近代生産力と電子情報技術を標識とする現代生産力は共に社会的生産の要求を提起している。資本主義生産関係もある程度受動的に（例えば経済恐慌によって）この要求に適応できるが，公有制は社会化生産方式制に欠陥があることの証明でない。

「公有制高成果仮定」に基づいて，我々は社会主義社会の初級段階の所有制構造について以下の論述ができる。

(1) 公有制を主体とする多種所有制経済の共同発展を堅持することは中国社会の経済発展法則の指標である。中国の所有制が公有制を主体とするのはこの要求を体現している。公有制を主体として，多種所有制経済の共同発展にならなければ，社会生産力をより速く発展させることができない。中国の公有制経済はまだ全社会を覆うことができないため，同時に私営経済，個体経済を発展したり，外資を利用したりしなければならない。

一部の人は中国が過去長期に半封建半植民地の社会にあったため，「資本主義のやり直し」をしなければならないと考えている。それは大きな認識の誤解である。この観点は，たとえ近代の機械生産力に対しても公有制は私有制よりも適応できることを軽視したのである。しかも，一国の所有制を決める要因はその国の多分野の具体的な要因の総合作用であり，それを考慮しなければ利国利民の正しい選択を出せない。

中国が社会主義の基本経済制度を選ぶのは世情と国情の歴史条件によって決まったのである。現在，中国は途上国として真の独立自主で世界の東方に立とうとするなら，資本主義経済を発展することに依存するだけでは外国独占資本主義と経済覇権主義のコントロールから抜け出すのは不可能である。私有制経済は強い全体性の民族経済統合を形成することができない。中国の

民族ブルジョア階級は弱くて妥協性をもっている。旧民主主義革命の失敗がそれを証明したのである。中国のブルジョア革命に属する新民主主義革命は先進的生産力の発展要求を代表する労働者階級が共産党による人民大衆の指導で勝利を獲得したのである。人民大衆は民衆革命の勝利果実を固めて発展しようとするなら，新民主主義から社会主義に転進するほかない。中国は社会主義の道を歩かなければ，社会生産力が真の独立自主に発展することが保証できない。公有制の経済基礎を確立して固めなければ，全中華民族を統合し，外国独占資本主義と経済覇権主義に侮辱や圧制されることを排除する根本的な条件にならない。これは社会主義しか中国を救えない基本的な根拠である。

新中国の建国60年以来の実践がすでに明らかになった。社会主義経済が根本的な制度であるからこそ新中国の社会生産力を速く発展させ，中国の経済実力，国防実力と民族団結力を強めたりすることができる。中国は改革開放の前の1949－1978年の約30年間に重工業化，化学工業化，原子力工業化を完成し，内部循環に頼って基本的な自給自足ができる国民経済体系を確立した。ミサイル，衛星，核兵器を含む自力武装を実現した。経済は年平均 GNP 約6.1％で発展した。世界で同時期に最も速い発展国家に入る。社会生産力，総合国力，人民生活水準は平均で大幅に高まって世界の多くの国々に追いついて乗り越えた。主要先進国とのいくつの経済差が縮小した。改革開放以来の約30年間に中国の国民経済はより急速に向上している。GDP の年平均成長率は約9.8％になり，同時期の世界平均３％程度の成長率より高いし，同時期の世界第一になった。ドイツ，日本，アメリカなどの国が高度成長する，「黄金時期」の速度よりも速かった。現在の経済総量はすでにドイツ，日本を超えて世界第二位になり，世界第二の貿易国で，外貨準備高は世界第一になった。「神州」シリーズの有人宇宙船の発射成功，「嫦娥」の月探査の成功などの事実は中国の経済実力，科学水準と総合国力が世界前列に至ることを示している。

(2) 中国は絶対に私有化してはいけない。

公有制を主体とすることを堅持することは決して私有化することを容認しないという意味である。私有化というのは主要な生産手段がしだいに私人所

有になる過程を意味する。その中には各公有制経済が多種のルートで私営経済に転化することを含む。近代経済学上の新自由主義は精いっぱい私有化（ある論著は非国有化あるいは民営化と呼ぶ）を鼓吹している。その理論根拠は三つある。①市場経済を発展しなければならない。私有化をしなければ，市場経済を真に発展させることはできないという思考である。②，私有制経済は人の利己本性に合うという思考である。③公有制経済は非効率であるという考えである。

①の理由は根拠がない。市場経済は間接的に社会的分業を実現する制度である。あるいは資源配置や経済，また経済運営の方式であると言える。生産力水準によって生産社会性は間接的に決まるものであり，私有制によって決まるものではない。私有制としか結合できないものでもない。そのため，市場経済を発展しようとするなら，私有制をしなければならないというのは無理である。

②の理由は唯心史観に頼るものである。唯物史観によれば，市場経済中にいる人は利己と利他の両面性をもっている。どちらの属性が主導するのかは，所有制の構造によって決まる。ドイツ歴史学派が早くも19世紀にアダム・スミスの私経済人理論を批判する時に指摘したように，市場経済の中で「私」が主導をするわけではない。現代西側経済学主流が鼓吹している利己あるいは私経済人理論はただ私有制経済基礎の経済イデオロギーと観念である。

③理由は事実に合致しない。公有制は社会化生産方式に適応すると言えるのは，国家が共同利益からマクロとミクロの経済政策に適時に有効に運営する助けになるだけではない。それによって，市場は生産力の客観的需要に相応し社会的分業という優れた利点を発揮できるし，市場経済は固有の自発性を発揮し資源配置の遅滞を克服もできる。しかも，公有制に基づいて人々が共同で経済認識し，労働団結力を発揮できるため，多くの労働者の生産への積極性と集団理性を守る自覚性を促す。最終的に私有制より高いマクロとミクロの効率をもつ。もし全体の公有資産あるいは公有制企業の経営管理を誤るなら，効率が低い現象が現れるのも当然である。それは管理層を強化し経営管理を調整しなければならない問題であり，効率低下によってもたらされたものではない。

新中国は建国以来，公有制の平均的経済効率は明らかに資本主義経済より高い。計画経済条件のもとでも，1949年から1978年までに，「大躍進」と「文化大革命」の誤りによってもたらされた効率低下を含めて，国有工業企業の総生産額は年成長率が平均で13.7％にも至った。(23) 改革開放以来，20世紀90年代になってから，国有企業は10％以上の欠損を生じた。これは市場経済体制への転換の過程における一時的な現象である。公有制の効率は必ずしも私有制より低いとは説明できない。

私有制の低効率と破産は市場経済の日常茶飯事のことである。ある論著は2000年代の世界金融危機の前にこのような統計を示した。中国で10年以上存続できる私営企業は24.8％しかない。6年から10年までは42.3％で，5年以下は32.9％である。(24) 要するに，国有企業は計画経済体制から抜け出すと，しだいに生産効率を高める優越性を発揮でき新たな活力を出せる。多くの省市以上の国有経済と大量の集団経済の発展はこの観点を証明する。

私有化は当然公有制の主体地位が失しなわれることをもたらす。私有経済の比重は国民経済の中で必要な限度を超えると，私的資本の蓄積法則にしたがい，必然的に失業率の増加，資産と所得の両極分化などの一連の不良経済現象とこれらによって引き起こされた社会の非調和をもたらす。20世紀90年代以来，新自由主義の私有化思潮の影響下で，ソ連東欧地域は後退の十年であり，ラテンアメリカは失しなわれた十年であり，日本はノロノロ十年であり，欧米はのろい上昇の十年であった。国連に認定された49カ国の最も貧困な国（第四世界も呼ばれる）は私有化などの新自由主義の道によって富強にならなかった。逆にもっと貧困になったのである。このことは反面から「公有制の高効果」という仮定の客観性を証明できる。

さらに分析していくと，次の結論を得る。今日の世界経済の基本的矛盾は経済の社会化とグローバル化による生産要素の私的所有，集団所有と国家所有との矛盾であり，国民経済と全世界経済の無政府状態あるいは無秩序状態との矛盾である。この基本的経済矛盾は以下の具体的な矛盾によって資本主

---

(23) 劉日新『生産手段の社会主義公有制を論じる』中国国際文化出版社（香港），2007年版，101頁。
(24) 保育鈞『政府は「風雨を遮りとめる」』人民日報，2006年3月2日。

義国家のサブプライム危機，金融危機と経済危機をもたらす。

①ミクロ経済から分析すれば，私有制およびその企業管理モデルは高級管理層が個人の収入の極大化を追求するために利潤の極大化を追求する。それらによって大きなリスクの可能性のある金融手段であるサブプライムの方式を使う。

②経済構造から分析すれば，私有制は市場経済と結び付くと，生産の相対的な過剰となり，実体経済と擬制経済の均衡がアンバランスになる。

③経済調整政策から分析すれば，私有制独占集団と金融寡頭制は国家の監視や管理とコントロールに反対して，資産階級国家は私有制経済の基礎のために奉仕するので，市場と国家調整の失敗をもたらす。

④分配消費の視角から分析すれば，私有制は市場経済と結び付くと，社会財富と収入分配の貧富分化を形成する。生産の無限の拡大は大衆の支払いできる需要の相対的な縮小との矛盾をもたらす。大衆は生きるためにサブプライムを含む過度な消費借入をやむなくする。

経済基盤は上部構造を決める。江沢民同志が指摘したように，「国有経済を核心とする公有制経済がなければ，社会主義の経済基盤がない。この点について各級の幹部，特に高級幹部がはっきりした認識を持たなければならない。」[25]

要するに，「公有制の高成果」仮定から論理的な論証と経験的な検証をすれば，一連の結論を得られる。計画経済体制と市場経済体制の下で，公有制の成果は私有制を超えることができる。現段階で公有制を主体とすることを堅持するのは「純さらに純」の公有制の積極的な止揚である。非公有制経済の健康的な生存と発展は主体地位を占める公有制経済に依存しなくてはいけない。

---

(25) 『江沢民文選』3巻，人民出版社，2006年版，70頁。

程恩富経済学:理論,方法と政策

岡部守・薛宇峰

　経済学流派とは重要な経済問題について,ほぼ同じ立場と観点を持った経済学者からなる開放的な団体,あるいは何人かの経済学者が一人の先駆的な理論リーダに従って発展してきた経済学の理論システムである。

　程恩富経済学の理論,方法と政策の三位一体の革新的発展を整理し,分析し,まとめることが本稿の目的である。程恩富教授は研究の分野,問題及び政策が非常に幅広く,発表した専門書と論文の数が多いし,メディア報道と学術講演も数えきれない。紙幅が限られるので,本稿は程恩富経済学の主要内容について検討する。

I　程恩富経済学の形成と発展[1]

1　復旦大学在籍時期 (1972年4月－1989年3月)

　この時期に,程恩富教授は復旦大学で学部と修士課程を卒業し,その後復旦大学経済学部の教員になった。『マルクスエンゲルス選集』や『資本論』や『レーニン選集』などマルクス主義経済学の古典的な文献の研究に専念した一方で,数多くの外国経済学説史や近代経済学の著作も真剣に読んでいた。また,復旦大学図書館を利用し,哲学,歴史,美学,心理学,文学など幅広い社会科学の書籍に目を通し,生物学や医学など自然科学の書籍までも読んだことがある。

　復旦大学在籍時,程恩富教授は主に中国の有名な経済学者である張薫華と

---

(1) 程恩富「走在经济学研究的道路上」『程恩富选集』中国社会科学出版社,2010年版。

洪遠朋両教授の指導のもとで学んだ。その後，彼らを引き継いで学部の学生教員に対して『資本論』1－3巻の講義を行ない，『政治経済学』と『消費経済学』などの講義も担当した。

この時期の代表的な著作は主に以下である。

1）『社会主义三阶段论』广东高教出版社，1990年版

2）『消费理论古今谈』经济科学出版社，1990年版

程恩富教授の『社会経済形態と社会発展段階の分類基準について―我が国社会主義の初級段階の経済特徴を兼論する』という論文は1988年第1期の『復旦学報』に掲載し，「計画的な市場経済」の確立の可能性を早期に提起しただけではなく，社会主義経済体制（制度）の三大発展段階も科学的に見通し，明らかにした。社会主義経済体制全体の量的変化から質的変化をもたらす歴史時期の，発展法則を示した。これはこの時期の程恩富の発見で，「社会主義史観」といわれた。『社会主義の三段階論』という本はこれについて詳しく述べている。

2　上海財経大学在籍時期（1989年4月－2005年10月）

1989年4月に，程恩富教授は上海財経大学に転勤し，16年間勤務した。修士と博士の指導教授として，相次いで本科の学生や院生や博士向けの政治経済学，近代経済学，中外社会主義経済思想史，マルクス主義経済思想史など約10コースの講義をした。また，経済学部の副主任，主任を経て，経済学院やマルクス主義研究院の院長も歴任し，海派経済学研究センターの主任も歴任したことがある。

この時期の代表的な著作は主に次のように挙げられる。

1）『文化经济学』中国经济出版社，1993年版

2）『国家主导型市场经济论』上海远东出版社，1995年版

3）『西方产权理论评析』当代中国出版社，1997年版

4）『当代中国经济理论探索』上海财经大学出版社，1999年版

5）『现代政治经济学』上海财经大学出版社，2000年版

6）『经济学方法论』上海财经大学出版社，2002年版

7）『新制度经济学』经济日报出版社，2005年版

8）『中国海派经济论坛』上册，上海财经大学出版社，1998年版
9）『中国海派经济论坛』下册，上海财经大学出版社，2001年版
10）『国外经济学与当代中国经济（八卷本）』当代中国出版社，2002年版
11）『经济改革思维：东欧俄罗斯经济学』当代中国出版社，2002年版
12）『劳动创造价值的规范与实证研究』上海财经大学出版社，2005年版，英文版2016年出版

上海財経大学に勤務した時，程恩富教授は中国と外国の経済学と中国と外国の現実の経済問題についての研究を深く行い，大文化経済学のシステム，現代政治経済学の新体系と海派経済学を確立し，多くの新たな独特の経済学理論，方法と政策の構想も提起した。

3　中国社会科学院在籍時期（2005年10月－2013年8月）

2005年10月に，程恩富教授は中国社会科学院マルクス主義研究院に転勤し，常務副院長から院長になった。2006年に中国社会科学院の学部委員になり，学部議長団のメンバーやマルクス主義研究部と経済社会発展研究センターの主任などを兼任した。

この時期の代表的な著作は主に以下である。

1）『程恩富选集』中国社会科学出版社，2010年版
2）『经济理论与政策创新』中国社会科学出版社，2013年版
3）『马克思主义经济学的五大理论假设』人民出版社，2012年版
4）『马克思主义经济思想史』（五卷本）中国出版集团东方出版中心出版，2006年版
5）『当代经济学理论与实践』中国经济出版社，2007年版
6）『文化经济学』南开大学出版社，2007年版
7）『现代政治经济学数理分析丛书』（五卷本）上海财经大学出版社，2011年版
8）『经济力系统研究』上海财经大学出版社，2011年版
9）『中级现代政治经济学』上海财经大学出版社，2012年版
10）『高级现代政治经济学』上海财经大学出版社，2012年版

11) 『重建中国经济学』复旦大学出版社，2015年版
12) 『中国特色社会主义制度体系研究』（五卷本）经济科学出版社，2014年版
13) 『马克思主义整体性新论』中国社会科学出版社，2014年版

4　海派経済学つまり新マルクス経済学総合学派の確立・発展

　現代中国のマルクス主義経済学の流派と学説を研究することによって，これらと異なる流派と学説の形成・発展の過程及び内容の認識がより深くなるだけでなく，現代中国マルクス主義経済学の革新，発展とその変化の論理や中国経済の現状への深い了解にも役に立つ。理論経済学を繁栄・発展させるためには，異なる学派の創立が必要である。マルクス主義経済学においても異なる学派を形成することは重要である。ほとんどの流派と学説は国や都市や有名な学府や人物をその思想や観点の集合舞台とする。例えば，経済学史上有名なオーストリア学派，シカゴ学派など，あるいはマルクス経済学，クルーグマン経済学などである。

　20年前，程恩富教授の指導と組織のもとで，1995年11月に上海市経済学会に所属する社会主義経済分会，上海財経大学の経済学部などによって海派経済フォーラムが上海で成立した。海派経済学の発展は20年をへて，『海派経済学』の季刊雑誌は創設から今までに12年たった。マルクス主義をその理論的な根拠にして，中国の経済改革と発展の重大な理論・実践問題をめぐって，一連の学術会議を開き，中国の特色ある社会主義経済を建設する方法を検討し，経済学者の学術論争，学派の融合を提唱した。海は百川を受け入れ，新陳代謝を繰り返し，真理を探求し，先進的な経済思想と実践の経験を広く吸収し，マルクス主義の基本的な精神と中国の特色ある社会主義の実践を科学的に結びつけることは海派経済学の学術の目標である。マルクス主義理論に対して教条主義をやめて，マルクス経済学と近代経済学を科学的に超え，中国の国情に合う中国経済学を再建することを提唱し，ユニークな海派学風を形成した。[2]

（2）张建为『"海派"的气象与风骨』丁晓钦・伍装『海派经济学』。

21世紀に国際的な学術と文化の激しい競争に直面する中国の経済学術界は，中国特色・中国スタイル・中国気品のある哲学社会科学体系を構築することによって，現代マルクス主義経済学の中国モデルを構築しなければならないと海派経済学は強調する。これは中国の経済学者が導入と模倣から理論の革新の自覚あるいは自立への変化を象徴し，また中国と外国の教条主義（旧ソ連またはアメリカに習う「洋教条主義」を含め）と修正主義の経済思想の放棄と主体意識の覚醒をも反映した。

『程恩富選集』『経済理論和政策創新』と『現代政治経済学系列教材』（初級，中級と高級三巻を含め）など一連の著作の中で，程恩富教授のこれら著作の発表と出版は，『海派経済学』つまり『新マルクス経済学の総合的な学派』の形成，程恩富経済学の理論体系の生成と発展を示した。

II 程恩富経済学体系の特徴

程恩富教授は欧米の主流の経済学の中で合理的な部分を批判的に吸収すると同時に，マルクス経済学の理論・方法・政策を新しくし，中国の主流の経済学を再建しようと努めている。この体系は以下のいくつかの特徴を持っている。

1 唯物史観の運用

程恩富教授から見れば，中国経済学の現代化は次のようにしなければならない。研究の方向で，唯物史観と唯物弁証法の指導を堅持し，マルクスの理論の道に沿って進む；内容で，マルクス主義経済学の基本的な範疇と科学的な原理を主体にしなければならず，新しい歴史条件のもとで開拓・改革する；多元的経済思想の援用で，マルクス主義経済学の指導的地位を揺ぎ無く堅持しなければならない。

労働者の立場に立脚する経済学でなければ公正無私ではない；唯物史観の基本的な思想を貫かないと，客観的で弁証法的に現実経済の真相を明らかにできない。人類の経済思想の歴史上，マルクス経済学と後マルクス経済学にしか唯物史観の科学的思想と公正無私の立場との一致を実現できない。

唯物史観の基本的な思想は，経済の社会的形態の発展を一種の自然史の過

程として理解する。マルクスは『資本論』を書く最終目的は現代社会の経済運動の法則を明らかにするとはっきり示した。中国の科学的な経済学の体系は，新民主主義革命と建設の時であれ，社会主義革命あるいは改革と建設の時期であれ，その立論の目的はすべて客観的な経済法則を明らかにするためである。程恩富教授は次のように思う。経済学のこの科学的な目的を明確にしさえすれば，理論の革新の過程で，実事求是と解放思想との一致原則に従い，一面的硬直的な考えを克服し，国内外の間違った経済理論及び実践についての科学的な批判を正しい経済理論及び実践の累進的な建設と弁証的に融合させることができ，自覚的に中国経済学の現代化と科学化を結合し，表面的な「現代化」の求めに落ち込んで欧米の主流的な経済学の過度の数学化と形式主義の学術にひれ伏すことを防止する。どのような認識と実践でもすべては「破壊なくして建設なし，破壊あれば建設あり，破壊の中建設あり，建設の中破壊あり」という論理がある。経済学もこの弁証法的な考え方から外れることができない。[3]

2　経済学の方法論についての革新

史的唯物論と唯物弁証法を受け継ぐ上で，近代経済学の方法を批判的に吸収し，現代の社会科学と自然科学の知識と方法を学ぶことは，程恩富経済学の方法論の特徴である。上海市で優秀賞を得た『経済学方法論——マルクス，西洋主流と多科学視角』という海派経済学の代表的な力作は，これについての討論と革新を行った。

同時にマルクス経済学と近代経済学の乗り越えを本当に実現するためには，マルクスの独創的精神を学習しなければならない。政治経済学の歴史上の方法論の不備を克服し，中国社会主義理論の経済学を再建する過程の中，関連する社会科学と自然科学の知識を広く学習・借用し，経済学の方法論体系を有機的に統合させることである。程恩富教授は経済学が参考にできる分野を次のようにいくつか挙げた。

（3）程恩富，何干強「论推进中国经济学现代化的学术原则」『马克思主义研究』2009年第4期。程恩富「重建中国经济学 超越马克思与西方经济学」『学术月刊』2000年第2期。

第一，現代哲学の方法と知識を参考。
第二，現代政治学の方法と知識を参考。
第三，現代法律学の方法と知識を参考。
第四，現代社会学の方法と知識を参考。
第五，現代倫理学の方法と知識を参考。
第六，現代美学の方法と知識を参考。
第七，現代心理学の方法と知識を参考。
第八，現代数学の方法と知識を参考。
第九，現代生物学の方法と知識を参考。
第十，システム論，情報論と場の理論などの方法と知識を参考。[4]

これに対し，経済学者，西北大学の何煉成教授は程恩富教授の方法論（程恩富教授が主編した『現代政治経済学創新』）を評価する時，次のように指摘した。「これは本書の中で一番良い文章で，マルクス主義の基本的方法論の原理を堅持し，史的唯物論と唯物弁証論の基本的方法論に従い，弁証的な論理と階級分析の方法を強調している。『海派経済学方法論：総合創新の若干思考』という文が提起した五つの方法論の問題は，すべて経済学界が研究する時無視しやすい方法論の問題で，私たちが吸収・運用するに値する。」[5]

3　欧米主流派経済学の二つの流派への止揚

程恩富経済学は近代経済学に対して盲目的な排斥もしないし，盲目的な崇拝もなく，真剣に研究し，俗流的要素を捨て去って，その科学的要素を吸収し，また乗り超える。程恩富教授は思う。ブルジョアの改良主義経済学としての新旧ケインズ主義は科学的ものと誤りを含んでいて，その学術的地位と役割はマルクスが述べた英仏の古典的政治経済学とほぼ同じである。それは現代マルクス主義経済学の学術的同盟軍と統一戦線に属し，「洋学を用いる」の主な対象である。しかし，現代欧米の新自由主義の地位と役割はマルクスが言った俗流政治経済学に相当する。

（4）程恩富『重建中国経済学 超越馬克思与西方経済学』『学术月刊』2000年第2期。程恩富『中国経済学理論模式的缺陥与全面重建』『紅旗文稿』2008年第18期。
（5）何煉成，三論"中国経済学向何処去"『人文杂志』，2008年第1期。

程恩富教授は新自由主義の理論と政策の誤りを次のように挙げた。第一，非コントロール化を主張する。市場の原理主義を高く評価し，国の介入に反対する。第二，私有化を主張する。「私的財産権の神話」の永遠の効用を宣伝し，公有制に反対する。第三，グローバル自由化を主張する。アメリカが主導した自由経済を守り，国際経済の新秩序の創立に反対する。第四，福祉の個人化を主張する。国から個人に保障する責任を転換することを強調し，福祉国家に反対する。

4　中国の主流的経済学の再建

程恩富教授は伝統的な既存の社会主義経済学の理論のモデルの主な欠点についてまとめた。第一，規範的分析の面で，社会主義と資本主義の範疇と法則を単純に比較し，研究の深度に欠ける。第二，実証を叙述する面で，マルクス経済学の数学方法を高く重視する優れた伝統を受け続がず，定量分析が足りない。第三，政策の研究面で，「上の指導者の考えに盲従する」と「流行に乗る」ばかりして，弁解的な解釈をし，反省する意識が欠けている。第四，科学の再建において，社会主義の市場経済学を社会主義の理論経済学に取って代え，本質的な指摘が少ない。第五，方法を変革する面で，近代経済学の範疇や理論を簡単に丸のみし，革新の精神が不足している。

理論経済学の再建は，世界経済と人間経済の発展の歴史を背景にし，資本主義市場経済の多種類のモデルと比べ，社会主義経済の多様な実践から経済変動の基本的現象を実証的に述べ，経済の本質に合う法則的範疇と原理を科学的にまとめなければならないと程恩富教授が強調した。エンゲルスは未熟な経済と未熟な経済理論の間の内在的関係を指摘したことがある。実は，社会主義市場経済の良性の運営とその体制の累進的改善は，社会主義の理論経済学の変革と革新に依存する。中国経済における計画経済の実践だとしても，客観的な実証分析を行い続ける必要もある。[6]

（6）程恩富「重建中国経済学 超越马克思与西方经济学」『学术月刊』2000年第2期。程恩富『重建中国经济学 超越马克思与西方经济学』『学术月刊』2000年第2期。程恩富「政治经济学现代化的四个学术方向」『学术月刊』2011年第7期。程恩富『马克思主义研究』2009年第4期。

「総合的革新」は真理を求める経済学者が唯物史観の指導の下で，主観的能動性を発揮する過程である。つまり，マルクス主義の科学的経済学の理論を主体または導体として，欧米の非マルクス主義経済学の知識と合理的要素を借用して，古近代の経済思想の史料を思想源と基礎とすることである。[7]

簡単に言えば，程恩富経済学の理論の特徴と本質はマルクス経済学の方法と理論を基準点にし，古今の合理的経済思想を科学的にまとめ，マルクス経済学や旧ソ連経済学や近代経済学と異なった一つの新しいモデルを構築することである。つまり，経済のグローバル化という背景の下で新しく確立した，現代経済の運営システムと発展の法則を指摘する経済学モデルである。

5　大文化経済学の創立

文化経済学の研究範囲について程恩富教授は次のように考える。「小文化」経済学は文学，芸術だけを研究し，実際は文芸経済学である。「中文化」経済学は研究の範囲を図書，オーディオ製品，出版社，本屋，文物，博物館まで広げる。「大文化」経済学は医療衛生以外の文学芸術，出版事業，放送局，図書館，博物館，文化展覧館，建築庭園，教育，旅行及び宗教などの内容を含める。彼は重点的に大文化経済学の問題を研究し，知識経済の問題も含めた。

文化経済学が研究する対象と任務について。文化経済学は文化活動のミクロとマクロの経済行為，つまり社会的文化生産力と文化の経済関係全体を対象として，文化の生産，交換，分配及び消費諸分野の運営システムと発展の法則を科学的に考察すべきだと程恩富教授は考える。大文化経済学は文学芸術，教育，出版事業や科技を素材に，文化と経済の二つのシステムの共存連動という関係を強調する；文化資源の配置の立場から見れば，文化資源の配置や開発，文化の供給と需要，文化の投資と消費の現象及びその法則を明らかにする；流通の立場から文化市場，文化製品とその価格の特徴，運営の法則を解明する；ミクロの角度から文化の労働生産性，文化の労働報酬，文化の経済的利益及び文化の経済計算の基本的原理と方法を指摘する；マクロの

（7）程恩富「论推进中国经济学现代化的学术原则」『马克思主义研究』2009年第4期。

角度から文化産業，文化の経済政策と経済コントロールの問題を説明し，社会主義市場経済の要求に合う新型の文化経済の管理体制を確立する。

　文化経済学の発展と社会主義の現代化との関係について。社会主義の文化活動は非物質生産の分野に属し，社会生産と精神文明の発展に従い，物質生産と比べるとより早く発展する。これは法則的な傾向だと程恩富教授は思う。社会主義の現代化建設の内容には文化事業と産業という重要な構成要素を含めるのは当然である。[8]

Ⅲ　程恩富経済学の哲学的基礎と理論の精髄

1　哲学的基礎

　程恩富教授は以下のように論じたことがある。中国の社会主義経済学が体系，観点，方法の面において革命的な進展をしようとするなら，現代の西洋経済学を参考にするだけでは物足りない。そのほか，現代の西洋哲学の方法論を参考にしなければならない。当時マルクスがブルジョア経済学の科学的な部分を批判的に吸収する一方，哲学分野の先端的な理論であるヘーゲルの弁証法とフォイエルバッハの唯物論を批判的に参考にした。当然，参考にするというのは，マルクス主義の指導のもとで，中国社会の発展の現実に立脚することを指す。[9]

　程恩富教授は今世紀において欧米の主流経済学は古典経済学の理論伝統とかけ離れて，人間の主体的覚醒と人間自体の発展に対する分析を排除し，そのかわりに，専ら経済生活の現象方面の数量分析に着目するようになったため，経済学は「象牙の塔」における「黒板経済学」（コース）にされたのであると考えている。このような「黒板経済学」の例として，ワルラスの完全

（8）朱奎「新政治经济学＿海派经济学＿大文化经济学＿程恩富教授学术成就与学术思想评述」『河北经贸大学学报』2010年第1期。程恩富『文化経済学』南開大学出版社，2007年版。
（9）程恩富「充分认识哲学对经济行为分析的积极效应」を参照『中国社会科学』1999年第2期。

競争の一般均衡モデルが挙げられる。その均衡世界において，権利は完全に境界を定められ，取引のコストはゼロになる。また，価格は資源の配置をパレート最適の状態にすることができるほどの十分な弾性を有するため，制度と組織は余計なものになってしまう。しかし，実際の経済生産においては，取引のコストがゼロより大きいのは普遍的な事実であるので，ワルラスの完全競争の市場理念は「ユートピア」になった。西洋の財産権理論家はまさにそこから経済学における「摩擦力」の世界を発見し，経済学を「黒板経済学」から現実に取り戻し，また「人」を再び経済学を分析する枠組に納めた。

　中国の経済学の発展から見ると，近代経済理論（財産権も含まれる）については，その理論の成果を吸収し，参考にする一方，硬直した教条主義と単純な模倣を避けるべきである。そのため，経済理論家たちは近代経済学理論の深層まで突っ込んで，その方法論の哲学的基礎を探求するよう求められている。その理論の淵源，構造，方法，前提を理性的に反省する上で，その限界性を乗り越える。その点に関しては，有名な経済学家・故孫冶方（1987）が論じたとおり，「経済理論上の数多くの論争は哲学の世界観と方法論と関わるため，哲学の角度からこれらの問題に応じると，革命的な進展を遂げられる」（『哲学研究』1987年第8期）。

　程恩富教授は「経済哲学は専ら経済学の発展に方法論を提供するクロス学問である」と強調する。言い換えれば，経済哲学が経済学に提供したのは思想方法または経済学方法に対する反省であり，直接の経済観点ではない。その一方，経済学は自分の視界を有すべきである。経済学は哲学から支援意識を獲得してもかまわないが，「哲学帝国主義」に包まれ，自分を見失ってはいけない。アメリカのヨーゼフ・アーロイス・シュンペーターは大作の『経済分析の歴史』において，経済学と哲学の関係について以下のように論述した。経済学にとっては哲学の服を脱いでも良い。経済分析はいつでも，決して経済学者の偶然の哲学観点によって決められるものではない。実は，我々は資源の配置と経済の発展を重んじるだけでなく，人間の権益や全面的な発展にも関心を持つ新経済学——哲学の魂を持っている理論経済学を呼びかけている。[10]

---

(10) 程恩富，张建伟「西方产权理论的哲学审视」『经济经纬』1999年第2期。

哲学の面から言うと、程恩富教授は中国経済学の現代化の「総合イノベーション」を強調する。つまり、人間の思惟は各種の思想資料を十分に利用し、現代の歴史条件下の社会実践と結びつけて、事実に基づいて現実運動と発展趨勢を反映し、科学経済理論を形成する過程である。唯物史観の方法論によると、思惟は事実に基づいて現実を反映しようとするなら、各種の歴史と現実の経済資料を詳しく把握し、唯物弁証法(客観的な物質が運動する一般弁証法は人間の頭における反映)を活かし、内在的な関係を発見し、そして客観的且つ全般的に深く分析しなければならない。全面的に且つ深く経済の現実運動と発展の法則を示すのは総合ともいう。分析と総合は対立しながらも統一されていて、現実が思惟を反映し、思惟が現実に反映されるという過程を貫く。分析がなければ、総合もあるわけがない。また、絶えることのない分析の過程における絶えることのない総合がなければ深く分析し、全面的に総合することができない。分析と総合により少しずつ真理に近づくためにはそれを社会実践のもとで行わなければならない。したがって、唯物史観から見ると、中国の経済学の現代化のプロセスにおける「総合イノベーション」というのは唯物弁証法を活かして、古今中外の経済実践及び「マルクス学」、「西洋学」、「国学」という三大知識システムが提供した経済事実と思想材料について、分析し、創造する過程を指す。「総合イノベーション」は三大知識システム間の相互関係を積極的に吸収し、正確に扱うことと理論的に総合と実践検証との関係分析することを意味する。

2 理論の粋組

程恩富経済学には理論上のイノベーションが多くあり、その粋組を短く以下のようにまとめる。

一番目は「新しい生きた労働が価値を創造する理論」である。市場交換のため、物質商品と精神商品を直接に生産する労働、または労働力商品の生産と再生産のための労働（自然人と法人実体の内部にある管理労働と科学技術労働も含まれる）は全部価値を創造する労働であり、生産的労働に属する。

「新しい生きた労働価値一元論」はマルクスの核心思想と方法を否定しないだけではなく、マルクスが物質的生産領域の価値創造論を研究する構想と

一致し，すべての社会経済部門に広げての必然的な結論である。「新しい生きた労働価値一元論」はマルクスの労働価値論の堅守であり，その一方，社会的分業がますます複雑になってきている現代市場経済という条件のもと，マルクス労働価値論を広く開拓した理論でもある。

　二番目は「利己利他経済人理論」である。具体的には，経済活動における人間は利己と利他の二つの傾向あるいは性質を持つことの指摘である。

　三番目は「資源と需要の双方制限理論」である。近代経済学者が資源有限と需要無限を唯一の矛盾と仮定するのはあまりにも単純化且つ絶対化で，論理と弁証法性に欠ける。そのため，資源と需要と両方とも制限があると仮定したほうが全面的で科学的である。

　四番目は「公平と効率の相互促進，同時変動理論」である。つまり，公平であればあるほど効率がよくなる一方，不公平であればあるほど効率が悪くなる。

　五番目は「公有制高成果理論」である。計画経済の条件下，生産手段が全社会のメンバーに所属するという公有制体系は成果を最大化にすることができる。

　六番目は「基礎と主導の二重調節理論」である。市場調節であれ，国家調節であれ，それ自身は各自の基本効果と能力つまり効果の長所がある。　中国の特色ある社会主義の経済運営または調節構造のパターンは「市場調節を基礎に，国家調節を主導に」，つまり国家主導型の市場経済体制を実行すべきであるという考えである。(11)

Ⅳ　程恩富経済学の政策革新

　程恩富教授は系統的な現代政治経済学の理論と方法についての革新以外に，経済の政策と体制についての革新も多くある。

---

(11) 程恩富「現代马克思主义政治经济学的四大理论假设」『中国社会科学』2007年第1期。程恩富「改革开放与马克思主义经济学创新」『华南师范大学学报』社会科学版，2009年第1期。程恩富「理论假设的分类与马克思主义经济学的创新」『云南财经大学学报』2007年第12期。

1 世界統一貨幣としての「世元」を創立する

程恩富教授が唱えた「世元」は，ある先進国の貨幣や先進国が主導した世界の貨幣ではない。多くの発展途上国にとっては，本国の貨幣や本国国内の貨幣政策まで捨て，先進国が主導した貨幣体系に加盟するのは新時期の貨幣殖民化と同じである。「世元」の最初の形は発展途上国を主導として，主に発展途上国を貨幣連盟のメンバーにする世界貨幣であるべきである。なぜかというと，まず地域化から次第に統一することにより抵抗力は小さく，「ドル化」と「ユーロ化」と比べると本質的な違いを持っているからである。「世元」はアジア，ヨーロッパやアメリカ州の均衡発展に基づいて，最終的に発展途上国と先進国を超えた世界的な統一貨幣を実現するものである。現在の国際貨幣体系の特徴と発展途上国の地位を考えると，最終的に「世元」という理想的な目標を実現するために，「世元」の普及は次のように三つの段階を踏んで徐々に実施することを提案する。第一，「世元」を創立する準備段階；第二，「世元」を作成する初期段階；第三，「世元」のシステムを累進的に改善する段階である。

2 国内福祉総生産の「新計算システム論」を創立する

20世紀全体に，GDPが各国国民経済発展を評価する第一指標として用いられたことによる深刻な弊害を克服するために，国民福祉の真の水準を算入し経済成長を評価するために，程恩富教授は「国内福祉総生産」(Gross Domestic Product of Welfare，以下はすべてGDPWと略称する) という新しい指標を創立した。GDPWは経済システムを研究の対象とする伝統的SNAの枠組みを踏まえて，人や資源や環境の三つの要素を取り入れ，三者が有機的に結合する枠組みである。この研究の枠組みは人を中心とするものである。伝統的SNAの枠組みと比べ，GDPWの枠組みは内容であれ範囲であれ巨大な変化が生じた。GDWPの枠組みを構築する面から見ると，ケインズ経済理論以外の科学的発展理論，ピグーの福祉経済理論，環境経済理論はその理論の基礎である。程教授はGDWPを計算する具体的な原則と方法を提起した。

3 まず抑えそれから減らす「新人口策論」

　改革からの30年，全国で出生数は減少し，資源と環境の圧力は有効に緩和し，国民の生活水準は著しく向上した。今後の数10年間に，一人子の政策を厳しく実行し続けるか，または二人子の政策をするかは，しだいに社会の各界が注目する。程教授はマルクス主義の人口理論の精神で中国の人口の情勢を見つめ，中国の人口発展戦略と政策の選択を理性的に慎重に考慮し，まず抑えそれから減らす「新人口策論」を唱え，その要点を次の通りにまとめた。

　累進的に増加している中国人口の総数は，国内資源が耐えられる極限及び生態安全が耐えられる極限に迫っている；伝統的な男子選好の習慣がまだ変わらない前は，一種の差別的な，罰を賞にする社会保障の関連政策を実行する；「まず抑えそれから減らす」の人口調節政策（総人口はまず約15億に抑え，それからだんだん5億ぐらいまで減少）を厳しく実施してはじめて，中国社会の経済矛盾と巨大な就職圧力を有効に緩和できる；「まず抑えそれから減らす」の人口調節政策を厳しく実施してはじめて，人の能力の向上を実現し，人口と資源また生態環境との調和的な持続可能な発展を促し，それによって欧米日韓などの国の一人当たりの国民総生産，一人当たりの国力及び一人当たりの生活水準に追いつき，高水準の共同富裕と科学発展を確実に実現し，最後に社会主義と資本主義との比較において完全な優位を獲得する；国は一方では計画出産を厳しく実施することによって節約した諸経費を高齢人口の生活と仕事の改善に投入し，他方では日本などの先進国の経験を学び，人間の寿命の向上につれて定年を少し延長して，労働者を早期退職させ，三分の一の退職者の再就職の不利を除く；死亡や障害を含める非正常な人生夭折や労働能力喪失などの状況に対して，国はその状況によって一定の家庭手当や保障を与え，人間にハイリスクな仕事への従事を励まし，その家庭生活の後顧の憂いをなくすような高水準の政策を実施すべきである；「（経済）資源を節約する効率型社会」と「（生態）環境を守る改善型社会」とマッチするのは「人口を抑える品質向上型の社会」である。だから，程恩富教授は知識界で「現代の馬寅初」と褒められた。

4 役所,公共機関と企業が連動した「新養老論策」

2008年に中国において『事業単位工作人員養老保険制度改革試点方案』が登場してから,役所,公共機関,企業を三大主体としての,都市養老保険制度の改革は,すでに中国の養老保険制度改革の重要な節目になった。しかし,この方案の成立時の不備と運営の不備から,中国の都市養老保険制度の改革はボトルネックになった。程恩富教授は,役所や公共機関や企業の三者連動した都市養老保険制度の第一段階の方案を提起した。また,新しい養老政策の基本的内容,背景,根拠及び改善措置について分析した。

新しい養老政策の基本的内容は養老保険制度のモデルを参考にして二段階にわたり提案した。第一段階の制度は統一的な都市労働者の養老保険制度を確立し,養老保険の統一的な運営を実現する。社会の総合的な計画と個人口座と結び合わせ,統一的な制度の下,役所や公共機関や企業に従事した労働者の養老年金の給料に占める割合が同じであることを保証する。第二段階は役所と公共機関の補充養老保険制度を創り,役所と公共機関の養老保険を「基本養老保険は基礎で,補充養老保険は補充と向上」という二つの部分で形成する。国の財政収入の増加に従って,役所,公共機関と企業の労働者の統一的な基本養老保険金は徐々に向上するので,それなりに補充養老保険の部分を同時に下げることができる。定額年金が在職中の給料に占める割合が90%に向上した時,最終的に補充養老保険をキャンセルできる。

5 自主知的財産権の「新優勢政策論」

中国は次第に世界工場になっていく過程において,どうして自己の優位を発揮できるのか。程教授は比較優位と競争優位を参考にし,第三種の優勢—「知的財産権優位」を論じた。比較優位は一国の資源と取引条件によって決められる静態的優位であり,競争優位を獲得する条件である。競争優位は潜在優位を現実優位に転化するという総合能力によるものである。比較優位は潜在優位として,最終的に競争優位に転化する場合しか輸出競争力にならない。中国の輸出製品の構成を高度化させるには,国際経済総合競争に導かれながら,現在の比較優位を競争優位に転化しなければならない。そのため,

重要なのは中国の知的財産権優位または知的財産権型の競争優位を創造し，育成することである。

　知的財産権優位とは，比較優位，競争優位と対照を成す第三種の優位であり，自主知的財産権の経済優位を育成し，またそれを発揮することを指す。知的財産権優位は，技術とブランドを核心とする経済優位あるいは競争優位である。それは中国の先端技術部門および重要な意義を持っている産業部門に反映されるべきである。具体的にいえば，自主研究，自主開発，自主知的財産権を有する核心技術を把握し，自主知的財産を基とする基準システムを建てなければならない。それだけでなく，中国の伝統の民族産業または低レベルの産品部門にも反映されるべきである。世界に影響力のある民族ブランドと商標を創造することが求められている。こうして，第三種の優位―「知的財産権」が打ち出された。

6　対外経済発展方式を転換する「新開放政策論」

　程恩富教授の考えによると，対外発展方式の転換を加速するには，科学的な発展観を確立し，戦略上対外経済の長期の発展を図らなければならない。新しい発展段階と経済のもとにおいて，中国は国内の経済発展と対外開放の関係を，「低コスト，高利益，相互連動，自主革新」という「向上型」の対外開放のパターンを作って，国民経済の速くてよい持続発展を促す。

　具体的に言えば，「六つの適当なコントロールと積極的な上昇」をすべきである。第一は，外国貿易への依存度を適当に下げて，消費が経済を動かす第二は，外資への依存度を適当にコントロールし，内資と外資を利用する効率を高める。第三は，外国技術への依存度をできるだけ下げて，自主革新の能力を高める。第四は，「外国資源」への依存度を下げて，資源配置の効率を上げる。第五は，外貨準備の規模を適当にコントロールし，外貨を利用する利益を増やす。第六は，「外国産品」への依存度を下げて，国際分業参与のレベルを上げる。[12]

---

(12) 安毅，常清，付文阁「历次国际金融危机与世界经济格局变化探析」『经济社会体制比较』2009年第5期。

程教授は，経済開放戦略ガイドラインと課題の転換から見ると，30余年の経済開放は三つの段階に分けられると論じた。第一段階は，「引進来」という単一の戦略を強調し，外国の資本と技術を受け入れるのに力を入れていた。第二段階は，「引進来と走出去」両方を重んじる戦略を強調し，「引進来」を追求し続けると同時に，中国の企業が外国へ投資する政策を実施する。第三段階は，「自主革新」の新しい戦略を強調し，自主知的財産権と革新型国家に向けて，政策を実施する。国際と国内の経済状況を総合的に判断し，経済発展方式の転換はもう一刻も猶予できない。

要するに，程教授の考えとしては，中国は積極的に「対外経済発展方式を転換する」という新しい戦略を実施し，外国資産，外国技術，外国産品，外国貿易，外貨，外国資源への依存度をコントロールし，国内外の各種の幅広い資源を利用し総合利益を上げなければならない。この新戦略と新政策論は「自力主導型多方位開放体系」を強固にし，完備する上で，経済開放のなかの自主発展，先端競争，経済安全，国家権益，民生実益を重視する。経済大国から経済強国へ，全面的小康社会から豊かな生活社会への根本的転換を促す。

7　都市の公営住宅を主とする「新住宅策論」

程恩富教授は住宅の経済性質，住宅価額対収入の比率，不動産利益率などの理論を明らかにしたうえで，「市場調節を基に，国家調節を主導」という二重の調節システムを論じ，都市の「公営住宅を主に，商品住宅と個人賃貸住宅を補充に」という新構成を組立てる。また，早いスピードで中国の都市の入居難の問題を全面的に，解決するため，新しい政策を打ち出した。

程恩富教授の政策の構想によると，国家の住居に対するコントロールは住宅価格だけに限るべきではなく，住宅領域における体系的な法律と法規と住宅に対する完全な保証管理機構が必要である。住宅政策に対しては，以下のような長期的で綿密な計画が欠かせない。第一は，都市にいるすべての労働者が住むところがあるよう，公営住宅を速やかに建設する。第二に，商品住宅の市場へのコントロールを強める。第三に『住宅賃貸法』を制定し，住宅賃貸市場の発展を促す。第四に，現有の空き家を有効にコンロールする。第

五は，上の世代と下の世代が同居する，あるいは，近隣の公営住宅に住むことを希望する申請者と商品住宅の購入者に対しては，それぞれ優遇政策を制定する。第六は，商品住宅の開発手順と契約の管理を強める。第七は，住宅の前売りをやめる。第八は，土地，財政，金融，公営住宅と所有制などの制度を組み合わせる，人間本位と民生主導の住宅発展構想を樹立し，科学的で，効率の高い目標を設定し国家のマクロコントロール政策を制定しなければならない。

そのほか，程教授は「新分配政策論」「新国有企業政策論」「新金融政策論」「遺伝子組換え政策論」「反危機政策論」「世界語論」などの観点を論述し，中国ないしは外国の経済と国民の生活を促すのに役立っている。

V 程恩富経済学の意義

(1) 程恩富経済学の理論革新は重要な意義を持っている。程恩富経済学は実際から出発し，マルクス主義理論を指導として，経済学理論の参考にできる長所すべてを吸収し，市場経済発展の法則を正しく反映することによって現れた現代中国のマルクス主義経済学である。この理論は現代の中国の特色ある社会主義の現実を正しく認識する重大な理論革新の成果と重要な理論研究の新発展であり，また全面的に中国の主流経済学を再建する重要な理論革新の基礎と中国のマルクス主義政治経済学の現代化を実現する重要な理論革新でもある。それによって，程恩富経済学は非常に豊かな内容構成，深刻な科学理論と視野広大な学術の造詣があり，中国経済学の現代化の意義，役割のルートや革新の道を実現するために，マルクス主義経済学の中国での本土化，現代化と科学化を実現するために理論的基礎とパイオニアの思想を与えた。

(2) 程恩富経済学の方法論についての革新は重要な意義を持っている。程恩富教授の著作の中で，史的唯物論と唯物弁証法を受け続きまた革新的に活かし，現代西側経済学の方法を批判的に吸収し，現代社会科学と自然科学の知識と方法をクロスさせて学んでいる。程恩富経済学の方法論についての革新と発展はマルクスの学術伝統の創造的転化と真の科学的理論革新への実現

に新しい見方と構想を提供した。それとともに，中国経済学の基本的理論と基本的政策の革新・再建への実現に新しい方法論の指摘と思想を与えた。

(3) 程恩富経済学の政策の革新は重要な意義を持っている。程恩富教授は経済の発展と国民生活の改善について現実に注目し，問題を鋭く発見し正しく分析し，多くの問題を解決する適切な政策の構想を提起した。理論が実践に奉仕する学術的信念を貫き，経済の理論革新と政策革新との並行を堅持し，発展してきたマルクス主義経済学によって世界の経済グローバル化と中国での経済市場化の過程で現れた新現象と新問題を研究し，公正な経済グローバル化への再建と社会主義の市場経済体制への改善また国内外経済の良性的発展に多くの適切な政策を提起した。

復旦大学の経済学教授の張薫華はある題辞の中でこのように評価した。「世情を鑑，国情を据，マルクス学を体，西洋学を用，国学を根，総合的革新」という学術的革新の原則を唱えるために，程恩富教授は国内外でリーダーの役割を発揮した。」程恩富経済学の理論，方法と分析のフレームはますます多くの学者，専門家に熟知・絶賛され，次第にアメリカ，ロシア，ベトナム，日本，イギリス，インドなどの国に紹介され，研究され，高く評価された。

Ⅵ 程恩富経済学の発展と革新はまだ続いている

程恩富教授は前世紀の九十年代半ばからこのように呼びかけ強調している。「社会主義市場経済の日増しの成長に従って，この経済実践の変化を系統的科学的に反映した中国の理論経済学は，20世紀末の反省と論争及び方法論の変革の後，必ず斬新な姿で21世紀初頭に現れるだろう。」[13]前世紀末，彼は中国の社会主義の理論経済学が50年の多段階で難しい発展を経て，全面的に再建する必要がある新時期になったと提起した。程教授はさらに中国の社会主義の理論経済学の発展状況とその不十分さを分析する上で，中国経済学を再

---

(13) 程恩富「21世紀：重建中国经济学」『社会科学报』1994年4月7日。程恩富，张建伟「问题意识与政治经济学革新」『经济学家』1999年第3期。

建する時，どのようにマルクス経済学と近代経済学を超えるかという問題について分析すべきだと指摘した。[14]

程恩富教授はまた次の観点を持っている。革新的な中国の理論経済学は現代外国の経済思想を科学的に吸収しなければならない。現代の主流的経済学の理論とノーベル経済学賞の受賞者の思想を高く重視するのは当然だが，先進国の非主流的経済学と発展途上国の経済学説を軽視してはいけない。例えば，アメリカの急進政治経済学とガルブレイスの制度主義，イギリスのケインズ左派の経済学，日本の非正統マルクス主義の経済学説，及び経済のグローバル化のパラドックスについての経済思想などである。そのうち，西洋の急進政治経済学の「市場社会主義」についての各種経済の理論と政策主張は中国の社会主義市場経済理論と実践への改善に参考になる意義を持っている。

革新的な中国の理論経済学は，中国の古代と近代の経済思想を科学的に吸収しなければならない。中国の古代の消費思想，人口思想，財政思想，生態経済の思想，康有為の社会主義「大同」という経済学説，孫文の「三民主義」の経済理論など，いずれも一定の合理的要素を持っている。台湾の学者が構築した「新儒学の経済と管理」という思想体系と中国系カナダ人の学者が唱えた「中庸な経済学」の理論も注目に値する。[15]

さらに程恩富教授は次のように強調した。中国は1956年に社会主義の準備段階に属する新民主主義革命を完成した時から，すでに社会主義の初級段階に入り，マルクス主義が指導した経済学を含む中国の特色ある社会主義の理論を次第に形成した。中国経済学は現代の中国の経済運営と発展の法則を科学的に分析する重要な理論として，中国の社会主義の経済への挑戦に適応し，中国の社会主義の初級段階の経済的発展の要求に適応しなければならない。中国経済学の発展動向についての正しい質問は，どうやって現代の西洋経済学と統合し，現代の西洋経済学を「本土化」させるかの問題ではなくて，ど

---

(14) 程恩富，斉新宇「重建中国经济学的若干基本问题」『政治经济学研究报告』第1集，社会科学文献出版社，2000年版。程恩富「重建中国经济学 超越马克思与西方经济学」『学术月刊』2000年第2期。

(15) 林国雄『新儒学经济与管理』台湾慈恵出版社，1997年版。陈慰中『中庸经济学』中国财政经济出版社，1997年版。

のようにして唯物史観の指導の下で，中国の経済学が科学的に現代化の実現を推進するかの問題であるべきである。さらにいえば中国の経済学の教育と研究はどのようにして現代社会主義市場経済と社会主義を志向するグローバル化の科学的発展の要求に適応し，マルクス主義経済学が中国での現代化と具体化を実現するかの問題である。[16]

　2009年，彼は「中国特色，中国風格，中国気品の経済学」を建設する思想を，具体的に中国経済学の現代化を推進する学術的原則にまとめた。つまり「マルクス学を体，西洋学を用，国学を根，世情を鑑，国情を据，総合的革新」という原則である。これら学術的原則は中国経済学を創立する時代性，開放性，歴史性，包容性，実践性と革新性を根本から表した；中国経済学の創立は単純な模倣主義，無批判の西洋化と国際化ではできないし，自画自賛でもできない。マルクス主義の方法論を主導として，人類文明のすべての合理的・科学的・先進的な文明成果を学び，中国と世界の歴史，現実，課題から出発し，総合的な系統的な思惟で経済理論を革新すべきである。程恩富経済学は中国特色，中国風格，中国気品のある経済学理論への理論的な枠を提供し，重要な貢献を作り出した。

---

(16) 程恩富，何干強「论推进中国经济学现代化的学术原则」『马克思主义研究』2009年第4期。

謝　辞

　マルクス主義経済学についての教育と研究に従事してから時が流れ，瞬く間にもう40年が過ぎた。

　過去の40年に，私は中国の復旦大学，上海財経大学そして中国社会科学院マルクス主義研究院の三つの機関で教育と研究に従事し，その間に多くの優れた先輩，同僚，学生の支持と助力をいただいた。国内外の学会報告と大学などの講演会で，多くの研究者や友達と知り合い，私の学術研究にとって緊張かつ楽しい経験となった。ここでは彼らの名前を一人ひとり列挙できないけれど，彼らは私が深く学術的研究に専念することをいつまでも励まし応援してくれた。ここでは，特に私の指導教授，復旦大学経済学部の張薫華教授と洪遠明教授に感謝したい。

　かつて20世紀の80年代から，私はマルクス主義経済学について日本の研究に非常に注目して，多くの日本のマルクス主義者の著作を読んだことがある。私は復旦大学経済学部で教職に就いたとき，日本の著名な経済学者である大内力教授の報告を直接に聞いたことがあり，その後，彼の学術観点を論評する文章を発表した。1992年末，私は大阪市立大学経済学部と商学部で約2週間学術交流をしたこともある。

　2003年10月18日から19日まで，私は東京の武蔵大学で開催された日本経済理論学会第51回大会に誘われ出席し，中国の主流経済学の再建についての論文を報告した。その後，横浜国立大学で中国の経済学流派についての講演を行った。帰国後，「日本マルクス主義経済学与現実問題研究態勢」という論文を発表し，日本のマルクス主義経済学の研究水準を称賛した。

　2007年，世界政治経済学学会の第2回大会は島根県立大学（日本）で開催され，私は会長として挨拶をした。その後，東京大学経済学部の小幡道昭研究室と日本共産党本部を訪問した。2013年に日本経済理論学会に国際委員として招聘された。

　最近の十数年，私は毎年中国あるいは他の国で日本のマルクス経済学者，

政治家と会う。これらの対話は中日の学術交流と協力を大きく促進しただけでなく，私の学術研究にも大いに役立った。ここで上記の日本の同僚や友達に感謝する。

*

　本書は主に三つの深い関連がある問題を分析した。第一はマルクス経済学の方法論を掘り起こし，第二は欧米の主流経済学の方法論を批判的に検討し，第三は他の社会科学と自然科学の方法や知識をどのように吸収し参考にするか，マルクス経済学の方法論を発展させ豊かにするかを討論した。本書が述べたように，欧米の主流経済学の分析手法と比べて，マルクス経済学は鮮明な科学性と革命的性質を持っている。それゆえ，社会主義理論経済学を再建するには，まず原典に依拠してマルクス主義経済学の方法論を深く全面的に研究し，その中の豊富多彩な思想を掘り起こして，この思想を社会主義理論経済学の理論礎石にしなければならない。もし学術上の正確な議論と研究が不足したら，新古典経済学を代表とする欧米の主流経済学の間違った方法論の教育や研究の蔓延と影響への対応を保証できない。その思いに基づいて，本書は読者の皆さんに経済学方法論への再考をする際に，ささやかな力になって欲しい。

　本書は私と胡楽明教授と共同して編集し，私が責任者として，中国政府の科学研究プロジェクトの研究費援助を受けた。本書は私が中国以外の国で出版した学術著作の一冊である。また『労働創造価値的規範与実証研究』という本も近いうちにイギリスとトルコで公刊される予定である。

　私が本書の全体的計画や構成を作り，その基本内容と主な論点はすべて私と胡楽明教授が教育や研究の中で形成した基本的認識である。私が指導した上海財経大学の博士・修士も，本書の資料収集，文献分析や関連研究報告の作成に参加した。彼らは主に方暁利，朱富強，王小文，張建偉，彭文兵，金蕾，侯栄華，蒋道紅そして聞有虎の皆さんである。私は本書の最終的な修正と定稿を担当した。

　同僚の世話になったからこそ，本書は日本で出版できる。薛宇峰教授はかつて中国社会科学院で私の下で博士研究生として研究した。彼の博士学位論文指導教授の中安定子教授と監修者の岡部守教授は，かつて東京農業大学の

指導教授でもあり，長い間岡部教授の学恩を受けて，いままで多くの指導を受けてきた。このような関係で，岡部守教授は辛労をいとわず出版社との連絡や交渉などたいへんな仕事を引き受けた。その上，彼は自ら本書の日本語校正や監修を担当してくれた。ここで，岡部守教授に心より感謝の意を表す。

また，忙しいところ，本書の前言をいただいた慶應大学教授の大西広氏，そして東京大学名誉教授の伊藤誠博士にも深く感謝する。彼らは我々とともに発起した世界政治経済学会の運営にそれぞれ重要な貢献をし，日本の学者の学術研究や理論を全世界に紹介し宣伝した。

さらに，学術著書の出版状況が非常に厳しい折から，本書の出版に協力をいただいた八朔社と片倉和夫社長にも心から感謝する。

日本に相次いで留学し博士の学位を取得した鄭萍准教授，劉代容准教授，譚暁軍教授，呂守軍准教授と薛宇峰教授も本書の翻訳と出版のために，多大の精力や時間を払った。ここに，心からの感謝を深く表する。

本書の日本での出版は中日経済学のいっそうの交流や深い議論に役立って欲しい。本書についての，多くの読者のご批評，ご指摘を歓迎する。

（E-mail: 65344718@vip.163.com）

程　恩　富

監修・訳者紹介

[監修者]

岡部　守　東京農業大学名誉教授
　　　　　農学博士（東京大学）

薛　宇峰　中国雲南財経大学マルクス主義学部教授
　　　　　農業経済学博士（東京農業大学）

[訳　者]
　第1部　マルクス経済学の方法論
　第2部　近代主流経済学の理性主義の批判

鄭　　萍　中国社会科学院マルクス主義研究院助教授
　　　　　文学博士（お茶の水女子大学）

劉　代容　中国雲南財経大学外国語学部助教授
　　　　　文学博士（大妻女子大学）

薛　宇峰　中国雲南財経大学マルクス主義学部教授
　　　　　農業経済学博士（東京農業大学）

　第3部　中国マルクス主義経済学の外延的拡大

譚　暁軍　中国社会科学院マルクス主義研究院教授
　　　　　経済学博士（首都大学東京）

呂　守軍　中国上海交通大学国際関係学部助教授
　　　　　経済学博士（京都大学）

薛　宇峰　中国雲南財経大学マルクス主義学部教授
　　　　　農業経済学博士（東京農業大学）

［編著者紹介］

程　恩　富　前中国社会科学院マルクス主義研究院長
　　　　　　経済学修士（復旦大学）

胡　楽　明　中国社会科学院マルクス主義研究院教授
　　　　　　経済学博士（上海財経大学）

経済学方法論　下巻
中国マルクス主義経済学の外延的拡大

2016年1月15日　第1刷発行

　　　　　　編著者　　程　恩　富・胡　楽　明
　　　　　　監修者　　岡部　守・薛　宇峰

発行所　株式会社　八　朔　社
　　　　　　　　　　　はっ　さく　しゃ
東京都新宿区神楽坂2-19 銀鈴会館内
Tel 03-3235-1553　Fax 03-3235-5910

ⓒ岡部守・薛宇峰, 2016　　組版・アベル社／印刷製本・藤原印刷
ISBN978-4-86014-075-5

― 八朔社 ―

程恩富・胡楽明編著／岡部守・薛宇峰監修
経済学方法論 上巻 （中国マルクス主義経済学の視点）
四二〇〇円

中田常男著
金融資本論と恐慌・産業循環
六八〇〇円

頭川博著
資本と貧困
二八〇〇円

小林賢齊著
マルクス「信用論」の解明
その成立史的視座から
八〇〇〇円

市原健志著
再生産論史研究
六〇〇〇円

鈴木春二著
再生産論の学説史的研究
四八〇〇円

定価は本体価格です

――― 八朔社 ―――

谷野勝明著
再生産・蓄積論草稿の研究 …… 五五〇〇円

寺田隆至著
経済循環と「サービス経済」の理論
批判的国民所得論の展開 …… 五五〇〇円

宮川彰著
再生産論の基礎構造
理論発展史的接近 …… 六〇〇〇円

譚暁軍著
現代中国における第3次産業の研究
サービス業および軍需産業の理論的考察 …… 四〇〇〇円

大村泉・渋谷正・窪俊一編著
新MEGAと『ドイツ・イデオロギー』の現代的探究
廣松版からオンライン版へ …… 三五〇〇円

涌井秀行著
ポスト冷戦世界の構造と動態 …… 三三〇〇円

定価は本体価格です

―― 八朔社 ――

福島大学国際災害復興学研究チーム編著
東日本大震災からの復旧・復興と国際比較　二八〇〇円

福島大学うつくしまふくしま未来支援センター編
福島大学の支援知をもとにした
テキスト災害復興支援学　二〇〇〇円

経済地理学会北東支部編
北東日本の地域経済　三四〇〇円

桜美林大学産業研究所編
八ッ場ダムと地域社会
大規模公共事業による地域社会の疲弊　二八〇〇円

境野健兒・千葉悦子・松野光伸 編著
小さな自治体の大きな挑戦
飯舘村における地域づくり　二八〇〇円

定価は本体価格です